Die Europäische Union auf dem Weg in den Verfassungsstaat

Mannheimer Jahrbuch für Europäische Sozialforschung
Band 10

Herausgegeben vom Vorstand des Mannheimer Zentrums
für Europäische Sozialforschung:
Wolfgang C. Müller, Bernhard Ebbinghaus und Franz Urban Pappi

Berthold Rittberger ist Juniorprofessor für Vergleichende Politikwissenschaft und Innenpolitik an der TU Kaiserslautern. *Frank Schimmelfennig* ist Professor für Politikwissenschaft an der ETH Zürich.

Berthold Rittberger, Frank Schimmelfennig (Hg.)

Die Europäische Union auf dem Weg in den Verfassungsstaat

Campus Verlag
Frankfurt/New York

Bibliografische Information der Deutschen Nationalbibliothek
Die Deutsche Nationalbibliothek verzeichnet diese Publikation in der Deutschen Nationalbibliografie; detaillierte bibliografische Daten sind im Internet unter http://dnb.d-nb.de abrufbar.
ISBN 978-3-593-38181-7

Druck und Bindung: PRISMA Verlagsdruckerei GmbH
Gedruckt auf säurefreiem und chlorfrei gebleichtem Papier.
Printed in Germany

Besuchen Sie uns im Internet: www.campus.de

Inhalt

Parlamentarisierung

Menschen- und Bürgerrechte

Kommentare

Vorwort

Als wir 2002 die ersten Überlegungen zu dem Projekt *Konstitutionalisierungsprozesse in der Europäischen Union – Parlamentarisierung und Institutionalisierung der Menschenrechte auf europäischer Ebene* anstellten, hatte der Europäische Konvent zur Ausarbeitung eines Verfassungsvertrags für die Europäische Union gerade seine Arbeit aufgenommen. Im Mai und Juni 2005, als wir mit der Auswertung der Projektergebnisse begannen, lehnten die Wählerinnen und Wähler in Frankreich und den Niederlanden den Verfassungsvertrag in Volksabstimmungen ab. Seitdem stockt der Ratifizierungsprozess und die Zukunft der Verfassung ist ungewiss.

Bedeutet das (vorläufige) Scheitern des Verfassungsvertrags auch das Scheitern der Entwicklung der Europäischen Union zu einem »Verfassungsstaat«? In diesem Buch möchten wir zeigen, dass dies mitnichten der Fall ist. Die Konstitutionalisierung der Europäischen Union hat nicht nur bei der Rechtsintegration große Fortschritte gemacht, sondern auch in den zwei Kernbereichen des *demokratischen* Konstitutionalismus: der graduellen Aufwertung des Europäischen Parlaments (Parlamentarisierung) und der Institutionalisierung der Menschenrechte in der EU. Wie die in diesem Band versammelten Analysen zu zeigen versuchen, war dies nicht das Resultat einer einmaligen, großen und bewussten Verfassungsgebung, sondern ein inkrementelles, elitäres und ungeplantes Nebenprodukt der funktionalen Integration zwischen den europäischen Staaten. Der Weg der Europäischen Union zum demokratischen Verfassungsstaat war das Ergebnis vieler kleiner Vertragsrevisionen und informeller Kompetenzverschiebungen im Integrationsprozess. Es waren demnach nicht die Bürgerinnen und Bürger, sondern vielmehr die an der europäischen Integration unmittelbar beteiligten Eliten in Regierungen und supranationalen Organen, die diesen Weg eingeschlagen haben. Und schließlich war der europäische Verfassungsstaat kein unmittelbarer Zweck und kein gemeinsames Ziel dieser Eliten, sondern kam nur unter Ausübung moralischen Drucks zustande. Wenn die europäischen Regierungen Integrationsschritte vereinbarten, um eine wirksamere und effizientere Politik betreiben zu können, drohten diese Schritte regelmäßig die Kompetenzen nationaler Parlamente zu beschneiden und nationale wie internationale Menschenrechtsgarantien auszuhöhlen. Das rief ebenso regelmäßig Akteure auf den Plan, die von der Unterminierung konstitutioneller Rechte betroffen oder an der Konstitutionalisierung der EU interessiert waren. Mit dem Verweis auf die Aushöhlung fundamentaler politischer Normen der liberaldemokratischen Gemeinschaft Europas gelang es ihnen immer wieder, moralischen Druck auf die europäischen Regierungen auszuüben und diese dazu zu bringen, die Kompetenzen des Europäischen Parlaments zu erweitern und institutionelle Garantien der Menschenrechte in der Europäischen Union einzuführen. Der Weg der EU zum Verfassungsstaat ist keineswegs vollendet – unsere Analyse lässt aber den Schluss zu, dass er bereits zu einem guten Teil zurückgelegt wurde und auch ohne eine vom Volk ratifizierte, explizite und formelle Verfassung weiter voranschreiten wird.

Unser Dank gilt in erster Linie der Fritz-Thyssen-Stiftung, die dieses Projekt von 2004 bis 2006 finanziell gefördert hat. Das Mannheimer Zentrum für Europäische Sozialforschung hat diese Förderung dankenswerterweise durch eigene Mittel großzügig ergänzt. Damit konnten die Arbeiten von Alexander Bürgin und Guido Schwellnus an diesem Band sowie Forschungs- und Konferenzreisen finanziert werden. Die britische Vereinigung für Studien zur europäischen Integration UACES hat es uns außerdem ermöglicht, durch die Finanzierung eines Workshops am Nuffield College der Universität Oxford im Juni 2005 die ersten Ergebnisse mit britischen Kolleginnen und Kollegen zu diskutieren. Die Kommentare von Daniel Kelemen und Antje Wiener am Schluss des Bandes sind ein Ergebnis dieses Workshops. Außerdem haben Giacomo Benedetto, Paul Craig, Lars Hoffmann, Christopher Lord und Emre Ozcan diesen Workshop durch ihre Teilnahme bereichert. Im Januar 2006 fand am Mannheimer Zentrum für Europäische Sozialforschung ein Autorenworkshop statt, bei dem Kolleginnen und Kollegen zum Projekt gestoßen sind, die sich ebenfalls mit Fragen der Konstitutionalisierung beschäftigen. Die daraus erwachsenen Beiträge von Sandra Lavenex, Stefan Seidendorf, Daniel Thomas und Wolfgang Wagner verstärken die empirische Basis dieses Bandes erheblich. Allen Autorinnen und Autoren gilt unser Dank für Ihre Mitarbeit und insbesondere dafür, dass sie sich auf unseren theoretischen Ansatz eingelassen haben und bereit waren, unsere Hypothese über die Konstitutionalisierung der Europäischen Union in ihrem jeweiligen Forschungsgebiet zu überprüfen. Schließlich danken wir unserem Publikum bei Vorträgen und Konferenzen an der FU Berlin, der Universität Mannheim, der ETH Zürich, der Universität Oslo (Arena), dem Södertörn University College (Stockholm), der University of Portsmouth, der European Union Studies Association in Austin, der International Studies Association in Honolulu und der Deutschen Vereinigung für Politische Wissenschaft in Mannheim für wertvolle Kritik und Anregungen.

Bei der unmittelbaren Vorbereitung dieses Bandes haben Sandra Egli, Edina Meskic und Jens Schmidt bei der Übersetzung aus dem Englischen und Beate Rossi bei der Formatierung aller Beiträge und Kontrolle der Bibliografien unter großem Zeitdruck wertvolle Hilfe geleistet. Ihnen gilt unser ganz besonderer Dank.

Kaiserslautern und Zürich, im Juli 2006
Berthold Rittberger und Frank Schimmelfennig

Theorie und Vergleich

Das Rätsel der Konstitutionalisierung Wie aus der Europäischen Union ein Verfassungsstaat wurde

Berthold Rittberger und Frank Schimmelfennig

Der Begriff der Konstitutionalisierung ist nicht erst seit der jüngsten Diskussion über eine europäische Verfassung zu einem der Schlagwörter in der Literatur zur europäischen Integrationsforschung avanciert. Meist findet der Begriff der Konstitutionalisierung im Zusammenhang mit dem Prozess der Rechtsintegration in der EU Verwendung. Dieser Prozess ist dadurch gekennzeichnet, dass im Laufe der vergangenen Jahrzehnte das europäische Gemeinschaftsrecht eine Qualität erlangt hat, die mitunter als »quasi-föderal« umschrieben wird (Haltern 2005: 260). Dem Gemeinschaftsrecht wird somit nicht nur attestiert, »Bestandteil der mitgliedsstaatlichen Rechtsordnungen« geworden zu sein, sondern auch innerhalb der nationalen Rechtsordnungen als normenhierarchisch höher angesiedeltes Recht zu fungieren (Haltern 2005: 260).[1] Gemeinschaftsrecht ist demnach nicht mehr ›nur‹ Völkerrecht, sondern eine Rechtsordnung mit Verfassungsqualität, die weit in nationale Rechtssysteme hineinwirkt (Weiler 1999, Stone Sweet 2000). Politikwissenschaftler und Rechtswissenschaftler haben sich mit diesem Phänomen extensiv auseinandergesetzt und es unter Rückgriff auf unterschiedliche Integrationstheorien – zu nennen wären insbesondere intergouvernementalistische und supranationalistische Ansätze – zu erklären versucht.[2]

---

1 Eric Stein (1981) und Joseph Weiler (1981) haben in diesem Feld Pionierarbeit geleistet.

2 Die Auseinandersetzung zwischen Intergouvernementalisten (Moravcsik 1991, 1993, 1998, Garrett 1995, Garrett u. a. 1998), für die der Prozess der Rechtsintegration weitgehend die Präferenzen der (großen) Mitgliedstaaten reflektiert, und Supranationalisten (Burley und Mattli 1993, Alter 1998, Stone Sweet 2000, 2003), für die Rechtsintegration einen Prozess darstellt, der hinter dem Rücken und oft auch gegen den Willen der mitgliedstaatlichen Regierungen abläuft, dominiert die politikwissenschaftliche Literatur zur Frage der Rechtsintegration. Die empirische Evidenz legt allerdings den Schluss nahe, dass das von Supranationalisten vertretene Argument erklärungskräftiger ist (siehe Stone Sweet und Brunell 1998, Stone Sweet 2000, 2003).

In der jüngsten Vergangenheit ist eine Ausweitung des Konzepts der Konstitutionalisierung in der wissenschaftlichen Debatte zu beobachten: Konstitutionalisierung beschränkt sich demnach nicht allein auf das Phänomen der Rechtsintegration, sondern umfasst all diejenigen Prozesse, die der Rechtsordnung der EU Verfassungsqualität zuweisen (Snyder 2003). Es existiert ein grundlegender normativer Konsens darüber, dass die Verfassung eines liberal-demokratischen Staates sich an folgenden Prinzipien orientieren sollte: Garantie und Sicherung von Grundrechten, Verhinderung von Machtmissbrauch durch Gewaltenteilung sowie – in der Regel – die Repräsentation der Bürger durch gewählte Parlamente (Wiener 2005). Wird Konstitutionalisierung in diesem erweiterten Sinne gefasst, lassen sich unter dem Begriff unter anderem Arbeiten zur Institutionalisierung von Grundrechten in den Gemeinschaftsvertrag subsumieren, wie beispielsweise der Fall der Grundrechte-Charta (Sadurski 2003) oder die Ausbildung einer Parteiendemokratie auf europäischer Ebene (Day und Shaw 2003). Die Beiträge in diesem Band gehen von einem solchen erweiterten Begriffsverständnis aus und richten ihr Augenmerk insbesondere auf zwei Prozesse der Konstitutionalisierung: der Ausweitung der Kompetenzen des Europäischen Parlaments (Parlamentarisierung) und der Institutionalisierung von Menschenrechten auf der europäischen Ebene.

Die Parlamentarisierung und Institutionalisierung von Menschenrechten stellen Konstitutionalisierungsprozesse dar, die für die Entwicklung des modernen liberal-demokratischen Verfassungsstaats grundlegend sind. Die Beiträge zu diesem Band zeigen eindrücklich, dass diese Konstitutionalisierungsprozesse allerdings nicht auf den national organisierten Verfassungsstaat beschränkt sind. In der EU hat das Europäische Parlament in den vergangenen fünfzig Jahren eine eindrucksvolle Entwicklung durchlaufen (siehe Rittberger 2005). Während die Gemeinsame Versammlung der Europäischen Gemeinschaft für Kohle und Stahl (EGKS) gegenüber der Hohen Behörde ausschließlich eine Kontrollbefugnis innehatte, ist das Europäische Parlament mittlerweile zu einem direkt gewählten »Ko-Gesetzgeber« (Tsebelis und Garrett 2000) aufgestiegen, der in einer Vielzahl an Politikbereichen im Zuständigkeitsbereich der Gemeinschaft auf gleicher Augenhöhe mit dem Rat verhandelt.

Während in den Gründungsverträgen noch kein gemeinschaftlicher Grundrechtsschutz verankert war, hat der Europäische Gerichtshof seit den sechziger Jahren in seiner Rechtsprechung regelmäßig

Grundrechtsbezüge hergestellt (Stone Sweet 2000). Die Institutionalisierung von Grundrechten auf der EU-Ebene hat durch die Verabschiedung der Grundrechte-Charta im Jahr 2000 und deren Integration in den Verfassungsvertrag – trotz dessen Scheiterns – jüngst einen Höhepunkt erlebt. Die Dynamiken der beiden genannten Konstitutionalisierungsprozesse auf europäischer Ebene laufen allerdings konträr zu den Prozessen der Parlamentarisierung und Institutionalisierung von Menschenrechten auf nationalstaatlicher Ebene. Die Konstitutionalisierung der Nationalstaaten stellte einen Prozess dar, der vor allem durch gesellschaftliche Kräfte vorangetrieben wurde und sich durch zivilen Protest oder gar politische Umstürze und äußere Interventionen auszeichnete, während Konstitutionalisierungsprozesse in der EU in erster Linie »von oben« – durch politische Eliten – vorangetrieben werden.[3]

Ziel dieses einleitenden Kapitels ist es, die Dynamiken und Mechanismen der Konstitutionalisierung in der EU zu identifizieren und Hypothesen bezüglich deren Wirkmächtigkeit zu generieren: Wann und unter welchen Umständen sind Parlamentarisierungsschritte in der EU zu erwarten? Unter welchen Bedingungen ist eine weitere Institutionalisierung von Menschenrechten auf der EU-Ebene zu erwarten? Im Folgenden zeigen wir, dass Erklärungen dieser beiden Konstitutionalisierungsphänomene, die auf rationalistische und konstruktivistische Erklärungskonzepte zurückgreifen, hier vor einem theoretischen Rätsel stehen. Um dieses theoretische Rätsel zu lösen, wählen wir einen Ansatz, der Konstitutionalisierung als »strategisches Handeln in einer Gemeinschaftsumwelt« analysiert (Schimmelfennig 2001, 2003). Diesem Ansatz folgend können politische Akteure liberal-demokratische Werte und Normen, die für die internationale Gemeinschaft in Europa konstitutiv sind, strategisch einsetzten, um moralischen und sozialen Druck auf die Gegner weiterer Konstitutionalisierungsschritte auszuüben. Um dieses Argument schrittweise zu erarbeiten, wählen wir folgende Vorgehensweise: In einem ersten Schritt werden wir darstellen, warum die bestehenden rationalistischen und konstruktivistischen Erklärungsangebote Konstitutionalisierungsprozesse in der EU nur unzureichend zu erklären imstande sind. In einem zweiten Schritt stellen wir den

3 Auf der deskriptiven Ebene sind die beiden Konstitutionalisierungsprozesse in der Literatur gut dokumentiert. Für Studien zur Parlamentarisierung der EU vgl. Corbett (1998), Maurer (2003), Westlake (1994); für Arbeiten zur Institutionalisierung der Menschenrechte in der EU vgl. Alston (1999), McCrudden (2001), Quinn (2001).

Ansatz des strategischen Handelns in einer Gemeinschaftsumwelt als alternative, erklärungskräftigere theoretische Perspektive dar.

Die Konstitutionalisierung der EU: ein theoretisches Rätsel

Prinzipiell bieten sowohl die moderne integrationstheoretische Literatur als auch die institutionentheoretische Literatur, die im Gewand der »Rationalismus-Konstruktivismus«-Debatte seit einigen Jahren im Mittelpunkt der theoretischen Auseinandersetzung in den Internationalen Beziehungen steht, ein reichhaltiges Instrumentarium an Annahmen und Hypothesen über institutionellen Wandel und die Übertragung von Kompetenzen an internationale Institutionen. Allerdings erscheinen die Prozesse der Parlamentarisierung und der Institutionalisierung der Menschenrechte in der EU aus der Perspektive dieser Theorien vordergründig als *Rätsel.*

Ältere Integrationstheorien erwarteten zwar, dass es kurz- oder mittelfristig zu einer Konstitutionalisierung der EU kommen würde, sie gingen aber von einem Prozess aus, der so nicht stattgefunden hat. Der Föderalismus sah Integration als einen einmaligen verfassungsgebenden Akt für einen europäischen Bundesstaat, nicht als einen spät einsetzenden, langsam voranschreitenden Prozess (siehe auch Rittberger in diesem Band). Dieser entspricht zwar der Vorstellung des Neofunktionalismus, doch postulierte dieser, dass Konstitutionalisierung das Resultat eines politischen *Spillover*-Prozesses darstellt, in dessen Verlauf gesellschaftliche Interessengruppen ihre politischen Erwartungen an die europäische Ebene richten und ihre Loyalität auf die supranationalen Organisationen übertragen würden (siehe Haas 1968). Selbst wenn man mit den zeitgenössischen Nachfolgetheorien des Neofunktionalismus einen solchen politischen *Spillover* als Motor der Integration ansieht, so war er jedenfalls nicht für die Prozesse der Parlamentarisierung und der Institutionalisierung der Menschenrechte verantwortlich. Diese Prozesse entsprangen weder den Forderungen transnational operierender und organisierter ökonomischer Interessengruppen noch einem Identitätswandel nationaler politischer Parteien und ihrer Wähler. Schon anlässlich der ersten Direktwahl des Europäischen Parlaments konstatierte Jane Sweeney (1984) die Abwesenheit dieser neofunktionalistischen Erwartung (siehe auch Mutimer 1989: 95–96), und bis heute drückt sich weder in der Wahlbeteiligung noch in den Wahlentscheidungen zum

Europäischen Parlament eine europäische Orientierung der Wählerschaft aus.[4]

Der Rationalismus und die Konstitutionalisierung der EU

Die aktuellen Institutionentheorien in ihrer rationalistischen und konstruktivistischen Spielart bieten ebenfalls keine überzeugende Erklärung. Aus *rationalistischer Perspektive* geht es den Akteuren in der EU-Verfassungspolitik nicht um die Realisierung eines konkreten, problembezogenen Nutzens, sondern angesichts prinzipieller Ungewissheit über zukünftige Probleme, Präferenz- und Machtkonstellationen um die Schaffung von Rahmenbedingungen, die der Durchsetzung der eigenen Interessen generell förderlich sind. Dies sind einerseits Effizienzgewinne, durch die die Kosten, die mit der politischen Entscheidungsfindung im Brüsseler Gesetzgebungsprozess verbunden sind, reduziert werden können. Andererseits versuchen rationale Akteure durch institutionelle Veränderungen und das Abtreten von Souveränität durch Konstitutionalisierung bestimmte langfristige Politikziele (besser) zu realisieren.[5]

Die Annahme, dass Regierungen Entscheidungsregeln entwickeln, um die Kosten von Entscheidungsprozessen zu verringern und somit Effizienzgewinne zu realisieren, erfreut sich in der Europaforschung seit einiger Zeit besonderer Beliebtheit (vgl. Pollack 1997, 2003, Moravcsik 1998, Golub 1999, Schulz und König 2000, Hix 2002). Im Hinblick auf den EU-Gesetzgebungsprozess demonstriert eine Vielzahl von Studien, dass die Einführung neuer Gesetzgebungsverfahren durch die Einheitliche Europäische Akte und den Vertrag von Maastricht (Golub 1999) oder die Ausweitung qualifizierter Mehrheitsentscheidungen im Rahmen des Zusammenarbeitsverfahrens (Schulz und König 2000) einen Beitrag zur Effizienzsteigerung der jeweiligen Gesetzgebungsverfahren geleistet hat, indem die Dauer dieser Verfahren verkürzt wurde. Wenn jedoch die Erwartung an die Effizienzsteigerung von Politikprozessen Akteure dahingehend mo-

4 Siehe z. B. Reif und Schmitt (1980) sowie Reif (1984) für grundlegende Forschungsarbeiten.

5 Dies entspricht der Logik der *credible commitments*: Wenn kurzfristige Politikziele mit als optimal definierten, langfristigen Politikzielen in Konflikt stehen, kann es von Vorteil sein, Politikentscheidungen an die Hand von unabhängigen Akteuren bzw. Institutionen zu geben, die diese optimalen, langfristigen Politikziele verfolgen (vgl. Majone 1996).

tiviert, Institutionen und Entscheidungsregeln zu verändern, wie lässt sich dies mit einer Stärkung des Europäischen Parlaments im Rahmen der diversen Gesetzgebungsverfahren vereinbaren? Die Studien von Golub (1999) und Schulz und König (2000) zeigen, dass die Beteiligung des Europäischen Parlaments in den EU-Gesetzgebungsverfahren negative Auswirkung auf die Dauer dieser Verfahren hat:

»[T]here is no evidence suggesting that decreasing EU decision-making efficiency was a major objective for member states when they decided to give the Parliament a formal role in the legislative process (...) [G]iving the Parliament a formal role in the legislative process significantly increases the duration of the decision-making process.« (Schulz und König 2000: 664)

Simon Hix (2002) zeigt allerdings am Beispiel des Mitentscheidungsverfahrens und dessen Reform im Zuge der Verhandlungen des Amsterdamer Vertrags, dass institutionelle Reformen in Bezug auf das Gesetzgebungsverfahren unter bestimmten (allerdings restriktiven) Bedingungen sowohl Effizienzgewinne als auch eine Steigerung der Parlamentskompetenzen mit sich bringen können.[6] Insgesamt kann man festhalten, dass auf Effizienzgewinnen basierende Erklärungen nur eine geringe Erklärungskraft für die Konstitutionalisierung der EU besitzen.

Wie verhält es sich mit der zweiten rationalistischen Erwartung, wonach Regierungen bestimmte Politikziele durch Konstitutionalisierung langfristig ›institutionalisieren‹ wollen? Dieser Argumentation folgend sollten beispielsweise diejenigen Regierungen eine Stärkung des Europäischen Parlaments im Gesetzgebungsprozess fordern, wenn dadurch die Wahrscheinlichkeit erhöht werden kann, dass Politikergebnisse erreicht werden, die dem ›Idealpunkt‹ dieser Regierungen näher liegen als ohne Beteiligung des Europäischen Parlaments (vgl. Moravcsik und Nicolaïdis 1999, Steunenberg und Dimitrova 1999, Bräuninger u. a. 2001, Pollack 2003). Diese Erklärungsansätze gehen jedoch davon aus, dass die Regierungen der Mitgliedstaaten zum Zeitpunkt von Regierungskonferenzen, im Rahmen derer üblicherweise über die Stärkung und Ausweitung von Parlamentskompetenzen gestritten wird, genaue Vorstellungen von den Politikpräferenzen des Europäischen Parlaments (bzw. dessen Median-Mitglieds) in den un-

6 Parlamentarisierung *und* Effizienzgewinne sind (nur) dann zu erwarten, wenn (a) zwischen der *de facto* Anwendung bestehender Regelungen im Gesetzgebungsverfahren und der Formalisierung dieser »informellen Praktiken« keine Kompetenzumverteilung stattfindet und (b) kollektive Effizienzgewinne aus einem Mehr an Transparenz der reformierten Entscheidungsregel zu erwarten sind (vgl. Hix 2002: 272).

terschiedlichsten Politikbereichen besitzen. Die Ergebnisse dieser Studien lassen den Schluss zu, dass sowohl die Beteiligung des Europäischen Parlaments am Gesetzgebungsprozess als auch die sukzessive Stärkung dessen Einflusses auf die Gesetzgebung nicht auf der Grundlage dieses Ansatzes erklärt werden kann (vgl. Bräuninger u. a. 2001: 64).

Im Unterschied zur Frage der Parlamentarisierung existieren keine auf dem Rationalismus basierenden Studien zur Institutionalisierung von Menschenrechten auf der europäischen Ebene. Man könnte sich jedoch in Analogie zu den rationalistisch inspirierten Arbeiten zur Parlamentarisierung nur schwer vorstellen, dass durch die potenzielle Überprüfung von EU-Politikentscheidungen im Hinblick auf Menschrechtsnormen Effizienzgewinne erzielt werden könnten. Die Institutionalisierung von Menschenrechten auf der EU-Ebene impliziert vielmehr eine Beschneidung der Autonomie der nationalen politischen Entscheidungsträger, die durch eine Stärkung der richterlichen Überprüfung von sekundärem EU-Recht noch verstärkt wird. Daniel Kelemen weist zudem auf die Erfahrung föderaler Staaten hin, bei denen die Schaffung individueller Rechte auf der bundesstaatlichen Ebene »dramatische Zentralisierungseffekte« mit sich bringt (Kelemen 2003: 221, eigene Übersetzung). Eben jene Zentralisierungseffekte beobachtet Kelemen auch bei der EU. Während man annehmen kann, dass die supranationalen Organe der EU – die Kommission, das Europäische Parlament und der Europäische Gerichtshof – ein Eigeninteresse an einer solchen Zentralisierung haben, kann dies für die Mitgliedstaaten nicht gelten. Selbst wenn die formale Institutionalisierung von Menschrechten auf der EU-Ebene von vielerlei Seite als bloßer symbolischer Akt mit vernachlässigbaren Effizienz- bzw. Autonomiekosten für Mitgliedstaaten gesehen wird, so bedarf es dennoch einer Erklärung, warum sich mitgliedstaatliche Regierungen dennoch für die Institutionalisierung von Menschenrechten auf der EU-Ebene einsetzen bzw. sie nicht torpedieren.

Die rationalistische Literatur, die sich generell mit Menschenrechtsfragen in der internationalen Politik befasst, ist für das Erkenntnisinteresse dieses Bandes ebenfalls von geringem Nutzen. Für den neoliberalen Institutionalismus ist die Einrichtung internationaler Menschenrechtsinstitutionen ein Rätsel, da sich Menschenrechtsfragen auf das innerstaatlich angesiedelte Verhältnis zwischen Bürger und Staat beziehen und nicht der internationalen Kodifizierung bedürfen, um durch internationale Interdependenz generierten ›Externalitäten‹ entgegenzuwirken (vgl. Donnelly

1986, Moravcsik 2000: 217, Schmitz und Sikkink 2002: 521). Dagegen argumentiert Andrew Moravcsik (2000) in seiner Analyse zur Entstehung des Europarat-basierten Menschenrechtsregimes, dass die internationale Kodifizierung von Menschenrechten im Eigeninteresse ›neuer‹ Demokratien ist, da diese dadurch sowohl ihre Glaubwürdigkeit erhöhen als auch die Stabilität staatlicher liberal-demokratischer Institutionen gegenüber nichtdemokratischen Bedrohungen absichern können. Diese Argumentationslinie ist allerdings nicht ohne weiteres auf die Institutionalisierung von Menschenrechten auf der EU-Ebene übertragbar. Moravcsiks Argument könnte dahingehend Erklärungskraft besitzen, dass die Nichteinhaltung von Grund- und Menschenrechten – die nach Artikel 7 EU-Vertrag und den Kopenhagener Kriterien zentrale Gemeinschaftsnormen darstellen – durch die Mitgliedstaaten sanktioniert werden kann und damit dem Abbau politischer Unsicherheit dienlich ist. Es ist allerdings aus rationalistischer Perspektive wenig einsichtig, warum sich die Mitgliedstaaten durch die Institutionalisierung von Menschrechten auf der europäischen Ebene selber Handlungsbeschränkungen auferlegen, die gerade die Autonomie zu reduzieren droht, die sie im Rahmen des Politikprozesses auf EU-Ebene gegenüber innenpolitischen Akteuren hinzuzugewinnen trachten (vgl. Moravcsik 1994, Wolf 1999).

Der Konstruktivismus und die Konstitutionalisierung der EU

Der *konstruktivistischen Perspektive* folgend speist sich Verfassungspolitik aus kollektiven Identitäten, Werten und Normen und einer »Logik der Angemessenheit« (March und Olsen 1989). In der Tat könnte eine konstruktivistische Analyse darauf verweisen, dass »Parlamentarismus« und »Menschenrechte« nicht nur unter den Mitgliedstaaten geteilte und tief verankerte Prinzipien legitimen Regierens sind, sondern auch in der kollektiven Identität der europäischen Staatengemeinschaft und ihren Institutionen immer schon (wenn auch teils rudimentär) angelegt waren. Die Stärkung der demokratischen und menschenrechtlichen Kompetenzen von EU-Organen erscheint aus dieser Sicht eine Konsequenz der im Zuge fortschreitender Integration immer wieder entstehenden Legitimitätsdefizite und der normativen Verpflichtung zu ihrer Behebung zu sein. Rätsel wirft hier jedoch der Prozess auf: Wie die empirische Forschung über die Normen und Wertvorstellungen der politischen Akteure in der EU gezeigt hat, sind partikulare, »nationale« Verfassungstraditionen (vgl. z. B. Wagner 1999, 2002) und Legitimitätsideen (vgl. Jachtenfuchs u. a. 1998, Jachtenfuchs 1999, 2002) trotz fortschreitender europäischer Integration stabil geblieben, ohne sich einander anzunähern.

Wolfgang Wagner argumentiert beispielsweise, dass die Regierungen der Mitgliedstaaten sich bei der Frage der Ausweitung der Kompetenzen des Europäischen Parlaments von Vorstellungen über eine angemessene Form parlamentarischer Legitimierung von EU-Politik leiten lassen. Diese Vorstellungen, so Wagner, sind ein Derivat der jeweiligen nationalen »politischen Kultur« (vgl. Wagner 1999: 427). Der Terminus ›politische Kultur‹ wird von Wagner in Anlehnung an Thomas Risse als »those worldviews and principled beliefs – values and norms – that are stable over long periods of time and taken for granted by the vast majority of the population« definiert (Risse-Kappen, zitiert nach Wagner 1999: 427). Wagner argumentiert, dass nationale Verfassungsordnungen ein zentraler Bestandteil nationaler politischer Kultur darstellen und sich in den Vorstellungen politischer Eliten bezüglich der Form einer angemessenen parlamentarischen Legitimierung von EU-Politik widerspiegeln. Daraus folgert Wagner, dass EU-Mitgliedstaaten auf die Frage nach den institutionellen Arrangements einer supranationalen demokratischen Ordnung die gleiche Antwort parat haben, wie auf die Frage nach dem institutionellen Arrangement subnationaler Demokratie (vgl. Wagner 2002: 29). Konkret bedeutet dies, dass von Staaten mit einem föderalen Aufbau, in denen »Länderpolitik« durch direkt gewählten Regionalparlamente legitimiert wird, erwartet werden kann, dass sie als Fürsprecher *direkter* parlamentarischer Legitimierung von EU-Politik eintreten. Im Gegensatz dazu erwartet Wagner, dass »countries whose regional-level policy has been legitimized indirectly by the national parliaments, i. e. unitary states (...) are expected to prefer indirect parliamentary legitimation for the EU.« (Wagner 2002: 29).

Intersubjektiv geteilte Vorstellungen über eine angemessene, legitime politische Ordnung – so genannte Legitimitätsideen – bilden die zentrale Analysekategorie in den Arbeiten von Markus Jachtenfuchs und seinem Forscherteam (Jachtenfuchs 1999, 2002, Jachtenfuchs u. a. 1998). Die Präferenzen von den Regierungen der Mitgliedstaaten im Hinblick auf ein Fortschreiten der Konstitutionalisierung leiten sich aus diesen Legitimitätsideen ab. Im Unterschied zu Wagner geht Jachtenfuchs allerdings nicht von national einheitlichen Konstitutionalisierungspräferenzen aus, die sich aus der nationalen Verfassungsordnung speisen. Jachtenfuchs argumentiert, dass politische Parteien die zentralen Träger von Verfassungsideen sind und sich somit nationale Unterschiede im Hinblick auf Konstitutionalisierungspräferenzen ergeben können (Jachtenfuchs u. a. 1998). Vier Realtypen von Verfassungsideen werden unterschieden: Staatenbund, Bundesstaat, Wirtschaftsgemeinschaft und Netzwerk. Je nachdem welche Legitimitätsidee für eine politische Partei handlungsleitend wirkt, ergeben sich unterschiedliche Antworten auf die Fragen nach der Begründung demokratisch legitimen Regierens in einer supranationalen Gemeinschaft oder der Möglichkeit und Wünschbarkeit supranationaler demokratischer Institutionen. Die Arbeiten von Jachtenfuchs vermögen demnach zu zeigen, dass Vorstellungen im Hinblick auf eine »angemessene«, legitime Ordnung der EU auch innerhalb von Mitgliedstaaten variieren können. Wie bei Wagner greift allerdings auch der Ansatz von Jachtenfuchs zu kurz, um die hier im Mittelpunkt stehenden Konstitutionalisierungsprozesse – Parlamentarisierung und Institutionalisierung von Menschenrechten – vollständig zu erklären. Zum einen können beide Ansätze nicht erklären, wann und unter welchen Bedingungen die Frage nach einer Ausweitung der Parlamentskompetenzen oder einer fortschreitenden Institutionalisierung von Menschenrechten auf der EU-Ebene politisch virulent wird: Unter welchen Bedingungen werden diese Fragen auf die politische Tagesordnung gesetzt? Somit wird das *timing* von Konstitutionalisierungsschritten ausgeblendet. Zum anderen geben uns Wagner und Jachtenfuchs keinen Aufschluss über den Prozess, durch den unterschiedliche Präferenzen zu kooperativen Konstitutionalisierungslösungen transformiert werden.

Die fortdauernde Stabilität nationaler Konstitutionalisierungspräferenzen lässt uns zu dem Schluss kommen, dass eine Angleichung der Akteurspräferenzen durch institutionelle Sozialisation (vgl. Checkel 2001) oder argumentative Konsensbildung (vgl. Risse 2000) offensichtlich nicht stattgefunden hat. Dann aber bleibt fraglich, wie es vor dem Hintergrund partikularer konstitutioneller Identitäten und umstrittener verfassungspolitischer Ideen und Normen zu einer fortschreitenden Parlamentarisierung und Institutionalisierung der Menschenrechte auf der EU-Ebene kommen konnte. Wir haben zudem in diesem Abschnitt gezeigt, dass es sowohl aus konstruktivistischer als auch aus rationalistischer Perspektive rätselhaft erscheint, warum die Konstitutionalisierung der EU fortgeschritten ist, obwohl die Heterogenität der verfassungspolitischen Präferenzen (und die Gruppe der föderalismusskeptischen Mitgliedstaaten) mit jeder Erweiterungsrunde größer geworden ist. Hier fehlt ein unverzichtbarer Erklärungsschritt. Dieser wird im folgenden Abschnitt vorgestellt.

Des Rätsels Lösung: strategisches Handeln in einer Gemeinschaftsumwelt

Den in diesem Band versammelten Beiträgen zur Konstitutionalisierung der EU liegt der synthetische Erklärungsansatz des »strategischen Handelns in internationalen Gemeinschaften« zugrunde (Schimmelfennig 2003). In Übereinstimmung mit rationalistischen Ansätzen beruht dieser Erklärungsansatz auf der Annahme, dass Akteure in der internationalen Politik *exogene Präferenzen* besitzen und *strategisch handeln*, um Politikergebnisse zu erzielen, die ihren Nutzen maximieren. Das bedeutet im Gegensatz zu konstruktivistischen Annahmen erstens, dass die politischen Präferenzen der Akteure nicht durch kollektive Identitäten, Werte und Normen geprägt werden, die auf internationaler Ebene institutionalisiert sind. Vielmehr spiegeln sie akteursspezifische Interessen wieder, die auf deren strukturelle Position im internationalen System und in »subsystemischen«, innenpolitischen Institutionen, Interessen und Ideen basieren. Zweitens folgen die Akteure in ihrem Handeln einer »Logik der Konsequenzialität« (und nicht der »Angemessenheit«). Schließlich lernen und internalisieren sie als Ergebnis der internationalen Interaktion keine neuen, »angemessenen« Identitäten, sondern passen allenfalls ihr Verhalten institutionellen Vorgaben an.

Andererseits geht der Ansatz davon aus, dass sich das internationale System (zumindest in einigen Regionen und Handlungsfeldern) als ein gemeinschaftliches Handlungsmilieu (Gemeinschaftsumwelt) kennzeichnen lässt. Drei grundlegende Merkmale zeichnen eine »internationale Gemeinschaft« aus, so wie sie hier verstanden werden soll (vgl. etwa Deutschs Konzept der »pluralistischen Gemeinschaft«, Deutsch u. a. 1957): ein gemeinsames Ethos (gemeinsam anerkannte Werte und Normen, auf die sich die Identität der Gemeinschaft gründet), eine hohe Interaktionsdichte (häufige und relevante, auf Permanenz angelegte Interaktionen in einer Vielzahl von Politikfeldern und auf einer Vielzahl politischer Ebenen) und das Fehlen einer zentralen Rechts(durch)setzungsautorität.

Für das Handeln strategischer Akteure bedeutet ein gemeinschaftliches Handlungsmilieu, dass die wirksame Verfolgung politischer Ziele nicht nur von der Konstellation der Akteurspräferenzen, ihrer Verhandlungsmacht und von formellen Entscheidungsregeln abhängt. Das Gemeinschaftsethos definiert einen Legitimitätsstandard, den Gemeinschaftsmitglieder berücksichtigen müssen, wenn sie erfolgreich handeln wollen. Und die hohe Interaktionsdichte sorgt dafür, dass das Gemeinschaftsethos durch »weiche«, informelle Mechanismen (wie z. B. durch sozialen Druck oder Anprangerung) durchgesetzt werden kann.

Gemeinschaftsakteure müssen argumentieren. Ihr Handeln steht unter Legitimierungszwang. Um ihre politischen Interessen erfolgreich zu vertreten, müssen sie diese als legitim darstellen und im Lichte des gemeinsamen Ethos rechtfertigen. Dieser strategische Gebrauch von Argumenten ist »rhetorisches Handeln« (Schimmelfennig 2001). Die in einer Gemeinschaft rhetorisch handelnden Akteure spielen, in der Terminologie Erving Goffmans, ein iteratives »Informationsspiel«, in dem sie ihre Argumente wechselseitig auf Aufrichtigkeit, Unparteilichkeit und Konsistenz prüfen. Die hohe Interaktionsdichte in Gemeinschaften erschwert die opportunistische Verwendung von Argumenten und erleichtert die »rhetorische Selbstverstrickung« der Akteure in legitimatorische Begründungsstrategien (vgl. Risse und Sikkink 1999). Schließlich müssen die Akteure in einer Gemeinschaft um ihr Image als Gemeinschaftsmitglieder besorgt sein, weil ein negatives Image und geringe soziale Achtung ihre Chancen auf erfolgreiches Handeln bzw. erfolgreiche Interessendurchsetzung in der Zukunft reduzieren. In dem Maße, wie das Image eines Akteurs vornehmlich mit dessen argumentativer Glaubwürdigkeit als Gemeinschaftsmitglied zusammenhängt, kann er durch informelle Mechanismen des sozialen Einflusses (vgl. Johnston 2001) wie (die Drohung mit) Anprangerung und Ausgrenzung (*shaming* und *shunning*) gezwungen werden, selbst dann in Übereinstimmung mit dem Gemeinschaftsethos und früher verwendeten Argumenten zu argumentieren und zu handeln, wenn dies seinen aktuellen Interessen zuwider läuft.

Zusammengefasst heißt dies, dass eine Gemeinschaftsumwelt die Verhandlungsmacht derjenigen Akteure stärkt, deren Präferenzen mit dem gemeinsamen Ethos übereinstimmen (ohne notwendigerweise durch dieses Ethos inspiriert zu sein), und individuelle Regeleinhaltung und die Durchsetzung und Reproduktion normativer Ordnung auch in Abwesenheit eines entsprechenden interessenbasierten Gleichgewichts oder einer zentralisierter Zwangsgewalt (wie vom rationalistischen Institutionalismus behauptet) ermöglicht. Ebenso wenig bedarf es jedoch individueller Internalisierung oder eines »echten« kollektiven Konsenses (wie vom konstruktivistischen Institutionalismus behauptet). Dieser theoretische Ansatz dürfte also insbesondere für die Analyse solcher Institutionen von Belang sein, die zwar einerseits die Merkmale von Gemeinschaft (Ethos und Interaktionsdichte) aufweisen, andererseits aber weder über eine zentralisierte Zwangsgewalt verfügen, noch auf die Wirksamkeit primärer politischer Sozialisation setzen können.

Diese Bedingungen treffen auf die Europäische Union zu. Zum einen stellt sie den wahrscheinlich am stärksten ausgeprägten gemeinschaftlichen Handlungskontext im internationalen System dar. Sie gründet sich nicht nur auf ein kollektives Ethos – eine europäische und liberale Identität, die auf dem Bekenntnis zu Menschenrechten, Demokratie, Rechtsstaatlichkeit und Marktwirtschaft beruht (vgl. vor allem Art. 6 EU-Vertrag) –, sondern sie besitzt auch eine im Vergleich zu anderen internationalen Regionen und Organisationen besonders hohe Interaktionsdichte. Zugleich aber ist sie in hohem Maße auf freiwillige Regelbefolgung und nationale Regeldurchsetzung angewiesen, und die primäre politische Sozialisation findet nach wie vor im nationalen Rahmen statt.[7]

Für die Analyse der Konstitutionalisierung der EU ergibt sich daraus folgende Erwartung: Auch wenn eine Parlamentarisierung und Institutionalisierung der Menschenrechte auf der europäischen Ebene weder dem institutionellen Eigeninteresse noch dem verfassungspolitischen Konsens der Regierungen entspricht, so sind sie durch ihre kollektive Identität als Mitglieder einer liberaldemokratischen Staatengemeinschaft und ihre Bindung an die Grundnormen der liberalen Demokratie doch grundsätzlich darauf verpflichtet, sich in Übereinstimmung mit dieser liberaldemokratischen Identität zu verhalten. Akteure, die an einer Ausweitung parlamentarischer und menschenrechtlicher Kompetenzen auf der EU Ebene interessiert sind (vor allem die supranationalen Organisationen der EU, aber auch nationale Parlamente oder einzelne Regierungen), können daher durch die Verwendung gemeinschaftskonformer *frames* und Argumente wirksamen sozialen Einfluss auf die Regierungen ausüben und sie zu konstitutionellen Zugeständnissen bewegen.

7 Vergleiche Beyers (2005), Hooghe (2005), Scully (2005).

Es ist jedoch zu erwarten, dass konstitutionelle Zugeständnisse je nach den gegebenen Bedingungen variieren. Förderliche Bedingungen sind:

I. *Konstitutive Politik*: Die Wirkungen des Gemeinschaftsethos dürften umso größer sein, je »konstitutiver« ein Politikgegenstand ist, je direkter er also mit den grundlegenden Werten und Normen verknüpft ist, welche die kollektive Identität der Gemeinschaft ausmachen. In der EU sollten also z. B. unmittelbar mit der Demokratie und demokratischen Institutionen, Menschenrechten und Rechtsstaatlichkeit verknüpfte Probleme der Erweiterung und Vertiefung der Wirkung des Gemeinschaftsethos stärker ausgesetzt sein als etwa die Binnenmarkt- oder Agrarpolitik. Da sowohl die Kompetenzen des Europäischen Parlaments als auch Menschenrechte ›konstitutiv‹ für die Gemeinschaft sind, ist diese Bedingung in den Fällen, die in diesem Band untersucht werden, immer vorhanden.

II. *Salienz*: Innerhalb der Domäne konstitutiver Politik wirken die Gemeinschaftseffekte umso stärker, je größer die Diskrepanz zwischen dem Ist-Zustand und dem vom Gemeinschaftsethos postulierten Soll-Zustand ist. Konkret bedeutet dies: Je stärker die Übertragung staatlicher Kompetenzen auf die EU-Ebene nationale Parlamentskompetenzen oder national und international anerkannte Menschenrechtsstandards zu untergraben droht, desto größer ist der moralische Druck zur Konstitutionalisierung der EU (vgl. Rittberger 2003, 2005).

III. *Legitimität*: Die Wirkung von Gemeinschaftseffekten wird aber nicht nur durch vorhandene Salienz in einem konstitutiven Politikbereich verstärkt; Gemeinschaftseffekte können – je nachdem welche ›Qualität‹ einer bestimmten Norm zugeschrieben wird – unterschiedlich stark ausgeprägt sein. Je klarer formuliert, eindeutiger und kohärenter die Gemeinschaftsnormen und -werte hinsichtlich eines Politikgegenstands sind, und je mehr sie durch legitime Verfahren zustande gekommen sind (vgl. Franck 1990, Legro 1997), desto schwerer ist es für strategisch handelnde Akteure in einer internationalen Gemeinschaft, sie rhetorisch zu manipulieren und zu umgehen (vgl. Shannon 2000: 294). In diesem Band richtet sich unser Fokus in erster Linie auf den Aspekt der Kohärenz:

   a) *Interne Kohärenz* bezieht sich auf bereits institutionalisierte, stabile Normen und Praktiken. Gemeinschaftseffekte werden dann besonders stark ausgeprägt sein, wenn Konstitutionalisierungsbefürworter ihre Forderungen mit ›Präzedenzfällen‹ – bereits bestehenden Vertragsregelungen, gemeinsamen Erklärungen von Mitgliedstaaten und supranationalen Organen oder informellen Praktiken – begründen können.

b) *Externe Kohärenz* bezieht sich auf EU-externe internationale Normen und Praktiken. Wie im Fall der internen Kohärenz nehmen wir an, dass Gemeinschaftseffekte stärker zum Tragen kommen, wenn Konstitutionalisierungsbefürworter sich in ihren Forderungen auf bereits existierende Normen und Praktiken anderer internationaler Organisationen und Vereinbarungen beziehen können. Die externe Kohärenz ist für den Menschenrechtsbereich bereits sehr hoch: Menschenrechte sind durch das Europarat-basierte Menschrechtsregime bereits stark institutionalisiert. Demgegenüber sind die Kompetenzen internationaler parlamentarischer Versammlungen, wie beispielsweise des Europarats oder der NATO, derart schwach ausgeprägt, dass sie Konstitutionalisierungsbefürwortern nicht als Referenzpunkte zur Erhöhung der Legitimität von Argumenten für eine Stärkung des Europäischen Parlaments dienen können.

IV. *Öffentlichkeit:* Anprangerung und Ausgrenzung von Akteuren, die gegen das Gemeinschaftsethos verstoßen, sind in der Öffentlichkeit wirksamer als hinter verschlossenen Türen (vgl. Elster 1992). Je transparenter und öffentlicher der Politikentwicklungsprozess ist, desto schmerzhafter ist es für einen Akteur, sich nicht in Übereinstimmung mit dem Gemeinschaftsethos zu verhalten. Wir erwarten demnach, dass Gemeinschaftseffekte stärker zu tragen kommen, wenn die Verhandlungen über Parlamentskompetenzen oder Menschenrechte auf der EU-Ebene öffentlich (beispielsweise durch einen Konvent) statt unter Ausschluss der Öffentlichkeit ausgetragen werden.

Das Analysemodell (Abbildung 1) illustriert die oben skizzierten theoretischen Zusammenhänge bzw. die Bedingungen, die für Konstitutionalisierungsschritte förderlich sind.

Das Modell postuliert, dass es auf der Basis von heterogenen Konstitutionalisierungspräferenzen, die ihrerseits durch divergente Ideen und/oder Interessen zu erklären sind, in einem Prozess, der durch rhetorisches Handeln und sozialen Einfluss gekennzeichnet ist, zur Konstitutionalisierung kommt, und zwar abhängig davon, wie stark im Rahmen einer konstitutionellen Entscheidung die Bedingungen »Salienz«, »Legitimität« und »Öffentlichkeit« ausgeprägt sind. Weiterhin enthält das Modell einen dynamischen Effekt, der eine Pfadabhängigkeit des Konstitutionalisierungsprozesses zur

Folge haben dürfte: Bereits erfolgte Konstitutionalisierungsschritte können Befürwortern einer weiteren Ausweitung der Konstitutionalisierung als argumentative Ressource dienen (interne Kohärenz). Die Konstitutionalisierungshypothese fasst die vorangegangene Diskussion wie folgt zusammen:

Abbildung 1: Konstitutionalisierung: Mechanismen und Bedingungen

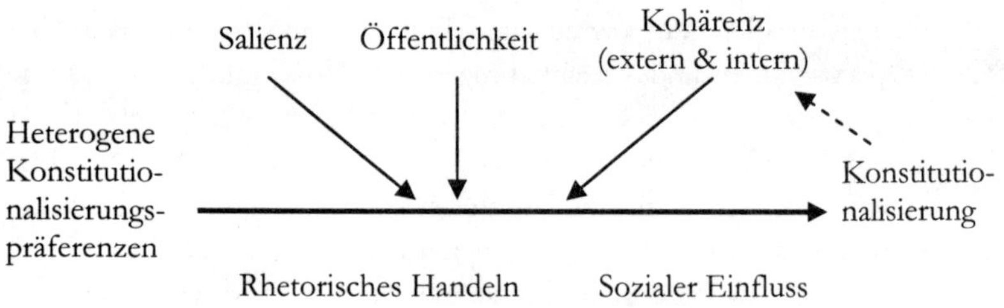

Die Konstitutionalisierungshypothese

Eine konstitutionelle Entscheidung zur Ausweitung der Kompetenzen des Europäischen Parlaments oder zur Institutionalisierung von Menschenrechten auf der EU-Ebene ist umso wahrscheinlicher,

– je weiter reichend die durch die konstitutionelle Entscheidung implizierte Übertragung nationaler Kompetenzen auf die EU ist (*Salienz*),
– je größer die *Legitimität* der in Frage stehenden Werte und Normen ist (interne und externe Kohärenz),
– je *öffentlicher* der konstitutionelle Entscheidungsprozess ist.

Die Beiträge im Einzelnen

Der Beitrag von Frank Schimmelfennig, Berthold Rittberger, Alexander Bürgin und Guido Schwellnus unterzieht die Konstitutionalisierungshypothese einem systematischen empirischen Test. Unter Rückgriff auf die Methode der qualitativ-vergleichenden Analyse (QCA)[8] von Charles Ragin

8 Bei Ragin (1987) wird die Methode der qualitativ-vergleichenden Analyse als QCA (*Qualitative Comparative Analysis*) bezeichnet.

(1987) werden 66 konstitutionelle Entscheidungen zwischen 1951 und 2004 aus den beiden Bereichen der Parlamentarisierung und Institutionalisierung der Menschenrechte analysiert. Diese Entscheidungen beziehen sich sowohl auf unterschiedliche Parlamentskompetenzen (die Ernennung und Kontrolle der Kommission, Gesetzgebungs- und Haushaltsbefugnisse) als auch auf unterschiedliche Menschenrechtsbereiche (politische und soziale Rechte, das Recht auf Nichtdiskriminierung und Minderheitenschutz). Die Konstitutionalisierungshypothese wird durch die Ergebnisse der QCA weitgehend bestätigt. Allerdings zeigt sich, dass Salienz die relevanteste Bedingung für Konstitutionalisierungsfortschritte ist.

Der Prozess der Gemeinschaftsbildung

Die Beiträge von Daniel Thomas und Stefan Seidendorf beschäftigen sich mit Weichenstellungen in der Anfangsphase der europäischen Integration, die die Entwicklung der jungen Gemeinschaft in Richtung eines Verfassungsstaates befördern sollten. Sie problematisieren mit dem Konzept der ›Gemeinschaftsumwelt‹ das Kernkonzept des theoretischen Ansatzes zur Erklärung von Konstitutionalisierung, der diesem Band zugrunde liegt. Die Existenz einer Gemeinschaftsumwelt, so haben wir in diesem Kapitel argumentiert, gilt als eine zentrale Voraussetzung für erfolgreiches rhetorisches Handeln und somit für die Konstitutionalisierung der EU, da politische Akteure ihr Handeln in Bezug auf einen allgemein anerkannten Legitimitätsstandard rechtfertigen und daran orientieren müssen.

Der Beitrag von Daniel Thomas untersucht, inwiefern sich in der Frühphase des europäischen Integrationsprozesses Debatten über die Erweiterung der Gemeinschaft auf die gemeinsame Definition dessen, was ›Gemeinschaftsumwelt‹ bedeutet, ausgewirkt haben. Spaniens Antrag auf ein Assoziierungsabkommen mit der Europäischen Wirtschaftsgemeinschaft von 1962 hat eine heftige innergemeinschaftliche Kontroverse über die Definition grundlegender Gemeinschaftsnormen ausgelöst: Obwohl die französische und deutsche Regierung ein Assoziierungsabkommen mit dem autoritären Franco-Regime seinerzeit unterstützten, hatten Abgeordnete des Europäischen Parlaments, Gewerkschafter und Föderalisten Erfolg mit dem Argument, dass eine Anbindung Spaniens an die Gemeinschaft demokratische und rechtsstaatliche Prinzipien verletzen würde, die jedoch für eine Gemeinschaft, die mehr als nur eine Wirtschaftsgemeinschaft darstellen soll, konstitutiv sind.

Stefan Seidendorf argumentiert in seinem Beitrag, dass die Bedeutung und Relevanz der Gemeinschaftsumwelt für den Konstitutionalisierungsprozess über die Zeit nicht als exogen angenommen werden können, da der Inhalt und die Bedeutung der für die Gemeinschaftsumwelt konstitutiven Normen nicht unabhängig vom sozialen Kontext, in den die Akteure eingebettet sind, betrachtet werden können. Die Gemeinschaftsumwelt erhält erst in der diskursiven Auseinandersetzung zwischen politischen Akteuren über den Gehalt liberal-demokratischer Normen eine Bedeutung und einen Sinn. Dies impliziert gleichwohl, dass politische Akteure auch die Möglichkeit haben, die Gemeinschaftsumwelt zu verändern.

Die Parlamentarisierung der EU

Im dritten Teil dieses Bandes thematisieren die Beiträge von Berthold Rittberger und Alexander Bürgin den Prozess der Parlamentarisierung. Rittbergers Beitrag setzt sich mit Parlamentarisierungsprozessen in der Frühphase des europäischen Integrationsprozesses auseinander. Seine Studie zeigt, dass bereits in den Verhandlungen zur Gründung der Europäischen Verteidigungsgemeinschaft und der Europäischen Politischen Gemeinschaft in den fünfziger Jahren eine parlamentarische Versammlung mit Kontroll-, Haushalts-, und Gesetzgebungskompetenzen als integraler Bestandteil der institutionellen Ordnung dieser beiden letztendlich ›gescheiterten‹ Gemeinschaften vorgesehen war. Die mögliche Unterminierung nationaler liberal-demokratischer Standards durch Souveränitätstransfers (Salienz) löste einen »demokratischen *Spillover*«-Prozess aus, infolgedessen politische Eliten (supranationale) institutionelle Lösungen vorschlugen, um die Unterminierung nationaler Parlamentskompetenzen durch Stärkung einer supranationalen parlamentarischen Versammlung zu kompensieren.

Alexander Bürgins Beitrag setzt sich mit dem Prozess der Parlamentarisierung der EU auseinander, indem er anhand der Debatten des EU-Verfassungskonvents untersucht, warum es im Verfassungsentwurf zu einer Aufwertung der Kompetenzen des Europäischen Parlaments gekommen ist. Bürgin zeigt, dass die Befürworter der Ausweitung der Kompetenzen des Europäischen Parlaments mit Erfolg auf die drohende Unterminierung liberal-demokratischen Normen durch geplante Integrationsschritte hingewiesen haben. Bürgins Analyse unterstreicht demnach die zentrale Stellung von Salienz als notwendige Bedingung für ein Fortschreiten der Konstitutionalisierung.

Menschen- und Bürgerrechte auf der EU-Ebene

Der vierte Abschnitt dieses Bandes geht auf die Institutionalisierung von Menschen- und Bürgerechten auf der EU-Ebene ein. Im Gegensatz zu Ansätzen einer frühen Parlamentarisierung in den fünfziger Jahren, ist in den Verträgen der Gründungsphase keinerlei Bezug zu Menschenrechten festzustellen. Frank Schimmelfennig argumentiert in seinem Beitrag, dass die Institutionalisierung von Menschenrechten auf der EU-Ebene in den ersten Jahrzehnten des Integrationsprozesses nicht das Resultat von Aushandlungsprozessen mitgliedstaatlicher Regierungen darstellt, sondern durch die Interaktion des Europäischen Gerichtshof mit nationalen Gerichten sowie dem Europäischen Gerichtshof für Menschenrechte zu erklären ist. Frank Schimmelfennig zeigt unter anderem, dass der Europäische Gerichtshof in seiner Rechtsprechung explizit auf den Schutz von Grundrechten durch Gemeinschaftsrecht hinwies, um seine eigene Autonomie gegenüber anfänglich misstrauischen nationalen Gerichten zu behaupten.

Die vom EU-Grundrechtekonvent zwischen 1999 und 2000 ausgearbeitete Charta der Grundrechte steht im Zentrum des Beitrags von Guido Schwellnus. Anhand der Vorschläge der Konventsteilnehmer zu Fragen des Minderheitenschutzes, der Nichtdiskriminierung und sozialer Rechte untersucht Schwellnus den Erfolg derjenigen Argumente, denen die Konstitutionalisierungshypothese besondere Erfolgschancen zuschreibt. Seine Analyse zeigt, dass Argumente, die sich auf ›externe Kohärenz‹ bzw. auf international kodifizierte Menschenrechtsstandards berufen, in diesem Kontext als besonders ›konstitutionalisierungsförderlich‹ einzustufen sind.

In der Diskussion über europäische Menschrechtspolitik wird die Frage nach den Rechten von Nicht-EU-Bürgern oft übersehen. Der Beitrag von Sandra Lavenex zeigt, dass es selbst in einem Bereich, in dem sich europäische Politik meist durch eine restriktive Politikpraxis auszeichnet, zu vorsichtigen Konstitutionalisierungsfortschritten gekommen ist. Zur Erklärung der Konstitutionalisierung in diesem Feld unterstreicht Sandra Lavenex die präskriptive Qualität allgemein anerkannter Gemeinschaftsnormen.

Interessanterweise sind es aber nicht die für die Gemeinschaftsumwelt konstitutiven liberal-demokratischen Normen, die den Legitimitätsstandard für politisches Handeln in diesem Bereich definieren. Vielmehr konnten sich Konstitutionalisierungsbefürworter gerade dann durchsetzen, wenn sie ihr Anliegen auf die für die Vollendung des Binnenmarkts zentralen Normen der ›wechselseitigen Anerkennung‹ und der ›Nichtdiskriminierung‹ bezogen haben.

Wolfgang Wagner geht in seinem Beitrag der für die Integrität liberaler Verfassungsstaaten zentralen Frage der parlamentarischen und gerichtlichen Kontrolle der Polizeikräfte nach. Ausgangspunkt ist die Feststellung, dass die Europäisierung der Polizeiarbeit ihre parlamentarische und gerichtliche Kontrolle auf nationaler Ebene erschwert hat, ohne dieses Defizit auf europäischer Ebene auszugleichen. Erst im EU-Konvent zur Ausarbeitung einer Verfassung konnten sich die Befürworter einer stärkeren Kontrolle der europäischen Innen- und Justizpolitik durchsetzen. Dort konnten sie normativen Druck ausüben, weil die Innen- und Justizpolitik in dieser Hinsicht von den Standards der Gemeinschaftsmethode abwich und weil mit der Übertragung operativer Befugnisse an das Europäische Polizeiamt (Europol) dessen parlamentarische und gerichtliche Kontrolle noch dringlicher erschien, was zuvor auch die Kritiker einer stärkeren Kontrolle anerkannt hatten.

Integrationstheoretische Implikationen

In einer breiteren integrationstheoretischen Perspektive liefert der hier vorgestellte Ansatz Indizien für die Existenz zweier zentraler Mechanismen der »supranationalistischen« Theorie der europäischen Integration: *Spillover*-Prozesse und institutionelle Pfadabhängigkeiten. Unser Ansatz legt nahe, dass die fortschreitende Integration einen *normativen Spillover*-Prozess auslöst: Immer wenn sich die Mitgliedstaaten entschließen, zur gemeinsamen Ausübung von Souveränitätsrechten vormals nationalstaatliche Kompetenzen auf EU-Organe zu übertragen, und diese Integration die Kompetenzen der nationalen Parlamente und die bestehenden staatlichen und internationalen Menschenrechtsgarantien zu unterminieren droht, entsteht fast regelmäßig normativer Druck seitens interessierter oder betroffener EU-Akteure, diese negativen normativen Externalitäten der Integration dadurch zu mildern oder zu beheben, dass die Kompetenzen des Europäischen Parlaments und die Menschenrechtsgewährleistung innerhalb der EU gestärkt werden.

Neben dem von uns identifizierten normativen *Spillover*-Prozess betont die supranationalistische Theorie zusätzlich die *institutionelle Pfadabhängigkeit* (siehe zum Beispiel Pierson 1998, Stone Sweet und Sandholtz 1997) und die *argumentative Selbstverstrickung* (Schimmelfennig 2001) im Prozess der europäischen Integration. So scheint beispielsweise die Relevanz des Faktors Kohärenz – als einer Bedingung der Konstitutionalisierung – die Existenz dieser Mechanismen ebenfalls zu untermauern. Ein Unterschied bzw. eine Erweiterung der supranationalistischen Theorie ist allenfalls insoweit zu sehen, als Regierungen (und nicht vornehmlich gesellschaftliche Gruppen und supranationale Organisationen) sich als zentrale Akteure des Konstitutionalisierungsprozesses erwiesen haben.

Literatur

Alston, Philip (Hg.) (1999), *The EU and Human Rights*, Oxford: Oxford University Press.

Alter, Karen J. (1998), »Who are the ›masters of the treaty‹?: European governments and the European Court of Justice«, *International Organization*, Jg. 52, H. 1, S. 121–147.

Beyers, Jan (2005), »Multiple embeddedness and socialization in Europe: the case of council officials«, *International Organization*, Jg. 59, H. 4, S. 899–936.

Bräuninger, Thomas/Cornelius, Tanja/König, Thomas/Schuster, Thomas (2001), »The dynamics of European integration: a constitutional analysis of the Amsterdam Treaty«, in Gerald Schneider/Mark Aspinwall (Hg.), *The Rules of Integration. Institutionalist Approaches to the Study of Europe*, Manchester: Manchester University Press, S. 46–68.

Burley, Anne-Marie/Mattli, Walter (1993), »Europe before the court: a political theory of legal integration«, *International Organization*, Jg. 47, H. 1, S. 41–76.

Checkel, Jeffrey (2001), »Why comply? Social learning and European identity change«, *International Organization*, Jg. 55, H. 3, S. 553–588.

Corbett, Richard (1998), *The European Parliament's Role in Closer Integration*, Basingstoke: Palgrave.

Day, Stephen/Shaw, Jo (2003), »The evolution of Europe's transnational political parties in the era of European citizenship«, in: Tanja A. Börzel/Rachel A. Cichowski (Hg.), *The State of the European Union: Law, Politics, and Society* (Band 6), Oxford: Oxford University Press, S. 149–169.

Deutsch, Karl W. u. a. (1957), *Political Community and the North Atlantic Area: International Organization in the Light of Historical Experience*, Princeton University Press.

Donnelly, Jack (1986), »International human rights: a regime analysis«, *International Organization*, Jg. 40, H. 3, S. 599–642.

Elster, Jon (1992), »Arguing and bargaining in the Federal Convention and the Assemblée Constituante«, in: Raino Malnes/Arild Underdal (Hg.), *Rationality and Institutions. Essays in Honour of Knut Midgaard*, Oslo: Universitetsforlaget, S. 13–50.

Franck, Thomas M. (1990), *The Power of Legitimacy among Nations*, Oxford: Oxford University Press.

Garrett, Geoffrey (1995), »The politics of legal integration in the European Union«, *International Organization*, Jg. 49, H. 1, S. 181–191.

Garrett, Geoffrey/Kelemen, R. Daniel/Schulz, Heiner (1998), »The European Court of Justice, national governments, and legal integration in the European Union«, *International Organization*, Jg. 52, H. 1, S. 149–176.

Golub, Jonathan (1999), »In the shadow of the vote? Decision making in the European Community«, *International Organization*, Jg. 53, H. 4, S. 733–64.

Haas, Ernst B. (1968), *The Uniting of Europe. Political, Social and Economic Forces, 1950–57*, London: Stevens.

Haltern, Ulrich (2005), *Europarecht. Dogmatik im Kontext*, Tübingen: Mohr Siebeck (UTB).

Hix, Simon (2002), »Constitutional agenda-setting through discretion in rule interpretation: Why the European Parliament won at Amsterdam«, *British Journal of Political Science*, Jg. 32, H. 2, S. 259–280.

Hooghe, Liesbet (2005), »Several roads lead to international norms, but few via international socialization: a case study of the European Commission«, *International Organization*, Jg. 59, H. 4, S. 861–898.

Jachtenfuchs, Markus (1999), *Ideen und Integration. Verfassungsideen in Deutschland, Frankreich und Großbritannien und die Entwicklung der EU*, Mannheim: Habilitationsschrift an der Universität Mannheim.

Jachtenfuchs, Markus (2002), *Die Konstruktion Europas. Verfassungsideen und institutionelle Entwicklung*, Baden-Baden: Nomos.

Jachtenfuchs, Markus/Diez, Thomas/Jung, Sabine (1998), »Which Europe? Conflicting models of a legitimate European political order«, *European Journal of International Relations*, Jg. 4, H. 4, S. 409–445.

Johnston, Alistair Iain (2001), »Treating international institutions as social environments«, *International Studies Quarterly*, Jg. 45, H. 4, S. 487–515.

Kelemen, R. Daniel (2003), »The EU rights revolution: adversarial legalism and European integration«, in: Tanja A. Börzel/Rachel A. Cichowski (Hg.), *The State of the European Union: Law, Politics, and Society* (Band 6), Oxford: Oxford University Press, S. 221–234.

Legro, Jeffrey (1997), »Which norms matter? Revisiting the ›failure‹ of internationalism«, *International Organization*, Jg. 51, H. 1, S. 31–63.

Majone, Giandomenico (Hg.) (1996), *Regulating Europe*, London: Routledge.

March, James G./Olsen, Johan P. (1989), *Rediscovering Institutions. The Organizational Basis of Politics*, New York: Free Press.

Maurer, Andreas (2003), »The legislative powers and impact of the European Parliament«, *Journal of Common Market Studies*, Jg. 41, H. 2, S. 227–247.

McCrudden, Christopher (2001), *The Future of the EU Charter of Fundamental Rights*, New York: Jean Monnet Center for International and Regional Economic Law & Justice, Working Paper Nr.10/01.

Moravcsik, Andrew (1991), »Negotiating the single European act: national interests and conventional statecraft in the European Community«, *International Organization*, Jg. 45, H. 1, S. 19–56.

Moravcsik, Andrew (1993), »Preferences and power in the European Community. A liberal intergouvernmentalist approach«, *Journal of Common Market Studies*, Jg. 31, H. 4, S. 473–524.

Moravcsik, Andrew (1994), *Why the European Community Strengthens the State: International Co-operation and Domestic Politics*, Harvard: Harvard University, Center for European Studies, Working Paper Series Nr. 52.

Moravcsik, Andrew (1998), *The Choice for Europe: Social Purpose and State Power from Messina to Maastricht*, Ithaca: Cornell University Press.

Moravcsik, Andrew (2000), »The Origins of Human Rights Regimes: Democratic Delegation in Postwar Europe«, *International Organization*, Jg. 54, H. 2, S. 217–252.

Moravcsik, Andrew/Nicolaïdis, Kalypso (1999), »Explaining the Treaty of Amsterdam: interests, Iinfluence, institutions«, *Journal of Common Market Studies*, Jg. 37, H. 1, S. 59–85.

Mutimer, David (1989), »1992 and the political integration of Europe: neofunctionalism reconsidered«, *Journal of European Integration*, Jg. 13, H. 1, S. 75–101.

Pierson, Paul (1998), »The path to European integration: a historical-institutionalist analysis«, in: Wayne Sandholtz/Alec Stone Sweet (Hg.), *European Integration and Supranational Governance*, Oxford: Oxford University Press, S. 27–59.

Pollack, Mark A. (1997), »Delegation, agency, and agenda setting in the European Community«, *International Organization*, Jg. 51, H. 1, S. 99–134.

Pollack, Mark A. (2003), *The Engines of Integration? Delegation, Agency and Agenda Setting in the European Union*, Oxford: Oxford University Press.

Quinn, Gerard (2001), »The European Union and the Council of Europe on the issue of human rights: twins separated at birth?«, *McGill Law Journal*, Jg. 46, H. 4, S. 849–874.

Ragin, Charles (1987), *The Comparative Method. Moving Beyond Qualitative and Quantitative Strategies*, Berkeley: University of California Press.

Reif, Karl Heinz (1984), »National election cycles and European elections, 1979 and 1984«, *Electoral Studies*, Jg. 3, H. 3, S. 244–55.

Reif, Karl Heinz/Schmitt, Hermann (1980), »Nine second order national elections: a conceptual framework for the analysis of European election results«, *European Journal of Political Research*, Jg. 8, H. 1, S. 3–44.

Risse, Thomas (2000), »›Let's argue!‹ Communicative action in world politics«, *International Organization*, Jg. 54, H. 1, S. 1–39.

Risse, Thomas/Sikkink, Kathryn (1999), »The socialization of international human rights norms into domestic practices: introduction«, in: Thomas Risse/Stephen C. Ropp/Kathryn Sikkink (Hg.), *The Power of Human Rights: International Norms and Domestic Change*, Cambridge: Cambridge University Press, S. 1–38.

Rittberger, Berthold (2003), »The creation and empowerment of the European Parliament«, *Journal of Common Market Studies*, Jg. 41, H. 2, S. 203–225.

Rittberger, Berthold (2005), *Building Europe's Parliament. Democratic Representation beyond the Nation-State*, Oxford: Oxford University Press.

Sadurski, Wojciech (2003), *Constituionalization of the EU and the Sovereignty Concerns of the New Accession States: The Role of the Charter of Rights*, Florenz: Europäisches Hochschulinstitut, EUI Working Paper Law Nr. 2003/11.

Schimmelfennig, Frank (2001), »The community trap: liberal norms, rhetorical action, and the Eastern enlargement of the European Union«, *International Organization*, Jg. 55, H. 1, S. 47–80.

Schimmelfennig, Frank (2003), »Strategic action in a community environment: the decision to expand the European Union to the East«, *Comparative Political Studies*, Jg. 36, H. 1–2, S. 156–183.

Schmitz, Hans Peter/Sikkink, Kathryn (2002), »International human rights«, in: Walter Carlsnaes/Thomas Risse/Beth A. Simmons (Hg.), *Handbook of International Relations*, London: Sage, S. 517–537.

Schulz, Heiner/König, Thomas (2000), »Institutional reform and decision-making efficiency in the European Union«, *American Journal of Political Science*, Jg. 44, H. 4, S. 653–666.

Scully, Roger (2005), *Becoming Europeans? Attitudes, Behaviour, and Socialization in the European Parliament*, Oxford: Oxford University Press.

Shannon, Vaughn P. (2000), »Norms are what states make of them: the political psychology of norm violation«, *International Studies Quarterly*, Jg. 44, H. 2, S. 293–316.

Snyder, Francis (2003), »The unfinished constitution of the European Union: principles, processes and culture«, in: Joseph H. H. Weiler/Marlene Wind (Hg.), *European Constitutionalism Beyond the State*, Cambridge: Cambridge University Press, S. 55–73.

Stein, Eric (1981), »Lawyers, judges, and the making of a transnational constitution«, *American Journal of International Law*, Jg. 75, H. 1, S. 1–27.

Steunenberg, Bernard/Dimitrova, Antoaneta (1999), *Interests, Legitimacy, and Constitutional Choice: The Extension of the Codecision Procedure in Amsterdam*, Network on Enlargement and new Membership of the European Union, Working Paper Nr. 99–2.

Stone Sweet, Alec (2000), *Governing with Judges. Constitutional Politics in Europe.* Oxford: Oxford University Press.

Stone Sweet, Alec (2003), »European integration and the legal system«, in: Tanja A. Börzel/Rachel A. Cichowski (Hg.), *The State of the European Union: Law, Politics, and Society* (Band 6), Oxford: Oxford University Press, S. 18–47.

Stone Sweet, Alec/Brunell, Thomas (1998), »Constructing a supranational constitution: dispute resolution and governance in the European Community«, *American Political Science Review*, Jg. 92, H. 1, S. 63–81.

Stone Sweet, Alec/Sandholtz, Wayne (1997), »European integration and supranational governance«, *Journal of European Public Policy*, Jg. 3, H. 3, S. 297–317.

Sweeney, Jane (1984), *The First European Elections. Neo-Functionalism and the European Parliament*, Boulder: Westview Press.

Tsebelis, George/Garrett, Geoffrey (2000), »Legislative politics in the European Union«, *European Union Politics*, Jg. 1, H. 1, S. 9–36.

Wagner, Wolfgang (1999), »Interessen und Ideen in der europäischen Verfassungspolitik. Rationalistische und konstruktivistische Erklärungen mitgliedstaatlicher Präferenzen«, *Politische Vierteljahresschrift*, Jg. 40, H. 3, S. 415–441.

Wagner, Wolfgang (2002), »The subnational foundations of the European Parliament«, *Journal of International Relations and Development*, Jg. 5, H. 1, S. 24–36.

Weiler, Joseph H. H. (1981), »The community system: the dual character of supranationalism«, in: Francis Geoffrey Jacobs (Hg.), *Yearbook of European Law*, Jg. 1, Oxford: Oxford University Press, S. 267–306.

Weiler, Joseph H. H. (1999), *The Constitution of Europe*, Cambridge: Cambridge University Press.

Westlake, Martin (1994), *A Modern Guide to the European Parliament*, London: Pinter.

Wiener, Antje (2005), »Normative Conflict: Towards a Typology of Constitutionalisation Research«, Konferenzbeitrag, International Studies Association, 2. bis 5. März 2005, Honolulu, Hawaii.

Wolf, Klaus Dieter (1999), »The new raison d'état as a problem for democracy in world society«, *European Journal of International Relations*, Jg. 5, H. 3, S. 333–363.

Die Konstitutionalisierung der Europäischen Union
Eine qualitativ-vergleichende Analyse

Frank Schimmelfennig, Berthold Rittberger, Alexander Bürgin und Guido Schwellnus

Einleitung

Unter welchen Bedingungen haben die Parlamentarisierung und die Institutionalisierung der Menschenrechte in der EU Fortschritte gemacht? Im Einleitungskapitel zu diesem Band haben wir argumentiert, dass die Konstitutionalisierung der EU am besten als Ergebnis strategischen Handelns in einer Gemeinschaftsumwelt zu verstehen ist. Zudem haben wir die Hypothese aufgestellt, dass Konstitutionalisierungsfortschritte von der Salienz des Demokratiedefizits der EU, der Kohärenz der Forderungen nach Konstitutionalisierung mit bestehenden externen oder EU-internen Normen und der Öffentlichkeit der Verhandlungen und Beratungen über die Verfassungsgebung abhängen (Rittberger und Schimmelfennig in diesem Band). In diesem Kapitel werden wir diese Konstitutionalisierungshypothese in einer qualitativ-vergleichenden Analyse (*Qualitative Comparative Analysis*, QCA) konstitutioneller Entscheidungen über die Kompetenzen des Europäischen Parlaments und über die Institutionalisierung der Menschenrechte in der EU für den Zeitraum von der Europäischen Gemeinschaft für Kohle und Stahl (EGKS) von 1951 bis zum Vertrag über eine Verfassung für Europa von 2004 überprüfen.

Qualitativ-vergleichende Analyse

Im Wesentlichen ist die qualitativ-vergleichende Analyse (QCA), wie sie von Charles Ragin (1987, 2000) entwickelt wurde, eine Erweiterung klassischer vergleichender Analysemethoden. Sie ist speziell dafür gedacht, eine größere Anzahl von Fällen und Erklärungsfaktoren zu analysieren als in den üblichen vergleichenden Fallstudienuntersuchungen. In ihrer einfachsten Variante erfordert die QCA eine Dichotomisierung sämtlicher Variablen. Während das Vorhandensein einer Bedingung oder eines Ergebnisses mit »1« kodiert wird, wird seine Abwesenheit mit »0« kodiert.

Die Daten für QCA werden in einer »Wahrheitstafel« angeordnet. Das heißt, jede im Datensatz vorhandene Konfiguration von Bedingungen wird in einer Zeile zusammen mit dem assoziierten (»Wahrheits-«)Wert des zu erklärenden Sachverhalts dargestellt. Schließlich wird die Wahrheitstafel analysiert und mit Verfahren der kombinatorischen Logik reduziert, um eine Lösung zu finden, die eine sparsame Kombination notwendiger und hinreichender Bedingungen für das Vorhandensein oder die Abwesenheit des zu erklärenden Ergebnisses darstellt (Ragin 1987: 86–99).

Analyseeinheiten

Unsere Analyseeinheiten sind *formelle konstitutionelle Entscheidungen*, welche die EU üblicherweise in Regierungskonferenzen (RK) trifft. Konstitutionelle Entscheidungen betreffen die Verteilung und Umverteilung von Kompetenzen im europäischen Mehrebenen-System. Es wurden zehn RK identifiziert, aus denen neue Verträge oder Vertragsrevisionen entstanden: EGKS 1951, Europäische Verteidigungsgemeinschaft (EVG) 1952, Rom 1957, Luxemburg 1970, Brüssel 1975, Einheitliche Europäische Akte (EEA) 1986, Maastricht 1992, Amsterdam 1997, Nizza 2000 und der Verfassungsvertrag von 2004.[1] Außerdem haben wir die Konstitutionalisierung nicht nur in die zwei Prozesse der Parlamentarisierung und der Institutionalisierung von Menschenrechten unterteilt, sondern weiter nach jeweils vier spezifischen Kompetenzen und Rechten ausdifferenziert. Bei der Parlamentarisierung wird zwischen legislativen Kompetenzen, Haushaltsbefugnissen, Kontrolle der Kommission und Ernennung der Kommission unterschieden. Die Menschenrechte lassen sich in bürgerliche und politische Rechte, Nichtdiskriminierung, soziale Rechte und Minderheitenrechte unterteilen. Die RK von 1970 und 1975, die ausschließlich Haushaltsfragen gewidmet waren, wurden lediglich für den Gegenstand der Haushaltsbe-

1 Der Vertrag über die Gründung einer Europäischen Verteidigungsgemeinschaft und der Vertrag über eine Verfassung für Europa wurden nicht ratifiziert. Es ging ihnen aber jeweils eine RK voraus, bei der sie von den teilnehmenden Mitgliedstaaten angenommen wurden. Deshalb werden sie in den Datensatz integriert.

fugnisse des Europäischen Parlaments untersucht. Damit kommen wir auf 66 Fälle konstitutioneller Entscheidungen.[2]

Eine derartige Konzeptualisierung der Analyseeinheit ist prinzipiell ergebnisoffen. Konstitutionelle Entscheidungen der EU können, müssen aber nicht, zu einer (weiteren) Parlamentarisierung oder Institutionalisierung der Menschenrechte führen. Während Studien zur europäischen Integration oft nur die Integrationsfortschritte in den Blick nehmen, also Stagnation oder Rückschritte vernachlässigen, enthält unser Datensatz ebenso viele negative wie positive Fälle von Konstitutionalisierung (je 33 Fälle).

Erklärungsfaktoren, Explanandum und deren Operationalisierung

Unser Explanandum ist *konstitutioneller Wandel.* Wenn konstitutionelle Entscheidungen von einem positiven Wandel zugunsten der Parlamentarisierung und der Institutionalisierung der Menschenrechte begleitet waren, wurde das Ergebnis mit »1« kodiert. »Positiver Wandel« kann zweierlei bedeuten:

1. Eine Veränderung von einem tieferen zu einem höheren Konstitutionalisierungsniveau:
   a) von »keinerlei Konstitutionalisierung« zu einer zumindest »deklaratorischen Konstitutionalisierung« (offizielle Bezugnahme auf Parlamentarisierung und Menschenrechte, Empfehlungen zum Ausbau von Kompetenzen),
   b) von einer »deklaratorischen Konstitutionalisierung« zu einer zumindest »schwachen Konstitutionalisierung« (nicht bindende Rechte und Kompetenzen),
   c) von einer »schwachen« zu einer »starken Konstitutionalisierung« (bindende Rechte und Kompetenzen).
2. Eine signifikante Erweiterung von Rechten und Kompetenzen auf dem jeweiligen Konstitutionalisierungsniveau:
   a) auf dem Niveau der »deklaratorischen« oder »schwachen« Konstitutionalisierung: horizontale Erweiterung zu neuen Themen (zusätzliche Menschenrechte oder parlamentarische Kompetenzen),

2 Für den Parlamentarisierungsprozess werden 34 (3 x 8 + 1 x 10), für die Institutionalisierung der Menschenrechte 32 (4 x 8) Fälle gezählt.

b) auf dem Niveau der »starken Konstitutionalisierung«: horizontale Erweiterung zu weiteren Themen und/oder weitere signifikante Stärkung der Parlaments- oder Menschenrechtskompetenzen.

Für unsere Analyse ziehen wir die vier in der Konstitutionalisierungshypothese genannten Erklärungsfaktoren heran: Salienz, interne und externe Kohärenz sowie Öffentlichkeit.

Salienz. Salienz liegt vor, wenn eine (geplante) konstitutionelle Entscheidung zu einer Einschränkung bestehender (nationaler oder internationaler) parlamentarischer Kompetenzen oder Menschenrechte führt (oder führen würde). Damit Konstitutionalisierung als salient kodiert wird, muss eine solche Einschränkung zusätzlich von Akteuren der EU auch als Legitimitätsdefizit angesehen und problematisiert werden (siehe Rittberger 2005). Salienz wird deshalb als gegeben betrachtet, wenn mindest ein EU-Akteur das Problem aufwirft und konstitutionellen Wandel verlangt.

Interne Kohärenz. Interne Kohärenz liegt vor, wenn in der EU ein formeller oder informeller institutioneller ›Präzedenzfall‹ von Konstitutionalisierung im jeweiligen Gegenstandsbereich der Parlamentarisierung oder Institutionalisierung von Menschenrechten besteht. Ein formeller Präzedenzfall ist immer dann vorhanden, wenn bei einer vorangehenden RK ein positiver Verfassungswandel stattgefunden hat. Technisch gesagt: Ein Wert von »1« für konstitutionellen Wandel setzt interne Kohärenz für alle folgenden konstitutionellen Entscheidungen im Problemfeld ebenfalls auf »1«. Zwischen den RK können auch informelle Präzedenzfälle etabliert werden, beispielsweise durch interinstitutionelle Vereinbarungen oder durch die Rechtssprechung des EuGH.

Externe Kohärenz. Externe Kohärenz bezieht sich auf die internationale Institutionalisierung der untersuchten Normen außerhalb der EU. Im Allgemeinen gibt es keine externe Kohärenz im Bereich der Parlamentarisierung, weil es außerhalb der EU keine international kodifizierte Norm gibt, derzufolge internationale Versammlungen parlamentarische Kompetenzen besitzen sollen, die über das Anhörungsrecht hinausgehen. Deshalb wird hier externe Kohärenz generell mit »0« kodiert. Im Bereich der Menschenrechte ist externe Kohärenz hingegen häufig vorhanden, weil die internationale Kodifizierung der Menschenrechte durch andere internationale Organisationen derjenigen der EU vorausging. Wir kodieren externe Kohärenz immer als »1«, wenn eine spezifische Klasse von Menschenrechten vom Europarat in Form einer bindenden Konvention kodifiziert wurde, namentlich in der Europäischen Menschenrechtskonvention (EMRK) von 1950 (politische Rechte und Nichtdiskriminierung), der Europäischen Sozialcharta von 1961 (soziale Rechte) und der Rahmenkonvention über nationale Minderheiten von 1995 (Minderheitenrechte).

Öffentlichkeit. Strukturell betrachtet ist Öffentlichkeit ein Merkmal des Verhandlungsforums für konstitutionelle Entscheidungen. In der EU werden formelle konstitutionelle Entscheidungen immer in nichtöffentlichen Regierungskonferenzen getroffen. Ein höheres Maß an Öffentlichkeit weisen allein die Konvente auf, weil deren Teilnehmer nicht allein auf Repräsentanten der mitgliedstaatlichen Regierungen beschränkt sind und öffentliche Verhandlungen vorgesehen sind. Allerdings sind Konvente ein neues Phänomen. Dem Verfassungsvertrag von 2004 ging ein allgemeiner Konvent voraus, dem Vertrag von Nizza 2000 lediglich ein Konvent im Bereich der Menschenrechte. In allen anderen Fällen kodieren wir Öffentlichkeit mit »0«.

Fälle

Bürgerliche und politische Rechte

Die Verträge der 1950er Jahre enthielten keine allgemeinen Menschenrechtsbestimmungen. In den frühen 1970er Jahren etablierte der EuGH durch seine Rechtssprechung informell eine Menschenrechtskompetenz (siehe Schimmelfennig in diesem Band); seitdem besteht in diesem Bereich interne Kohärenz. Doch dauerte es bis 1986, bis in der Präambel der EEA die Menschenrechte zum ersten Mal vertraglich erwähnt wurden. Sie besaßen allerdings nur deklaratorischen Charakter.

Alle nachfolgenden konstitutionellen Entscheidungen führten zu einer weiteren Institutionalisierung der allgemeinen Menschenrechte: Im Vertrag von Maastricht wurden die vom EuGH in seiner Rechtssprechung gesetzten Standards mit der Einführung von Art. F (heute Art. 6) EU-Vertrag formell kodifiziert. In Amsterdam wurde der Wortlaut von Art. 6 nicht nur verstärkt, der EuGH erhielt außerdem die Kompetenz, potenzielle Menschenrechtsverletzungen der EU-Organe zu überprüfen. Des Weiteren etablierte der Amsterdamer Vertrag in Art. 7 ein Verfahren zum Umgang mit Mitgliedstaaten, die Art. 6 verletzen. In Nizza proklamierten die Präsidenten der EU-Organe (Rat, Parlament und Kommission) erstmals eine europäische Menschenrechtscharta, die unter dem Vorsitz von Roman

Tabelle 1: Bürgerliche und politische Rechte

Fall	Salienz	Interne Kohärenz	Externe Kohärenz	Öffentlichkeit	Konstitutioneller Wandel
CPR51	0	0	1	0	0
CPR52	0	0	1	0	0
CPR57	0	0	1	0	0
CPR86	1	1	1	0	1
CPR92	1	1	1	0	1
CPR97	1	1	1	0	1
CPR00	1	1	1	1	1
CPR04	1	1	1	1	1

Herzog in einem Konvent ausgearbeitet wurde. Die Charta wurde aber nicht formell in den Vertrag von Nizza integriert. Dieser letzte Schritt wurde durch den Verfassungsvertrag nachgeholt. Zusammengefasst kann gesagt werden, dass eine inkrementelle Vertiefung der Kompetenzen der EU im Bereich der Menschenrechte stattfand. Weil unser Explanandum nur formelle Konstitutionalisierung misst, wurden alle konstitutionellen Entscheidungen seit der EEA als »1« kodiert.

Bürgerliche und politische Rechte waren zu Beginn des Integrationsprozesses keine *salienten* Themen. Die mit der EGKS, der Euratom und der EWG erreichte Integration war rein ökonomischer Natur und unterminierte die nationalen Menschenrechtsbestimmungen der Mitgliedstaaten nicht, solange die letztinstanzliche Rechtssprechung bei den nationalen Gerichten verblieb. Diese Situation änderte sich Mitte der sechziger Jahre als der EuGH die Prinzipien der Direktwirkung und des Vorrangs des Gemeinschaftsrechts etablierte. Die ablehnende Reaktion einiger nationaler Verfassungsgerichte (siehe Schimmelfennig in diesem Band) zeigt, dass damit das Thema Menscherechte salient wurde. Diese Salienz bestand bis zur Integration der Menschenrechtscharta in den Verfassungsvertrag fort. Externe Kohärenz war immer gegeben, weil bürgerliche und politische Rechte in der EMRK seit 1950 in der europäischen Staatengemeinschaft international kodifiziert waren.

Nichtdiskriminierung

Die Entwicklung der Konstitutionalisierung im Bereich der Nichtdiskriminierung weist zwei Dimensionen auf: die Vertiefung der Nichtdiskriminierungsregeln von rein deklaratorischen Erwähnungen bis zu formeller Konstitutionalisierung und die Erweiterung des Katalogs der spezifischen Diskriminierungsgründe.

Während der Vertrag über die EGKS bereits einige spezifische Bestimmungen enthielt, welche Diskriminierungen aus Gründen der Nationalität untersagten, beispielsweise die Diskriminierung von immigrierten Kohle- und Stahlarbeitern bei Lohn und Arbeitsbedingungen (Art. 69 EGKS-Vertrag), kannte der EVG-Vertrag keine solchen Bestimmungen. Die Römischen Verträge erweiterten die spezifischen Nichtdiskriminierungsverbote um ein allgemeines Verbot: »Unbeschadet besonderer Bestimmungen dieses Vertrags ist in seinem Anwendungsbereich jede Diskriminierung aus Gründen der Staatsangehörigkeit verboten« (Art. 7 – heute Art. 12 – EG-Vertrag). Zusätzlich enthielten sie einen Artikel zur Geschlechterdiskriminierung. Deshalb kann gesagt werden, dass der Vertrag von Rom den bestehenden *acquis* im Bereich der Nichtdiskriminierung vertiefte und erweiterte.

Mit dem Einschluss von Art. 13 EU-Vertrag, der besagt, dass die Gemeinschaft Vorkehrungen treffen kann, »um Diskriminierungen aus Gründen des Geschlechts, der Rasse, der ethnischen Herkunft, der Religion oder der Weltanschauung, einer Behinderung, des Alters oder der sexuellen Ausrichtung zu bekämpfen«, geht der Vertrag von Amsterdam einen wichtigen Schritt weiter, indem er den inhaltliche Umfang der legislativen Kompetenz der EU erheblich vergrößerte.

Die Menschenrechtscharta vollzog wenige Jahre später einen wichtigen Schritt über einen beschränkten, erschöpfenden und hierarchisch geordneten Katalog von Diskriminierungstatbeständen hinaus (siehe Schwellnus in diesem Band). In der Charta ist ein ganzer Teil dem Grundsatz der Gleichheit gewidmet. In Art. 20 wird das allgemeine Prinzip der Gleichheit vor dem Gesetz formuliert. Es folgt ein Nichtdiskriminierungsartikel (Art. 21), der die Nichtdiskriminierungsagenda der EU noch einmal erweitert und zum ersten Mal eine nicht erschöpfende Liste von Diskriminierungsgründen definiert:

»Diskriminierungen, insbesondere wegen des Geschlechts, der Rasse, der Hautfarbe, der ethnischen oder sozialen Herkunft, der genetischen Merkmale, der Sprache, der Religion oder der Weltanschauung, der politischen oder sonstigen Anschauung, der Zugehörigkeit zu einer nationalen Minderheit, des Vermögens, der Geburt, einer Behinderung, des Alters oder der sexuellen Ausrichtung, sind verboten.«[3]

Während der Wortlaut der Charta demjenigen von Art. 14 der EMRK weitgehend folgt, werden in der Liste auch einige »moderne« Diskriminierungsgründe wie genetische Eigenschaften oder sexuelle Orientierung genannt, die in den klassischen Menschenrechtstexten nicht enthalten sind. Damit erreicht die Gemeinschaft (oder übertrifft teilweise sogar) die international kodifizierten Standards der Nichtdiskriminierung. Nichtdiskriminierung auf Basis der Nationalität behielt aber seinen speziellen Status und wurde nicht einfach zu der Liste hinzugefügt, sondern in einem zweiten Absatz des Artikels separat erwähnt. Die Verfassung stellt den letzten Schritt der Konstitutionalisierung dar, weil sie die Menschenrechtscharta von einem rechtlich nicht verbindliches in ein rechtlich durchsetzbares Dokument transformiert.

Einige Themen im Bereich der Nichtdiskriminierung waren im Kontext der Europäischen Integration von Beginn an *salient*: Diskriminierung auf der Basis der Nationalität zwischen Mitgliedstaaten stand im Widerspruch zur anvisierten Idee der Marktintegration. Zusätzlich drohte der beginnende Integrationsprozess die nationalen Nichtdiskriminierungsbestimmungen zu unterlaufen. Beispielsweise beharrte Frankreich auf einer Bestimmung über die gleiche Bezahlung von Mann und Frau im EWG-Vertrag. Die französische Regierung argumentierte, dass anderenfalls ein Lohndumping durch Mitgliedstaaten zu befürchten sei, die eine solche Bestimmung auf nationaler Ebene nicht kannten, und dadurch die bestehende französische Norm zu untergraben drohten. Allerdings trugen der EGKS-Vertrag und der EWG-Vertrag diesen Problemen ausreichend Rechnung.

Im Vorfeld des Amsterdamer Vertrags von 1997 wurden andere Nichtdiskriminierungsgründe salient, insbesondere Diskriminierung aufgrund von Rassenzugehörigkeit. Dieses Thema kam durch die Vollendung des Binnenmarkts und die Immigrations- und Asylpolitik der EU auf die Tagesordnung (Bell 2002: 59–72). NGO-Aktivistinnen und -Aktivisten argumentierten in diesem Fall, dass die verbreitete Diskriminierung aufgrund von Rassenzugehörigkeit einen negativen Einfluss auf die Bewegungsfreiheit der betroffenen Personen in der Union habe. Dieses Argument wurde

3 Charta der Grundrechte der Europäischen Union [2000] OJ C364/13. http://www.europarl.eu.int/charter/pdf/text_en.pdf.

Tabelle 2: Nichtdiskriminierung

Fall	Salienz	Interne Kohärenz	Externe Kohärenz	Öffentlichkeit	Konstitutioneller Wandel
ND51	1	0	1	0	1
ND52	0	1	1	0	0
ND57	1	1	1	0	1
ND86	0	1	1	0	0
ND92	0	1	1	0	0
ND97	1	1	1	0	1
ND00	0	1	1	1	1
ND04	0	1	1	1	1

auch im Zusammenhang mit anderen Diskriminierungsthemen, z. B. sexuelle Orientierung, vorgebracht und trug damit zur erneuten Salienz der Nichtdiskriminierung bei (Bell 2002: 97–107). Nachdem die dringendsten Themen in Amsterdam in Art. 13 EU-Vertrag aufgenommen worden waren, ist es nicht plausibel, von weiterer Salienz auszugehen. In der Menschenrechtscharta ging es vermutlich eher darum, einen vollständigen Nichtdiskriminierungsartikel im Rahmen eines Menschenrechtskatalogs zu formulieren.

Da gewisse Antidiskriminierungsbestimmungen auf der Ebene der EU bereits mit dem Vertrag über die EGKS formell institutionalisiert worden waren, wird die *interne Kohärenz* ab dem Vertrag von Rom mit »1« kodiert. Die *externe Kohärenz* der Nichtdiskriminierung kann ebenfalls während der ganzen analysierten Periode als hoch bezeichnet werden, da in Art. 14 der EMRK eine umfassende Liste von Diskriminierungsverboten kodifiziert ist.

Minderheitenschutz

Die EU hat zu keinem Zeitpunkt Minderheitenrechte (verstanden als gruppenspezifische individuelle oder kollektive Rechte) kodifiziert, die über die allgemeinen Menschenrechte (z. B. Religionsfreiheit, Vereinigungsfreiheit) oder die Nichtdiskriminierung aufgrund von Rassenzugehörigkeit oder Zu-

Tabelle 3: Minderheitenrechte

Fall	Salienz	Interne Kohärenz	Externe Kohärenz	Öffentlichkeit	Konstitutioneller Wandel
MR51	0	0	0	0	0
MR52	0	0	0	0	0
MR57	0	0	0	0	0
MR86	0	0	0	0	0
MR92	0	0	0	0	0
MR97	0	0	1	0	0
MR00	0	0	1	1	0
MR04	0	0	1	1	0

gehörigkeit zu einer nationalen Minderheit hinausgingen. Entsprechend wird die Konstitutionalisierung (ebenso wie die interne Kohärenz) in diesem Bereich generell mit »0« kodiert.

Die *Salienz* des Minderheitenschutzes war innerhalb der EU im Allgemeinen gering. Erstens benötigte die Effizienz des Integrationsprojekts keine Maßnahmen zum Schutz von Minderheiten, die über die Nichtdiskriminierung hinausgehen. Es gab deshalb keine inhärente funktionelle Notwendigkeit, Minderheitenrechte auf EU-Ebene zu implementieren. Zweitens wurden die Minderheitenschutzregime der Mitgliedstaaten durch nationale Souveränitätstransfers kaum unter Druck gesetzt. Sogar sehr weitgehende nationale Minderheitenschutzsysteme, wie dasjenige in Südtirol, wurden als kompatibel mit der rechtlichen Ordnung der EU angesehen (Streinz 1996: 28). Der EuGH erkennt an, dass der Schutz nationaler Minderheiten ein legitimes Ziel nationaler Politik darstellt,[4] das für sich genommen noch keine Verletzung des Diskriminierungsverbots bedeutet und deshalb nicht an die Gemeinschaftsregeln angepasst werden muss.

Bis 1989 waren Minderheitenrechte auch im internationalen Menschenrechtsschutz ein vernachlässigtes Thema. Auch in der EMRK werden sie nicht aufgeführt. Erst seit dem Ende des Ost-West-Konflikts befassen sich internationale Organisationen vermehrt mit der Kodifizierung von Minderheitenrechten. Das bis heute einzige rechtlich bindende Instrument im

4 EuGH, Fall C-274/96 *Bickel/Franz* [1998] ECR I-7637: §12.

Bereich des Minderheitenschutzes ist die Rahmenkonvention zum Schutz nationaler Minderheiten des Europarats, die 1995 unterzeichnet wurde. Die externe Kohärenz wird deshalb ab den konstitutionellen Entscheidungen im Vertrag von Amsterdam mit »1« kodiert.

Soziale Rechte

Im Bereich der sozialen Rechte können ebenfalls eine Vertiefung von deklaratorischen Verpflichtungen zu einer starken Konstitutionalisierung in der Form durchsetzbarer sozialer Rechte und eine Erweiterung der Agenda von der fragmentierten Garantie spezifischer Rechte zu einem kompletten Katalog sozialer Rechte beobachtet werden.

Die erste explizite deklaratorische Erwähnung sozialer Rechte in den Verträgen findet sich in der Präambel der EEA, die neben der EMRK auch auf die Sozialcharta des Europarats als Quelle für die Grundrechte verweist, auf die sich die Europäische Gemeinschaft stützt. Bereits wenige Jahre später entschied der Europäische Rat in Rhodos (1988) allerdings, ein eigenständiges Instrumentarium zu entwickeln, um sicherzustellen, dass der vom Binnenmarktprogramm ausgehende Liberalisierungsdruck durch den Schutz sozialer Grundrechte ausgeglichen würde. Das Ergebnis war die »Gemeinschaftscharta der sozialen Grundrechte der Arbeitnehmer«,[5] die 1989 – allerdings bei Enthaltung Großbritanniens – proklamiert wurde. Diese Charta wurde dann als »Protokoll über die Sozialpolitik« an den Vertrag von Maastricht angehängt, wiederum mit einem »*Opt-out*« Großbritanniens. Trotzdem kann das Sozialprotokoll als bedeutender Fortschritt bei der formellen Konstitutionalisierung der Sozialrechte betrachtet werden.

Das gilt auch für den Vertrag von Amsterdam, auch wenn die meisten Bestimmungen als Ziele der Sozialpolitik und nicht als einklagbare Rechte formuliert wurden. In der Präambel des Vertrags wird erneut die Europäische Sozialcharta angeführt. Trotzdem waren die sozialen Rechte den in Art. 6 EU-Vertrag verankerten fundamentalen Menschenrechten formell nicht gleichgestellt. Erst die Menschenrechtscharta von 2000 brach mit diesem Ungleichgewicht und folgte der Idee der Unteilbarkeit der Menschenrechte. Dies bedeutete, dass eine große Anzahl sozialer Rechte in das

5 Zitiert in: Byre (1993).

Tabelle 4: Soziale Rechte

Fall	Salienz	Interne Kohärenz	Externe Kohärenz	Öffentlichkeit	Konstitutioneller Wandel
SR51	0	0	0	0	0
SR52	0	0	0	0	0
SR57	0	0	0	0	0
SR86	1	0	1	0	1
SR92	1	1	1	0	1
SR97	1	1	1	0	1
SR00	1	1	1	1	1
SR04	1	1	1	1	1

Dokument integriert und auf dasselbe Niveau wie die »klassischen« Bürger- und Menschenrechte angehoben wurde. Wie in den anderen Fällen liegt die Bedeutung des Verfassungsvertrags darin, dass er der Charta rechtliche Verbindlichkeit verleiht.

In der Literatur wird meist argumentiert, dass soziale Rechte nach der EEA, als der Liberalisierungsdruck des Binnenmarktes offensichtlich wurde, an Salienz gewannen. Obwohl ein paralleler Schutz sozialer Rechte für den Binnenmarkt funktionell nicht notwendig gewesen wäre, wurde es zunehmend offensichtlich, dass die wirtschaftliche Integration »die Autonomie der nationalen Systeme beim (rechtlichen und/oder verfassungsmäßigen) Schutz der sozialen Rechte aufweichte« (Giubboni 2003: 5). Die Salienz der sozialen Rechte wird deshalb nach der EEA mit »1« kodiert und bleibt erhalten, bis der soziale Schutz auf europäischer Ebene nationale Standards erreicht hat. Dies war vor dem Verfassungsvertrag nicht der Fall.

Da der EuGH die Einhaltung der sozialen Rechte im Gegensatz zu den bürgerlichen und politischen Menschenrechten nicht zum Thema seiner Rechtsprechung machte, gab es keine informelle Konstitutionalisierung vor der formellen Konstitutionalisierung. Das bedeutet, dass die *interne Kohärenz* erst nach der ersten deklaratorischen Erwähnung in der EEA, also ab Maastricht, mit »1« kodiert wird. Die Europäische Sozialcharta, welche 1961 unterzeichnet wurde, wird als Indikator für die *externe Kohärenz* benutzt.

Tabelle 5: Kontrolle der Kommission

Fall	Salienz	Interne Kohärenz	Externe Kohärenz	Öffentlichkeit	Konstitutioneller Wandel
CC51	1	0	0	0	1
CC52	1	1	0	0	1
CC57	1	1	0	0	1
CC86	0	1	0	0	0
CC92	0	1	0	0	0
CC97	0	1	0	0	0
CC00	0	1	0	0	0
CC04	0	1	0	1	0

Kontrolle der Kommission

Die Konstitutionalisierung war im Bereich der parlamentarischen Kontrolle der Kommission von Beginn an sehr stark. Artikel 24 des EGKS-Vertrages sieht vor, dass die Gemeinsame Versammlung (die Vorgängerin des Europäischen Parlaments) einen Misstrauensantrag einbringen kann, sobald ihr die Hohe Behörde der EGKS (die Vorgängerin der Kommission) den Entwurf für den Bericht über ihre Aktivitäten überwiesen hat. Im Falle eines »erfolgreichen« Misstrauensantrages muss die Hohe Behröde *en bloc* zurücktreten. Gemäß Art. 36 des EVG-Vertrages hatte die parlamentarische Versammlung der EVG ebenfalls das Recht, dem Kommissariat der EVG mit Zweidrittelmehrheit der abgegebenen Stimmen (und mit Mehrheit der Mitglieder) das Misstrauen auszusprechen. Die Römischen Verträge übernahmen dieses Modell des Misstrauensantrags. Seither blieben die Bestimmungen praktisch unverändert.

Was die Salienz betrifft, so brachte die Bildung der supranationalen Hohen Behörde die Mitgliedstaaten der EGKS dazu, Fragen der demokratischen Verantwortlichkeit und Kontrolle zu stellen (siehe Rittberger 2001, 2003, 2005). Diese Fragen wurden insbesondere von der belgischen und der niederländischen Regierung auf die Tagesordnung gesetzt (Griffiths 1990: 265–266, Küsters 1988: 78–79). Auch Jean Monnet war die Problematik nur zu bewusst, indem er argumentierte, dass in einer Welt, in der die Regierungsgewalt von parlamentarischen Versammlungen abgeleitet ist, ein gemeinsames Europa nicht ohne Parlament errichtet werden könne.[6] Wie Rittberger (in diesem Band) zeigt, war die Salienz auch in den Verhandlungen über die EVG hoch. Nach der Gründungsphase der Europäischen Gemeinschaften wurde die Frage der demokratischen Kontrolle der Kommission aber nicht weiter diskutiert.

Einsetzung der Kommission

Ursprünglich spielte das Europäische Parlament bei der Einsetzung der Hohen Behörde der EGKS oder der Kommission der EWG keine Rolle. Die Mitgliedstaaten waren nicht einmal verpflichtet, das Europäische Parlament zu konsultieren. Obwohl das Parlament bereits 1981 einseitig die Amtseinsetzung der Kommission guthieß, wurde die parlamentarische Zustimmung erst mit dem Inkrafttreten des Vertrags von Maastricht verpflichtend, damit die Mitgliedstaaten das Kollegium der Kommissarinnen und Kommissare *en bloc* einsetzen konnten. Mit dem Vertrag von Amsterdam wurden die parlamentarischen Kompetenzen gestärkt: Das Europäische Parlament musste nun der von den Mitgliedstaaten zum Kommissionspräsidenten berufenen Person *vor* der Einsetzung der weiteren Kommissionsmitglieder zustimmen. Der im Juli 2004 angenommene Vertrag über die Etablierung einer europäischen Verfassung modifizierte dieses Verfahren leicht: Artikel I-27 verlangt, dass die Mitgliedstaaten »das Ergebnis der Wahlen zum Europäischen Parlament (berücksichtigen)«, wenn sie dem Parlament einen Kandidaten für das Kommissionspräsidentenamt vorschlagen. Durch die Einführung dieser Bedingungen in den Vertrag erkennen die Mitgliedstaaten an, dass die Kommission – insbesondere ihr Präsident – von einer parlamentarischen Mehrheit, die die ideologischen Präferenzen des angehenden Kommissionspräsidenten teilt, getragen sein sollte. In diesem Sinne schränken sich die Mitgliedstaaten bei der Berufung des Kandidaten für die Kommissionspräsidentschaft weiter ein.

Im Hinblick auf die Salienz argumentierte vor allem die italienische Regierung – teilweise unterstützt durch die deutsche Delegation – während der Verhandlungen über die EVG, dass mit dem Recht auf den Misstrauensantrag ein parlamentarisches Recht zur Berufung der Kommission ein-

---

6 AA/PA.SFSP – 62, 11.07.1950.

Tabelle 6: Einsetzung der Kommission

Fall	Salienz	Interne Kohärenz	Externe Kohärenz	Öffentlich-keit	Konstitutioneller Wandel
CA51	0	0	0	0	0
CA52	1	0	0	0	0
CA57	0	0	0	0	0
CA86	1	1	0	0	0
CA92	1	1	0	0	1
CA97	0	1	0	0	1
CA00	0	1	0	0	0
CA04	1	1	0	1	1

hergehen müsse (siehe Lipgens 1984, Griffiths 2000, Rittberger in diesem Band). Auch während der Verhandlungen über die EEA betrachteten es einige Mitgliedstaaten als problematisch, dass das Parlament keine rechtlich definierte Rolle im Einsetzungsprozess spielte (Ross 1995: 99, Corbett 1998: 241, 259). Während der Verhandlungen über den Vertrag von Maastricht unterstützen einige Regierungen nicht nur die Forderung des Europäischen Parlaments nach übereinstimmenden Amtszeiten der Kommission und Legislaturperioden des Parlaments, sondern auch nach einer formellen Rolle des Parlaments im Einsetzungsprozess der Kommission (siehe Corbett 1993: 128–30, 1998: 322–323). Bei den Verhandlungen zu den Verträgen von Amsterdam und Nizza war diese Problematik kaum präsent,[7] kam jedoch im Konvent wieder zum Vorschein, als vorgeschlagen wurde, dem Europäischen Parlament das Recht zur Wahl des Kommissionspräsidenten zu übertragen (Norman 2003: 147–148).

Interne Kohärenz entstand im Vorfeld der EEA durch informelle Konstitutionalisierungsbemühungen des Europäischen Parlaments. 1981 veranstaltete das Parlament eine Debatte und eine Vertrauensabstimmung über die neue Kommission unter Gaston Thorn. Diese Praxis wurde vom Europäischen Rat in seiner »Feierlichen Erklärung« beim Europäischen Rat von Stuttgart 1983 teilweise anerkannt (siehe Corbett 1998: 136–137).[8]

7 Vergleiche Europäisches Parlament (1996), McDonagh (1998).

8 Bulletin of the European Communities, Nr. 6/1983, S. 26.

Haushaltsrechte

Es wird oft vergessen, dass die EGKS durch Eigenmittel finanziert wurde, also nicht auf jährliche Zuweisungen durch die Mitgliedstaaten angewiesen war. Ferner spielte die Gemeinsame Versammlung eine wichtige Rolle, da es die Aufgabe der Gruppe der »Vier« – der Präsidenten der Gemeinsamen Versammlung, des Gerichts, der Hohen Behörde und des Rats – war, die administrativen Aufgaben für jedes Haushaltsjahr festzulegen (siehe Europäisches Parlament 1970: 23–24). Interne Kohärenz war daher seit dem EGKS-Vertrag gegeben. Die Bestimmungen des Vertrags über die EVG implizierten eine Erweiterung der Haushaltsrechte des Parlaments. Gemäß Art. 87 des EVG-Vertrages sollte die Versammlung das Recht erhalten, Änderungsanträge auf der Ausgabenseite zu stellen (welche der Rat mit einer Zweidrittelmehrheit akzeptieren, aber nur einstimmig ablehnen konnte).

Im Gegensatz dazu konnten die durch die Römischen Verträge geschaffenen Gemeinschaften nicht sofort auf Eigenmittel zurückgreifen. Die Haushaltsbefugnisse lagen entsprechend allein in den Händen des Rates. Dem Europäischen Parlament kam nur eine beratende Rolle zu. Erst die Verträge von Luxemburg (1970) und Brüssel (1975) vergrößerten die Haushaltsbefugnisse des Parlaments: Der Vertrag von Luxemburg, mit welchem der Gemeinschaft erstmals eigene Ressourcen zugestanden wurden, gab dem Europäischen Parlament die Macht, Änderungen vorzuschlagen und abschließend über die »nicht obligatorischen Ausgaben« zu entscheiden; der Vertrag von Brüssel ermächtigte das Parlament, das Budget als Ganzes zu verwerfen.

Bis zur Annahme des Verfassungsvertrags 2004 wurden diese Bestimmungen formell nicht geändert. In Artikel III-404 dieses Vertrags wurde die Unterscheidung zwischen obligatorischen und nicht obligatorischen Ausgaben gestrichen. Damit wurden Parlament und Rat als gleichwertige Spieler im jährlichen Haushaltsverfahren formell anerkannt. Zusätzlich konstitutionalisiert Artikel I-55 den mehrjährigen finanziellen Rahmen, zu welchem das Europäischen Parlament seine Zustimmung geben muss.

Das Prinzip, dass ein politisches System, das durch Eigenmittel finanziert wird, parlamentarische Beteiligung und Kontrolle benötigt, wurde bereits in den Verhandlungen über den Schumann-Plan aufgestellt: Die deutsche Delegation betonte unaufhörlich, dass das föderalistische Prinzip verletzt werde, wenn die parlamentarische Komponente derjenigen der Repräsentation der Staaten (im Rat) im Bezug auf die Verteilung von Kompetenzen nachhinkt. Bereits zu Beginn der Verhandlungen fasste die deutsche Delegation diejenigen Bereiche, in denen sie eine Beteiligung des Parlaments wünschte, ins Auge. Darunter waren u. a. die Haushaltsbefugnisse.[9] Die Salienz war also von Beginn an sehr hoch. Während der Verhandlungen über die EVG war das zukünftige Gemeinschaftsbudget eines der am heftigsten diskutierten Themen. Es herrschte aber Einigkeit darüber, dass die Existenz eines gemeinsamen europäischen Verteidigungsbudgets eine Beteiligung der EVG-Versammlung am Entscheidungsfindungsprozess erforderte (siehe Lipgens 1984).

Hingegen wurde die Frage der parlamentarischen Beteiligung solange als nicht dringend angesehen, wie die EWG und Euratom (noch) kein eigenes Finanzsystem besaßen. Trotzdem wird die Salienz mit »1« kodiert, weil sich die Mitgliedstaaten darüber im Klaren waren, dass die eventuelle Annahme eines Eigenmittelsystems eine nochmalige Prüfung der Rolle des Europäischen Parlaments im Budgetprozess erfordern würde (siehe Europäisches Parlament 1970: 38–40).

Mit der Einführung der Eigenmittel im Jahr 1970 kam folglich die Frage der Haushaltsbefugnisse des Parlaments erneut auf die Agenda. Mit Ausnahme von Frankreich, das zu Beginn zögerte, akzeptierten die Repräsentanten aller Mitgliedstaaten das Prinzip, dass die Einführung von Eigenmitteln und die sie begleitende Reform des Haushaltsverfahrens parlamentarische Einflussmöglichkeiten erforderten. Die Ratifizierungsdebatten, welche der Annahme des Vertrags von Luxemburg folgten, zeigen, dass die Frage des angemessenen parlamentarischen Einflusses alles andere als geklärt war. Sowohl Parlamentarier als auch Regierungsvertreter teilten die Auffassung, dass die Haushaltsbefugnisse zwischen dem Europäischen Parlament und dem Rat immer noch einseitig verteilt waren, insbesondere im Hinblick auf das Recht des Parlaments, den Haushalt *in toto* zu verwerfen (siehe Europäisches Parlament 1971).

In den folgenden Vertragsrevisionen war die Frage der Budgetreform weit weniger salient, wenn sie überhaupt aufgeworfen wurde. Während des Europäischen Konvents allerdings kam die Reform der Haushaltsverfahren auf die Agenda zurück. Sie wurde zwar in erster Linie in der Arbeitsgruppe »Vereinfachung« des Konvents diskutiert, doch konnte die Forderung nach einer Vereinfachung nicht verheimlichen, dass es noch ein anderes Motiv

9 AA/PA.SFSP – 103 (»Fragen für den juristischen Unterausschuss, 20.07.1950«).

Tabelle 7: Haushaltsbefugnisse

Fall	Salienz	Interne Kohärenz	Externe Kohärenz	Öffentlichkeit	Konstitutioneller Wandel
BP51	1	0	0	0	1
BP52	1	1	0	0	1
BP57	1	1	0	0	1
BP70	1	1	0	0	1
BP75	1	1	0	0	1
BP86	0	1	0	0	0
BP92	0	1	0	0	0
BP97	0	1	0	0	0
BP00	0	1	0	0	0
BP04	1	1	0	1	1

für die Budgetreform gab: die Verbesserung der demokratischen Legitimität der Verfahren, nicht nur durch Vereinfachung, sondern auch dadurch, dass das Europäischen Parlament in den reformierten Haushaltsverfahren eine angemessene Rolle erhalten würde. Dies wurde durch die Abschaffung der Unterscheidung zwischen obligatorischen und nichtobligatorischen Ausgaben erreicht (siehe Norman 2003: 106).

Gesetzgebungsbefugnisse

Bevor die EEA in Kraft trat, waren die legislativen Kompetenzen des Europäischen Parlaments nur schwach konstitutionalisiert. Während die EGKS keinerlei Beteiligung der Gemeinsamen Versammlung an der Gesetzgebung vorsah, führten die Römischen Verträge ein Anhörungsverfahren ein. Die EEA etablierte dann das Kooperations- und das Zustimmungsverfahren. Das Zustimmungsverfahren verlangt die Zustimmung des Parlaments zu Assoziationsabkommen mit Drittstaaten und zum Beitritt von neuen Mitgliedstaaten; das Kooperationsverfahren wurde auf die meisten legislativen Bereiche angewandt, in denen der Rat mit qualifizierter Mehrheit abstimmt. Das Kooperationsverfahren bedeutete einen wichtigen Schritt für die Forderung des Europäischen Parlaments nach »tatsächlichem« legislativem Einfluss: Es zwang den Rat dazu, in zweiter Lesung diejenigen Änderungsvorschläge des Parlaments, die mit einer absoluten Mehrheit verabschiedet wurden, zu berücksichtigen, sofern sie von der Kommission übernommen worden waren.

Die Bedeutung des Kooperationsverfahrens wurde durch die Einführung des Mitentscheidungsverfahrens im Vertrag von Maastricht verringert. Das Mitentscheidungsverfahren stattete das Parlament mit dem Recht aus, Gesetze abzulehnen, wenn auch nur in einer beschränkten Anzahl von Politikfeldern. Nach Maastricht kam es bei den RK, die zur Annahme der Verträge von Amsterdam und Nizza führten, zu einer weiteren Konstitutionalisierung der legislativen Macht des Europäischen Parlaments. Das Mitentscheidungsverfahren wurde vereinfacht und sein Anwendungsbereich erweitert. Mit der Annahme des Vertrages über eine Verfassung für Europa wurde das vereinfachte Mitentscheidungsverfahren zum normalen Gesetzgebungsverfahren (Artikel I-23 und III-296) und wurde wiederum auf neue Politikfelder ausgedehnt. Im Bereich der legislativen Kompetenzen hat sich die Macht des Europäischen Parlaments also stetig erhöht.

Während der Verhandlungen über den EGKS-Vertrag war es die deutsche Delegation, die sich am stärksten dafür einsetzte, dass das Europäische Parlament alle »klassischen« parlamentarischen Funktionen – einschließlich der gesetzgebenden – erhielt.[10] Dieser Einsatz der deutschen Delegation hing aber nicht damit zusammen, dass sie durch die Übertragung von Kompetenzen an die Hohe Autorität ein Legitimitäts- oder Demokratiedefizit befürchtete. Vielmehr ging es darum, dass die deutsche Delegation die Europäische Gemeinschaft als föderalistisches Projekt sah (Rittberger 2005: 100–101, 106).[11] Deshalb lag keine unmittelbare Salienz vor.

Im Gegensatz dazu äußerten die deutsche und die niederländische Regierungen während der Verhandlungen zu den Römischen Verträgen ihre Sorge über die vorgesehene, beschränkte Rolle des Parlaments in der Gesetzgebung und bei Entscheidungen über den Haushalt. Die beratende Kompetenz im Gesetzgebungsverfahren, die in den Verträgen von Rom kodifiziert wurde, schuf außerdem einen formellen Präzedenzfall und damit interne Kohärenz für den restlichen Parlamentarisierungsprozess.

10 AA/PA.SFSP – 103 (»Fragen für den juristischen Unterausschuss, 20.07.1950«).

11 AA/PA.SFSP – 54 (»Bericht vor dem Ausschuss für Besatzungsstatut und Auswärtige Angelegenheiten und vor dem interministeriellem Ausschuss, 31.10.1950«).

Tabelle 8: Legislative Kompetenzen

Fall	Salienz	Interne Kohärenz	Externe Kohärenz	Öffentlichkeit	Konstitutioneller Wandel
LP51	0	0	0	0	0
LP52	0	0	0	0	0
LP57	1	0	0	0	1
LP86	1	1	0	0	1
LP92	1	1	0	0	1
LP97	1	1	0	0	1
LP00	1	1	0	0	1
LP04	1	1	0	1	1

In den darauffolgenden Episoden der Konstitutionalisierung blieb die Erweiterung der Gesetzgebungskompetenzen salient. Die politischen Eliten der großen Mehrheit der Mitgliedstaaten teilten die Ansicht, dass die Einführung der qualifizierten Mehrheitsabstimmung im Rat zu einem Verantwortlichkeitsdefizit führen würde, welches durch eine weitergehende Rolle des Parlaments im Gesetzgebungsprozess kompensiert werden könnte und müsste (siehe Rittberger 2003, 2005). Die gleiche Idee wurde in die Verhandlungen über den Vertrag von Maastricht eingebracht. In den weiteren RK wurden durch die Mitgliedstaaten keine ernsthaften Versuche mehr unternommen, die Verbindung zwischen der jeweils ausgeweiteten Abstimmung mit qualifizierter Mehrheit und den Mitentscheidungsrechten des Europäischen Parlaments zu bestreiten. Schließlich hielt die Arbeitsgruppe IX im Konvent fest, »dass die Logik des Mitentscheidungsverfahrens in allen Fällen eine Abstimmung im Rat mit qualifizierter Mehrheit erfordert.«[12]

12 Siehe Europäischer Konvent, CONV 424/02, S. 14.

Analysen

Die »Wahrheitstafel« (Tabelle 9) fasst die in den Fällen vorhandenen Bedingungskonfigurationen zusammen.[13]

Bevor die Resultate der QCA-Analyse präsentiert werden, soll an dieser Stelle kurz auf zwei allgemeine Beobachtungen eingegangen werden. Erstens sind in der Wahrheitstafel 13 der 16 (=2^4) möglichen Konfigurationen enthalten. Das bedeutet, dass nur von drei der logisch möglichen Konfigurationen keine empirischen Beobachtungen vorliegen (Zeilen 5, 7 und 15). Außerdem sind alle Paare von Erklärungsfaktoren vorhanden (wie z. B. das Vorhandensein und die Abwesenheit interner Kohärenz in Anwesenheit von Salienz und das Vorhandensein und die Abwesenheit interner Kohärenz in Abwesenheit von Salienz). Die nicht vorhandenen Konfigurationen werden »Restkonfigurationen« (*remainders*) genannt. Die QCA geht mit diesen Restkonfigurationen je nach Ziel der Analyse unterschiedlich um. Zur Maximierung der »Sparsamkeit« der Erklärung können sie als vereinfachende Annahmen bei der logischen Minimierung der Bedingungskonfigurationen genutzt werden. Im Gegensatz dazu »ist es die konservativste Strategie, sie als Beispiele für die Abwesenheit des Ergebnisses zu verwenden, wenn die Bedingungen für das Vorhandensein eines Ergebnisses abgeschätzt werden« und umgekehrt (Rihoux und Ragin 2004: 12). In der vorliegenden Analyse werden beide Techniken verwendet, um zu sehen, welche Unterschiede sich daraus ergeben.

Zweitens sind drei Konfiguration widersprüchlich, das heißt, die gleiche Konfiguration von Bedingungen führt zu konstitutionellem Wandel in einigen, aber zu keinem Wandel in anderen Fällen (siehe Zeilen 4, 8 und 12 mit den Ergebnissen »1/0« oder »0/1«). Im Gegensatz zu den probabilistischen statistischen Analysen kann eine deterministische logische Analyse solche widersprüchlichen Resultate nicht ohne weiteres berücksichtigen. Jedoch konnen die Widersprüche auf drei Fälle im Bereich »Einsetzung der Kommission« eingeschränkt werden (CA52, CA86 und CA97). Zumindest für die Konfigurationen 4 und 12 zeigt die Evidenz mehrheitlich in nur eine Richtung. Das lässt darauf schließen, dass die Einsetzung der Kommission ein spezieller Fall zu sein scheint, der eine gesonderte Analyse verlangt. Fürs Erste werden diese widersprüchlichen Fälle aber aus der Analyse ausgeschlossen, um ein allgemeines Bild zu erhalten.

13 Um die Daten zu analysieren, wurde die Software fs/QCA 1.4 genutzt (Ragin u. a. 2003), die unter www.fsqca.com heruntergeladen werden kann.

Tabelle 9: »Wahrheitstafel«

	Salienz	Interne Kohärenz	Externe Kohärenz	Öffent-lich-keit	Konstitu-tioneller Wandel	N (66)	Fälle
1	1	1	1	1	1	4	CPR00/04, SR00/04
2	1	1	1	0	1	7	CPR86-97, ND57/97, SR92/97
3	1	1	0	1	1	3	CA/BP/LP04
4	1	1	0	0	1/0	11/1	CC52/57, CA92, BP52-75, LP86-00, *CA86*
5	1	0	1	1	–	–	
6	1	0	1	0	1	2	ND51, SR86
7	1	0	0	1	–	–	
8	1	0	0	0	1/0	3/1	CC/BP51, LP57, *CA52*
9	0	1	1	1	1	2	ND00/04
10	0	1	1	0	0	3	ND52/86/92
11	0	1	0	1	0	1	CC04
12	0	1	0	0	0/1	9/1	CC86-00, BP86-00, CA00, *CA97*
13	0	0	1	1	0	2	MR00/04
14	0	0	1	0	0	4	CPR51-57, MR97
15	0	0	0	1	–	–	
16	0	0	0	0	0	12	MR51-92, SR51-57, CA51/57, LP51/52

Unter diesem Vorbehalt ist die sparsame Lösung der QCA für das Vorhandensein von Konstitutionalisierung »SALIENZ oder (INTERNE KOHÄRENZ und EXTERNE KOHÄRENZ und ÖFFENTLICHKEIT).«[14]

14 In der Schreibweise von QCA bedeuten Großbuchstaben das Vorhandensein einer Bedingung, Kleinbuchstaben die Abwesenheit einer Bedingung.

Das bedeutet, dass konstitutioneller Wandel entweder stattfand, wenn das Thema salient war, oder wenn das Thema nicht salient war, dafür aber alle anderen drei Bedingungen gleichzeitig gegeben waren. Diese Lösung bestätigt die Konstitutionalisierungshypothese. Alle Bedingungen dieser Hypothese haben sich als relevante Bedingungen der Konstitutionalisierung erwiesen. Eine Bedingung sticht aber klar heraus: Salienz. In 61 von 66 Fällen gab es konstitutionellen Wandel, wenn Salienz gegeben war – auch wenn alle anderen theoretisch postulierten Bedingungen fehlten (siehe Zeile 8). Umgekehrt fand normalerweise keine (weitere) Parlamentarisierung oder Institutionalisierung der Menschenrechte statt, wenn keine Salienz gegeben war.

Die fünf »Ausreißer« werden in den Fallstudien teilweise aufgegriffen. In den zwei Fällen der Nichtdiskriminierung (ND00 und ND04) kann konstitutioneller Wandel ohne Salienz beobachtet werden (siehe Schwellnus in diesem Band). Das gleiche gilt für den Fall der Übertragung von Kompetenzen hinsichtlich der Einsetzung der Kommission an das Parlament im Amsterdamer Vertrag (CA 97). Zusätzlich können zwei Fälle identifiziert werden, in denen Salienz nicht mit konstitutionellem Wandel einherging: 1952 und 1986 wurde dem Europäischen Parlament eine vertragsbasierte Rolle bei der Einsetzung der Kommission trotz der Salienz des Themas verweigert (siehe Rittberger in diesem Band).

Um mehr über die Robustheit dieser sparsamen Lösung zu erfahren, wurde zuerst eine konservative Analyse durchgeführt, bei der die drei empirisch nicht beobachteten Konfigurationen mit einem negativen Ausgang (keine Konstitutionalisierung) verknüpft werden. Diese Analyse resultierte in einer ähnlichen, wenn auch weniger sparsamen Lösung:

»(SALIENZ und Öffentlichkeit) oder (SALIENZ und INTERNE KOHÄRENZ) oder (INTERNE KOHÄRENZ und EXTERNE KOHÄRENZ und ÖFFENTLICHKEIT).« Der wichtigste Unterschied zu der sparsamen Lösung ist, dass Salienz den Status einer hinreichenden Bedingung verliert. Sie muss entweder von der Abwesenheit von Öffentlichkeit oder der Anwesenheit von interner Kohärenz begleitet sein, um positiven konstitutionellen Wandel zu bewirken. Die Analyse zeigt auch, dass Öffentlichkeit nicht systematisch mit konstitutionellem Wandel verbunden ist: Sowohl ihre An-, als auch ihre Abwesenheit ist in unterschiedlichen Wegen zur Konstitutionalisierung zu finden. Hingegen zeigt die konservative Analyse, dass interne Kohärenz ebenso relevant ist wie Salienz. Beide erscheinen als notwendige Bedingungen in zwei der drei Lösungen. Die positiven

Beobachtungen, die Salienz einschlossen, sind aber am häufigsten: »SALIENZ und Öffentlichkeit« und »SALIENZ und INTERNE KOHÄRENZ« sind für 23 der 33 positiven Ergebnisse verantwortlich, während die Lösung ohne Salienz nur für zwei Ergebnisse verantwortlich ist. Diese Lösung zeigt also, dass interne Kohärenz, die Präsenz institutioneller Präzedenzfälle in der EU, eine wichtige Konstitutionalisierungsbedingung ist, die in der vorangehenden sparsamen Analyse eventuell voreilig eliminiert wurde.

Als Gegenprobe zu den bisherigen Ergebnissen lassen sich die negativen anstelle der positiven Ergebnisse analysieren, also die Bedingungen der Abwesenheit konstitutionellen Wandels. Hier lautet die Lösung »(Salienz und Öffentlichkeit) oder (Salienz und INTERNE KOHÄRENZ und Externe Kohärenz) oder (Salienz und Interne Kohärenz und EXTERNE KOHÄRENZ).«[15] Die negative Analyse bestätigt im Großen und Ganzen die Bedeutung der Salienz, weil die Abwesenheit von Salienz eine notwendige Bedingung für die Abwesenheit konstitutionellen Wandels in allen alternativen Pfaden zur Nichtkonstitutionalisierung ist und unabhängig von der Legitimität (interne oder externe Kohärenz) ein negatives Ergebnis produziert.

Wenn – zusätzlich zur Salienz – interne Kohärenz eine relevante Bedingung für Konstitutionalisierung ist, dann ist es weiterhin plausibel anzunehmen, dass sie im späteren Stadium der europäischen Integration, also nach der Etablierung der institutionellen Präzedenzfälle, besonders erklärungskräftig sein müsste. Deshalb haben wir die Fälle in zwei Phasen unterteilt, in eine erste Phase, die alle konstitutionellen Entscheidungen vor 1986 umfasst, und in eine zweite Phase, die durch die neueren Entscheidungen ab der EEA von 1986 definiert wird. Die Resultate bestätigen unsere Vermutung. Die zeitabhängige Analyse unterscheidet die zwei wichtigsten Lösungen, die bei der zeitunabhängigen Analyse gefunden wurden. Die (konservative) Lösung für die älteren Fälle ist »(SALIENZ und externe Kohärenz und Öffentlichkeit) oder (SALIENZ und Interne Kohärenz und Öffentlichkeit).« Im Gegensatz dazu erscheint »SALIENZ und INTERNE KOHÄRENZ« für die Zeitperiode zwischen 1986 und 2004. Die anderen Konfigurationen in dieser Zeitperiode waren »(INTERNE KOHÄRENZ und EXTERNE KOHÄRENZ und ÖFFENTLICHKEIT) oder (SALIENZ und EXTERNE KOHÄRENZ und Öffentlichkeit).« Während in-

15 Es handelt sich hier um die (konservative) Lösung unter Ausschluss der Restkonfigurationen. Die sparsamere Analyse ergibt keine Lösung.

terne und externe Kohärenz in der älteren Integrationsperiode negative Bedingungen darstellen, sind sie in der zweiten Phase positive Bedingungen.

Schließlich wurden die Fälle themenspezifisch überprüft. Folgen Parlamentarisierung und Institutionalisierung von Menschenrechten einer gemeinsamen Logik oder hängt die Konstitutionalisierung in diesen zwei Themenfeldern von unterschiedlichen Bedingungen ab? Die Lösung für das Thema Menschenrechte ist »(SALIENZ und EXTERNE KOHÄRENZ und Öffentlichkeit) oder (INTERNE KOHÄRENZ und EXTERNE KOHÄRENZ und ÖFFENTLICHKEIT)«. Die erste Lösung ist für eine weit größere Zahl von Menschenrechtsfällen verantwortlich (9 gegenüber 2). Die Lösung für das Thema Parlamentarisierung ist »(SALIENZ und Externe Kohärenz und Öffentlichkeit) oder (SALIENZ und INTERNE KOHÄRENZ und Externe Kohärenz).« Die gegenstandsspezifischen Unterschiede bei der Konstitutionalisierung der EU sind also gering. Während Salienz und interne Kohärenz relevante Bedingungen in beiden Themenbereichen sind, ist externe Kohärenz allein für die Institutionalisierung der Menschenrechte von kausaler Bedeutung.

Zusammengefasst zeigt die qualitativ-vergleichende Analyse, dass *Salienz* und *interne Kohärenz* robuste Bedingungen für die Konstitutionalisierung in der europäischen Integration sind. Während Salienz im gesamten Untersuchungszeitraum relevant war, gewann die interne Kohärenz erst an Bedeutung, als die Integration und die Konstitutionalisierung bereits fortgeschritten waren. Allerdings scheint es bei diesen Bedingungen keine systematischen Themenabhängigkeiten zu geben. Ihre Bedeutung scheint nicht nur auf die Parlamentarisierung oder die Institutionalisierung der Menschenrechte beschränkt, sondern ein allgemeines Merkmal der Konstitutionalisierung zu sein. Die anderen zwei Bedingungen, externe Kohärenz und Öffentlichkeit, hängen nicht systematisch mit der Konstitutionalisierung in der europäischen Integration zusammen. Externe Kohärenz scheint eine notwendige Bedingung in den Menschenrechtsfällen zu sein, ist aber negativ mit der Parlamentarisierung assoziiert. Öffentlichkeit kann gemäß der QCA-Analyse eine negative wie auch eine positive Bedingung für die Konstitutionalisierung bei allen Themen und in der gesamten Untersuchungsperiode sein.

Schlussfolgerungen

Was können wir aus der vergleichenden Analyse der konstitutionellen Entscheidungen in der europäischen Integration lernen? In einer QCA von 66 konstitutionellen Entscheidungen der EU zwischen 1951 und 2004 wurden vier theoretisch plausible Bedingungen effektiven strategischen Handelns in einer Gemeinschaftsumwelt getestet. Die Resultate zeigen deutlich, dass die wichtigsten Faktoren, die normativen Druck und damit konstitutionellen Wandel erzeugen, Salienz und interne Kohärenz sind. Die anderen beiden Bedingungen sind entweder nur relevant für die Institutionalisierung der Menschenrechte (externe Kohärenz) oder stehen nicht systematisch im Zusammenhang mit Konstitutionalisierung (Öffentlichkeit). In einem ersten Schritt konnten deshalb mit Hilfe der QCA starke von weichen Bedingungen des konstitutionellen Wandels unterschieden werden.

Die QCA deutet darauf hin, dass das »Demokratiedefizit« der europäischen Integration dann salient zu werden scheint, wenn Akteure zu der Auffassung gelangen, dass eine beabsichtigte Übertragung staatlicher Kompetenzen auf die europäische Ebene die Kompetenzen der nationalen Parlamente einschränkt oder bestehende nationale oder internationale Menschenrechtsstandards unterminiert. Dieser Zustand führt zu normativem Druck auf die EU-Akteure, diesem Zustand durch eine Stärkung des Europäischen Parlaments oder der EU-Menschenrechtsstandards zu begegnen. In Bezug auf die Parlamentarisierung stimmen diese Erkenntnisse mit den Resultaten detaillierter Fallstudien in diesem Bereich überein (Rittberger 2003, 2005). Aber auch im Bereich der Menschenrechte haben sowohl die supranationale Rechtsintegration als auch die wachsende ökonomische Integration die Forderung gestützt, das europäische Recht an die Menschenrechte zu binden und den Binnenmarkt mit sozialen Rechten und Nichtdiskriminierungsregeln zu ergänzen. Gemäss der sparsamen Analyse waren diese Anstrengungen nicht nur notwendig sondern im Großen und Ganzen auch erfolgreich bei der Produktion von zumindest inkrementellem Wandel in Richtung Konstitutionalisierung. Es gibt nur einen Fall von Salienz, der in der folgenden Regierungskonferenz keine (weitere) Konstitutionalisierung bewirken konnte, und es gibt nur drei Fälle, in denen eine Konstitutionalisierung ohne Salienz stattfand.

Die Existenz institutioneller Präzedenzfälle ist eine weitere Quelle des normativen Drucks auf politische Akteure, die EU weiter entlang eines eingeschlagenen Pfades zu konstitutionalisieren. Institutionelle oder rechtliche

Präzedenzfälle speisen Normen und Regeln mit Legitimität und erschweren es politischen Akteuren, diese zu verwerfen oder zu ignorieren. In Bezug auf die interne Kohärenz gilt dies – aus offensichtlichen Gründen – in erster Linie für die zweite Integrationsphase seit den 1980er Jahre. Wie in den Menschenrechtsfällen ersichtlich wird, ist die externe Kohärenz mit Regeln anderer Organisationen der europäischen internationalen Gemeinschaft eine zusätzliche Legitimitätsquelle, die Druck zugunsten einer Konstitutionalisierung der EU aufgebaut hat. Weil es aber keine internationalen Regeln über die Kompetenzen von supranationalen Parlamenten gibt, entfaltet dieser Faktor hier keine Wirkung. Im Gegensatz dazu scheint es keinen systematischen Zusammenhang zwischen dem Grad der Öffentlichkeit der konstitutionellen Verhandlungen und Entscheidungen und konstitutionellem Wandel in der EU zu geben.

Die QCA hat es uns ermöglicht, die Bedingungen und die Bedingungskonstellationen der Konstitutionalisierung in der EU für eine große Anzahl von Fällen zu analysieren, die die gesamte Geschichte der europäischen Integration abdecken, und die vielversprechendsten Erklärungsmöglichkeiten für diesen Prozess aus einer Menge theoretisch plausibler kausaler Bedingungen herauszukristallisieren. Die QCA gibt jedoch keinen direkten Einblick in den politischen Prozess der Konstitutionalisierung. Um die Ergebnisse zu erhärten werden wir deshalb in den folgenden Kapiteln Prozessanalysen durchführen, um zu bestimmen, *ob* es tatsächlich eine klare kau sale Verbindung zwischen Salienz, Kohärenz und konstitutionellem Wandel gab, und wenn ja, *wie* diese Bedingungen die progressive Konstitutionalisierung innerhalb der EU voranbrachten.

Literatur

Bell, Mark (2002), *Anti-Discrimination Law and the European Union*, Oxford: Oxford University Press.

Byre, Angela (1993), *Trade Unions and Employers in the Single Europe*, London: PSI Occasional Paper NOP 0002/93: 40–47 http://www.psi.org.uk/publications/archivepdfs/Trade%20unions/TUAPP1.pdf (letzter Zugriff am 21.10.2004)

Corbett, Richard (1993), *The Treaty of Maastricht. From Conception to Ratification: A Comprehensive Reference Guide*, Essex: Longman.

Corbett, Richard (1998), *The European Parliament's Role in Closer Integration*, Basingstoke: Palgrave

Europäisches Parlament (1970), *Les ressources propres aux Communautés européennes et les pouvoirs budgétaires du Parlement européen: recueil de documents*, Luxemburg: Official Publications of the European Communities.

Europäisches Parlament (1971), *Die Eigenmittel der Europäischen Gemeinschaften und die Haushaltsbefugnisse des Europäischen Parlaments: Die Ratifizierungsdebatten*, Luxemburg: Official Publications of the European Communities.

Europäisches Parlament (1996), White Paper on the 1996 Intergovernmental Conference, vol. II, http://europa.eu.int/en/agenda/igc-home/eu-doc/parlmentpeen2.htm

Giubboni, Stefano (2003), »Fundamental social rights in the European Union: problems of protection and enforcement«, *Italian Labor Law eJournal*, Jg. 5, Nr. 1, http://www.dirittodellavoro.it/public/current/ejournal/asp/frameDottrina.asp?nomefile=01-2003/art115.htm&filenote=01-2003/noteart115.htm.

Griffiths, Richard T. (1990), »Die Benelux-Staaten und die Schumanplan-Verhandlungen«, in: Ludolf Herbst/Werner Bührer/Hanno Sowade (Hg.), *Vom Marshallplan zur EWG. Die Eingliederung der Bundesrepublik Deutschland in die westliche Welt*, München: Oldenbourg.

Griffiths, Richard T. (2000), *Europe's First Constitution. The European Political Community, 1952–1954*, London: The Federal Trust.

Küsters, Hanns Jürgen (1988), »Die Verhandlungen über das institutionelle System zur Gründung der Europäischen Gemeinschaft für Kohl und Stahl«, in: Klaus Schwabe (Hg.), *Die Anfänge des Schuman-Plans 1950/51 – The Beginnings of the Schuman Plan*, Baden-Baden: Nomos, S. 73–102.

Lappenküper, Ulrich (1994), »Der Schuman-Plan. Mühsamer Durchbruch zur deutsch-französischen Verständigung«, *Vierteljahreshefte für Zeitgeschichte*, Jg. 42, H. 3, S. 403–45.

Lipgens, Walter (1984), »EVG und Politische Föderation«, *Vierteljahreshefte für Zeitgeschichte*, Jg. 32, H. 4, S. 637–688.

McDonagh, Bobby (1998), *Original Sin in a Brave New World: An Account of the Negotiation of the Treaty of Amsterdam*, Dublin: Institute of European Affairs.

Norman, Peter (2003), *The Accidental Constitution. The Story of the European Convention*, Brüssel: Eurocomment.

Ragin, Charles C. (1987), *The Comparative Method. Moving Beyond Qualitative and Quantitative Strategies*, Berkeley: University of California Press.

Ragin, Charles C. (2000), *Fuzzy-Set Social Science*, Chicago: University of Chicago Press.

Ragin, Charles C./Drass, Kriss A./Davey, Sean (2003), *Fuzzy-Set/Qualitative Comparative Analysis 1.1*, Tucson, Arizona: Department of Sociology, University of Arizona, www.fsqca.com.

Rihoux, Benoit/Ragin, Charles C. (2004), »Qualitative Comparative Analysis (QCA): State of the Art and Prospects«, paper presented at the Annual Meeting of the American Political Science Association, Chicago, 02.–05.09.2004.

Rittberger, Berthold (2001), »Which institutions for post-war Europe? Explaining the institutional design of Europe's first community«, *Journal of European Public Policy*, Jg. 8, H. 5, S. 673–708.

Rittberger, Berthold (2003), »The creation and empowerment of the European Parliament«, *Journal of Common Market Studies*, Jg. 41, H. 2, S. 203–225.

Rittberger, Berthold (2005), *Building Europe's Parliament. Democratic Representation beyond the Nation-State*, Oxford: Oxford University Press.

Ross, George (1995), *Jacques Delors and European Integration*, Oxford: Polity Press.

Streinz, Rudolf (1996), »Minderheiten- und Volksgruppenrechte in der Europäischen Union«, in: Blumenwitz, Dieter/Gornig, Gilbert (Hg.), *Der Schutz von Minderheiten- und Volksgruppenrechten durch die Europäische Union*, Köln: Verlag Wissenschaft und Politik, S. 11–29.

Westlake, Martin (1994), *A Modern Guide to the European Parliament*, London: Pinter.

Gemeinschaftsbildung

Konstitutionalisierung durch Erweiterung Die konfliktreiche Entstehung der demokratischen Identität in der EU

Daniel C. Thomas

Einleitung

Die Prinzipien Demokratie, Rechtsstaatlichkeit und Achtung der Menschenrechte sind heute so fest in den Verträgen und der Rechtswissenschaft der EU verankert, dass viele Beobachter der EU diese als natürlichen oder zwangsläufigen Teil der politischen Identität der Union ansehen.[1] Teile der Einheitlichen Europäischen Akte (1986), des Vertrags über die Europäische Union (1992) und der »Kopenhagener Kriterien« (1993) werden oft in dieser Weise dargestellt. Politischen Akteuren, die diese Prinzipien innerhalb und außerhalb der EU angewendet sehen möchten, dient dieser Rahmen offensichtlich einem rhetorischen Zweck. Für diejenigen jedoch, die ein wahrheitsgetreues Verständnis der Evolution der EU erlangen wollen, ist es unerlässlich, den sehr konfliktreichen politischen Prozess im Blick zu behalten, durch den die Identität dieser Gemeinschaft erst ins Leben gerufen wurde.

Dieses Kapitel zeigt, dass die Konstitutionalisierung der EU – definiert als das Einbeziehen der demokratischen und Menschenrechtsprinzipien in Verträge und Rechtslehre der Gemeinschaft – nicht mit dem Entwurf eines Vertrages oder einer richterlichen Entscheidung zur richtigen Ausübung von Autorität innerhalb der Grenzen der neuen Gemeinschaft ihren Anfang nahm, sondern vielmehr mit einem politischen Kampf um die Re-

---

1 Dieses Kapitel stützt sich auf das Buchmanuskript des Autors (Thomas, im Erscheinen). Frank Schimmelfennig und zwei weitere anonyme Helfer machten hilfreiche Anmerkungen zu früheren Versionen dieses Kapitels. Die Recherche zu diesem Kapitel wurde unterstützt durch das Robert Schuman Centre for Advanced Studies des European University Institute, den Rat für auswärtige Beziehungen, den German Marshall Fund of the United States, das University of Pittsburgh's European Union Center of Excellence und das Center for Russian and East European Studies.

geln, nach denen die Gemeinschaft Anträge auf Mitgliedschaft beantworten würde. Kurz gesagt waren es die Interaktionen mit Außenstehenden, die politische Akteure innerhalb der Gemeinschaft dazu brachte, zu debattieren und dann zu definieren, was »jene« von »uns« unterscheiden sollte.

Abgesehen von einem ungenauen Verweis auf »Freiheit« in der Präambel, thematisierten die Römischen Verträge (1957) Menschenrechte und Demokratie als konstitutive Prinzipien der Europäischen Wirtschaftsgemeinschaft (EWG) nicht. Dieses Stillschweigen ist bemerkenswert angesichts der Tatsache, dass demokratische Prinzipien in früheren europäischen Verträgen deutlich angesprochen wurden. Des Weiteren kann sich den Römischen Verträgen nach »[j]eder europäische Staat« um eine Mitgliedschaft bewerben. Doch warum und wie kamen die Mitgliedstaaten der EWG nur fünf Jahre nach Gründung der neuen Gemeinschaft zur Entscheidung, dass die Mitgliedschaft auf demokratische Staaten begrenzt werden sollte, die Menschenrechte anerkennen?

Die Antwort auf diese Frage wird im Folgenden in vier Teilen dargelegt. Der erste Teil stellt konkurrierende Theorien zu den Ursprüngen der Identität der EU dar, wobei ein besonderes Augenmerk auf Erklärungen für die Konstitutionalisierung von Demokratie und Menschenrechten als grundlegende konstitutive Normen gelegt wird. Der zweite Teil beschreibt den empirischen Ausgangspunkt, indem die politischen Entscheidungen, Demokratie und Menschenrechte in den Verträgen von Paris und Rom *nicht* zu konstitutionalisieren, zusammengefasst werden. Der dritte Teil untersucht den politischen Kampf, der 1962 durch den Antrag des faschistischen Spaniens auf eine Assoziierung, die zu einer vollen Mitgliedschaft in der EWG führen sollte, ausgelöst wurde. Dabei wird dargelegt, warum und wie Spaniens Antrag schließlich abgelehnt wurde. Der vierte Teil betrachtet die Implikationen dieser Ergebnisse für unser umfassendes Verständnis der Konstitutionalisierung der EU.

Die Ursprünge und der Prozess der EU-Konstitutionalisierung

Debatten über die Rolle der demokratischen und Menschenrechtsprinzipien in der EU drehen sich, implizit oder explizit, um zwei Theorien zur politischen Identität der EU, die hier als essentialistische und konstruktivistische Theorien bezeichnet werden. Auch wenn sich beide mit der republikanisch-liberalen (oder Kant'schen) Theorie internationaler Beziehungen decken, wonach die nationalen Strukturen von Staaten ihre auslandspolitischen Interessen und Präferenzen formen, unterscheiden sie sich maßgeblich hinsichtlich der Ursprünge und Prozesse der Konstitutionalisierung.

Eine einfache Version der essentialistischen Theorie legt den Schwerpunkt auf die Unterscheidung zwischen demokratischen, Rechte schützenden und autoritären, Rechte missachtenden Staaten. Angesichts der Tatsache, dass die sechs Gründungsstaaten der EU parlamentarische Demokratien und Mitglieder des Europarats waren, und damit der Rechtsstaatlichkeit und dem Schutz der Menschenrechte formell verpflichtet, könnte man die Hypothese aufstellen, dass jede von diesen Staaten gegründete regionale Gemeinschaft natürlich und zwangsläufig ihre gemeinsamen nationalen Normen widerspiegelt. Diese Erwartung liegt auch der landläufigen Meinung über Europa zugrunde, einschließlich eines großen Teils der aktuellen Rhetorik der EU-Institutionen.

Wäre diese einfache essentialistische Theorie zutreffend, wäre zu erwarten, dass die Geschichte der europäischen Integration keine ernsten Unstimmigkeiten über Fragen der Demokratie und Menschenrechte als grundsätzliche Normen der Europäischen Gemeinschaft und ihrer Vorgängerinstitutionen verzeichnen würde. Man würde mit großer Wahrscheinlichkeit erwarten, diese Normen in den Gründungstexten der Gemeinschaft verankert zu finden. Man würde mit Sicherheit erwarten, *nicht* auf bewusste Entscheidungen zu stoßen, die diese ausschließen. Selbst wenn solche Normen nicht ausdrücklich in den Gründungstexten einbezogen wären, würde man erwarten, zumindest einen einfachen Konsens zwischen den frühen Mitgliedstaaten und Institutionen der Gemeinschaft darüber zu finden, dass jeder Drittstaat, der sich um eine Mitgliedschaft bewirbt, die ungeschriebene Norm akzeptieren und ihr nachkommen muss. Mit anderen Worten würde man erwarten, einen einfachen Konsens darüber zu finden, dass Mitgliedsanträge derjenigen Staaten zurückzuweisen sind, deren nationale Ordnung mit den Normen der Demokratie und Menschenrechte eindeutig unvereinbar ist.

Eine verfeinerte Version der essentialistischen Theorie führt jegliche Konstitutionalisierung von Demokratie und Menschenrechten in der EU auf Verhandlungen zwischen Mitgliedstaaten zurück, wobei zwischen den Anreizen für Regierende von neuen oder schwach institutionalisierten Demokratien und Anreizen für Regierende von entwickelten Demokratien unterschieden wird. Da Erstere mehr Grund zur Angst vor nichtdemokratischen Massenbewegungen und Gegeneliten haben, würden sie versuchen, supranationale Garantien der Demokratie, Rechtsstaatlichkeit und Menschenrechte einzuführen oder zu stärken. Dahingegen würden Letztere den Souveränitätsverlust, den solche Garantien beinhalten, nur widerwillig akzeptieren (Moravcsik 2000). Dieser Theorie nach wäre zu erwarten, dass unter den ursprünglichen Sechs Frankreich, Deutschland und Italien (die kürzlich Erfahrungen mit Faschismus und Kollaboration gemacht hatten) die Wichtigkeit der Menschenrechtsnorm innerhalb der neuen Gemeinschaft betonen, und die Regierungen von Belgien, Luxemburg und den Niederlanden die Bedeutsamkeit solcher Normen herunterspielen. Angesichts des relativen Gewichts der großen Drei wäre zu erwarten, dass ihre Präferenzen sich durchsetzen. Selbst wenn die Sechs der Meinung wären, dass das 1950 eingeführte Menschenrechtssystem des Europarats genügend supranationale Garantien böte, würde die verfeinerte Version des Essentialismus davon ausgehen, dass Frankreich, Deutschland und Italien stärker als die Benelux-Staaten darauf beharren, dass die EU keine engen Bindungen mit autoritären, Rechte missachtenden Staaten eingeht.

Dahingegen geht die konstruktivistische Theorie der Identitätsbildung der EU davon aus, dass die nationalen Strukturen der ursprünglichen Mitgliedstaaten nicht notwendigerweise dazu führen, dass diese der Demokratie, Menschenrechten und Rechtsstaatlichkeit als konstitutive Normen der Gemeinschaft Vorrang einräumen würden. Vielmehr stellt sie die politische Identität der EU als ein historisch kontingentes Ergebnis von politischem Unternehmertum und Wettbewerb zwischen verschiedenen Typen politischer Akteure dar, die innerhalb normativer Strukturen agieren, die wiederum bestimmte Argumente begünstigen und andere benachteiligen. Besonders die Akteure, die sich darum bemühen, die politische Identität der Gemeinschaft zu beeinflussen, werden mit Möglichkeiten und Einschränkungen konfrontiert, die durch nationale Verfassungen in Europa und bereits bestehende internationale Verpflichtungen geschaffen werden, einschließlich derer, die mit anderen europäischen Institutionen, wie z. B. dem Europarat, verknüpft sind. Im Gegensatz zum Ansatz von Wendt (1994), der die kollektive Identitätsbildung auf der Systemebene betrachtet, schreibt diese Theorie nichtstaatlichen und substaatlichen Akteuren mögliche Bedeutung zu. Sie nimmt sogar an, dass der Prozess der Konstitutionalisierung möglicherweise nicht die gemeinschaftliche Präferenz der dominanten Mitgliedstaaten wiedergibt.

Rittberger und Schimmelfennig (2006) argumentieren, dass die Konstitutionalisierung von demokratischen und Menschenrechtsnormen am ehesten gelingt, wenn die angenommenen Normen eine »empfundene Diskrepanz zwischen ›soll‹ und ›ist‹« beheben (»Salienz«), wenn sie mit bereits existierenden Gemeinschaftsnormen und -praktiken innerhalb und außerhalb der Gemeinschaft im Einklang stehen (interne und externe »Kohärenz«) und wenn das Thema öffentliche Aufmerksamkeit auf sich gezogen hat (»Öffentlichkeit«). Wenn diese Bedingungen gegeben sind, wäre es Mitgliedstaaten, die ökonomische oder selbst geopolitische Aspekte der Europäischen Gemeinschaft betonen möchten, nicht möglich, die Ansprüche von sonst schwachen politischen Akteuren zu ignorieren, die die Konstitutionalisierung von demokratischen und Menschenrechtsnormen unterstützen. Konstitutionalisierung könnte somit in Opposition zu den anfänglichen Präferenzen der dominanten Mitgliedstaaten geschehen.

Der übrige Teil dieses Kapitels wertet diese zwei Theorien zur Identitätsbildung der EU aus, indem ihre erkennbaren Implikationen mit dem eigentlichen Prozess der Entscheidungsfindung, wie er sich in offiziellen Texten, Archivquellen und Interviews darstellt, verglichen werden.

Abkehr von der Konstitutionalisierung in den frühen Verträgen

Im Jahrzehnt nach dem Zweiten Weltkrieg, das 1957 in den Römischen Verträgen gipfelte, näherte sich Europa und entfernte sich dann wieder von einer Konstitutionalisierung demokratischer und Menschenrechtsprinzipien auf der supranationalen Ebene. Auf dem Kongress in Den Haag 1948 forderten mehr als 1200 Politiker und Repräsentanten privater Vereinigungen die Einrichtung eines Europarats, eine allgemeine Erklärung der Menschenrechte und einen unabhängigen Gerichtshof für Menschenrechte. Sie erklärten, dass diese neue Organisation »allen demokratischen europäischen Nationen offen stehen sollte, die sich dazu verpflichten, fundamentale Menschenrechte zu achten« (*European Movement and the Council of Europe* o. J.: 48). Diese Vision von europäischer Integration spiegelt sich im Brüsseler Vertrag zur kollektiven Selbstverteidigung (1948) wider, am deutlichsten jedoch im Statut des Europarats (1949), das den Schwerpunkt auf Menschenrechte und Rechtsstaatlichkeit legt und die Mitgliedschaft auf demokratische Staaten beschränkt, die diese Prinzipien achten. Diese Verpflichtung wurde im folgenden Jahr durch die Übereinkunft der unterzeichnenden Staaten, eine europäische Konvention zum Schutz der Menschenrechte und Grundfreiheiten ins Leben zu rufen, gestärkt. Der Inhalt dieser drei Verträge stimmt mit der Logik der einfachen essentialistischen Theorie überein; das Verhandlungsprotokoll der letzteren Konvention stimmt mit der verfeinerten essentialistischen Theorie überein, die Regierungen nach früheren Erfahrungen mit Autoritarismus unterscheidet (Moravcsik 2000).

Dieser Trend wurde jedoch bald durch die politische Entscheidung umgekehrt, eine funktionalistische und dann eine marktwirtschaftliche Vision der europäischen Integration zu verfolgen. Anstatt sich auf supranationale Garantien von Demokratie und Menschenrechten zu verlassen, versuchte die funktionalistische Vision Frieden und wirtschaftliche Entwicklung zu fördern, indem wichtige Ressourcen und Funktionen von nationalen Regierungen auf technokratische Organe auf der europäischen Ebene verlagert wurden. Dies impliziert, dass die Mitgliedschaft in europäischen Institutionen allen europäischen Staaten offen stehen sollte, die in der Lage sind, an der sektoralen Integration des Kontinents teilzunehmen und diese zu stützen. Diese Vision wird deutlich im Vertrag von Paris (1951), der von den Regierungen Belgiens, Frankreichs, Deutschlands, Italiens, Luxemburgs und den Niederlanden unterzeichnet wurde, um die Europäische Gemeinschaft für Kohle und Stahl (EGKS) zu gründen, der aber Demokratie oder Menschenrechte nicht erwähnt – weder als ein Ziel der neuen Gemeinschaft noch als eine Voraussetzung für Mitgliedschaft.

Die schwindende Unterstützung für die Konstitutionalisierung von demokratischen und Menschenrechtsprinzipien zeigt sich auch beim Schicksal des Vertragsentwurfs für die Gründung einer Europäischen Politischen Gemeinschaft (EPG), die supranationale Garantien von Demokratie und Menschenrechten in der Gemeinschaft, die auf Kohle und Stahl aufbaute, fest verankert hätte. Neben der Bestätigung dieser Prinzipien und der Beschränkung der Mitgliedschaft auf Staaten, die diese achten, hätte der EPG-Vertrag die Gemeinschaft dazu autorisiert »einzuschreiten«, wenn ein Mitgliedstaat nicht mehr in der Lage ist, eine verfassungsgemäße Ordnung und demokratische Institutionen innerhalb seines Territoriums aufrechtzuerhalten (*Draft Treaty* 1953). Die Regierungen der Sechs verwarfen jedoch schnell die EPG, nachdem Frankreichs Nationalversammlung 1954 ihr Veto gegen die Europäische Verteidigungsgemeinschaft einlegte. Jean Monnet verurteilte in seinen Memoiren den »Konstitutionalismus« der Befürworter der EPG (Monnet 1978: 383).

Die Abkehr vom Konstitutionalismus wird außerdem offensichtlich im Vorschlag des Spaak-Komitees im Juni 1956, eine europäische Wirtschaftsgemeinschaft zu gründen. Die Sprache des Komitees zur Beseitigung von Grenzzöllen innerhalb des Marktes, der Einführung eines gemeinsamen Außenzolls und der Harmonisierung von nationaler Fiskal- und regulatorischer Gesetzgebung war weit vom konstitutionellen Bestreben der EPG-Satzung entfernt. Der Generalsekretär des niederländischen Rates der Europäischen Bewegung bekräftigte daraufhin die Unterstützung der Föderalisten für die Konstitutionalisierung:

»Die moderne Geschichte hat den Aufstieg des kriminellen Staates erlebt. Es wurde uns schmerzhaft bewusst gemacht, dass der Schutz unserer Freiheiten nationale Grenzen überschreitet und dass gemeinsame Maßnahmen unerlässlich sind, um unsere Freiheit zu schützen. (…) Die Europäische Gemeinschaft muss so gestaltet werden, dass die Grundfreiheiten unserer Bürger effektiv geschützt und erhalten werden können. Nicht nur Mitgliedsstaaten als solche, sondern auch Individuen und Gruppen von Individuen müssen in der Lage sein, eine Beschwerde einzureichen, wenn der Verdacht besteht, dass Menschenrechte verletzt wurden.« (1957: 223–224)

Diese Bedenken wurden offensichtlich nicht von den Regierungen der Sechs geteilt. Obwohl die Römischen Verträge (1957), durch die die Europäische Wirtschaftsgemeinschaft (EWG) gegründet wurde, dazu gedacht waren, »die Grundlagen für einen immer engeren Zusammenschluss der europäischen Völker zu schaffen«, werden Demokratie oder Achtung der Menschenrechte weder als ein Ziel der neuen Gemeinschaft noch als eine Voraussetzung für Mitgliedschaft oder Assoziierung genannt. Stattdessen erklärt die Präambel schlicht die Absicht der Unterzeichner, »Frieden und Freiheit zu erhalten und zu stärken und [fordert] die anderen Völker Europas [auf], die dieses Ideal teilen, sie in ihren Bemühungen zu unterstützen«. Artikel 237 erklärt: »Jeder europäische Staat kann beantragen, Mitglied der Gemeinschaft zu werden.« Walter Hallstein, der erste Präsident der Europäischen Kommission, bestätigte Anfang 1958, dass geplant war, die EWG allen Staaten mit Wirtschaftssystemen und regulatorischen Strukturen, die mit dem Aufbau eines gemeinsamen Marktes vereinbar sind, zu öffnen (Stirk und Weigall 1999: 149).

Die Tatsache, dass die Römischen Verträge von der Konstitutionalisierung, die sechs Jahre zuvor mit dem Vertrag von Paris begonnen hatte, immer mehr abwich, und dass diese Entwicklung beiden essentialistischen Theorien widerspricht, bedeutet nicht, dass die Regierungen der Sechs wenig Wert auf Demokratie oder Menschenrechten innerhalb der eigenen Grenzen gelegt hätten. Trotz allem hatten der Vertrag von Brüssel, der Europäische Rat und die verworfene Europäische Politische Gemeinschaft die Achtung von Demokratie und Menschenrechten als strenges Kriterium für die Mitgliedschaft festgesetzt; die Verträge von Paris und Rom hätten dasselbe tun können, ohne damit die Struktur oder die bestehenden Mitgliedschaften der EGKS/EWG zu ändern. Der Ausschluss von Demokratie und Menschenrechten aus den Verträgen, die der Grundstein des heutigen Europa sind, war somit eindeutig kein Zufall: Die Gründer fällten (kollektiv, wenn nicht individuell) bewusst eine Entscheidung über die Prinzipien, die ihre neue Gemeinschaft unterstützen sollte.

Debatten über Erweiterung und Konstitutionalisierung der EWG

Unmittelbar nach den Römischen Verträgen riefen Bewerbungen für die neue Gemeinschaft Debatten darüber hervor, ob eine EWG-Mitgliedschaft oder -Assoziierung an politische Bedingungen geknüpft sein sollte. Die heftigste dieser Debatten entzündete sich 1962 am Gesuch des faschistischen Spaniens, eine Assoziierung zu verhandeln, die schließlich zu einer Mitgliedschaft führen sollte. Wie die oben beschriebene Verhandlung der frühen Verträge auch, zeigen diese Debatten über die Erweiterung den umstrittenen Charakter des Konstitutionalisierungsprozesses in den ersten Jahrzehnten der Gemeinschaft. Die Verteilung der Präferenzen und der Prozess, in dem die EWG die Antwort auf Madrid formulierte, unterstützen deutlich die konstruktivistische Theorie der Identitätsbildung.

Als der Ministerrat 1960 zusammenkam, um zu diskutieren, wie auf Anfragen von Nichtmitgliedstaaten zu reagieren sei, stellte niemand die marktwirtschaftliche Orientierung des Vertrages in Frage. Der Belgier Pierre Wigny interpretierte Artikel 237 des Vertrages so, dass Kandidaten für volle Mitgliedschaft europäisch und in der Lage sein müssen, sich an den gemeinsamen Außenzoll und das Fehlen von Binnenzöllen anzupassen. Der Franzose Maurice Couve de Murville sprach die Möglichkeit von Assoziierungsabkommen mit einer Reihe von Staaten an, einschließlich Spanien, das damals noch fest unter faschistischer Herrschaft stand. Der Deutsche Heinrich Van Brentano stimmte zu, dass der Gemeinsame Markt »offen bleiben muss.« Am bemerkenswertesten ist jedoch, dass keiner der sechs Außenminister die Möglichkeit erwog, dass die Achtung von demokratischen und Menschenrechtsprinzipien ein Kriterium für eine EWG-Mitgliedschaft oder -Assoziierung sein könnte (*Ministère français des affaires étrangères* 1960, I, 35).

Diese Offenheit wurde 1961/62 ernsthaft auf die Probe gestellt, als das Interesse Spaniens an einer Annäherung an die Gemeinschaft offensichtlich wurde. Auch wenn General Franco immer noch an der Macht war, hatte sich Spaniens Regierung in den späten 1950er Jahren einem graduellen Prozess wirtschaftlicher Liberalisierung verschrieben. Spaniens EWG-Botschafter wandte sich im Februar 1961 mit einem Brief an den Kommissionspräsidenten Walter Hallstein und sprach darin von »dem Wunsch meiner Regierung, an der europäischen Integrationsbewegung teilzunehmen.« Der spanische Außenminister Fernando M. Castiella äußerte im November 1961 bei einem Treffen mit Charles de Gaulle den »starken Wunsch« seiner Regierung, sowohl der NATO als auch der EWG beizutreten.[2]

Madrids Streben nach engeren Beziehungen stieß innerhalb der Gemeinschaft auf beträchtliche Zustimmung. Frankreichs politisches Ziel war die »Normalisierung der Beziehungen zwischen den beiden Ländern« (*Ministère français des affaires étrangères* 1959, I, 348). Weniger als ein Jahr nach der Unterzeichnung der Römischen Verträge hatte der französische Botschafter in Spanien den französischen Außenminister dazu gedrängt, Spaniens Beitritt zu der neuen Gemeinschaft zu unterstützen (*Ministère français des affaires étrangères* 1957, II, 393). 1958/59 sprach sich Frankreich im EWG-Ministerrat dafür aus, dass man Spanien erlauben sollte, an den Maudling-Verhandlungen über eine europäische Freihandelszone teilzunehmen, und es unterstützte aktiv Spaniens Beitritt zur OEEC und zur NATO.[3] Nach einem Treffen mit dem spanischen Außenminister im November 1961 lobte der französische Präsident Charles de Gaulle die »Einstellung Francos und des spanischen Regime [als] einen Faktor der Stabilität und des sozialen Friedens in der Welt und besonders in Europa«.[4] In seinen Memoiren erklärte Couve de Murville die französische Unterstützung für Spaniens Streben, der EWG beizutreten: »Frankreich konnte solche Annäherungen

2 MFAE Fond F-6, Europe: Espagne (1961–1970), Dokument 351.

3 EC BAC/3/1978/235; *Ministère français des affaires étrangères* 1959, I, 230 & 348; *Ministère français des affaires étrangères* 1959, II, 173.

4 MFAE Fond F-6, Europe: Espagne (1961-1970), Dokument 351.

nur unterstützen, da es, ohne die Integrität der Gemeinschaft zu untergraben, sein Handelsvolumen und somit auch sein Gewicht erhöhen würde. Von allen Kandidaten war Spanien der wichtigste; als europäisches Land hatte es offensichtlich seinen Platz in der Zukunft innerhalb einer wahrhaft europäischen Organisation« (Couve de Murville 1971: 318–319).

Die Bundesrepublik Deutschland war ebenso ein großer Unterstützer der spanischen Integration in die Wirtschaft und die neuen Institutionen Europas. Vizekanzler und Wirtschaftsminister Ludwig Erhard war fest entschlossen, ein marktwirtschaftliches System in Europa aufzubauen, und der Eintritt der weitgehend landwirtschaftlich geprägten spanischen Wirtschaft in den Gemeinsamen Markt versprach beträchtliche potentielle Gewinne für deutsche Exporteure von Industriegütern. Deutschlands Unterstützung für Spanien war außerdem durch »politische Gründe« motiviert, u. a. dem Bestreben, Spanien innerhalb des westlichen Blocks zu verankern und eine »historische Freundschaft« zwischen den beiden Nationen zu begründen.[5] Im Januar 1958, nur zwei Monate nachdem Spanien die OEEC-Mitgliedschaft erlangt hatte, sprach der deutsche Außenminister Heinrich Van Brentano die Möglichkeit einer Assoziierung Spaniens an die EWG an (Aschmann 2001: 38–9). Diese Politik wurde von großzügigen Finanzhilfen begleitet. Erhard erklärte während eines Aufenthalts in Madrid im Mai 1961: »Entwicklung und Integration gehen Hand in Hand, und wir können sie ohne Finanzhilfen nicht erreichen: Die deutsche Regierung hat das sehr wohl verstanden.«[6]

Diese Einstellung beschränkte sich nicht auf die zwei großen Mitgliedstaaten. In Belgien sah eine Studie des Außenministeriums Anfang Februar 1962 Demokratie oder Menschenrechte nicht als mögliche Kriterien beim Entscheidungsprozess der EWG über Assoziierung oder Mitgliedschaft.[7] Eine Rede des Europäischen Kommissionspräsidenten Walter Hallstein zur Erweiterung der EWG im September 1961 wurde von offizieller Seite Spaniens als ein Zeichen gedeutet, die Kommission teile die Ansicht der

5 PAAA B26/167: »Erste Überlegungen über politische und wirtschaftliche Aspekte eines Anschlusses Spaniens an die EWG«, 22. Januar 1962.

6 »L'Espagne se félicite de l'ampleur et des formes de l'aide allemande«, *Le Monde*, 28. März 1962.

7 MBAE, Dokument B-3, Note sur les régimes d'adhésion et d'association prévus par le Traité instituant la Communauté Economique Européenne, 7. Februar 1962.

französischen Regierung, dass hinzukommende Länder eine volle Mitgliedschaft anstelle einer Assoziierung beantragen sollten.[8]

Mitgliedern des Europäischen Parlaments (EP), die hofften, demokratische und Menschenrechtsprinzipien zu konstitutionalisieren oder zumindest eine weitere Abkehr von diesen Prinzipien in der neuen Gemeinschaft zu verhindern, stand somit ein schwerer Kampf bevor. Auch wenn sie entsetzt waren von der Diskrepanz zwischen einer möglichen spanischen EWG-Kandidatur und den demokratischen Verfassungen der ursprünglichen Mitgliedstaaten und deren Verpflichtungen dem Europarat gegenüber, erkannten sie, dass diese Diskrepanz bei genügend öffentlicher Aufmerksamkeit politisch von Vorteil sein könnte. Als der britische Premierminister Harold Macmillan im Juli 1961 die Absicht seiner Regierung verkündete, Verhandlungen über eine EWG-Mitgliedschaft aufzunehmen, erklärte das EP-Mitglied Willi Birkelbach, ein deutscher Sozialdemokrat, der Presse optimistisch, dass dies »parlamentarische und demokratische Prinzipien sogar noch fester im Herzen der EWG verankern wird« (Kraft 1962: 149). Birkelbachs Erfahrungen als politischer Gefangener unter den Nazis hatten seine Überzeugung geprägt, dass es der Zweck der europäischen Integration sei, demokratische Werte und Menschenrechte zu fördern: »In Europa dürfen die parlamentarische Demokratie, die Freiheiten und die der Demokratie zugeordneten Rechte nicht nur eine nationale Basis haben, sondern sie müssen auch fest auf internationaler Ebene verankert sein, so dass sie nicht mehr in Frage gestellt werden können« (Kraft 1962: Vorwort, auch Birkelbach und Dreßler 2000).

Doch selbst wenn einer der Mitgliedstaaten geneigt gewesen wäre, eine Bewerbung Spaniens abzulehnen, was sehr unwahrscheinlich war, boten die Römischen Verträge tatsächlich wenig Grundlage dafür, so zu handeln. Um dieses Problem zu lösen, ernannte die Politische Kommission der Europäischen Parlamentarischen Versammlung Birkelbach im Herbst 1961 zum Berichterstatter einer Arbeitsgruppe zum Assoziierungs- und Anschlussprozess. Er erklärte später:

»Wir hatten erlebt, wie zerbrechlich die Demokratie wirklich war. Wir hatten gesehen, wie sie in unserem eigenen Land vernichtet wurde. (...) Die Aufgabe des Parlaments war es, für die Sicherheit der politischen und demokratischen Natur

8 Brief an das spanische Außenministerium von Conde de Casa Miranda, Leiter der spanischen Vertretung bei der EWG, Brüssel, 21. September 1961. Kopien der gesamten spanischen diplomatischen Korrespondenz, die hier zitiert wird, können beim Autor angefordert werden.

der Gemeinschaft zu sorgen. Es war wichtig, der Kommission und den Ministern zu zeigen, dass sie demokratischen Prinzipien und Institutionen Vorrang geben mussten. (…) Ich wusste, welche Vorstellungen innerhalb der Kommission vorherrschten, und dass diese, wenn wir nichts tun würden, einen Weg finden würden, mit Spanien zu verhandeln.« (Interview, 15. Juli 2001).

Die Anhänger der Konstitutionalisierung von demokratischen und Menschenrechtsprinzipien in der EWG mussten somit die Erweiterungsdebatte in die Öffentlichkeit bringen und die Bedingungen verlagern von der Frage »Wo treffen sich die nationalen Interessen der Mitgliedstaaten?« zu »Was ist angemessen angesichts der Normen, die wir teilen?« Mit anderen Worten mussten Birkelbach und seine EP-Kollegen, wenn sie Europas Zukunft mitgestalten wollten, eine politische Krise hervorrufen und in die daraus entstehende Debatte Normen einbringen, die die Regierungen der Mitgliedstaaten nur ungern verleugnen würden, und zwar unabhängig von ihren tatsächlichen Präferenzen beim vorliegenden Thema. Die in den nationalen Verfassungen der Mitgliedstaaten verankerten Kernwerte oder andere von den Mitgliedstaaten akzeptierte, transeuropäische Normen, z. B. die des Europarates, bildeten einen einflussreichen Rahmen in einer Kontroverse zur politischen Identität der europäischen Gemeinschaft.

Der daraus entstandene Birkelbach-Bericht, wie er später genannt wurde, stellt einen bedeutenden Schritt über die Römischen Verträge hinaus dar und einen wichtigen Meilenstein der Konstitutionalisierung der Europäischen Gemeinschaft (Birkelbach 1962a). Auch wenn er anerkannte, dass Artikel 237 die EWG »jedem europäischen Staat« geöffnet hatte, nahmen Birkelbach und seine Kollegen den Verweis der Präambel auf »Freiheit« und die Hoffnung auf einen »immer engeren Zusammenschluss« als Grundlage für ihr Argument, dass der Vertrag strenge politische Bedingungen für die Mitgliedschaft auferlegte. Der Bericht legt dar: »Das garantierte Bestehen einer demokratischen Staatsform im Sinne einer freien politischen Ordnung ist eine Bedingung für die Mitgliedschaft.« Es heißt weiter: »Die Länder, deren Regierung nicht demokratisch legitimiert ist und deren Völker nicht an den Entscheidungen der Regierungen teilhaben, sei es direkt oder durch frei gewählte Vertreter, können nicht erwarten, in den Kreis der Völker zugelassen zu werden, die die Europäische Gemeinschaft bilden.« Der Bericht schlug außerdem vor, die Achtung der Menschenrechte zur Bedingung für eine Mitgliedschaft in der Gemeinschaft zu machen: »Man könnte (…) vorschlagen, es von Staaten, die der Gemeinschaft beitreten möchten, zu verlangen, die Prinzipien des Europarates anzuerkennen, die er denen als Bedingung auferlegt hat, die Mitglieder sein möchten.« In einer Fußnote wird erklärt: »Dies beinhaltet vor allem die Anerkennung der Prinzipien Rechtsstaatlichkeit, Menschenrechte und Grundfreiheiten« (vgl. Artikel 3 des Statuts des Europäischen Rats). Beim Thema Assoziierung ließ der Bericht die Frage offen, »welche Einstellung wir haben müssen gegenüber europäischen Staaten, die die politischen Bedingungen für eine volle Mitgliedschaft nicht erfüllen.«

Zu diesem Zeitpunkt waren drei der vier vorausgesetzten Vorbedingungen für die Konstitutionalisierung erfüllt: Die Diskrepanz zwischen »soll« und »ist« (Salienz) hatte die Mobilisierung der föderalistischen Mitglieder des Europäischen Parlaments beschleunigt, die dann ihre favorisierte Vision der europäischen Gemeinschaft untermauerten, indem sie diese rhetorisch mit Normen verknüpften, die bereits von den Mitgliedstaaten innerhalb und außerhalb der Gemeinschaft akzeptiert worden waren (interne und externe Kohärenz). Dennoch – wenn Birkelbach und seine Kollegen den Widerwillen des Ministerrats, die EWG zu konstitutionalisieren, überwinden wollten, mussten sie mehr politische Macht gewinnen, und zwar indem sie die öffentliche Aufmerksamkeit auf diese Kluft zwischen den normativen Verpflichtungen ihrer Regierungen und deren politische Präferenzen lenkten (Öffentlichkeit).

Als Birkelbach am 23. Januar den Bericht seines Ausschusses dem gesamten EP zur Diskussion vorstellte, bestand er darauf, dass die Europäische Gemeinschaft nicht nur schlicht ein »erweitertes internationales wirtschaftliches Abkommen« sei. Er stellte die vorläufigen Bedingungen des Berichts zu Menschenrechten als einen wesentlichen Bestandteil seiner Empfehlungen dar (*Assemblée Parlementaire Européenne* 1962). Im Namen der sozialistischen Gruppe des Parlaments äußerte sich George Bohy zur tiefen Uneinigkeit über den fundamentalen Zweck der Gemeinschaft unter seinen Mitgliedern und innerhalb seiner Institutionen; dann legte er die Auffassung Großbritanniens über die politischen Implikationen von Mitgliedschaft als einen Standard für andere mögliche Anwärter dar:

»Bestimmte Gespräche haben mir besonders den Eindruck gegeben, dass andere Länder die politischen Implikationen nicht mit derselben Klarheit und der gleichen Geradlinigkeit sehen (…) diese politischen Implikationen erscheinen ihnen nebensächlich, hypothetisch, sehr vage, schlecht durchdacht zu sein, auch wenn sie für uns offensichtlich wesentlich sind.«

Auch wenn Birkelbachs und Bohys Rhetorik weit über die politische Ausgewogenheit des Berichts selbst hinausging, war es politisch schwierig, sie in einer offenen Diskussion zu hinterfragen. Stellvertretend für die christdemokratische Gruppe sagte Jean Duvieusart voraus, dass der Birkelbach-Bericht einen vergleichbaren Einfluss auf die europäische Integration haben würde wie 1955 die Konferenz von Messina, die zu den Römischen Verträgen geführt hatte. Er lobte den Birkelbach-Bericht, da er über eine geografische Vorbedingung für Mitgliedschaft hinausging und wirtschaftliche und politische Kriterien »definiert« hatte, die in den Verträgen nicht enthalten waren. Dennoch merkte Duvieusart an, dass der Schwerpunkt des Berichts hauptsächlich auf dem Beitritt und nicht auf der Assoziierung lag. Diese Unterscheidung war von Bedeutung, da jeder erwartete, dass sich Spanien zunächst um Assoziierung bewerben würde und nicht um eine volle Mitgliedschaft.

Am Tag nach der Präsentation vor der Versammlung bezeichnete eine Straßburger Tageszeitung den Birkelbach-Bericht als »eine ›Charta‹ für Mitgliedschaft und Assoziierung an die Europäische Wirtschaftsgemeinschaft«.[9] Einen Tag später schickte der Leiter der spanischen Vertretung bei der Gemeinschaft eine ausgearbeitete Analyse nach Madrid, in der er erklärte, dass der Birkelbach-Bericht so bedeutend sei, gerade weil die Artikel zur Assoziierung und Mitgliedschaft in den Römischen Verträgen »so flexibel und fließend« seien und er sagte einer spanischen Bewerbung um Mitgliedschaft »Schwierigkeiten ideologischer Art« voraus, was politisch von Bedeutung sein würde, »auch wenn die Parlamentarische Versammlung beim Anschluss eines neuen Mitglieds nicht berücksichtigt werden muss.«[10]

Auch wenn Birkelbachs Versuch, die EWG zu konstitutionalisieren, die spanische Regierung nicht von ihrem Vorhaben der Integration abbrachte, stellte er dennoch sicher, dass Madrids Initiative mit kritischer Aufmerksamkeit aufgenommen würde. Am 9. Februar schickte Außenminister Fernando M. Castiella einen Brief an den französischen Außenminister und Präsident des EWG-Ministerrats, Maurice Couve de Murville, in dem er darum bat, »die Verhandlungen zur Prüfung einer möglichen Assoziierung an die Gemeinschaft zu beginnen. Später kann diese in eine vollständige Integration übergehen, wenn die notwendigen Schritte erfolgt sind, die es der spanischen Wirtschaft erlauben werden, sich an die Bedingungen des Gemeinsamen Marktes anzupassen.« Castiella nannte als Begründung Spa-

9 *Les Dernières Nouvelles* (Straßburg), 24. Januar 1962.

10 Brief an das spanische Außenministerium von Conde de Casa Miranda, Leiter der spanischen Vertretung bei der EWG, Brüssel, 25. Januar 1962.

niens »europäische Berufung«, seine geografische Position und territoriale Nähe zur Gemeinschaft und sein wirtschaftliches Reformprogramm.[11] Auch wenn *Le Figaro* Spaniens Bewerbung wohlwollend gegenüberstand, thematisierte er den Birkelbach-Bericht und sagte einen wahrscheinlichen Widerstand aus »bestimmten sozialistischen Kreisen« voraus.[12] Der Leitartikel in einer Tageszeitung der niederländischen radikalen Partei äußerte starken Widerspruch gegen Spaniens Wunsch, der EWG beizutreten, und fragte, warum »es in der freien Welt nicht selbstverständlich ist, dass dort für Spanien kein Platz ist.«[13]

Inzwischen mobilisierten sich gesellschaftliche Gruppen, um die Debatte über Spanien noch enger mit nationalen konstitutionellen Normen und internationalen Verpflichtungen der EWG-Mitgliedstaaten zu verknüpfen. Am 12. Februar drängte der Generalsekretär der sozialistischen europäischen Gewerkschaftsvereinigung *Secrétariat Syndical Européen* (CISL) den Ministerrat und die Europäische Kommission, Spaniens Gesuch zurückzuweisen:

»Wir glauben, dass die Assoziierung eines Landes, in dem die Kräfte, die in unseren Ländern zur Gründung unserer Gemeinschaft beigetragen haben, durch einen rücksichtslosen Diktator verfolgt und unterdrückt werden, unvorstellbar ist und im Widerspruch zu den Interessen unserer Länder steht. Wenn der freie Westen der demokratischen Tradition treu bleiben will und wenn seine Regierungen (...) weiterhin auf die Unterstützung dieser Kräfte, die durch unsere Gewerkschaftsbewegung verkörpert wird, zählen will, dann muss einem Land, das die Dreistigkeit hat, uns durch seine Bestrebungen zu beleidigen, eine kategorische Absage erteilt werden.«[14]

Von der Notwendigkeit, einen Konsens mit anderen Parteigruppen zu erreichen, befreit, nahmen die Sozialisten des EP eine Woche später eine strikt konstitutionalistische Position zum europäischen Integrationsprozess ein:

»Die Sozialistische Gruppe ist kategorisch dagegen, jegliches Gesuch von einer diktatorischen Regierung in Betracht zu ziehen. (...) Der Zusammenschluss wirtschaftlicher Interessen ist nur von Bedeutung, wenn er die Demokratie stärkt. Mit anderen Worten kann kein europäisches Land, dessen Regierung die demokra-

11 CEU-Dokument »L'association de l'Espagne à la CEE«.

12 »Débats Difficiles à Prévoir sur l'Entrée de l'Espagne«, *Le Figaro* (Paris), 13. Januar 1962.

13 Nieuwe Rotterdamse Courant, 10. Februar 1962.

14 CEU-Dokument »L'association de l'Espagne à la CEE«; EC-Dokument BAC/26/1969/667.

tische Legitimierung fehlt und das Grundfreiheiten und Menschenrechte nicht garantiert, ein Mitglied der Gemeinschaft werden oder daran assoziiert werden.«

Dieser Verweis auf »Freiheiten« und »Rechte« stellte ausdrücklich eine Verbindung zu den Normen des Europarats (der Ursprungsorganisation der Europäischen Konvention zu Schutz der Menschenrechte und Grundfreiheiten) her, dessen Mitgliedschaftskriterien Spanien eindeutig ausschließen würden.[15]

Bald begannen sich die Anstrengungen der Sozialisten, Spaniens Antrag bekannt zu machen und zu delegitimieren, auszuzahlen. Am 20. Februar sprach sich ein liberales Mitglied des EP im *Letzeburger Journal* dafür aus, dass Spanien von der EWG ausgeschlossen bleiben sollte, trotz der entgegenstehenden starken wirtschaftlichen und strategischen Gründe: »Europa besteht nicht nur aus Orangen und Tomaten, Kohle und Stahl, Autos und Möbeln. Es aufzubauen bedeutet nicht nur Zollschranken abzuschaffen oder kulturellen Austausch zu verstärken, es bedeutet auch und vor allen Dingen nach der Gründung einer politischen Gemeinschaft zu streben.« Er stellte fest, dass somit das EP keine Mitglieder aufnehmen könnte, die »von einer Diktatur ausgewählt wurden.« Eine Ausfertigung des Artikels wurde vom französischen Botschafter in Luxemburg nach Paris geschickt, zusammen mit einem Hinweis auf eine sozialistische Zeitung, die den Brief der CISL an den Ministerrat abgedruckt hatte.[16] Am selben Tag erklärte der Geschäftsführer des europäischen Zweigs der Internationalen Konföderation Christlicher Gewerkschaften (CISC), dass ihre Organisation »strikt gegen« alle Verhandlungen über Assoziierung oder Mitgliedschaft zwischen der EWG und Spanien sei. Sein Brief stellte fest: »Mitgliedschaft oder nur die Assoziierung eines nicht demokratischen Staates an die Gemeinschaft scheint uns im Gegensatz zur Auffassung dieser Gemeinschaft zu stehen und zu den Zielen, die diese verfolgt. Es wäre insbesondere ein Gegensatz zu den Prinzipien, die in der Präambel des Vertrags bekräftigt werden.« Der Brief stellte fest, dass die Regierung Spaniens insbesondere nicht die Rechte respektiere, die die Allgemeine Erklärung der Menschenrechte darlegt, noch die der Europäischen Konvention zum Schutz der Menschen-

15 *Socialist International Information* XII: 10 (London), 10. März 1962, 133. Vgl. Birkelbach (1962b) und Burger (1962).

16 MFAE F-5, Europe: Espagne (1961–1970) Dokument 329: Lettre de Mr. Guyon, 20. Februar 1962.

rechte und Grundfreiheiten.[17] Die Protestbekundungen der CISL und CISC zogen noch mehr Medienaufmerksamkeit auf die Debatte.[18]

Als Birkelbach am 20. Februar vor der Parlamentsversammlung sprach, richtete er eine formelle Anfrage an die EWG-Organe mit rechtlichen Befugnissen in Fragen des Beitritts und der Assoziierung:

»Die spanische Regierung hat kürzlich darum gebeten, Verhandlungen mit der Europäischen Wirtschaftsgemeinschaft über die Assoziierung und eine spätere Mitgliedschaft Spaniens im Gemeinsamen Markt zu eröffnen. Glauben der Ministerrat und die Kommission, dass es notwendig ist, solch ein Gesuch von einem Regime in Betracht zu ziehen, dessen politische Philosophie und wirtschaftliche Praktiken in völligem Gegensatz zum Verständnis und den Strukturen der europäischen Gemeinschaften stehen?«

Birkelbachs Frage stieß auf große Aufmerksamkeit in der Versammlung, die noch nie zuvor mit einer direkten mündlichen Frage von einem Mitglied der parlamentarischen Versammlung konfrontiert worden war.[19] Die Kommission hatte mehr Erfahrung mit parlamentarischen Fragen, aber die Leitung des Direktorats für Außenbeziehungen blieb bei der Frage unsicher, wie man auf Spanien reagieren sollte, und damit auch auf Birkelbach.[20]

Dies war teilweise darauf zurückzuführen, dass in der französischen und der deutschen Regierung eine beträchtliche Zustimmung für Spanien zu finden war. Am 19. Februar schickte Frankreichs Botschafter in Madrid eine Liste von Vorschlägen nach Paris, wie die Regierung auf die Kritiker der spanischen Bewerbung für die EWG reagieren sollte. Da die EWG in erster Linie wirtschaftlichen Charakter hatte, so sein Argument, gab es keinen Grund, warum »das Wesen des Franco-Regimes einen gültigen Grund zum Ausschluss darstellen sollte.« Des Weiteren gab es wenig Opposition gegen Francos Herrschaft in Spanien, wo die Mehrheit der Bürger wiederholt bestätigt hatte, wie er bemerkte, dass sie für »unsere Form der Demokratie« nicht geeignet sind.[21] Dagegen war die Position der deutschen Regierung Spanien gegenüber durch ihr allgemeines Streben nach Erweite-

17 CEU-Dokument »L'association de l'Espagne à la CEE«.

18 »Viva opposizione nel MEC all'ingresso della Spagna«, *La Giustizia*, 20. Februar 1962.

19 CEU-Dokument »L'association de l'Espagne à la CEE«: Note d'Information: Question orale no. 2, Conseils des Communautés Européennes, Secrétariat Général, 26. Februar 1962.

20 EC-Dokument BAC/3/1978/235: »Projet: Note pour le Ministre Rey«, 9. März 1962.

21 MFAE F-5: Telegram de l'Ambassadeur Margerie, 19. Februar 1962.

rung der Gemeinschaft geprägt, das einer Entscheidung über den politischen Charakter vorgeordnet war. Der Außenminister sollte bald darauf erklären: »Es ist nicht unentbehrlich, Kriterien für Mitgliedschaft oder Assoziierung festzusetzen. Alles hängt von der Bildung des politischen Willens ab.«[22] Bonn wollte, dass die EWG Madrid darüber informierte, dass Vorgespräche in der zweiten Hälfte des Jahres 1962 beginnen würden.[23]

Angesichts der Tatsache, dass der Ministerrat wiederholt seine Ablehnung bekräftigt hatte, die EWG durch Einführung politischer Kriterien für die Mitgliedschaft zu konstitutionalisieren, und sowohl Frankreich als auch Deutschland Spaniens Wunsch nach Integration in die neue Gemeinschaft begrüßt hatten, gab es für die spanische Regierung gute Gründe anzunehmen, dass die EWG ihren Antrag positiv beantworten würde. Andererseits waren die Sechs nun mit einem unerwarteten rhetorischen Druck von Seiten der parlamentarischen und gewerkschaftlichen Befürworter der Konstitutionalisierung konfrontiert, die sich in Opposition zu Spaniens Antrag formiert hatten. Eine weitere wichtige Tatsache war, dass die belgische Regierung gespalten war in marktwirtschaftliche Tendenzen des Premierministers Van Zeeland und in föderalistische Tendenzen des Außenminister Paul-Henri Spaak, eines langjährigen Kritikers des Franco-Regime. Die Frage war, welche Tendenz innerhalb der belgischen Regierung die Oberhand gewinnen würde und ob die daraus entstehende Politik stark genug wäre, dem Einfluss der EWG-Schwergewichte standzuhalten. Nur drei Jahre zuvor hatte Belgien zögernd Frankreichs und Deutschlands Unterstützung für Spaniens Eintritt in die OEEC zugestimmt, und diese war nicht weniger stark gewesen als ihre Unterstützung für Spaniens Assoziierung an die neue EWG.

Die erste Gelegenheit für die Mitgliedstaaten sich formell zu beraten war das Treffen des Ausschusses der Ständigen Vertreter (*Comité des représentants permanents* – COREPER) am 20./21. Februar. Auch wenn Deutschlands Unterstützung für Spanien bereits wohlbekannt war, verkündete Erhard am 21. Februar öffentlich, dass Bonn Spaniens Antrag zum Beitritt in die EWG »bereitwillig zustimmt.«[24] Zwei Tage später informierte Erhard

22 MFAE F-9 »Secrétariat Général 1945–1965: Entretiens et Messages (septembre-décembre 1962)«, Dokument 17: Compte-rendu de la Conférence des Ministres des Affaires étrangères, 23. Oktober 1962.

23 PAAA B-26/167: »Spanischer Antrag auf Assoziierung an die EWG«, 15. Februar 1962.

24 »L'Espagne Séduite à Son Tour par le Marché Commun«, *Les Dernières Nouvelles d'Alsace*, 10. Februar 1962; »Per la Spagna nel MEC ›benevoli‹ i tedeschi«, *Il Giorno* (Mailand), 22. Februar 1962.

den belgischen Botschafter in Bonn, dass er das spanische Gesuch unterstütze.[25] Um ihre Unterstützung zu bekräftigen, gewährte die deutsche Regierung der Regierung in Madrid ein Darlehen von 200 Millionen DM.[26] In einer privaten Unterredung warnte Erhard den spanischen Finanzminister jedoch vor möglichen Schwierigkeiten, die Zustimmung aller Sechs für Spaniens Gesuch zu erhalten.[27] Und wie Erhard es befürchtet hatte, beharrten die drei Benelux-Abgeordneten beim COREPER-Treffen darauf, die Angelegenheit an die Ministerratssitzung zu übergeben, die für den 5. und 6. März angesetzt war.[28]

In den zwei Wochen zwischen Birkelbachs Frage und dem Treffen des Ministerrats beschäftigten sich die sozialistischen und gewerkschaftlichen Gruppen verstärkt mit der spanischen Frage. Am 23. Februar verkündete die Gewerkschaft der belgischen Metallarbeiter ihre absolute Ablehnung einer spanischen Assoziierung. Vier Tage später legte die niederländische sozialistische Partei bei der Kommission und bei den Sechs Einspruch gegen einen Beitritt oder die Assoziierung Spaniens an die EWG ein. Am 1. März schrieb die Führung des Deutschen Gewerkschaftsbundes dem Kanzler: »Der Assoziierungsantrag Spaniens ist nicht akzeptabel, solange die fundamentalen demokratischen Rechte in diesem Land nicht wieder eingeführt sind und die freie Anwendung der Menschenrechte (...) nicht gesichert ist.«[29] Belgiens Außenhandelsamt, das innerhalb des Außenministeriums eine positive Entscheidung über die wirtschaftliche Assoziierung Spaniens zu erreichen versuchte, verwendete fast die Hälfte seines Positionspapiers darauf, dem Birkelbach-Bericht und dem Druck der Gewerkschaften zu widersprechen, die sie eher als »leidenschaftlich« denn als »objektiv« bewerteten.[30] Ungeachtet solchen Widerspruchs wurde die Unterstützung für Madrids Antrag politisch allmählich unhaltbar.

25 MBAE-Dokument B-1: Brief von Herrn Baert an Herrn Spaak, 23. Februar 1962.

26 »L'Espagne se félicite de l'ampleur et des formes de l'aide allemande«, *Le Monde*, 28. März 1962.

27 PAAA B-26/167: »Besuch des spanischen Finanzministers Navarro Rubio«, 26. Februar 1962.

28 CEU-Dokument »L'association de l'Espagne à la CEE«: Extrait du Compte Rendu Sommaire de la Réunion Restreinte Tenue a l'Occasion de la 205ème Réunion du Comité de Représentants Permanents à Bruxelles, 20. und 21. Februar 1962.

29 »Pas de Franco au Marché Commun«, *Le Peuple* (Brüssel), 27. Februar 1962; »Contre l'adhésion de l'Espagne à la CEE«, *Journal de Genève*, 27. Februar 1962; »Contre l'association de l'Espagne au Marché Commun«, *Le Populaire de Paris*, 1. März 1962.

30 MBAE-Dokument B-1: Note pour l'Administration, 19. März 1962.

Als der Ministerrat am 5. März zusammenkam, eröffnete der Franzose Couve de Murville die Diskussion mit dem Vorschlag, dass die EWG Spaniens Antrag so beantworten solle wie die früheren Assoziierungsgesuche Österreichs, Schwedens und der Schweiz: Dies hätte signalisiert, dass die EWG Madrids Antrag »mit Zufriedenheit« bzw. »mit Interesse« aufgenommen hätte. Der Deutsche Rolf Lahr brachte einen moderateren Vorschlag vor: Angesichts der politischen Probleme durch Spaniens Antrag solle sich die Antwort des Rats auf die Wichtigkeit der zukünftigen Beziehungen zwischen Spanien und der Gemeinschaft beziehen. Der Italiener Antonio Segni schlug vor, der Rat solle mit der Aufforderung an Madrid reagieren, die Form der gewünschten Beziehung genau zu spezifizieren. Alle drei Vorschläge hätten eine Möglichkeit offen gelassen, später Verhandlungen mit Spanien aufzunehmen, möglicherweise wenn sich die öffentliche und parlamentarische Aufmerksamkeit gelegt hätte.[31]

Im Gegensatz zur Debatte drei Jahre zuvor, als Spaak widerstrebend Spaniens Eintritt in die OEEC zugestimmt hatte, war sein Standpunkt nun durch die leidenschaftliche öffentliche Debatte und die Mobilisierung gesellschaftlicher Kräfte gestärkt. Daher plädierte er dafür, Spanien so »neutral wie möglich« zu antworten. Zur Unterstützung der Benelux-Partner äußerte der Niederländer Willem De Pous seine Bedenken darüber, dass Lahrs Text Spaniens Hoffnungen verstärken würde, der Rat beabsichtige tatsächlich, Verhandlungen aufzunehmen. Der Luxemburger Eugène Schaus schlug eine schlichte Eingangsbestätigung des Antrags vor. Zu diesem Zeitpunkt gaben die Minister Frankreichs und Deutschlands nach. Offensichtlich unwillig, seine Benelux-Kollegen bei einem Thema unter Druck zu setzen, bei dem Frankreichs Position so viel negative öffentliche Aufmerksamkeit verursacht hatte, erwiderte Couve de Murville lediglich, dass Spaniens geografische und historische Verbindung zu Europa es unmöglich machten, Spanien auf unbestimmte Zeit aus der Gemeinschaft auszuschließen. Lahr betonte daraufhin, dass die Antwort möglichst freundlich und nicht zu kurz ausfallen müsse. Schließlich stimmte der Rat einem unverbindlichen *accusé de reception* zu (das er am 7. März überbringen ließ) und einigte sich darauf, weitere Überlegungen zu Spaniens Gesuch zu verschieben. Des Weiteren beschloss der Rat, dass der COREPER ge-

31 CEU-Dokument »L'association de l'Espagne à la CEE«: Procès-verbal de la réunion restreinte tenue à l'occasion de la 63ème session du Conseil de la Communauté Economique Européenne, Brüssel, 5.–7. März 1962.

meinsam mit der Kommission die Antwort auf Birkelbachs Frage verfassen sollte.[32]

Dieser Beschluss hinter geschlossenen Türen beendete die Kontroverse jedoch nicht. Drei Wochen nach dem Treffen der Außenminister verkündete Spaniens Außenminister öffentlich:

»Ich glaube nicht, dass in ganz Europa eine Regierung unser Integrationsgesuch so sehr begrüßt hat wie die deutsche. (…) Deutschland hilft uns mit Worten und Taten, unsere Ziele zu erreichen: Wir beginnen mit einer Assoziierung an die Sechs, danach stellen wir uns eine mögliche Integration in die Europäische Gemeinschaft vor.«[33]

In der Zwischenzeit antwortete der Rat Birkelbach, dass er den Eingang von Spaniens Antrag bestätige, aber dass er noch nicht die durch den Antrag aufgeworfenen Probleme diskutiert hätte und somit noch nicht in der Lage sei, die von ihm gestellte Frage vollständig beantworten zu können.[34]

Als das Kommissionsmitglied Jean Rey am 29. März vor der Parlamentarischen Versammlung erschien, erhöhte Birkelbach den rhetorischen Einsatz, indem er erklärte, dass die EWG »nicht mehr vertrauenswürdig sein wird, wenn für sie eine enge Verbindung in Form einer Assoziierung oder sogar einer vollen Mitgliedschaft des Regimes in Madrid vorstellbar ist.« Angesichts der Uneinigkeit innerhalb des Rats konnte Rey nur erwidern, dass die Kommission noch zu keinem Standpunkt zu Spaniens Antrag gelangt sei. Rey persönlich gestand jedoch zwei Punkte zu. Erstens stellte er fest:

»Europäische Politik besteht nicht nur aus Interessen, sondern auch aus Gefühlen und Ideen, und (…) die wichtigen Meinungsbewegungen wie die, die wir durch die großen Gewerkschaftsorganisationen kennen gelernt haben, stellen, so scheint es mir, eines der Elemente dar, die von allen verantwortungsvollen europäischen Autoritäten berücksichtigt werden müssen (…).«

Dann fügte er hinzu: »Im Kontext unserer Diskussionen über die Definition einer Politik der Assoziierung haben wir den Bericht von Herrn Birkelbach gelesen und diskutiert« (*Débats*, 29. März 1962). Die europäische

32 CEU-Dokument »L'association de l'Espagne à la CEE«: Note: Réponse à la question orale no. 2, Secrétariat Général, Conseils des Communautés Européennes, 12. März 1962.

33 »L'Espagne se félicite de l'ampleur et des formes de l'aide allemande«, *Le Monde*, 28. März 1962.

34 CEU-Dokument »L'association de l'Espagne à la CEE«: Brief von Herrn Couve de Murville an Herrn Fuller, 26. März 1962.

Presse versäumte es nicht, über Birkelbachs Herausforderung zu berichten.[35]

Rey war nicht der einzige unter den Kommissionsmitgliedern, dem es widerstrebte, das politisch prekäre Thema der spanischen Kandidatur zu diskutieren. In einer Reihe von Vorträgen, die er im April in den USA hielt, sprach der Kommissionspräsident Walter Hallstein über die Flut der Länder, die kürzlich eine Mitgliedschaft oder Assoziierung beantragt hatten. Auch wenn er andeutete, dass »Spanien eine Assoziierung mit Aussicht auf Mitgliedschaft beantragt« hatte, erwähnte er nicht die laufende Debatte zur Frage, ob ein diktatorisches Regime wie das von General Franco der Gemeinschaft beitreten könnte. Stattdessen erklärte er Neutralität in der Außenpolitik und niedrige Entwicklungsniveaus zu Punkten, die den Antrag eines Landes behindern könnten (Hallstein 1962: 83). In Madrid wurde die formelle Antwort der EWG-Minister und die Weigerung der Kommission, einen klaren Standpunkt zu beziehen, als ein Hinweis dafür gesehen, dass die Tür Spanien immer noch offen stehen könnte.

Das spanische Außenministerium machte sich somit daran, die Delegitimierung seiner Position durch die sozialistische Gruppe des EP zu revidieren. Der spanische Botschafter stellte am 27. März in einem Memorandum an das Außenministerium in Bonn fest: »In den Römischen Verträgen gibt es keine Basis für Argumente, die rechtliche Hindernisse für Spaniens Assoziierung an die EWG darstellen (…).« Er betonte auch die legislative Macht der *Cortes* und argumentierte, dass das Verfassungsrecht in Spanien »alle wesentlichen fundamentalen Rechte garantiert und schützt.«[36] Am selben Tag schickte der spanische Botschafter in Italien zwei Nachrichten an das Außenministerium in Rom. Die erste argumentierte, dass »es in den Römischen Verträgen keine rechtliche Klausel gibt, (…) die die Opposition [der Sozialisten] rechtfertigt; das Gegenteil ist der Fall, die Bedingungen der Verträge sprechen klar und ausdrücklich für den spanischen Antrag«, und die zweite stellte fest, dass die spanische Regierung »alle Konsequenzen akzeptiert und alle Bedingungen, die die Frage bestimmen, kennt – einschließlich derjenigen in politischen Angelegenheiten.« Er kam zum Schluss, dass somit »die Frage nach der angemessenen Weise, diese Prinzipien auf die Politik in Spanien anzuwenden, ein internes Problem ist, dass

---

35 »Rey zum Assoziationsgesuch Spaniens«, Neue Zürcher Zeitung, 31. März 1962.

36 CEU-Dokument »L'association de l'Espagne à la CEE«: Note: Démarches espagnols auprès des Gouvernements allemand et italien, Le Conseil, Communauté Économique Européenne, Bruxelles, 9 mai 1962, Annexe I (hiernach »Démarches espagnols«).

nach und nach gelöst wird, während wir uns dem Ziel annähern (...), aber es ist gerecht, [Spanien] in dieser Hinsicht ein vernünftiges Maß an Vertrauen zu gewähren.«[37]

Am 30 März ließ der spanische Konsul in Straßburg der spanischen Botschaft in Paris eine optimistische Analyse der jüngsten Debatte in der Parlamentarischen Versammlung zukommen. So wie er es sah, hatten Mitglieder der christdemokratischen und der liberalen Gruppen nicht Birkelbachs Rede und spitzen Fragen applaudiert, sondern vielmehr Jean Reys zurückhaltenden Anmerkungen, was er als einen Hinweis auf die Offenheit gegenüber einer »realistischen« Darstellung von Spaniens Position ansah. Er berichtete außerdem, dass »unsere Freunde« in der Versammlung angedeutet hätten, dass »die Sozialisten eine politische Kraft darstellen, die viel mehr Kraft für den Angriff als für die Verteidigung hat.« Abschließend empfahl er eine Intensivierung von Madrids Bemühungen, die Kommission und die Regierungen der Sechs zu überzeugen. Er schätze, dass Spanien aktuell auf die Unterstützung der deutschen und der französischen Regierung zählen könne.[38]

Als Teil ihres Vorstoßes, die EWG zu konstitutionalisieren, behielten die Sozialisten ihre rhetorischen Angriffe auf die mögliche Assoziierung oder den möglichen Beitritt Spaniens bei. Am 2. April veröffentlichte der Vorsitzende der Arbeiterpartei im niederländischen Parlament einen Kommentar zu Spaniens Beziehung zur EWG:

»Kann irgendjemand ernsthaft glauben, dass die Sozialisten Europas mit diesen Todfeinden der Freiheit kooperieren können oder werden? Der EWG-Beitritt eines Spaniens, das von einem faschistischen Diktator beherrscht wird, wäre nicht tolerierbar. (...) Wir können nicht erlauben, dass Franco, dessen Macht auf Terror und Blutvergießen beruht, dieser Mann, der der Dritte der faschistischen Tyrannen war, der Europa unterdrückt hat, sich als ein Anhänger der Ideale Frieden und Freiheit darstellt, wie sie von den westlichen Europäern erklärt werden.«[39]

Fünf Tage später schrieb der spanische Botschafter in Rom dem italienischen Außenministerium, dass Spaniens Gesuch nach offenen Verhandlungen mit der EWG »nicht eine Frage dieser oder jener Regierung ist, sondern einfach Spanien als Nation betrifft.« Er brachte auch den Widerstand der sozialistischen Gruppe mit Ansichten in Verbindung, die in der

37 Démarches espagnols, Annexe II & III.

38 Brief des spanischen Konsuls in Straßburg an den spanischen Botschafter in Frankreich, 30. März 1962.

39 *Socialist International Information* XII: 15 (London), 14. April 1962: 222.

sowjetischen Zeitung *Prawda* ausgedrückt wurden und beschuldigte die Parlamentarier der »Kollaboration« mit »kommunistischen« Kräften, die »schon immer gegen« die Idee der europäischen Integration gewesen wären.[40]

Die Kräfte, die gegen Franco waren, beharrten jedoch weiter öffentlich darauf, dass die EWG die Mitgliedschaft Spaniens solange nicht erwägen sollte, bis das Land fundamentale Reformen vornähme. Bei einem Treffen in München am 7. und 8. Juni kamen über hundert (inländische und ausländische) Stellvertreter von spanischen Oppositionsgruppen zu dem Schluss, dass »die Integration jedweden Landes in Europa, sei es in Form einer vollen Mitgliedschaft oder einer Assoziierung, demokratische Institutionen auf Seiten dieses Landes voraussetzt.« Ihr Beschluss setzte eine lange Liste politischer Bedingungen fest, die Spanien zu erfüllen hatte. Diese Bedingungen basierten auf Normen des Europäischen Rates, welche die Regierung in Madrid nie akzeptiert und welche die EWG formell nie angenommen hatte, einschließlich der Einrichtung authentisch repräsentativer und demokratischer Institutionen, effektiver Garantien für alle persönlichen Menschenrechte, Anwendung von gewerkschaftlichen Freiheiten auf einer demokratischen Basis, das Recht auf Organisation sozialer Bewegungen und politischer Parteien und die Achtung des Rechtes auf Opposition (Keesing's Record of World Events, o. J.). Zwei Wochen später unterstützte die sozialistische Gruppe des Europäischen Parlaments die Erklärung von München und »bekräftigte mit Nachdruck ihre volle Ablehnung gegenüber jeglicher Beteiligung von Francos Spanien an den Institutionen des freien Europas« (*Parti Socialiste Belge* 1962: 21). Die deutsche Botschaft in Madrid gestand mit offensichtlicher Bestürzung in einem Telegramm nach Bonn ein, dass der Kongress in München die politische Sensibilität des spanischen Antrags auf EWG-Assoziierung erhöht habe.[41]

Die rhetorische Offensive der europäischen Föderalisten, vom Birkelbach-Bericht bis hin zum Münchner Kongress, hatte es trotz allem für die spanische Regierung und ihre Anhänger in Paris, Bonn und anderswo unmöglich gemacht, die Bedingungen der Debatte zu kontrollieren. Als die Kommission im Oktober 1962 entschied, dass die Verhandlungen über Assoziierung und Mitgliedschaft aller anderen Ländern aufgeschoben werden sollte, bis der Fall Großbritanniens entschieden war, war das Schicksal der spanischen Bewerbung bereits besiegelt. Madrids erstes Gesuch an die

40 Démarches espagnols, Annexe V.

41 PAAA B26/162: »Die Bundesrepublik und Spanien«, 23. Juni 1962.

EWG wurde abgelehnt, da die europäischen Parlamentarier, die militanten Föderalisten und die sie unterstützenden Gewerkschaften darauf bestanden hatten, dass alles andere nicht mit der Achtung der Prinzipien der Demokratie und der Menschenrechte zu vereinbaren war. Der Ministerrat der EWG stimmte im Juni 1963 einem Zollabkommen mit Spanien zu, das als Teil des späteren GATT-Beitritts ausgehandelt wurde, und 1970 unterzeichneten die beiden Parteien eine beschränkte wirtschaftliche Übereinkunft. Spanien wurde jedoch für eine Assoziierung oder Mitgliedschaft nicht in Betracht gezogen, bis das Land in den 1970ern zur Demokratie überging.

Fazit

Dieses Kapitel hat dargelegt, dass die konstitutionelle Identität der heutigen Europäischen Union nicht als selbstverständlich angesehen werden kann. Es wurde insbesondere gezeigt, dass das Fehlen politischer Kriterien für Mitgliedschaft in den Römischen Verträgen eine bewusste Wahl darstellte und nicht ein zufälliges Übersehen oder die schlichte Annahme, dass diese Punkte bereits durch den Europarat abgedeckt seien. Die sechs Regierungen, die die Verträge unterzeichneten, hatten sich selbst dazu verpflichtet, eine regionale Gemeinschaft zu gründen, die hauptsächlich auf der Beseitigung von Handelsgrenzen in Europa basierte. Sie entschieden sich bei verschiedenen Gelegenheiten dazu, die Prinzipien Demokratie und Menschenrechte, die heute im *acquis politique* der EU allgegenwärtig sind, nicht aufzunehmen. Gleichzeitig weigerten sich die föderalistischen Politiker und Verfechter in allen sechs Ländern, ihre Vision einer europäischen Gemeinschaft aufzugeben, die auf der Basis der brutalen Erfahrung mit dem Faschismus auf dem Kontinent entstanden und auf supranationalen Garantien für Demokratie und Achtung der Menschenrechte aufgebaut war. Auch wenn sie innerhalb der EWG über wenig formelle Macht verfügten, sahen diese Föderalisten das Regime des General Franco in Spanien als unvereinbar mit den Werten an, von denen sie erhofften, dass die neue Gemeinschaft sie fördern und schützen würde.

Wenn die einfache essentialistische Theorie zutreffend wäre, wäre Spaniens Assoziationsantrag an die EWG, die auf letztendliche Mitgliedschaft ausgerichtet war, einstimmig von den Mitgliedstaaten abgewiesen worden.

Wenn die verfeinerte Version zutreffend wäre, hätten Frankreich und Deutschland die Opposition gegen Spanien angeführt. Und angesichts ihrer relativen Macht kann man annehmen, dass sie sich im Ministerrat durchgesetzt hätten. Tatsächlich schien jedoch eine positive Antwort des Ministerrats auf Madrids Antrag wahrscheinlich. Die Sprache der Römischen Verträge bot keine Grundlage für einen negativen Entscheid, und Frankreich und Deutschland erwiesen sich als starke Anhänger. Dadurch dass Spaniens Antrag veröffentlicht und die Wahl der EWG im Kontext bestehender nationaler und internationaler Normen dargestellt wurde, delegitimierten die europäischen Parlamentarier und Gewerkschaftsaktivisten das von Paris und Bonn bevorzugte Ergebnis. Somit wurden der Lauf und die normative Basis der europäischen Integration geändert.

Dieses Kapitel zeigt damit den kritischen Beitrag zur politischen Bildung Europas, der durch nichtstaatliche Akteure geleistet wurde, die bereit waren, die Präferenzen der Regierungen der Mitgliedstaaten anzufechten. Des Weiteren bestätigt es, dass sonst schwache Akteure bedeutend gestärkt werden, wenn sie ihre Präferenzen mit bereits bestehenden Normen innerhalb und außerhalb der europäischen Gemeinschaft verknüpfen können. Zuletzt bestätigt es, dass der Charakter der Gemeinschaft genauso von den Regeln definiert wird, die die Zugangsvoraussetzungen einer Mitgliedschaft bestimmen, wie von den Regeln, die die Beziehungen zwischen Mitgliedstaaten oder Entwicklungen innerhalb ihrer eigenen Grenzen bestimmen.

Indem sie eine Blockade von Spaniens Assoziierung an die EWG im Jahre 1962 mobilisierten, haben europäische Parlamentarier, Gewerkschaftler und andere, die der Meinung waren, dass demokratische und Menschenrechtsprinzipien innerhalb der Gemeinschaft institutionalisiert werden sollten, nicht neue Rechte artikuliert oder festgesetzt. Dennoch stellten sie eine informelle Regel zur politischen Verfahrensweise der Gemeinschaft auf, die den Grundstein für die folgende Konstitutionalisierung demokratischer und Menschenrechtsprinzipien innerhalb der Verträge und Rechtsprechung der Gemeinschaft legte. Das Vermächtnis ihrer Leistung war in den folgenden Jahrzehnten mehrmals zu sehen. Nach der Ablehnung von Francos Spanien hatte die EWG keine andere Wahl als ihr Assoziierungsabkommen mit Griechenland zu stoppen, als die demokratische Regierung des Landes 1967 von einer militärischen Junta gestürzt wurde. Auf einem EWG-Gipfeltreffen 1973 gaben die Staatsoberhäupter der Gemeinschaft eine formelle Erklärung über die Europäischen Identität ab, die

die europäischen Integration mit parlamentarischer Demokratie, Rechtsstaatlichkeit und Achtung der Menschenrechte verband – eben jenen Prinzipien, die vom Birkelbach-Bericht nur neun Jahre zuvor so kontrovers vertreten wurden. Zwei Jahrzehnte später wurden diese Prinzipien in der Hauptstadt Dänemarks als Teil der nun berühmten »Kopenhagener Kriterien« veröffentlicht, die den Entscheidungsprozess der Erweiterung seither gestaltet haben. Vor allem stellt der Vertrag über die Europäische Union nun fest: »Die Vereinigung ist auf den Prinzipien Freiheit, Demokratie, Achtung der Menschenrechte und Grundfreiheiten und der Rechtsstaatlichkeit gegründet.« Die EU ist somit eine grundsätzlich andere Gemeinschaft als die, die durch die Römischen Verträge gegründet wurde.

Übersetzt aus dem Englischen von Edina Meskic.

Literatur

Aschmann, Birgit (2001), »The reliable ally: Germany supports Spain's European integration efforts, 1957–67«, *Journal of European Integration History*, Jg. 7, H. 1, S. 37–51.

Assemblée Parlementaire Européenne, *Débats*, Sitzung am Dienstag, den 23. Januar 1962.

Assemblée Parlementaire Européenne, *Débats*, Sitzung am Donnerstag, den 29. März 1962.

Birkelbach, Willi (1962a), »Rapport fait au nom de la commission politique sur les aspects politiques et institutionnels de l'adhésion ou de l'association à la Communauté«, in: Assemblée Parlementaire Européenne (Hg.), *Documents de Séance, 1961–1962*, Document 122, 15. Januar.

Birkelbach, Willi (1962b), »Socialists in the common market«, *Socialist International Information*, Jg. 12, H. 15, S. 219–221.

Birkelbach, Willi/Dreßler, Luise Maria (2000), *Fazit: gelebt – bewegt*, Marburg: Schüren-Verlag.

Burger, Jacob (Jaap) A. W. (1962), »Démocratie et désintégration: l'Espagne membre de la C.E.E.?«, *Directives & Documentation: Bulletin Intérieur du Parti socialiste belge*, Jg. 10, H. 3, S. 9–11.

Couve de Murville, Maurice (1971), *Une Politique Étrangère, 1958–1969*, Paris: Plon.

Hallstein, Walter (1962), *United Europe: Challenge and Opportunity*, Cambridge, Mass.: Harvard University Press.

Kraft, J.-M. (1962). »Le groupe socialiste au parlement européen«, thèse, Université de Strasbourg.

Ministère français des affaires étrangères (verschiedene Jahre), *Documents Diplomatiques Français (DDF)*, Paris. (Halbjährliche Serie. Jede bibliografische Angabe im Text enthält das Jahr, die Nummer des Bandes und des Dokuments.)

Monnet, Jean (1978), *Memoirs*, New York: Doubleday.

Moravcsik, Andrew (2000), »The origins of human rights regimes: democratic delegation in postwar Europe«, *International Organization*, Jg. 54, H. 2, S. 217–252.

Nord, Hans (1957), »In search of a political framework for an integrated Europe«, in: C. Grove Haines (Hg.), *European Integration*, Baltimore: Johns Hopkins University Press, S. 223–224.

Parti Socialiste Belge (Hg.) (1962), *Directives & Documentation: Bulletin Intérieur du Parti socialiste belge*, Jg. 10, H. 5.

Rittberger, Berthold/Schimmelfennig, Frank (2006, im Erscheinen), »Explaining the constitutionalization of the European Union«, *Journal of European Public Policy*, Jg. 13.

Stirk, Peter/Weigall, David (Hg.) (1999), *The Origins and Development of European Integration*, London: Pinter.

Thomas, Daniel C. (im Erscheinen), *The Purpose of Europe: Enlargement and the Construction of Identity*, Oxford: Oxford University Press.

Wendt, Alexander (1994), »Collective identity formation and the international state«, *American Political Science Review*, Jg. 88, H. 2, S. 384–396.

Werke ohne Autor

European Movement and the Council of Europe (o. J.), London: Hutchinson & Co.

Foreign Relations of the United States, 1950, Bd. 3: *Western Europe*, Washington, DC: United States Government Printing Office, 1977.

Keesing's Record of World Events: »September 1962 – Spain: Munich Meeting of Opposition Representatives, Government Action against Participants«, http://keesings.gvpi.net (letzter Zugriff 09.05.2005).

Quellen

European Commission (Brüssel): EC.

Council of the European Union (Brüssel): CEU.

Ministère Belge des Affaires Etrangères (Brüssel): MBAE.

Ministère Français des Affaires Etrangères (Paris): MFAE.

Geschichtlichkeit und Gemeinschaftsumwelt
Was strukturiert den Konstitutionalisierungsprozess?

Stefan Seidendorf

Das von Rittberger und Schimmelfennig entwickelte Modell der Konstitutionalisierung verbindet strukturelle und akteursbedingte Faktoren zur Erklärung eines sozialen Prozesses. Strukturell wirken allgemein akzeptierte Normen, die konstitutiv für die Gemeinschaftsumwelt einer Gruppe sind. Diese Struktur setzt die Bedingungen, unter denen Akteure zum einen normkonformes Handeln einfordern können. Zum anderen entscheiden diese Bedingungen jedoch auch über die Möglichkeiten der Akteure, die Struktur – die Gemeinschaftsumwelt – ihrerseits zu verändern.

Die Beziehung zwischen sozialer Struktur und politischen Akteuren ist dabei komplex; spontan stellt sich die Frage, wie kürzlich konstitutionalisierte Normen selbst Teil der »Gemeinschaftsumwelt« werden können und ab wann sie selbst wiederum über »Salienz« und »Kohärenz« zukünftiger Ansprüche entscheiden können. Offensichtlich muss der beschriebene konditionale Kausalmechanismus um den Faktor »Zeit« erweitert werden, um einen Prozess analysieren zu können. Dabei muss die im Hintergrund wirkende Gemeinschaftsumwelt, die im Modell als eine stabile Größe verstanden wird (Rittberger und Schimmelfennig in diesem Band), zeitlich ausdifferenziert und kontextualisiert werden. Dadurch werden Veränderungen der sozialen Struktur und deren Auswirkungen auf den Konstitutionalisierungsprozess zugänglich. Abstrakter formuliert: Es kann ein Prozess sozialer Praxis untersucht werden, der sowohl eine soziale Struktur als auch das Handeln unter den dadurch geschaffenen Bedingungen zusammendenkt.

In einem ersten Schritt versucht dieser Beitrag eine zunächst abstrakte Definition jener gruppendefinierenden Normen, die die »Gemeinschaftsumwelt« der Konstitutionalisierung Europas und ihre Wirkungsweise ausmachen. In einem zweiten Teil werden diese abstrakten Überlegungen auf den europäischen Integrationsprozess bezogen und drei konkrete soziale

Konstellationen definiert, in denen sich die inhaltliche Ausgestaltung der Gemeinschaftsumwelt jeweils unterschiedlich darstellt. Schließlich wird nach Evidenz für die Annahme gesucht, dass Akteure sich dieser Veränderungen bewusst sind und sich aktiv darum bemühen, der Gemeinschaftsumwelt diskursiv eine ihren normativen Bedingungen entsprechende Bedeutung zu verleihen.

Zu Beginn dieser Überlegungen muss jedoch ein grundsätzlicher Perspektivwechsel vorgenommen werden. Da es im Folgenden um die Auseinandersetzung mit sozialer Praxis in einem historischen Veränderungsprozess gehen soll, können nicht nur Kausalitäten, die in »eine Richtung« wirken, untersucht werden.[1] Anstelle einer Fixierung auf die Annahmen, dass entweder Akteure Strukturen oder Strukturen Akteure bedingen, soll die Annahme einer gegenseitigen Beeinflussung zwischen der (diskursiven) Struktur der Gemeinschaftsumwelt und dem (rhetorischen) Handeln zur Transformation dieser Struktur stehen, woraus letztendlich der »Konstitutionalisierungsprozess« als Prozess sozialen Wandels erklärt werden kann (Wendt 1987).

Dieser zu untersuchende Prozess der Veränderung ist vor allem diskursiv zugänglich. Auskunft über veränderte Vorstellungen der Akteure beziehungsweise einen veränderten sozialen Rahmen erlangen wir über den Diskurs, der sowohl das zur Veränderung der Struktur nötige (rhetorische) Handeln als auch die Struktur selbst umfasst (Wodak u. a. 1998: 42 und Foucault 1998 [1970]: 11). Dieser Gedanke ist deshalb von besonderer Bedeutung, weil er implizit die Ursache dafür bildet, warum überhaupt von »Konstitutionalisierung« gesprochen werden sollte. Wenn nur Hypothesen für die Bedingungen definiert werden sollen, unter denen bestimmte Themen oder Normen Eingang in die EU-Verträge finden, so wäre »Institutionalisierung«[2] vielleicht eine treffendere Bezeichnung, da sie nicht die bisweilen problematischen normativen Untertöne von »Konstitutionalisie-

1 Damit nehme ich natürlich eine »konstruktivistische« Perspektive ein. Für einen Zugang (unter vielen) zu den wesentlichen Unterschieden zwischen »positivistischer« Sozialwissenschaft und Konstruktivismus in den Europawissenschaften siehe die Sonderausgabe des *Journal of European Public Policy* (1999, Jg. 6, H. 4) mit Moravcsiks Kritik am Konstruktivismus (Moravcsik 1999) oder auch die Debatte zwischen Checkel und Moravcsik in *European Union Politics* (2001). Etwas komplexer stellt Wendt (1999) diese Differenzen dar.

2 Wobei die Debatte um die »drei Institutionalismen« sich ihrerseits um die sozialisierenden Effekte von Institutionen dreht, allerdings mit anderem Schwerpunkt als in der Konstitutionalisierungsdebatte (Überblick bei Pollack 2004).

rung« enthält. Wenn andererseits dem zu analysierenden Prozess eine normative und soziale Dimension zugestanden wird, dann muss »Konstitutionalisierung« Folgendes in Betracht ziehen: Durch welchen sozialen Prozess erlangt »Recht« jene Bedeutung als eine tief im Bewusstsein verankerte soziale Struktur, die erst zu seiner öffentlichen Akzeptanz führt (Haltern 2003)? Zu diesem Zweck muss neben der »Aktion« der Vertragsänderung die semantische »Struktur« des bestehenden Rechts in Betracht gezogen werden.[3] Erst eine Analyse des diskursiven Prozesses, der beide Dimensionen miteinander verbindet, ermöglicht Zugang zur Frage nach »öffentlicher Akzeptanz« und »sozialer Bedeutung« von Normen, die ihrerseits dem Begriff der »Gemeinschaftsumwelt« Sinn verleihen.

»Gemeinschaftsumwelt«: Gruppendefinition über Inhalt und Form

Der Begriff »Gemeinschaftsumwelt« bezeichnet einen normativen Rahmen, der aus den grundsätzlichen Werten und Normen besteht, die eine soziale Gruppe begründen. Die Möglichkeit zu »rhetorischem Handeln« hängt von der Existenz einer solchen Gemeinschaftsumwelt ab, denn *shaming*, das öffentliche Anprangern von Gruppenmitgliedern, deren Verhalten von der akzeptierten Norm abweicht, funktioniert nur, wenn gemeinsam akzeptierte Normen existieren (Rittberger und Schimmelfennig in diesem Band). Besteht dagegen Übereinstimmung mit den allgemein akzeptierten Normen, so wird das entsprechende Handeln als *legitim* wahrgenommen. Eine »Gemeinschaftsumwelt« definiert also die normativen Inhalte, die einer sozialen Gruppe zugrunde liegen. Indem diese Normen inhaltlich ernst genommen werden, ergibt sich daraus auch die Begrenzung einer Gruppe beziehungsweise die Definition der Gruppenmitgliedschaft.

Im Fall der europäischen Nationalstaaten können die »liberal-demokratischen Werte Europas« als Definition der Gemeinschaftsumwelt verstanden werden (Rittberger und Schimmelfennig in diesem Band). In den fol-

3 Siehe Waever (2004) für einen Überblick über diskursive Ansätze in der EU-Forschung. Die Debatte um das Verhältnis zwischen Akteur und Struktur in den Sozialwissenschaften ist natürlich ein weites Feld und kommt – in unterschiedlichen Zusammenhängen – immer wieder auf. Einen guten Einstieg bietet Wendt (1987).

genden Abschnitten soll – zunächst theoretisch – untersucht werden, welche Konsequenzen aus dieser Aussage für die sich aus der Gemeinschaftsumwelt ergebende Gruppendefinition folgen.

Inhaltliche Verortung

Wie sieht die Gruppendefinition aus, die sich aus den liberal-demokratischen Normen ergibt? Dies ist zunächst die Frage nach den Inhalten dieser Norm, wobei zwei Prinzipien konstitutiv erscheinen: (1) *Volkssouveränität*: Die Bürger entscheiden über ihre eigenen Gesetze, wobei die aus allgemeinen, freien und gleichen Wahlen hervorgegangenen Abgeordneten als ihre Repräsentanten fungieren können. Niemand kann über Gesetze – und damit letztendlich eine Veränderung von Normen – bestimmen, der den Bürgern nicht rechenschaftspflichtig ist; die Bürger bilden den Souverän. (2) *Rechtsstaatlichkeit*: Sie ist Garant für die andauernde Wirkung des beschlossenen Rechts. Damit kommt diesem Prinzip ein strukturierender Effekt zu, der die Gruppendefinition über Zeit beeinflusst. Er wird durch die korrigierende Gewalt der Judikative verwirklicht. Sie kann den Gesetzgebungsprozess – und damit die Veränderung von Normen – dadurch beeinflussen, dass die Nichtübereinstimmung neuer Gesetze mit bereits beschlossenem, geltendem Recht festgestellt wird.

Diese die politische Ordnung der westeuropäischen Nationalstaaten definierende »liberal-demokratische Gemeinschaftsumwelt« hat bereits in einer ersten Kontextualisierung Auswirkungen auf die räumliche und zeitliche Definition der jeweiligen Gruppen beziehungsweise Nationalstaaten. Einerseits entscheiden sie über die Zugehörigkeit zur Gruppe, andererseits ergibt sich aus der zeitlich dauernden Gültigkeit dieser Normen das Selbstverständnis der Gruppe.

Reichweiten der Normen

Wird die Gemeinschaftsumwelt ernst genommen, so entscheidet sie darüber, wer zu einer Gruppe gehört und wer nicht. In den liberalen Demokratien Europas ist nur Gruppenmitglied, wer legitimerweise das Recht besitzt, am politischen Prozess teilzunehmen, wer also Bürger ist. Es genügt nicht, sich zu den Regeln und Normen einer Gruppe zu bekennen, die

Gruppe muss ihrerseits das Individuum als ein Gruppenmitglied anerkennen. Im Rahmen des Nationalstaats kommt der Gemeinschaftsumwelt neben dieser personellen Verortung auch eine räumliche Verortung zu. Die Reichweite des geltenden Rechts definiert im klassischen Nationalstaat gleichzeitig die territorialen Grenzen der Gruppe.

Zeitliche Verortung

Natürlich haben Rittberger und Schimmelfennig Recht, dass die Mitgliedstaaten der EU alle den Normen liberaler Demokratien verbunden sind. Doch warum gibt es dann überhaupt verschiedene Nationalstaaten in Europa? Wenn sich alle zu denselben grundsätzlichen demokratischen Werten bekennen, dann wäre es nur logisch, sich gegenseitig als Gruppenmitglieder anzuerkennen und ein gemeinsames politisches Gebilde zu formen. Besonders unter den Vorzeichen (ökonomischer) Effizienz sollte dies der zu betretende Weg sein.

Sozialpsychologische (Breakwell 1992, Breakwell und Lyons 1996) und historische Studien (Anderson 1994 [1983], Smith 1992, 1993, Graf Kielmansegg 2003, Cederman 2001) kommen zu einem anderen Ergebnis: Politische Großgruppen definieren sich nicht nur über die schon erwähnte räumliche und inhaltliche Verortung (»Bedeutung« und »Reichweite«) ihrer Normen. Zusätzlich ist eine Definition in der Zeit nötig, um den kollektiv – das heißt über die individuelle Erfahrung hinaus gültigen – Gruppennormen Bedeutung zu verleihen. Diese der Gruppe eigenen Erfahrungen und Erinnerungen (die ihrerseits als das Ergebnis eines kollektiven Konstruktionsprozesses verstanden werden können) machen die Gruppe unterscheidbar, auch von anderen Großgruppen mit inhaltlich ansonsten identischer Ausrichtung.[4]

Dieser letzte Aspekt ist deshalb hier von Wichtigkeit, weil im Konstitutionalisierungsprozess der EU nicht nur die Verortung (und damit spezifische Bedeutung) der Normen (von der nationalen auf die europäische Ebene) verändert wird, sondern eine Veränderung der von ihnen definierten Gruppe damit einhergeht – die Reichweite nimmt zu, neben die nationale

4 Dies ist in der Terminologie Graf Kielmanseggs (2003: 58) die Erfahrungs- und Erinnerungsgemeinschaft, die Identität schafft. Andere Studien sprechen von »kollektivem Gedächtnis« (Halbwachs 1950) oder »kommunikativem Gedächtnis« (Welzer 2002) oder auch von »nationalen Erinnerungsorten« (Nora 1998).

tritt die europäische Staatsbürgerschaft. Wenn es sich hierbei wirklich um einen transformativen sozialen Prozess handelt, dann wird sich nicht nur die inhaltliche und räumliche Gruppendefinition verändern, sondern auch die zeitliche Verortung der Gruppe(n) muss verändert oder ausgeweitet werden.

Damit lässt sich aus den beschriebenen drei Dimensionen der Gruppendefinition ein Untersuchungsdesign bilden, das die Veränderung der Gemeinschaftsumwelt über Zeit und ihre Konsequenzen für die Transformation von sozialen Gruppen untersucht. Zunächst geht es dabei um die Rekonstruktion von drei konkreten Phasen der Veränderung der ersten beiden genannten Kategorien – Inhalt und Reichweite – im europäischen Integrationsprozesses (II.). Der Vergleich mit den diese Phasen begleitenden, die nationalen Gruppen definierenden Erinnerungsdiskursen kann dann zumindest Hinweise auf einen tatsächlichen Wandel der Gemeinschaftsumwelt und des durch sie definierten politischen Bezugssystems geben.

Verortung der liberal-demokratischen Gemeinschaftsumwelt über Zeit im Integrationsprozess

Wird »Konstitutionalisierung« als komplexer sozialer Prozess verstanden, dann ist es nahe liegend, dass die Schaffung der EU-Institutionen nicht in einem einzigen Schritt zu Beginn des Integrationsprozesses gelingen konnte. Eine einzelne administrative Entscheidung konnte den sozialen Prozess anstoßen, aber nicht ad hoc realisieren. Stattdessen war beides nötig, politische Führung mit dem Willen zur Integration *und* diskursive Verankerung dieses neuen politischen Umfelds in den demokratischen Gesellschaften der Mitgliedstaaten. Demnach ist dieser Prozess auch nicht abgeschlossen, sondern anhaltend und möglicherweise auch reversibel. Dennoch können, wenn die oben genannten abstrakten Faktoren in ihrer jeweiligen historischen und sozialen Umgebung rekonstruiert werden, verschiedene Perioden innerhalb des Integrationsprozesses klar voneinander unterschieden werden (A.-C.). Für jede Periode können jeweils Inhalte und Reichweiten der Gemeinschaftsumwelt verortet werden. Daraus ergeben sich dann Erwartungen an die Definition der entsprechenden Erinnerungsgemeinschaften der Gruppe.

1950–1966

Dieser ersten Periode entspricht die Begründung des Integrationsprozesses mit der Errichtung der Europäischen Gemeinschaft für Kohle und Stahl (EGKS) und der Europäischen Wirtschafsgemeinschaft (EWG). Das Ende der Epoche ist gekennzeichnet durch die Weigerung Frankreichs, den in den Römischen Verträgen vorgesehenen Übergang zu Mehrheitsentscheidungen im Ministerrat mitzutragen (1965/66). Sie endet mit dem »Luxemburger Kompromiss«, der *De-facto*-Rückkehr zum nationalen Veto. Der folgende Abschnitt versucht, die erwähnten Normen der Gemeinschaftsumwelt jeweils innerhalb des politischen Systems (1.) und in ihrer Reichweite (2.) zu verorten sowie die sich daraus ergebenden Erwartungen an die historische Verortung der Gruppe zu definieren (3.).

Inhaltliche Verortung

Der EGKS-Vertrag verändert die beiden grundlegenden Normen der liberaldemokratischen Gemeinschaftsumwelt – Volkssouveränität und Rechtsstaatlichkeit – nicht fundamental. Der Ministerrat entscheidet über die Vorschläge der Kommission einstimmig, wobei das somit bestehende nationale Vetorecht[5] für die Respektierung nationaler Souveränität sorgt. In anderen Worten ausgedrückt: Die Mitgliedstaaten können sicher sein, dass sie keinen Gesetzesakt verabschieden müssen, der in explizitem Widerspruch zum demokratischen Willen ihrer *Demoi* steht. Der Lokus der *Volkssouveränität* bleibt auf nationaler Ebene.

Bezüglich der *Rechtsstaatlichkeit* etabliert der EGKS-Vertrag den Gerichtshof der Europäischen Gemeinschaften (EuGH). Damit kann das gemeinsam gesetzte Recht in die Praxis umgesetzt werden; seine Anwendung wird nun vom EuGH überwacht. Andererseits kann der EuGH erst seit 1992 wirkliche Sanktionen gegen die Mitgliedstaaten verhängen (EWG-Vertrag Art. 171 vs. Vertrag von Maastricht Art. 228). Vor diesem Datum besteht die Autorität des Gerichts durch den Willen der Mitgliedstaaten, in einer institutionalisierten Umwelt zusammenzuarbeiten.[6]

5 Für J. Weiler »the single most legitimating element« der Gemeinschaftsverfassung, zitiert nach Graf Kielmansegg (2003: 50, Fußnote 1).

6 Natürlich konnte der EuGH für die Mitgliedstaaten bindende Rechtssprechung erlassen (Art. 170 im EWG-Vertrag). Allerdings hatte der Gerichtshof bis 1992 nicht das Recht, die Nichtbefolgung seiner Urteile zu sanktionieren.

Die Frage nach der Verortung der demokratischen Normen muss für den EWG-Vertrag etwas nuancierter beantwortet werden. Im Hinblick auf die *Volkssouveränität* etabliert der Vertrag einen Zeitplan, der den schrittweisen Übergang zwischen 1957 und 1965 zu Mehrheitsentscheidungen im Ministerrat regeln soll (Moravcsik 1998: 227–230). Die Grenzen der Volkssouveränität werden durch das Programm zur Verwirklichung eines Binnenmarkts zum ersten Mal in Frage gestellt. Allerdings zeigt De Gaulles Verhalten, dass den Mitgliedstaaten diese Problematik sehr wohl bewusst war und ihr Verständnis der europäischen Integration eben nicht notwendigerweise vorsah, die nationale Souveränität aufzugeben, um zur europäischen Souveränität im Rahmen einer Föderation zu gelangen.

Reichweite der Normen

Welche Konsequenzen ergeben sich daraus für die Frage der Reichweite der beiden definierten Normen in der EWG der frühen sechziger Jahre? In erster Linie handelt es sich um eine Gruppe von Staaten, die sich zu einer supranationalen Rechtsgemeinschaft zusammengeschlossen hat. Sie akzeptieren, dass die im Rahmen gemeinsamer Institutionen getroffenen Entscheidungen zu Gemeinschaftsrecht werden und ihr politisches Handeln innerhalb dieser Staatengruppe strukturieren. Allerdings handelt es sich eben um eine *Staaten*gemeinschaft, weniger um eine *Bürger*gemeinschaft. Die Bürger sind daran über ihre Teilnahme an den jeweiligen nationalen politischen Systemen beteiligt. Im Vorläufer des Europäischen Parlaments (EP) sitzen Mitglieder der nationalen Parlamente, denen ihre europäische Aufgabe von ebendiesen nationalen Kammern zugewiesen wurde. Ihre Legitimität erklärt sich aus ihrer Wahl im nationalen Rahmen.

Während also über das Prinzip der Rechtsstaatlichkeit sukzessive eine europaweit wirkmächtige Struktur geschaffen wird, bleibt das Prinzip der Volkssouveränität weiterhin national definiert. Aus dieser Konstellation ergeben sich spezifische Anforderungen an die Gruppendefinition, der die historische Verortung der Gruppe(n) Rechnung tragen muss, soll die neue Ordnung glaubhaft soziale Gültigkeit beanspruchen können.

Historische Verortung der Gruppe

Einerseits ist in dieser Epoche aus Sicht der Souveränitäts-Norm unumgänglich, dass der Blick auf die (europäische) Geschichte aus *nationaler* Perspektive aufrecht erhalten bleibt. Nur so – aus der angeblich unterschiedlichen Geschichte – lässt sich noch die Existenz der unterschiedlichen Nationen diskursiv begründen und rechtfertigen, wo eine rationale oder auf Effizienz gerichtete Betrachtung schon längst die Schaffung eines einzigen, europäischen *Demos* nahe legen würde. Die emotionale Seite der jüngsten Vergangenheit – der Zweite Weltkrieg und die deutsche Besatzung – favorisiert natürlich die Herausbildung und Festigung nationaler Narrative, die Geschichte konfrontativ aus der Perspektive »wir« gegen »sie« interpretieren.

Aus Sicht der »Rechtsstaatlichkeits-Norm« liegt der Sachverhalt jedoch etwas anders. Wenn die »Herrschaft des EWG-Rechts« akzeptiert wird, so bedeutet dies, dass sich die Mitglieder gegenseitig als legitime und legal »gleiche« Partner akzeptieren. Diese Aussage ist besonders im Hinblick auf das Verhältnis der Westalliierten zu Deutschland, dem ehemaligen Feind, wichtig.

Wenn dieser Prozess der sukzessiven Konstruktion einer Gemeinschaftsumwelt durch gemeinsame soziale Praxis eine Auswirkung auf die (räumliche und personale) Gruppendefinition hat, wie und wann entsteht dann der Übergang von einer Staatengemeinschaft zu einer Gemeinschaft aus Bürgern und Staaten? Diese empirische Frage kann wiederum innerhalb des Integrationsprozesses kontextualisiert werden.

Von der »*relance*« zur »Union«: 1984–1995

Auch die zweite hier untersuchte Periode wird von der Spannung zwischen Föderalisten und den Unterstützern einer Freihandelszone durchzogen. Die ersten allgemeinen Wahlen zum Europäischen Parlament (1979) sind von hoher symbolischer Bedeutung, allerdings erhält das supranationale Organ erst mit der Verabschiedung der Einheitlichen Europäischen Akte (EEA, 1986) und dem Übergang zur politischen Union (Vertrag von Maastricht, 1992) seither zunehmende legislative Macht. Wie verändert sich in diesem Prozess die Verortung der Normen der Gemeinschaftsumwelt?

Inhaltliche Verortung der Normen

Symbolisch kann die Einführung allgemeiner Wahlen zu einem supranationalen Parlament (EP) als wichtiger Schritt in Richtung auf eine Föderation verstanden werden. Allerdings muss auch die tatsächliche Macht dieser Versammlung untersucht werden, um darüber zu entscheiden, ob die Ebene, auf der die Norm der *Volkssouveränität* zu verorten ist, verändert wurde. Bereits 1970 erhielt das EP begrenzte Haushaltskompetenzen (Rittberger 2005: 114–138). Wie der Übergang zu allgemeinen Wahlen 1979, war auch dieser Schritt zunächst von symbolischer Bedeutung.

Die in Form des Gemeinschaftsrechts in wachsendem Maße auf europäischer Ebene wirkende strukturierende Norm der Gemeinschaftsumwelt (*Rechtsstaatlichkeit*) ermöglicht den supranationalen Akteuren jedoch zunehmend den Einsatz »rhetorischen Handelns« auf europäischer Ebene. Der Verweis auf das bestehende europäische Recht in Abwesenheit europäischer demokratischer Souveränität führt zu einer *salienten* Situation im Sinne von Rittberger und Schimmelfennig (in diesem Band). Entsprechend kommt es in der EEA und im Maastrichter Vertrag zur Etablierung wirklicher Gesetzgebungsmacht auf supranationaler Ebene (Maastricht Art. 189, jetzt 249) und zur Abschaffung des nationalen Vetos im Ministerrat. Dies bedeutet eine Veränderung der Verortung der *Volkssouveränität*, die damit nicht mehr ausschließlich auf die nationalen Grenzen beschränkt ist, sondern auch im EP ihren Ausdruck findet.[7]

Reichweite der Normen

Der beschriebene Prozess hat auch Konsequenzen für die Frage der Zugehörigkeit zu dieser Gruppe. Welche Reichweite hat die demokratische Souveränität der EU? Neben den Staaten beginnen jetzt die europäischen Bürger, eine Rolle auf der supranationalen Ebene zu spielen. Zusammen mit dem Mitentscheidungsverfahren etabliert der Maastrichter Vertrag auch eine »Europäische Staatsbürgerschaft« (Art. 8, jetzt 17–22). Damit erhalten die Bürger unter anderem das Recht, an lokalen bzw. kommunalen Wahlen und an Europawahlen – unabhängig von ihrem Wohnsitz in der Union – teilzunehmen; die Union ist jetzt endgültig als eine Gemeinschaft von

7 Der strukturelle Rahmen, in dem dieser Prozess stattfindet, besteht schon einige Jahre länger. Die Rolle des EuGH in den späten sechziger und siebziger Jahren ist dabei von größter Wichtigkeit. Er begründet und bekräftigt die supranationale »Gemeinschaftsumwelt« durch seine Grundsatzentscheidungen, die die direkte Wirkung (Urteil Van Gend en Loos 1963) und Vorrangigkeit (Urteil Costa 1964) des Gemeinschaftsrechts etablieren. Die »Gleichheit« vor diesem Gesetz wird allerdings erst später verwirklicht, wiederum zu Beginn der hier untersuchten Periode, als das Gesetz über die universale Gültigkeit von Normen entscheidet (Urteil Cassis de Dijon 1979).

Staaten *und* Bürgern definiert, beide nehmen auf allen Ebenen des politischen Systems am Entscheidungsprozess teil. Soll es sich dabei nicht nur um einen formalen Akt handeln, sondern tatsächlich um eine tiefgreifende soziale Transformation, die Legitimität beanspruchen kann, dann bedeutet diese Entwicklung auch, dass die historische Verortung der eigenen Gruppe verändert werden muss. Die Definition der »eigenen« Gruppe aus ihrer »eigenen« Geschichte muss einem differenzierten Narrativ weichen, in dem die Bürger der anderen Mitgliedstaaten in die »eigene« politische »Wir«-Gruppe integriert werden.

Historische Verortung der Gruppe

Aus der spezifischen Verortung der Gemeinschaftsumwelt ergibt sich in den neunziger Jahren ein Verständnis »demokratischer Souveränität«, in dem der »demokratische Wille« von all jenen Individuen gebildet wird, die EU-Bürger sind und als solche am demokratischen Prozess in ihren Mitgliedstaaten, aber auch auf europäischer Ebene teilnehmen. Um Legitimität beanspruchen zu können, müssen sich die an diesem Prozess beteiligten Individuen gegenseitig als Gruppenmitglieder anerkennen. Wenn sich andererseits die traditionelle Unterscheidung zwischen nationalen Gruppen (»wir« gegen »sie«) in Europa durch die Behauptung einer je eigenen (Gruppen-)Geschichte legitimiert, dann steht dieser (nationale) Blick auf die Vergangenheit einer tiefen sozialen Verankerung der neuen, europäischen »Wir«-Gruppe im Weg. Erst ein veränderter Blick auf die eigene nationale und die Annahme einer gemeinsamen Perspektive auf die europäische Vergangenheit würden die tiefergehenden sozialen Konsequenzen dieses Prozesses für die Gruppendefinition belegen.

Bei der Transformation der Gemeinschaftsumwelt der EU in den neunziger Jahren handelt es sich um einen sozialen und diskursiven Prozess. In offenen, demokratischen Gesellschaften können akzeptierte Gruppendefinitionen nicht abrupt für ungültig erklärt werden. Auf der anderen Seite müssen neuartige Gruppendefinitionen, wollen sie erfolgreich sein, auf Resonanz mit (zumindest Teilen von) bestehenden Gruppendefinitionen stoßen. Dennoch wird gegen Mitte des Jahrzehnts die Wirkung der veränderten Gemeinschaftsumwelt spürbar; föderal gesinnte Akteure beginnen nun eine Debatte mit der Forderung nach »Konstitutionalisierung« der EU. Gleichzeitig beginnen politische Akteure bereits damit, das Potential und die Strukturen der EU-Gemeinschaftsumwelt dazu zu benutzen, »internationale Politik« zu betreiben. Entsprechend ist die EU während der gesamten neunziger Jahre mit einem Prozess von »Vertiefung und Erweiterung« beschäftigt.

»Vertiefung und Erweiterung«: 1995–2004

In der durch »Vertiefung und Erweiterung« geprägten Dekade wird der Integrationsprozess durch die Verträge von Amsterdam (1997) und Nizza (2000) und die entstehende neuartige Art der Vertragsveränderung (»Konventsmethode«) vertieft. Gleichzeitig kommt es zur »Nord-« (1995) und »Ost-Erweiterung« (2004). Schließlich steht die Gemeinschaft vor einer Situation, in der mit dem Verfassungsvertrag der Schlussstein des föderalen Gebäudes gesetzt werden sollte; gleichsam vor ihrer größten Krise, die durch den negativen Ausgang der Volksabstimmungen in Frankreich (29.05.2005) und den Niederlanden (01.06.2005) ausgelöst worden war. Was ist die Bedeutung dieser Entwicklung für die Definition der Gemeinschaftsumwelt, wie sie in diesem Beitrag versucht wird?

Inhaltliche Verortung der Normen

Die Ausdehnung und Verschiebung jener fundamentalen Norm der *Volkssouveränität* von der nationalen auf die europäische Ebene fand bereits in der vorhergehenden Periode (1984–1995) statt. Die Konsequenzen dieser Entwicklung werden jedoch nur zögernd in die Köpfe der Bürger und den Diskurs integriert, und es benötigt einen mehrjährigen Prozess, bis alle Ergebnisse des Maastrichter Vertrags (z. B. die Wirtschafts- und Währungsunion, WWU) fassbar werden. Seit 1994 führt diese Entwicklung jedoch zur Entstehung einer neuen Verfassungsbewegung, vergleichbar mit den föderalen Bemühungen der frühen fünfziger Jahre.[8] Dies ist der Beginn einer fortdauernden Debatte, die im Jahr 2000 zu einem erstaunlichen Verfassungsdiskurs (Seidendorf 2005a: 450–451) und 2004 zur Verabschiedung eines »Verfassungsvertrags« durch den Konvent zur Zukunft Europas geführt hat.

---

8 Zum Beispiel Premierminister Edouard Balladur in *Le Figaro* (30.08.1994) mit dem Konzept der »konzentrischen Kreise« oder Wolfgang Schäuble und Karl Lamers mit ihrem Vorschlag für »Kerneuropa« (1994).

Reichweite der Normen

Der Vertrag von Amsterdam weitet die Rechte der »EU-Bürger« durch die Einführung neuer Antidiskriminierungsartikel aus. Indem der Schengen-Besitzstand in den Vertrag integriert wird (Art. 19–22) wird auch das Recht der Bürger auf freie Wahl des Wohn- und Arbeitsplatzes innerhalb der Union nochmals gestärkt.

Die größte in dieser Phase realisierte Veränderung im Hinblick auf die »Zugehörigkeit« betrifft jedoch die Erweiterung der Union. Nachdem 1995 Österreich, Schweden und Finnland aufgenommen wurden, wird die Osterweiterung zu einer fundamentalen Herausforderung, die schließlich 2004 in der Aufnahme von zehn neuen Mitgliedstaaten gipfelt. Das bedeutet eine neue Dimension in dem hier untersuchten, historischen Prozess. Es handelt sich nicht mehr um einen linearen Prozess, in dem Mitgliedstaaten gemeinsam übereinkommen, eine neue politische Gemeinschaft zu begründen, sondern um einen nicht simultanen, nicht linearen Prozess, den es jetzt zu analysieren gilt: Die neuen Mitglieder müssen der Gemeinschaft auf einem »höheren« (»föderaleren« und »politischeren«) Niveau beitreten, als die ursprünglichen Mitglieder, ohne dass sie dabei denselben Sozialisationsprozessen ausgesetzt gewesen wären und sie die Zeit gehabt hätten, begleitende legitimierende Diskurse zu entwickeln.

Historische Verortung der Gruppe

Dieses Phänomen – die stark differenzierte historische Erfahrung der Mitgliedstaaten im Hinblick auf die »Gemeinschaftsumwelt« – bleibt nicht ohne Konsequenzen für die diskursive Schaffung der »Wir«-Gruppe. Diskursiv können die neuen Mitgliedstaaten nicht einfach die bestehende Gemeinschaftsumwelt integrieren. Vielmehr müssen sie in einem sozialen Prozess diese Gemeinschaftsumwelt an ihre nationalen Realitäten anpassen und gleichzeitig ihre bestehenden Diskurse an der europäischen Realität ausrichten (Larat 2006).

Bis hierhin beschreibt der Beitrag den Prozess der Schaffung und Veränderung einer »Gemeinschaftsumwelt« mit der abstrakten Terminologie rechtlicher und institutioneller Normen. Der folgende Abschnitt sucht nach Evidenz dafür, dass dieser Prozess für die Akteure von Bedeutung ist. Dabei wird danach gesucht, ob in der »diskursiven Evolution« der historischen Gruppendefinition Elemente darauf hinweisen, dass ein tief gehender, transformativer sozialer Prozess die Institutionenbildung auf europäischer Ebene begleitet hat. Wenn sich in dieser Gruppendefinition die soziale Dimension (neben der rechtlichen und institutionellen) von Legitimität manifestiert (nämlich als Glaube, demselben politischen System anzugehören), dann kann ihre Analyse einen Schlüssel dafür liefern, warum in den fünfziger Jahren nicht direkt die Schaffung einer Föderation gelingen konnte und warum neue Rechte und Kompetenzen für die europäischen Bürger sich nur graduell bilden konnten. Am Ende könnten diese Überlegungen auch erklären helfen, warum die Ratifikation des Verfassungsvertrags zum gegenwärtigen Zeitpunkt unmöglich war.

Rhetorisches Handeln und die diskursive Schaffung einer »Wir«-Gruppe

Wie kann empirisch bestätigt werden, dass die »Schaffung einer Gemeinschaftsumwelt« mehr umfasst und sozial tiefer geht, als der institutionelle Prozess zwischen 1952 und 2004? Um zu entscheiden, ob die Semantiken, aus denen sich ein bestimmtes Verständnis von Gemeinschaftsnormen ergibt, angepasst und verändert wurde, bietet sich eine Diskursanalyse an. Untersucht werden dabei Diskurse, in denen Gruppenmitglieder über ihre Gruppe sprechen und die für die Gruppe verbindlichen Normen definieren. Wichtige Akteure sind dabei die Staats- und Regierungschefs, denn sie können in Anspruch nehmen, »im Namen« der Gruppe zu sprechen. Besondere Wichtigkeit kommt öffentlichen Sprechakten zu, da ihre Öffentlichkeit die Sprecher verpflichtet und deren Äußerungen verbindlich macht, besonders während symbolisch aufgeladener Momente wie an Nationalfeiertagen oder Gedenktagen. Weiterhin entscheiden die politisch Verantwortlichen über die neuartige institutionelle Ordnung im Rahmen der europäischen Zusammenarbeit und müssen dieses neue politische System vor ihren respektiven Öffentlichkeiten legitimieren. Diese entsprechenden Äußerungen können im Hinblick auf ihre *Resonanz* mit früher etablierten, akzeptieren Diskursen analysiert werden, auf ihre *Kohärenz* mit den normativen Anforderungen, die sich aus der institutionellen Ordnung des Integrationsprozesses ergeben, und schließlich auf ihr Auftauchen während *salienter* Momente.

1950–1965: Deutschland und Frankreich

Aus der spezifischen, in den fünfziger Jahren etablierten Gemeinschaftsumwelt ergaben sich zunächst zwei Konsequenzen für die Verortung ihrer grundsätzlichen Normen: (a) *Demokratische Souveränität* bleibt auf den Nationalstaat beschränkt. Die diskursive Konstruktion der »Wir«-Gruppe ist und bleibt national. (b) Das Gebot der *Rechtsstaatlichkeit* verlangt, dass die EWG-Mitgliedstaaten sich gegenseitig als gleichberechtigte Partner akzeptieren. Aus dieser Ausgangslage heraus ergeben sich folgende Erwartungen: Für die früheren Alliierten (Frankreich und Benelux) sollte es diskursiv eine relativ einfache Aufgabe sein, sich gegenseitig als gleichberechtigte Mitglieder der westeuropäischen Staatenfamilie anzuerkennen. Eine gleichberechtigte Anerkennung (West-)Deutschlands benötigt dagegen einen gewissen rhetorischen Aufwand – die bestehenden Diskurse müssen angepasst werden – und vor allem die rhetorische Verpflichtung Deutschlands, »zum Westen« zu gehören. Deshalb sollten die hauptsächlichen Anstrengungen für eine diskursive Evolution in Deutschland zu beobachten sein.

Deutschlands Platz »im Westen« ...

Ausgehend von Rittberger und Schimmelfennig (in diesem Band) kann im deutschen Fall in den fünfziger Jahren von Salienz gesprochen werden.[9] Es gibt eine Kluft zwischen dem traditionellen Selbstverständnis des »alten Deutschland« in der Zeit vor 1945 und den Normen, die das Land erfüllen muss, um von seinen »neuen« Partnern akzeptiert zu werden. Deshalb suchen die rhetorischen Akteure, die in der Debatte intervenieren, nach Kohärenz mit den »westlichen« Diskursen und versuchen gleichzeitig, Resonanz mit der heimischen Arena zu erzielen, indem sie die existierende (diskursive) Gemeinschaftsumwelt in ihre Beiträge einbeziehen. 1952 drücken beispielsweise Bundeskanzler Konrad Adenauer und Bundespräsident Theodor Heuss ihre Interpretation der jüngsten nationalsozialistischen Vergangenheit und deren Bedeutung für den neuen Staat (die BRD) anlässlich symbolischer Momente aus.[10] Die Frankfurter Allgemeine Zeitung

9 Das verwendete empirische Material wurde zum größten Teil für eine Dissertation über »Identitätsdiskurse« in Frankreich und Deutschland erhoben, s. Seidendorf (2005a).

10 Am 14.11.1952, dem ersten »Volkstrauertag« der BRD, der den alten »Heldengedenktag« ersetzte, und am 30.11.1952 bei der Einweihung der Gedenkstelle im KZ Bergen-Belsen, der ersten offiziellen BRD-Gedenkstelle in einem KZ.

(FAZ) überschreibt die Reden (15.11.1952, S. 1): »Das Kriegsleid als verbindende Kraft – Der Bundespräsident und der Bundeskanzler zum Volkstrauertag / Adenauer: Recht und Gerechtigkeit über alles«. Mit Blick auf die heimische Zuhörerschaft wird die Erfahrung des gemeinsamen Leidens zum geteilten Leid, das den Zement dafür abgibt, eine nationale »Wir«-Gruppe wieder zu begründen und die Spannungen im Inneren zwischen Nationalsozialisten, den »gewöhnlichen Deutschen« und den Opfern zu überwinden.

Mit Blick auf die internationale Zuhörerschaft verlangt Adenauer »Gerechtigkeit« und Rechtsstaatlichkeit, nicht Schuldbekenntnis oder Scham. Dies entspricht den normativen Anforderungen, die sich aus der geplanten supranationalen Zusammenarbeit mit den westlichen Staaten ergeben: Deutschland muss sich selbst als liberale Demokratie darstellen, wenn es von den westlichen Alliierten als »gleichberechtigt« akzeptiert werden will. Gleichzeitig muss es auf »Rechtsstaatlichkeit« bestehen, um »gleichberechtigte Behandlung« durch die westlichen Alliierten verlangen zu können. De facto ist Deutschland 1952 kein souveräner Staat, sondern steht unter der Oberhoheit der Alliierten. Aus deren Sicht könnte Adenauers Forderung nach »Gleichberechtigung« deshalb leicht als anmaßend verstanden werden, allerdings hat der Kanzler die Kraft des normativen Arguments (Rechtsstaatlichkeit als fundamentale Norm, die zwischen den »Partnern« der supranationalen Kooperation einzuhalten ist) auf seiner Seite.

Seine Forderungen an das deutsche Selbstverständnis – Gerechtigkeit und Rechtsstaatlichkeit – bleiben jedoch ambivalent. Ein mit Blick auf die zukünftigen Partner getätigtes Bekenntnis zu den »westlichen« Normen wirkt 1952 nur glaubhaft, wenn es auf der nationalen Ebene Konsequenzen zeitigt. Deutschland muss sich seiner Vergangenheit stellen, wenn seine Transformation in eine liberale Demokratie glaubhaft sein soll. Nur wenn es sich – wenigstens rhetorisch – von seiner nationalsozialistischen Vergangenheit distanziert, können seine westlichen Partner dem Bekenntnis zu »westlichen« Normen vertrauen.[11]

... und seine Auseinandersetzung mit der Vergangenheit

Einen wichtigen Beitrag stellt diesbezüglichen die Einweihung des Gedenksteins im Konzentrationslager Bergen-Belsen am 30.11.1952 dar.

11 Ich analysiere hier natürlich die rhetorischen Verpflichtungen in offiziellen Beiträgen, nicht das tatsächliche Handeln der BRD.

Bundespräsident Heuss verlangt von seinen Mitbürgern eine kritische Distanzierung zur eigenen nationalen Vergangenheit. Diese Forderung ist in der Geschichte von Nationalstaaten eher ungewöhnlich. Wie oben schon erwähnt, beruht das Gefühl, eine einzigartige (d. h. eine von anderen Nationen unterscheidbare) Nation zu sein, auf einer (gegenwärtigen) Vorstellung von der eigenen Vergangenheit. Die (scheinbar) einzigartige »nationale« Geschichte lässt die eigene Gruppe von anderen Nationen unterscheidbar werden. Um eine Weiterentwicklung des Diskurses hin zu einer (rhetorischen) Distanzierung von ebendieser Beziehung zwischen Nationalgeschichte und Nationalgefühl zu leisten, muss Präsident Heuss beachtlichen rhetorischen Aufwand leisten. Am auf die Rede folgenden Tag (01.12.1952) nehmen die beiden wichtigen Tageszeitungen FAZ und Süddeutsche Zeitung (SZ) die präsidiale Botschaft auf. Beide zitieren auf ihrer Titelseite dieselbe Forderung des Präsidenten nach »Tapferkeit«:

»Wir Deutschen müssen lernen, tapfer zu sein gegenüber der Wahrheit«, sagte Heuss. »Wir haben von den Dingen gewusst. Wir wussten auch aus den Schreiben evangelischer und katholischer Bischöfe von der systematischen Ermordung der Insassen deutscher Heilanstalten.« (SZ 01.12.1952, S. 1)

In seiner offiziellen Funktion als Präsident verurteilt Heuss die mit Blick auf die Vergangenheit vorherrschende Haltung von Vergessen und Verschweigen. Stattdessen gibt er deutsche Verbrechen zu und distanziert sich eindeutig von der deutschen Vergangenheit. Damit integriert er Teile der »westlichen« Sichtweise auf die jüngste Vergangenheit in den deutschen Diskurs. Er weiß jedoch um die Schwierigkeit für eine einzelne Person, auch den Bundespräsidenten, den Selbstverständigungs-Diskurs erfolgreich weiterzuentwickeln. Deshalb bedient sich Heuss zweier Strategien. Einerseits muss er Akzeptanz für seine Rede im Diskurs erzeugen. Akzeptanz ergibt sich aus – zumindest partieller – Resonanz mit bestehenden Diskursen. Alternativ kann er bestehende Diskurse delegitimieren, indem er die zukünftigen Chancen der von ihm eingebrachten Weiterentwicklung des Diskurses belegt. Heuss bedient sich beider Strategien. Zunächst stellt er *Resonanz* zum bestehenden nationalen Narrativ her. Um ein positives Selbstbild beizubehalten, setzt dieser Diskurs darauf, deutsche Schuld durch Vergleich mit den Vergehen der »anderen Seite« zu relativieren. Heuss geht auf diesen Diskurs ein:

»Zu dem Einwand, dass auch in den Nachkriegs-Internierungslagern Misshandlungen vorgekommen seien, und zu dem Hinweis auf das Lagersterben in der Sowjetzone, erklärte Heuss: ›Ich weiß davon und habe nie gezögert, davon zu reden.‹.« (ebd.).

Dieser klassische, revisionistische Diskurs wird jedoch durch neue Argumente von Heuss delegitimiert:

»Aber: auf Unrecht und Brutalität der anderen sich zu berufen, ist das Verfahren der moralisch Anspruchlosen, die es in allen Völkern gibt. Es ist kein Volk besser als das andere, es gibt in jedem solche und solche.« (ebd.)

Der Präsident zeigt schließlich auf, wo sein Ansatz hinführen könnte. Deutsche wären nicht länger »Herrenmenschen«, aber auch nicht länger ein besiegtes, besetztes Volk, von der Gnade seiner Besatzer abhängig. Stattdessen stünde die Entwicklung zu einem akzeptierten und respektierten Mitglied der Familie liberaler Demokratien, in der »kein Volk besser als das andere« ist, mithin auch Deutschland gleichberechtigt bestehen könnte. Zu diesem Zweck kann etwas Distanzierung von der eigenen Vergangenheit einen akzeptablen Preis darstellen, zumal Heuss (wie Adenauer) gleichzeitig die westlichen Partner rhetorisch zu versticken versucht: Um konsistent mit den von ihnen vertretenen Normen zu agieren, müssen sie das veränderte Deutschland als »gleichberechtigt« akzeptieren. Zusätzlich verbindet Heuss die bestehende »Wir«-Gruppe mit einer positiven Tugend (deutscher »Tapferkeit«), was die Distanzierung von der – jetzt negativ besetzten – »Wir«-Gruppe der Vergangenheit erleichtert.

Frankreich: die Nation bekräftigen

Frankreichs Situation lässt 1952 zunächst keine *saliente* Diskrepanz zwischen den das Gemeinwesen konstituierenden Normen und dem diskursiven Selbstverständnis erwarten, die eine Anpassung des Selbstbildes benötigen würde. Das Vorkriegs-Selbstverständnis der Republik ist immer noch normativ »akzeptabel« und wurde durch de Gaulle nach dem Krieg erneut etabliert und bestätigt. Frankreich ist Teil der vier alliierten Mächte und besitzt damit den Status einer »Siegermacht« im besetzten Deutschland, ist mithin also ein führender internationaler Akteur. Diese Interpretation unterschlägt jedoch die Brüche innerhalb der scheinbar harmonischen republikanischen Gemeinschaft. Diese besonders zwischen Kollaborateuren und Widerstandskämpfern bestehenden Brüche sind, zusammen mit den traumatischen Erinnerungen an die Niederlage 1941, jedoch noch als direkte Erfahrung im Gedächtnis der Franzosen präsent. Um gegen diese gegenläufigen individuellen Erinnerungen bestehen zu können, muss der offizielle Diskurs permanent bekräftigt und gegen die kleinste Abweichung verteidigt werden. »Bekräftigung« bedeutet hier die Schaffung trennscharfer Kategorien dessen, was »französisch« und was »nicht französisch« ist. Dabei ist das Feindbild 1952 immer noch sehr stark durch Deutschland dominiert und in den Diskursen zeigt sich deutlich, dass die langsam wachsende europäische Konstruktion der fünfziger Jahre aus französischer Sicht eine Gemeinschaft von *Staaten* ist. Nur nach einer längeren positiven gemeinsamen Erfahrung ist denkbar, dass die normativen Verpflichtungen der Partner (und besonders Deutschlands) so glaubhaft erscheinen, dass eine Transformation in eine einzige europäische »Wir«-Gruppe denkbar würde.[12] Die institutionelle Ordnung auf supranationaler Ebene, die eine solche europäische »Wir«-Gruppe als Grundlage demokratischer Souveränität normativ benötigt, entsteht tatsächlich erst Mitte der achtziger Jahre.

1984–1995: Deutschland im Westen, Frankreich befragt die Vergangenheit

Die von Jacques Delors angestoßenen institutionellen Reformen, die Einheitliche Europäische Akte (EEA) und der Vertrag von Maastricht etablieren eine »politische Union« auf der supranationalen Ebene. Die neu eingeführten Entscheidungsmechanismen, die ein verändertes Verständnis der »Wir«-Gruppe benötigen, wurden bereits oben definiert: Durch den Übergang zu Mehrheitsentscheidungen im Ministerrat und der Übertragung echter legislativer Macht an das EP entsteht ein politisches System mit starken föderalen Elementen auf der europäischen Ebene. Um als legitim gelten zu können, benötigt dieses politische System die diffuse Unterstützung durch ein politisches *Demos*, eine europäische »Wir«-Gruppe (Graf Kielmansegg 2003: 50–51).

Im Gegensatz zu den fünfziger Jahren kann diese europaische Gemeinschaft nicht mehr nur aus »gleichberechtigten Staaten« bestehen. Vielmehr umfasst diese Gemeinschaft Staaten *und* Bürger. Damit müssen sich auch die Bürger der Union gegenseitig als gleichberechtigte politische Akteure akzeptieren. Wenn, wie oben angedeutet, die (nationalen) Unterschiede zwischen diesen Bürgern nicht mehr aufgrund unterschiedlicher normativer Vorstellungen bestehen, sondern sich aus ihrer jeweils unterschiedli-

12 Eine detailliertere Analyse des französischen Diskurses in den fünfziger Jahren mit ausführlichen empirischen Belegen findet sich in Seidendorf (2005a: 99–122).

chen Kultur und Sprache, letztlich also Geschichte ergeben, dann ist Deutschland wiederum »anders« als die anderen westeuropäischen Staaten. Der frühere Feind des Westens muss sich seiner eigenen Vergangenheit gegenüber kritisch zeigen und die »neuen« westlichen Normen auch beim Blick auf diese eigene Vergangenheit beherzigen. Bei der Suche nach solch kritischen Blicken auf die eigene Vergangenheit kommt einem diskursiven »Knotenpunkt« (Diez 1999) eine besondere Bedeutung zu. Bundespräsident Richard von Weizsäckers Rede am 8. Mai 1985 entwickelt aus offizieller deutscher Position die Sicht auf die Niederlage weiter. Indem er die Kapitulation am 8. Mai 1945 als »Befreiung« akzeptiert, etabliert er Deutschland und die Deutschen »im Westen«, sie werden gemeinsam mit den Bürgern der westlichen Partner zu gleichberechtigten »Opfern« (denn sie wurden auch »befreit«).[13] Eine einseitige Evolution auf deutscher Seite reicht jedoch bei der Schaffung eines europäischen Grundverständnisses nicht aus. Allerdings lässt sich in dieser Zeit auch in Frankreich ein Prozess nachzeichnen, der maßgeblich durch die von Präsident Mitterrand entwickelte Europa-Semantik bestimmt wird.

Frankreich integriert den »Feind« ...

In mehreren Reden zwischen seiner »europäischen Wende« 1983 und dem Maastricht-Referendum (20.09.1992) entwickelt der französische Präsident eine Semantik, die eine aus gleichberechtigten europäischen Bürgern bestehende europäische politische Gemeinschaft etabliert.[14] Diese Semantik wird beispielhaft ausgedrückt und nochmals bekräftigt am 8. Mai 1995. Fünfzig Jahre nach der deutschen Kapitulation spricht Mitterrand zur Volksvertretung des früheren Feindes und derzeitigen Partners. Er trennt in dieser Rede rhetorisch die Verbindung »Deutsche = Täter von 1939–45« und »Franzose = Opfer von 1941–1945« auf. An die Stelle dieser Differen-

13 Wie erwähnt, geschieht eine diskursive Evolution nicht durch einen einzigen rhetorischen Akt. Von Weizsäckers Rede (1985) fällt in die gleiche Zeit wie der sog. »Historikerstreit« (1986), der genau über die Bedeutung des Holocaust und die Art und Weise, wie Deutschland heute darüber nachdenken kann, geführt wurde. Von Weizsäckers Beitrag ist von besonderer Bedeutung, da er als Präsident an einem symbolischen Tag spricht. Damit erreicht er Öffentlichkeit und Aufmerksamkeit.

14 Mitterrand (1996) enthält eine Sammlung dieser Reden. Ein wichtiger Beitrag z. B. am 01.01.1992 am *Institut d'Études Politiques* in Paris. Teile der hier verwendeten Quellen wurden im Rahmen eines von der Heidelberger Akademie der Wissenschaften finanzierten Projekts erhoben und inzwischen veröffentlicht (Seidendorf 2006).

zierung in *nationale* Kategorien tritt eine Unterscheidung auf individueller Ebene, wobei alle »Guten« zu Vorläufern der gegenwärtigen »Wir«-Gruppe werden, ohne Ansehen ihrer Nationalität. Mitterrand beginnt seine Rede, indem er alle etablierten Interpretationen des 8. Mai in Frage stellt:

Est-ce une défaite que nous célébrons? Est-ce une victoire? Et quelle victoire? C'est peut-être sans doute la victoire de la liberté sur l'oppression sans aucun doute. Mais c'est surtout à mes yeux, et c'est le seul message que je voudrais laisser, une victoire de l'Europe sur elle-même. (...)[15]

Nach Richard von Weizsäcker 1985 ist es jetzt die »andere«, französische Seite, die offiziell feststellt, dass die alten nationalen Abgrenzungen nicht mehr kohärent mit der aktuellen Definition der politischen Gemeinschaft sind. Zur gegenwärtigen demokratischen »Wir«-Gruppe zählen spätestens seit der Ratifikation des Maastrichter Vertrags auch ehemalige Feinde. Darin liegt der tiefere Grund für Mitterrands Rede, und hier zeigt sich auch ihre *Salienz*: Sie behauptet öffentlich eine neue »Wir«-Gruppe, die die Kluft zwischen dem alten, nationalen Verständnis von »uns« und dem nicht länger korrespondierenden institutionellen Rahmen überwindet. Der Präsident trennt die Kategorien von »Besiegten« und »Siegern«, um den 8. Mai als »Sieg Europas über sich selbst« zu etablieren. In ganz Europa kämpfte demnach »Gut« gegen »Böse«, und die gegenwärtige europäische politische Gemeinschaft stellt die aus der Geschichte gezogene Lehre dar. Damit trägt Mitterrand zur rhetorischen Begründung einer neuen »Wir«-Gruppe bei und schafft gleichzeitig Resonanz mit dem früher bestehenden, französischen Diskurs des Kampfes von »Gut« gegen »Böse«. Neu ist an dieser Sichtweise, dass die »Guten«, wie auch die »Bösen«, auf beiden Seiten zu finden waren. Dies wird deutlich, wenn der Präsident jene Deutschen charakterisiert, die zu seiner Bewachung während seiner Zeit als Kriegsgefangener in Deutschland eingesetzt waren und seine Flucht nicht verhindern konnten:

C'étaient des soldats allemands, chargés de m'empêcher de retrouver ma liberté, et qui n'y sont d'ailleurs pas parvenus. C'était une partie de votre peuple qui échappait en vérité aux commandements, aux directives, aux enthousiasmes fallacieux, aux rassemblements, à la passion, à l'enthousiasme de la victoire du début, des Alle-

15 »Ist es eine Niederlage, die wir feiern? Ist es ein Sieg? Und welcher Sieg? Es ist vielleicht, ohne Zweifel, der Sieg der Freiheit über die Unterdrückung, ohne Zweifel. Aber es ist in meinen Augen vor allem, und das ist die einzige Botschaft, die ich hinterlassen möchte, ein Sieg Europas über sich selbst. (...)«

mands qui résistaient peut-être sans le savoir parce qu'ils étaient tout simplement des honnêtes gens. (...)[16]

Deutsche waren also auch »gute«, oder zumindest »ehrliche Leute«. Dieser Aspekt wird nochmals durch die Charakterisierung der »anderen«, französischen Seite bekräftigt. Der Logik seiner Argumentation folgend, findet der Präsident »böse« Elemente auf französischer Seite. Es sind jene Akteure, die die Vorstellung der »Erbfeindschaft« in Frankreich entwickelten:

Quand je suis revenu en France, dans la France occupée après une évasion, j'ai réfléchi à cet antagonisme entre l'Allemagne et la France. Je me suis rendu compte et je l'ai dit dans d'autres lieux que j'avais appris moi-même dans mon pays de quoi alimenter toutes les guerres futures contre l'Allemagne et quelques autres, et qu'il en avait été de même dans la plupart des pays d'Europe puisque nous avons successivement à travers les siècles accumulé ce que nous appelions sottement les ennemis héréditaires. (...)[17]

Nachdem er die etablierten und akzeptierten Vorstellungen über die nationale Vergangenheit delegitimiert hat, beschließt der Präsident seine Rede mit einer Äußerung, die ihm einige Schwierigkeiten auf französischer Seite bereiten sollte, in Deutschland jedoch als Bestätigung der veränderten Beziehung zwischen den beiden Völkern, sogar als Bestätigung der von Weizsäcker geschaffenen neuen »Wir«-Gruppe gesehen wurde:

Je ne suis pas venu célébrer la victoire dont je me suis réjoui pour mon pays en 1945. Je ne suis pas venu souligner la défaite, parce que j'ai su ce qu'il y avait de fort dans le peuple allemand, ses vertus, son courage, et peu m'importe son uniforme, et même l'idée qui habitait l'esprit de ces soldats qui allaient mourir en si grand nombre. Ils étaient courageux. Ils acceptaient la perte de leur vie. Pour une

16 »Es waren deutsche Soldaten, damit beauftragt, mich an der Wiedererlangung meiner Freiheit zu hindern, was ihnen im Übrigen nicht gelungen ist. Es war ein Teil Ihres Volks, der sich in Wirklichkeit den Befehlen, den Direktiven, dem trügerischen Enthusiasmus, den Versammlungen, der Leidenschaft, dem Rausch der ersten Siege entzog; Deutsche, die widerstanden, vielleicht ohne es zu wissen, ganz einfach, weil sie ehrliche Leute waren. (...)«

17 »Als ich nach Frankreich zurückkam, in das besetzte Frankreich nach meinem Ausbruch, habe ich über diesen Gegensatz zwischen Deutschland und Frankreich nachgedacht. Mir wurde bewusst und ich habe es andernorts bereits gesagt, dass ich selbst in meinem eigenen Land genug gelernt hatte, um alle zukünftigen Kriege gegen Deutschland und einige andere zu führen, und dass es genauso auch in den meisten anderen Ländern Europas gewesen war, da wir über die Jahrhunderte nach und nach das angehäuft hatten, was wir so dumm als ›die Erbfeinde‹ bezeichneten. (...)«

cause mauvaise, mais leur geste à eux n'avait rien à voir avec cela. Ils aimaient leur patrie. Il faut se rendre compte de cela.[18]

Mitterrand schafft damit individuelle Gleichheit sogar zwischen den Bürgern der vergangenen Staaten. Die Europäisierung von »guten« und »bösen« Elementen, die er einfordert, ist die normative Grundlage für ein gemeinsames Wir-Gefühl, das an Stelle der Segregation in nationale Gemeinschaften treten könnte. Allerdings gibt es auch hier ein Problem. Während der Präsident Gleichheit zwischen vergangenen Individuen postuliert, verweigert er die gleiche Beurteilung für die früheren Kollektive und verweigert damit die Europäisierung der Vergangenheit, oder präziser: des Faschismus. Er hält daran fest, dass Frankreich und die französische Republik als Staat nicht auf der »bösen« Seite beteiligt waren. Die »böse« Seite, verantwortlich für die Deportation der französischen Juden, waren Nazis, denen »Vichy« bei der Ausübung ihrer Taten behilflich gewesen war. Da die französische Republik weiterhin unter de Gaulle in London existierte, so das von de Gaulle etablierte und von allen Präsidenten bis Mitterrand bekräftigte Nachkriegsverständnis, war Vichy »nicht Frankreich«. »Frankreich« kann nicht mit Deportationen, den rassistischen »Judenstatuten« Vichys oder der Beschlagnahmung und Enteignung jüdischen Vermögens identifiziert werden.

Die Überwindung des Antagonismus von »wir« gegen »sie« hängt jedoch nicht nur von einer veränderten Sicht auf die individuelle Ebene ab, wie Mitterrand offensichtlich glaubte. Mit all ihren Konsequenzen zu Ende gedacht, bedeutete dieses Unterfangen auch, dass die nationalen Narrative, die auf der kollektiven Ebene der Nationalstaaten zwischen »böse« und »gut«, »ihnen« und »uns«, »Deutschland« und »Frankreich« unterschieden, durch eine nuanciertere, differenzierte Sichtweise abgelöst werden müssten.

18 »Ich bin nicht hierher gekommen, um den Sieg zu feiern, über den ich mich 1945 für mein Volk gefreut habe. Ich bin nicht hierher gekommen, um die Niederlage zu betonen, denn ich habe kennen gelernt, was es im deutschen Volk an Starkem gab, seine Tugenden, seinen Mut, und seine Uniform interessiert mich wenig, und sogar die Ideen im Geist dieser Soldaten, die in so großer Zahl sterben sollten. Sie waren mutig. Sie akzeptierten den Verlust ihres Lebens. Für eine schlechte Sache, aber ihre eigene Geste hatte damit nichts zu tun. Sie liebten ihr Vaterland. Man muss sich das bewusst machen.«

... und stellt die »nationale Vergangenheit« in Frage

Der Prozess, der in Frankreich zu einer Neubetrachtung der Rolle des eigenen Nationalstaats während des Kriegs führte, entstand als Nebenprodukt von Mitterrands diskursiver Verortung der europäischen *Relance* 1985–1992 und war gleichzeitig Ausdruck eines vielschichtigen gesellschaftlichen Prozesses. Die Multiplikation der (individuellen) Perspektiven auf die Vergangenheit setzte letztendlich auch die eine nationale Sichtweise unter Druck. Dieser soziale Druck, den Mythos der »unbefleckten« französischen Republik in Frage zu stellen, führte Präsident Mitterrand letztendlich zu einer Anpassung der »klassischen«, gaullistischen Sichtweise. Allerdings modifiziert er diese Sichtweise nur in Ansätzen und hält an einer Unterscheidung zwischen dem Land und seinen Bürgern (»Frankreich«) und der politischen Form ihres Staates (»Republik«) fest, als er am 14. Juli 1992, dem Nationalfeiertag der Republik, eine Teilverantwortlichkeit Vichys für die Deportationen zugibt:

> La République a toujours été celle qui a tendu la main pour éviter les ségrégations et principalement les ségrégations raciales. Alors, ne demandons pas de comptes à la République! Mais en 1940 il y a eu un Etat français, c'était le régime de Vichy, ce n'était pas la République. Et à cet Etat français on doit demander des comptes, je l'admets naturellement, comment ne l'admettrais-je pas?[19]

Mit Blick auf das gaullistische »Original« geht Mitterrand einen Schritt weiter, indem er den »französischen« Charakter Vichys anerkennt. Bis zu diesem Zeitpunkt wurde Vichy in offiziellen Dokumenten immer in Anführungszeichen und als die »*De-facto*-Autorität, die französischer Staat genannt wurde« bezeichnet, obwohl gleichzeitig eine große Anzahl der unter Vichy verabschiedeten Gesetze auch für die Republik weiter galten. Im französischen Verständnis ist diese künstliche Unterscheidung zwischen Nation und Republik jedoch kaum vermittelbar und steht mit dem etablierten Diskurs nicht in Resonanz. Dieser, das »politische« Nationenverständnis, trennt nicht zwischen »Frankreich« und »Republik«, beides bedingt sich gegenseitig (Holm 1997).

---

19 »Die Republik hat immer ihre Hand gereicht, um die Ausgrenzungen, vor allem die rassischen Ausgrenzungen, zu verhindern. Ziehen wir also nicht die Republik zur Rechenschaft! Aber 1940 gab es einen französischen Staat, das war das Vichy-Regime, das war nicht die Republik. Und diesen französischen Staat muss man zur Rechenschaft ziehen, das gebe ich natürlich zu, wie könnte ich anders?«

Es ist aus dieser Sicht nicht erstaunlich, dass Mitterrands Nachfolger im Präsidentenamt, Jacques Chirac, in einem seiner ersten öffentlichen Auftritte den letzten Schritt geht und die Mitverantwortung des »ganzen Frankreichs« zugibt. Er bestätigt, dass es oftmals dieselben, von der Republik ernannten und ihr dienenden Beamten waren, die ohne Unterbrechung Vichy dienten und die Deportationen administrierten und durchführten. Am 16. Juli 1995, kurz nach seiner Wahl, erinnert Chirac an die Juden-Deportationen unter französischer Autorität. Er bedient sich dabei einer »pädagogischen« Vorgehensweise und nimmt auf das republikanische Selbstbild Rücksicht:

Il est, dans la vie d'une nation, des moments qui blessent la mémoire, et l'idée que l'on se fait de son pays. Il est difficile de les évoquer, aussi, parce que ces heures noires souillent à jamais notre histoire, et sont une injure à notre passé et à nos traditions. Oui, la folie criminelle de l'occupant a été secondée par des Français, par l'Etat français.[20]

Nach dieser Einlassung gibt er jedoch eindeutig die französische Schuld zu und überwindet damit die künstliche Trennung zwischen »Republik«, »Frankreich« und »Vichy«, die sein Vorgänger etablieren wollte:

La France, patrie des Lumières et des Droits de l'Homme, terre d'accueil et d'asile, la France, ce jour-là, accomplissait l'irréparable. Manquant à sa parole, elle livrait ses protégés à leurs bourreaux.[21]

Auch wenn die »Republik« nicht namentlich genannt wird, so ist sie in der Aufzählung all jener Werte, für die sie »eigentlich« steht, dennoch präsent. Dadurch kann der Präsident Resonanz mit dem bisher etablierten und akzeptierten Diskurs herstellen, dessen weiterhin bestehende Bedeutung für die Selbstdefinition der Republik er anerkennt:

Je veux me souvenir que cet été 1942, qui révèle le vrai visage de la ›collaboration‹, dont le caractère raciste, après les lois anti-juives de 1940, ne fait plus de doute,

20 »Es gibt Momente im Leben einer Nation, die das Gedächtnis und die Idee, die man sich von seinem Land macht, verletzen. Es ist schwierig, sie zu erwähnen, auch, weil dieses schwarzen Stunden für immer unsere Geschichte beschmutzen und eine Beleidigung unserer Vergangenheit und unserer Traditionen sind. Ja, dem kriminellen Wahnsinn des Besatzers wurde durch Franzosen assistiert, durch den französischen Staat.«

21 »Frankreich, Heimat der Aufklärung und der Menschenrechte, Land der Aufnahme und des Asyls, Frankreich hat an diesem Tag das Irreparable begangen. Indem es sein Wort nicht hielt, lieferte es seine Schutzbefohlenen an ihre Henker.«

sera, pour beaucoup de nos compatriotes, celui du sursaut, le point de départ d'un vaste mouvement de résistance.[22]

Am Ende seiner Rede definiert er schließlich die Beziehung zwischen den zugegebenen Fehlern und *une certaine idée de la France*,[23] welche die Republik repräsentiert. Die Fehler und Schuld, die er zugibt, sind nicht der »Charakter« Frankreichs, sondern eine schädliche Abweichung vom »wahren Wesen« Frankreichs. In der Konklusion seiner Rede stellt er das traditionelle, positive Selbstbildnis der Republik wieder her und betont deren universale Bestimmung, die sie zu einem möglichen Selbstverständnis für die EU machen. Es gibt »kollektive Schuld«, aber gleichzeitig stellt die *Résistance* die »wahren« Werte Frankreichs und EU-ropas dar. Das Verhalten dieser Franzosen steht für Frankreichs »wahre« Identität:

Les valeurs humanistes, les valeurs de liberté, de justice, de tolérance qui fondent l'identité française et nous obligent pour l'avenir.[24]

Die hier definierte Identität basiert auf universellen Werten, die nicht auf Frankreich beschränkt sind. Sie begründeten die französische *Mission civilisatrice*, die zur Aufgabe hatte, diese Werte der ganzen Welt zu »schenken«. Die von Chirac definierte Weiterentwicklung wird innerhalb des institutionellen Rahmens der EU möglich. Der »universelle« Teil der Werte behält seine Bedeutung und seinen definierenden Charakter. Er macht weiterhin den »Sinn« des politischen Gemeinwesens aus. Der »Rahmen« dieses Gemeinwesens wird jedoch von »Frankreich« nach »EU-ropa« erweitert – aber dies ist wiederum kohärent mit der ursprünglichen Mission, der eine Wirkung nach außen inhärent war. Der differenzierte Blick auf das Selbst erlaubt schließlich auch eine differenzierte Reflektion über das »Andere«, das nicht mehr als monolithischer Block wahrgenommen wird. Wie Heuss und de Gaulle, wie Mitterrand und von Weizsäcker, findet Chirac »solche und solche« Individuen, »gute und böse«, in allen Nationen. Chirac integriert die Konsequenzen dieser Differenzierung für die Definition der »Wir«-Gruppe in den Diskurs – zusammen mit der Wiederherstellung der

22 »Ich möchte mich erinnern, dass dieser Sommer 1942, der das wahre Gesicht der ›Kollaboration‹ offenbart, deren rassistischer Charakter nach den antijüdischen Gesetzen von 1940 außer Zweifel steht, auch für viele unserer Landsleute der Sommer des Aufbruchs sein wird, der Ausgangspunkt zu einer weiten Widerstandsbewegung.«

23 Charles de Gaulle beginnt seine Kriegsmemoiren mit dem Satz: »Ich hatte immer eine gewisse Vorstellung von Frankreich.« (de Gaulle 1954: 1).

24 »Die humanistischen Werten, die Werte von Freiheit, Gerechtigkeit, Toleranz, die die französische Identität begründen und die uns für die Zukunft verpflichten.«

immer noch gültigen Selbstbeschreibung durch positive, universell gültige Werte.

1994–2004: Das erweiterte EU-ropa

Zum Ende des Jahrhunderts scheint es, als ob die Gemeinschaftsumwelt einer neuen, supranationalen politischen Gemeinschaft institutionalisiert ist und zunehmend rhetorisch realisiert wird. Die lange Erfahrung der Zusammenarbeit in den supranationalen Institutionen, zusammen mit bewusstem politischen Handeln zur Überwindung der alten, nationalen Spaltungsstrukturen, scheint zunehmend erfolgreich. Allerdings befindet sich während der gesamten neunziger Jahre die für ein solches Unterfangen »vorteilhafte« internationale Situation des Kalten Kriegs (der eine Blockbildung nahe legte) in einem rapiden Umbruch. Die EU bereitet sich auf die »Osterweiterung« vor und am 1. Mai 2004 treten zehn neue, hauptsächlich mittel- und osteuropäische Staaten, der Union bei. Im theoretischen Teil dieses Beitrags war schon darauf hingewiesen worden, dass »Zeitlichkeit« ein entscheidender Faktor beim sozialen Prozess der Herausbildung eines Gruppenverständnisses darstellt. Wenn das stimmt, dann sollte die Integration von zehn neuen Staaten, die nicht demselben Institutionalisierungsprozess unterworfen waren wie die alten Mitgliedstaaten, beobachtbare Spannungen in die Rhetorik europäischer Identitätskonstruktion bringen.

EU-ropa: Identität gegen die »faschistische Vergangenheit« …

Bevor die aus dieser Situation sich ergebenden Friktionen virulent werden, kann zunächst der Höhepunkt jener Versuche beobachtet werden, die die Identitätskonstruktion einer politischen Gemeinschaft (EU) betreiben, die sich als »Lehre aus der Vergangenheit« versteht. Dieser Diskurs »gegen die Vergangenheit« (Seidendorf 2005b) entstand, nachdem Deutschland rhetorisch »im Westen« verankert war und seine ursprüngliche, nationalstaatlich geprägte Sichtweise der Vergangenheit modifiziert hatte. Als die Bestätigung dieser Sichtweise der »faschistischen Vergangenheit« als dem »ultimativen Anderen« EU-ropas kann das Stockholmer Holocaust-Forum[25] an-

25 Auf der Konferenz vom 26.–28.01.2000 (http://www.holocaustforum.gov.se, letzter Zugriff 09.06.2006) waren alle Staats- und Regierungschefs der damaligen EU vertreten

gesehen werden, auf dem die Staats- und Regierungschefs Europas aus der Vergangenheit eine »Verpflichtung« für die EU ableiteten. Nur wenige Tage später wird die praktische und politische Bedeutung dieses gemeinsam verabschiedeten Paradigmas deutlich. Vierzehn Mitgliedstaaten entscheiden »Sanktionen« gegen den fünfzehnten, Österreich (Merlingen u. a. 2001, Seidendorf 2005b). Der Grund für diesen einmaligen Vorgang ist die Regierungsbeteiligung der rechtsextremen[26] FPÖ Jörg Haiders an der Koalitionsregierung in Wien. Präsident Chirac, einer der entschiedensten Vertreter der Sanktionen, und seine Regierung rechtfertigen die Sanktionen ideologisch mit der Begründung, europäische »Prinzipien« und »Werte« müssten respektiert werden.[27]

In Deutschland sind Bundeskanzler Schröder und sein Außenminister Fischer weniger eindeutig in ihrer normativen Begründung der Sanktionen, aber sehr entschieden, was die instrumentellen Gründe für Deutschlands Engagement angeht. Schröder erklärt, es handele sich dabei um das »nationale Interesse« Deutschlands, denn: »Wir werden nicht riskieren, Deutschland von den gemeinsamen Werten Europas und des Westens abzuschneiden.«[28]

Noch knapper formuliert es Joschka Fischer: »Die Verfassung gebietet es uns, deutsche Interessen zu verteidigen« (*Le Monde*, 18.04.2000). Im vorliegenden Fall bedeutet das, Deutschland behält und bekräftigt seine manifeste »Verankerung im Westen«, an der Seite seiner Partner. Auf einer Meta-Ebene bedeutet dies zugleich: Deutschland bekräftigt das (schwer genug zu etablierende) Nachkriegsnarrativ, nach dem es, zusammen mit seinen Partnern, ein *Opfer* der Vergangenheit und deshalb gleichberechtigtes Mitglied jener politischen Gemeinschaft ist, die gegen diese Vergangenheit

---

und beschlossen eine »*Stockholm Declaration*« über »Erziehung, Erinnerung und Forschung«. Aus dieser Erklärung stammen die Zitate.

26 Die Einschätzungen der FPÖ variieren über Zeit, allerdings auch je nach politischem Standpunkt und Herkunftsland des Beobachters, zwischen rechtsextrem, rechtspopulistisch, faschistisch (...) (Seidendorf 2005b).

27 »Parce qu'il est des principes sur lesquels on ne peut transiger, le président de la République avait proposé samedi matin plusieurs mesures concrètes«, Catherine Colonna, Chiracs Sprecherin, in *Le Monde* (02.02.2000). Pierre Moscovici (PS), Europaminister, weist hin auf »(…) l'importance de bien marquer que l'Europe ne pouvait tolérer que ses valeurs soient transgressées«, (ebd.). Verteidigungsminister Alain Richard bestätigt in *Le Figaro* (02.02.2000): »(…) l'Union a un devoir de fidélité vis-à-vis des premiers pères de l'Europe pour faire prévaloir les valeurs face aux tentations politiques momentanées.«

28 »Nous n'allons pas risquer de couper l'Allemagne des valeurs communes à l'Europe et à la communauté occidentale«, in *Le Monde*, 12.04.2000.

gebaut wurde. Dieses Verständnis der »Gemeinschaftsumwelt« entwickelte sich in einer fünfzigjährigen Sozialisation in gemeinsamen Institutionen, die zu gegenseitigem Vertrauen und Verstehen führte. Wenn dieses Verständnis korrekt ist und die oben gemachten Annahmen zutreffen, dann müsste das etablierte Selbstverständnis durch die Integration neuer Mitglieder mit differierendem Selbstverständnis herausgefordert werden.

... oder die »deutsche Vergangenheit«?

Ein erster Hinweis auf diese Spannungen könnte die Unbesorgtheit sein, mit der die konservativen Parteien Österreichs zunächst auf die Möglichkeit europäischer »Sanktionen« bei einer Regierungsbildung unter Beteiligung der FPÖ reagieren (SZ 02.02.2000). Österreich, erst seit 1995 EU-Mitglied, teilt nicht notwendigerweise jene seit fünfzig Jahren zwischen den Gründungsmitgliedern entwickelte Gemeinschaftsumwelt. Die fehlende Kongruenz zwischen den institutionell, jedoch nicht normativ verbundenen Partnern, wird 2005 noch deutlicher, acht Monate nach der Osterweiterung. In Erinnerung an den sechzigsten Jahrestag der Befreiung des Konzentrationslagers Auschwitz möchte das EP eine »Entschließung« gegen Antisemitismus und Rassismus verabschieden. In den ersten Anträgen für diese Entschließung (18.01.2005) benutzen fast alle im Parlament vertretenen Parteien eine fragwürdige Semantik, wenn sie von der Befreiung des »Nazi-Todeslagers in Auschwitz« (ALDE, B6-0073/2005) oder des »Vernichtungslagers Auschwitz in Polen« sprechen (GUE/NGL, B6-0074/2005 und Les Verts, B67-0070/2005 und PSE, B6-0069/2005).

Dies führt zu heftigen Auseinandersetzungen mit den polnischen Parlamentariern, die mit einem Boykott der Entschließung und des EP drohen. Sie können die rhetorische Verbindung zwischen »Auschwitz« und »Polen« nicht akzeptieren, wenn nicht gleichzeitig die tatsächlichen Verantwortlichkeiten für Auschwitz erwähnt werden. Auf der Suche nach einem Kompromiss in Form eines »gemeinsamen Entschließungsantrag« (24.01.2005, B6-0069/2005/rev. 1) schlägt ein von Konservativen (EPP), Sozialisten (PSE), Liberalen (ALDE) Grünen (*Les Verts*) und Kommunisten (GUE/NGL) unterstützter Text, der alle vorherigen Vorschläge ersetzt, vor:

A. in der Erwägung, dass der 27. Januar 2005, der 60. Jahrestag der Befreiung des Todeslagers Auschwitz-Birkenau, das von Hitlers Nationalsozialisten eingerichtet wurde und in dem Hunderttausende Juden, Roma, Homosexuelle, Polen und Gefangene anderer Nationalitäten ermordet worden sind, für die europäischen Bürger nicht nur ein wichtiger Anlass ist, um des ungeheuren Schreckens und der Tragödie des Holocaust zu gedenken und sie zu verurteilen, (...)

Dieser Text ermöglicht zwei Dinge: Der normative Bestand der »europäischen Gemeinschaftsumwelt« wird weiterhin durch ein Narrativ, das eine politische Gemeinschaft in Abgrenzung zu ihrer Vergangenheit etabliert und eine Gemeinschaft der gegenwärtigen Mitglieder konstruiert, gewährleistet. »Deutschland« oder »die Deutschen« werden nicht global verurteilt, sie werden nicht einmal explizit benannt. Stattdessen werden »Hitlers Nationalsozialisten« eingeführt. Gleichzeitig führt die Formulierung nicht zu einer Relativierung der Geschichte, da die Täter klar und eindeutig benannt werden.

Allerdings haben nicht alle Parlamentarier des aus den Wahlen 2004 hervorgegangenen Parlaments eine EU-ropäische Sozialisierung ihrer respektiven Gesellschaften durchlaufen und teilen damit das gemeinsame Narrativ. Während die etablierten Mitgliedstaaten den vorgeschlagenen Kompromiss akzeptieren, können die polnischen Abgeordneten dieses Narrativ – und damit den Entschließungsantrag – nicht akzeptieren. Der Versuch, von »Auschwitz in Polen« zu sprechen, ohne das semantische Feld »Deutschland« auch nur zu erwähnen, führt zu einem Rückfall in die etablierten nationalen Wahrnehmungsstrukturen, die scheinbar stärkeren normativen Halt generieren, als die umstrittene neue EU-Gemeinschaftsumwelt. Polnische Abgeordnete der europaskeptischen IND/DEM-Fraktion verweigern die Bestätigung des EU-ropäischen Narrativ und schlagen einen alternativen Entschließungsantrag zur Abstimmung vor. Dieser Text ist einerseits durch eine modifizierte Sichtweise auf die jüdischen Opfer charakterisiert, andererseits identifiziert er »Nazideutschland« und »Deutschland« als Täter, ohne dass eine Differenzierung in individuelle Kategorien angestrebt würde (IND/DEM, B6-0079/2005):

A. in Erwägung des 60. Jahrestages der Befreiung des Vernichtungslagers Auschwitz durch die Alliierten am 27. Januar 1945,
B. in der Erwägung, dass das Lager Auschwitz, das von Nazideutschland 1940 eingerichtet wurde, ursprünglich dazu diente, die Elite der polnischen Gesellschaft zu vernichten, d. h. Persönlichkeiten des politischen, bürgerlichen und geistigen Lebens, Intellektuelle, Künstler und Wissenschaftler sowie Angehörige der Widerstandsbewegung,
C. in der Erwägung, dass Nazideutschland in Auschwitz das größte Lager zur Vernichtung der europäischen Juden eingerichtet hatte,

D. in der Erwägung, dass in Auschwitz Millionen Menschen, hauptsächlich Juden, aber auch Polen, Roma, sowjetische Kriegsgefangene, Behinderte, Tschechen, Jugoslawen, Franzosen, Griechen, Weißrussen, Ukrainer und Menschen aus anderen Ländern umgebracht wurden, (...)
E. in Erwägung seiner Trauer um die Menschen, die in Auschwitz umgekommen sind,
F. in der Hoffnung, dass keine Nation und kein Staat erneut so barbarische und erbarmungslose Verbrechen gegen die Menschlichkeit begehen werden wie Deutschland während des Zweiten Weltkriegs, (...)

Über diesen Beitrag aus den »neuen« Mitgliedstaaten entwickelt sich eine Plenardebatte, in der Parlamentarier aus den »etablierten« Mitgliedstaaten ihre Sichtweise der Vergangenheit verteidigen (FAZ 28.01.2005, S. 3):

»Nazis seien nicht nur die Deutschen gewesen, und nicht alle Deutschen seien Nazis gewesen«, sagte dagegen die britische Abgeordnete Ludford von den Liberalen. Und die Verhandlungsführerin der Sozialdemokraten, die Französin Roure, wollte auch eine Mitverantwortung des Vichy-Regimes bei der Vernichtung der Juden in Frankreich nicht ausschließen.

Schließlich wird am 27. Januar durch die Vorsitzenden der beiden großen Fraktionen der PSE und der EVP ein Kompromiss erzielt (P6_TA(2005) 0018):

A. in der Erwägung, dass der 27. Januar 2005, der 60. Jahrestag der Befreiung des Todeslagers Auschwitz-Birkenau, das von Nazi-Deutschland eingerichtet wurde und in dem insgesamt bis zu 1,5 Millionen Juden, Roma, Polen, Russen und Gefangene verschiedener anderer Nationalitäten und Homosexuelle ermordet worden sind, für die europäischen Bürger nicht nur ein wichtiger Anlass ist, um des ungeheuren Schreckens und der Tragödie des Holocaust zu gedenken und sie zu verurteilen, (...)

Dieser Text bestätigt die in der EU in den neunziger Jahren etablierte Sichtweise auf die Vergangenheit, die zwischen Tätern und Opfern jenseits nationalstaatlicher Kategorien differenziert. Gleichzeitig wird die Verantwortlichkeit für Auschwitz eindeutig genannt.

Offensichtlich wird der institutionelle Integrationsprozess also durch einen weitgehend parallel laufenden, diskursiven Prozess begleitet, in dem zwischen dem bestehenden Diskurs und den Versuchen wichtiger Akteure, die modifizierte Gemeinschaftsumwelt rhetorisch zu verorten, ein verändertes Verständnis der »Wir«-Gruppe entsteht, das vor allem in seiner veränderten Sicht auf die Vergangenheit fassbar wird. Was sind die Konsequenzen des hier beschriebenen Phänomens für den Konstitutionalisierungsprozess und den von Rittberger und Schimmelfennig vorgestellten analytischen Rahmen?

Zusammenfassung

Offensichtlich bildet die aus den Normen und Werten einer demokratischen politischen Gemeinschaft bestehende »Gemeinschaftsumwelt« eine Struktur, die die Möglichkeiten der Akteure zur Veränderung des normativen Umfelds eben jener politischen Gemeinschaft einschränkt. Gleichzeitig besitzen die Akteure jedoch Möglichkeiten, ihrerseits die bestehende Gemeinschaftsumwelt – unter Beachtung der strukturell gegebenen Möglichkeiten – zu verändern. Deshalb ging dieser Beitrag von einem diskursiven Ansatz aus, in dem sich Struktur und Akteure wechselseitig bedingen und die Bedingungen für ihre Veränderung definieren.

Wird das Verhältnis zwischen Akteur und Struktur als Prozess verstanden, dann wird die kausale Analyse um die Dimension der Zeitlichkeit erweitert. Erst daraus lässt sich dann in einem weiteren Sinn verstehen, wieso die Bedingungen, die eine Konstitutionalisierung in Europa ermöglichen, nicht bereits in den fünfziger Jahren geschaffen werden konnten. Deutschland wurde von den anderen Mitgliedstaaten noch nicht als legitimer und vertrauenswürdiger Partner angesehen, seine Bürger wurden noch nicht als demokratisch »gleichberechtigt« von den anderen Bürgern angesehen.

Nur in einem langwierigen Sozialisierungsprozess, der sowohl aus konkreter Zusammenarbeit in den supranationalen Institutionen als auch aus der aktiven Verwirklichung einer europäischen Gemeinschaftsumwelt durch rhetorisches Handeln bestand, wurde die Evolution des Diskurses möglich: Diese Evolution bestand in der Entstehung von Selbstbeschreibungen, die einerseits kohärent mit den normativen Anforderungen des europäischen institutionellen Umfelds waren, andererseits jedoch Resonanz mit den bereits bestehenden, akzeptierten nationalen Diskursen erzielten. Die Notwendigkeit, neue Diskurse der Selbstbeschreibung zu entwickeln (Salienz), entsteht jeweils in Momenten, in denen es zur Wahrnehmung einer Diskrepanz zwischen der bestehenden Gruppendefinition und den normativen Anforderungen des neu geschaffenen europäischen Entscheidungsrahmens kommt.

Literatur

Anderson, Benedict (1994 [1983]), *Imagined Communities*, London: Verso.

Berger, Thomas U. (1996), »Norms, identity, and national security in Germany and Japan«, in: Peter J. Katzenstein (Hg.), *The Culture of National Security: Norms and Identity in World Politics*, New York: Columbia University Press, S. 317–356.

Breakwell, Glynis M. (1992), *Social psychology of identity and the self concept*, London: Surrey University Press.

Breakwell, Glynis M./Lyons, Evanthia (Hg.) (1996), *Changing European Identities Social Psychological Analyses of Social Change*, Oxford: Butterworth-Heinemann.

Brubaker, Rogers (1996), *Citizenship and Nationhood in France and Germany*, Cambridge, Mass.: Harvard University Press.

Cedermann, Lars-Erik (2001), »Nationalism and bounded integration: What it would take to construct a European demos«, *European Journal of International Relations*, Jg. 7, H. 2, S. 139–174.

Checkel, Jeffrey T./Moravcsik, Andrew (2001), »A constructivist research programme in EU studies?«, *European Union Politics*, Jg. 2, H. 2, S. 219–249.

Dahl, Robert A. (1989), *Democracy and its Critics*, New Haven und London: Yale University Press.

Diez, Thomas (1999), »Speaking ›Europe‹: the politics of integration discourse«, *Journal of European Public Policy*, Jg. 6, H. 4, S. 598–613.

Gerichtshof der Europäischen Gemeinschaften (1963): Urteil vom 05.02.1963, N. V. Algemene Transport- en Expeditie Onderneming van Gend en Loos vs. Niederländische Finanzverwaltung, Rechtssache C-26/62, Sammlung 1963: S. 3.

Gerichtshof der Europäischen Gemeinschaften (1964): Urteil vom 15.07.1964, Flaminio Costa vs. E.N.E.L., Rechtssache 6/64, Sammlung 1964: S. 1251.

Gerichtshof der Europäischen Gemeinschaften (1979): Urteil vom 20.2.1979, REWE-Zentral AG vs. Bundesmonopolverwaltung für Branntwein, Rechtssache 120/78, Sammlung 1979: S. 649.

Foucault, Michel (1998 [1970]), *Die Ordnung des Diskurses – Inauguralvorlesung am Collège de France, 2. Dezember 1970*, Frankfurt/Main: Fischer.

Frei, Norbert (1996), *Vergangenheitspolitik: die Anfänge der Bundesrepublik und die NS-Vergangenheit*, München: Beck.

de Gaulle, Charles (1954), *Mémoires de Guerre – L'appel: 1940–1942* (Band 1), Paris: Plon.

Girardet, Raoul (Hg.) (1983), *Le nationalisme français. Anthologie 1871–1914*, Paris: Edition du Seuil.

Green Cowles, Maria/Caporaso, James/Risse, Thomas (Hg.) (2001), *Transforming Europe. Europeanization and Domestic Change*, Ithaca und London: Cornell University Press.

Halbwachs, Maurice (1950), *La mémoire collective*, Paris: Presses Universitaires de France (posthum).

Haltern, Ulrich (2003), »Pathos and patina: the failure and promise of constitutionalism in the European imagination«, *European Law Journal*, Jg. 9, H. 1, S. 14–44.

Hanschmann, Felix (2005), »›A community of history‹: a problematic concept and its usage in constitutional law and community law«, *German Law Journal*, Jg. 6, H. 8, S. 1129–1142.

Holm, Ulla (1997), »The French Garden is no longer what it used to be«, in: Knud-Erik Jørgensen (Hg.), *Reflective Approaches To European Governance*, London: Macmillan, S. 122–145.

Graf Kielmansegg, Peter (2003), »Integration und Demokratie«, in: Markus Jachtenfuchs/Beate Kohler-Koch (Hg.), *Europäische Integration*, Opladen: Leske und Budrich, S. 49–84.

Klarsfeld, Serge (1983–1985), *Vichy – Auschwitz. Le rôle de Vichy dans la solution finale de la question juive en France. Vol. 1: 1942, Vol. 2: 1943–44*, Paris: Fayard.

Larat, Fabrice (2006), »Vergegenwärtigung von Geschichte und Interpretation der Vergangenheit: zur Legitimation der europäischen Integration«, in: Matthias Schöning/Stefan Seidendorf (Hg.), *Reichweiten der Verständigung. Intellektuellendiskurse zwischen Nation und Europa*, Heidelberg: C. Winter-Verlag, S. 240–262.

March, James G./Olsen, Johan P. (1995), *Democratic Governance*, New York: Free Press.

Merlingen, Michael/Mudde, Cas/Sedelmeier, Ulrich (2001), »The right and the righteous? European norms, domestic politics and the sanctions against Austria«, *Journal of Common Market Studies*, Jg. 39, H. 1, S. 59–77.

Mitterrand, François (1996), *Onze discours sur l'Europe*, Paris: EHESS.

Moravcsik, Andrew (1998), *The Choice for Europe. Social Purpose and State Power from Messina to Maastricht*, Ithaca: Cornell University Press.

Moravcsik, Andrew (1999), »›Is there something rotten in the state of Denmark?‹ Constructivism and European Integration«, *Journal of European Public Policy*, Jg. 6, H. 4, S. 669–681.

Nora, Pierre (übers. von Wolfgang Kaiser) (1998), *Zwischen Geschichte und Gedächtnis*, Frankfurt/Main: Fischer Taschenbuchverlag (enthält die theoretischen Kapitel der französischen »Erinnerungsorte«).

Pollack, Mark (2004), »The new institutionalisms and European integration«, in: Antje Wiener/Thomas Diez (Hg.), *European Integration Theory*, Oxford: Oxford University Press, S. 137–158.

Puvogel, Ulrike (1987), *Gedenkstätten für die Opfer des Nationalsozialismus – eine Dokumentation* (Band 245 der Schriftenreihe der Bundeszentrale für politische Bildung), Bonn: Bundeszentrale für politische Bildung.

Radaelli, Claudio (2000), »Whither Europeanization? Concept stretching and substantive change«, *European Integration online Papers* (EIoP), Jg. 4, Nr. 8.

Rittberger, Berthold (2005), *Building Europe's Parliament. Democratic Representation beyond the Nation-State*, Oxford: Oxford University Press.

Schäuble, Wolfgang/Lamers, Karl (1994), Überlegungen zur europäischen Politik, http://www.cducsu.de/upload/schaeublelamers94.pdf, (letzter Zugriff 15. März 2006.).

Schimmelfennig, Frank (2003), *The EU, NATO and the Integration of Europe – Rules and Rhetoric*, Cambridge: Cambridge University Press.

Schöning, Matthias/Seidendorf, Stefan (Hg.) (2006), *Reichweiten der Verständigung. Intellektuellendiskurse zwischen Nation und Europa*, Heidelberg: C. Winter-Verlag.

Seidendorf, Stefan (2006), »Verständigung gegen die Vergangenheit? – Europäisierung von Erinnerung in Frankreich und Deutschland«, in: Matthias Schöning/Stefan Seidendorf (Hg.), *Reichweiten der Verständigung. Intellektuellendiskurse zwischen Nation und Europa*, Heidelberg: C. Winter-Verlag, S. 263–289.

Seidendorf, Stefan (2005a), *Europäisierung nationaler Identitätsdiskurse? Ein Vergleich französischer und deutscher Printmedien 1952 und 2000*, Mannheim: Dissertation der Universität Mannheim.

Seidendorf, Stefan (2005b), »Defining Europe against its past? Memory politics and the sanctions against Austria in France and Germany«, *German Law Journal*, Jg. 6, H. 2, S. 439–464.

Smith, Anthony D. (1992), »National identity and the idea of European unity«, *International Affairs*, Jg. 68, H. 1, S. 55–76.

Smith, Anthony D. (1993), »A Europe of nations – or the nation of Europe«, *Journal of Peace Research*, Jg. 30, H. 2, S. 129–135.

Waever, Ole (2004), »Discursive approaches«, in: Antje Wiener/Thomas Diez (Hg.), *European Integration Theory*, Oxford: Oxford University Press, S. 197–216.

Weiler, Joseph H. H. (1995), *The State ›über alles‹ – demos, telos and the German Maastricht decision*, Harvard Law School: Working Papers 159.

Welzer, Harald (2002), *Das kommunikative Gedächtnis – eine Theorie der Erinnerung*, München: C. H. Beck.

Wendt, Alexander (1999), *Social Theory of International Politics*, Cambridge: Cambridge University Press.

Wendt, Alexander (1987), »The agent-structure problem in international relations theory«, *International Organization*, Jg. 41, H. 3, S. 335–370.

Wodak, Ruth/de Cillia, Rudolf/Reisigl, Martin/Liebhart Karin/Hofstätter Klaus/Kargl, Maria (1998), *Zur diskursiven Konstruktion nationaler Identität*, Frankfurt/Main: Suhrkamp.

Parlamentarisierung

»No integration without representation!« Parlamentarische Demokratie, Europäische Integration und die beiden vergessenen Gemeinschaften[1]

Berthold Rittberger

Einleitung

Ein kurzer Blick in die politikwissenschaftliche Literatur zur Entwicklung des europäischen Integrationsprozesses reicht aus, um den Verdacht bestätigt zu bekommen, dass – zumindest für die meisten Politikwissenschaftler – die Analyse des Integrationsprozesses mit den Römer Verträgen ihren Anfang nahm. Die vorangegangenen Integrationsbemühungen der frühen 1950er Jahre sind weitestgehend den Historikern überlassen worden. Die Integrationsprojekte der ersten Hälfte der 1950er Jahre – die Europäische Gemeinschaft für Kohle und Stahl (EGKS) sowie die Vorhaben einer gemeinsamen europäischen Armee (EVG) und politischen Gemeinschaft (EPG) – sind jedoch zu wichtig, als dass man sie allein den Historikern überlassen sollte.[2]

Im Hinblick auf die Zukunft zwischenstaatlicher Kooperation im kriegserschütterten Europa war die Zeit unmittelbar nach dem Ende des Zweiten Weltkrieges unter anderem auch dadurch geprägt, dass politische Aktivisten verstärkt Versuche unternommen haben, einen föderal-organisierten europäischen Staat mit einer eigenen Verfassung zu errichten, um ein für alle Mal die destruktiven Kräfte des Nationalismus zu überwinden (siehe Lipgens 1982). Auch wenn die Versuche zur Schaffung einer politischen Gemeinschaft und einer gemeinsamen Armee nach dem »*Non*«

---

1 Das Gros dieses Beitrags wurde während eines Aufenthalts an der International University Bremen verfasst. Mein Dank gilt Markus Jachtenfuchs und seinem Team für die gewährte Gastfreundschaft. Besonderer Dank gebührt Jens Schmidt, der bei der Übersetzung dieses Aufsatzes maßgeblich beteiligt war. Den Titel »No integration without representation« verdanke ich Frank Schimmelfennigs kreativen Eingebungen.

2 Die Akronyme EVG und EPG stehen für Europäische Verteidigungsgemeinschaft beziehungsweise Europäische Politische Gemeinschaft.

der französischen Nationalversammlung zum EVG-Vertrag im Sommer 1954 einen nachhaltigen Rückschlag erlitten haben, so sind sie doch informativ, um bereits den in der Frühphase der Integration angelegten Prozess der Konstitutionalisierung in der Europäischen Gemeinschaft zu beleuchten. Konstitutionalisierung bezeichnet nach Rittberger und Schimmelfennig (in diesem Band) einen Prozess, durch welchen konstitutionelle Kernprinzipien – Rechte, Gewaltenteilung und repräsentative Demokratie – in die Rechtsordnung der EU eingebettet werden.

Dieser Beitrag verdeutlicht, dass die zwei von der Politikwissenschaft weitgehend »vergessenen« Gemeinschaften der 1950er Jahre, die EVG und die EPG, wenn sie denn ratifiziert worden wären, einen massiven Konstitutionalisierungsschub durch die institutionelle Etablierung des Prinzips der repräsentativen Demokratie auf der europäischen Ebene (Parlamentarisierung) ausgelöst hätten. Beide Gemeinschaften sahen die Einrichtung parlamentarischer Versammlungen mit exekutiven Kontrollrechten, Haushalts- und (zumindest im Fall des EPG-Parlaments) Gesetzgebungskompetenzen vor, welche nicht nur die Kompetenzen der Gemeinsamen Versammlung der EGKS übertrafen, sondern auch der durch den EWG-Vertrag 1957 ins Leben gerufenen Versammlung weit überlegen waren. Und selbst nach der Wiederaufnahme des europäischen Integrationsprojektes Mitte der 1950er Jahre und dem Inkrafttreten der Römer Verträge brauchte es weitere fünfzehn Jahre bis dem Europäischen Parlament durch den Vertrag von Luxemburg (1970) ein Mitspracherecht im Haushaltsverfahren eingeräumt werden sollte (siehe Lindner und Rittberger 2003). Und erst durch die Einheitliche Europäische Akte (EEA) aus dem Jahre 1987 erhielt das Europäische Parlament substanzielle Mitgestaltungskompetenzen bei der Gesetzgebung (siehe Rittberger 2005). Wie kann nun erklärt werden, warum die Regierungen der EGKS-Mitgliedstaaten den parlamentarischen Versammlungen der EVG und der EPG eine Trilogie aus Kontroll-, Haushalts- und Gesetzgebungskompetenzen zuteil werden ließen?

Dieser Beitrag ist wie folgt strukturiert: Der zweite Abschnitt gibt einen Überblick über die Entstehungsgeschichte der EVG und EPG und definiert das *Explanandum* dieses Beitrags: die Kompetenzen, die von den Regierungen der EGKS-Mitgliedstaaten auf die jeweiligen parlamentarischen Versammlungen übertragen wurden (Parlamentarisierung). Der darauf folgende Abschnitt präsentiert einen (für die institutionelle Ausgestaltung der frühen Gemeinschaften) populären Erklärungsansatz, der auf die handlungsleitende Rolle föderaler Ideen abzielt. Gleichzeitig werden die Grenzen dieses Ansatzes zur Erklärung der Parlamentarisierung der EVG und der EPG aufgezeigt. Im vierten Abschnitt geht der Beitrag auf die von Rittberger und Schimmelfennig (in diesem Band) entwickelte Konstitutionalisierungshypothese ein. Die Abschnitte fünf und sechs bewerten die Erklärungskraft der Konstitutionalisierungshypothese, indem sie empirisch nachzeichnen, dass die für die Parlamentarisierung förderlichen Bedingungen in den zwischenstaatlichen Verhandlungen, die zur Annahme der EVG- und EPG-Verträge führten, vorhanden waren.

Die Parlamentarisierung der EVG und EPG

Am Anfang des Projektes zur Ausarbeitung von »Europe's First Constitution« (Griffiths 2000) in der ersten Hälfte der 1950er Jahre stand das Bemühen, eine gemeinsame europäische Armee zu bilden. Schon bevor die Sechs – Frankreich, Deutschland, Italien und die Benelux-Staaten – den EGKS-Vertrag unterschrieben haben, ließ der Ausbruch des Korea-Krieges im Juni 1950 und die wachsende Angst eines sowjetischen Angriffs auf Westeuropa die US-Regierung schlussfolgern, dass die Verteidigung Westeuropas die Wiederbewaffnung der Bundesrepublik Deutschland notwendig machte (siehe Lipgens 1984, Cardozo 1987). Dieser Vorschlag jagte erwartungsgemäß Schockwellen über den Kontinent, und insbesondere über die französische politische Landschaft (Griffiths 2000: 56). Anhaltender politischer Druck der Vereinigten Staaten und Uneinigkeit innerhalb der französischen politischen Elite hatte jedoch zur Folge, dass eine Wiederbewaffnung Westdeutschlands nicht auf eine Fundamentalopposition in Frankreich stoßen würde (Parsons 2003: 67–89). Der der französischen Nationalversammlung durch Premier René Pleven im Oktober 1950 vorgelegte Pleven-Plan sah die Einrichtung einer Europa-Armee vor, die in ein der EGKS gleichendes institutionelles Arrangement, bestehend aus einer Hohen Behörde, einem Rat, Parlament und Gerichtshof, eingebettet sein sollte.

Dem Pleven-Plan wurde Kritik entgegengebracht, weil er einerseits diskriminierende Elemente (insbesondere gegenüber Westdeutschland) hinsichtlich der Bereitstellung von Truppen enthielt und andererseits mit einem zu geringen Maß an supranationaler Autorität ausgestattet war, um eine effektiv handelnde Europa-Armee zu schaffen (Lipgens 1984: 651–652). Während der EVG-Verhandlungen wurden die als diskriminierend empfundenen Maßnahmen abgeschwächt und der supranationale Charakter des europäischen Verteidigungsprojektes gestärkt, indem ein »Kommissariat« eingesetzt wurde, welchem das militärische Kommando übertragen werden sollte (Lipgens 1984: 654, Griffiths 2000: 54–58, Volkmann und Schwengler 1985).

Im EVG-Vertrag wurde zudem festgelegt, dass spätestens sechs Monate nach seinem Inkrafttreten die parlamentarische Versammlung der EVG einberufen werden sollte, um eine dauerhafte institutionelle Architektur für die EGKS und die EPG auszuarbeiten. Artikel 38 des EVG-Vertrags fungierte hierbei als primärrechtliche Grundlage, um eine »endgültige« institutionelle Struktur zu errichten, die derart beschaffen sein soll, »dass sie den Bestandteil eines späteren bundesstaatlichen oder staatenbündischen Gemeinwesens bilden kann, das auf dem Grundsatz der Gewaltenteilung beruhen und insbesondere über ein Zweikammernsystem verfügen soll.« Nur wenige Monate nachdem der EVG-Vertrag im Mai 1952 von den sechs EGKS-Mitgliedstaaten unterschrieben wurde, forderten – entgegen den Bestimmungen des EVG-Vertrags – die Regierungen der EGKS-Mitgliedstaaten die Gemeinsame Versammlung der EGKS auf, das in Artikel 38 des EVG-Vertrags festgeschriebene Petitum umzusetzen und ein Statut für eine zukünftige politische Gemeinschaft auszuarbeiten. Die zu diesem Zweck gebildete Ad-hoc-Versammlung[3] überreichte den Außenministern der Sechs im März 1953 den »Entwurf eines Vertrages über die Satzung der Europäischen Gemeinschaft«. Die Arbeit der daran anschließende Regierungskonferenz wurde im Herbst des Jahres 1953 aufgenommen. Doch bevor sie ihre Arbeit abschließen konnte, besiegelte das »*Non*« der französischen Nationalversammlung zum EVG-Vertrag auch das Schicksal der EPG.

Obwohl die EVG und die EPG nie das Licht der Welt erblickten, stellen beide Verträge doch interessante Fallstudien dar, um der Frage hinsichtlich der Erklärungskraft der Konstitutionalisierungshypothese nachzugehen und den für diesen Zeitraum dominierenden föderalistischen Erklärungen eine alternative Erklärung entgegenzusetzen. Zudem schrieben sowohl das EVG- als auch das EPG-Projekt ihren jeweiligen parlamentarischen Versammlungen substantielle Machtbefugnisse zu, die zum

3 Neben den Abgeordneten der Gemeinsamen Versammlung der EGKS umfasste die Ad-hoc-Versammlung auch neun Mitglieder der Versammlung des Europarats.

Teil weit über die Kompetenzen ihrer Vorgängerversammlung, der Gemeinsamen Versammlung der EGKS, hinausgingen (siehe Rittberger 2001). Die Versammlungen der EVG und der EPG wurden mit Kompetenzen zur Kontrolle ihrer jeweiligen ›exekutiven‹ Behörden ausgestattet, zudem erhielten sie Mitsprachrechte bei der Feststellung des Gemeinschaftshaushalts und – im Fall des für die EPG vorgesehenen Parlaments – sogar weitreichende Mitsprachrechte in der Gesetzgebung.

Föderale Ideen und der europäische Integrationsprozess

Die Erfahrungen aus den beiden Weltkriegen veranlassten die Föderalismusbewegung in der unmittelbaren Nachkriegszeit verstärkt zur Gründung eines europäischen Bundesstaates aufzurufen, um die zerstörerischen Kräften des Nationalismus zu bändigen. Mit dem Ziel den Frieden zwischen den Nationen zu sichern, forderten die Föderalisten die Bildung einer supranationalen Instanz, an welche die europäischen Nationalstaaten Souveränitätsrechte übertragen sollten (siehe Lipgens 1985). Die Bildung eines europäischen Bundesstaats, nach dem die Föderalisten strebten, machte Einrichtung eines neuen supranationalen Machtzentrums notwendig, ohne dass somit jedoch die Nationalstaaten überflüssig gemacht werden sollten. Der erste Kongress der Europäischen Föderalisten (UEF) 1947 in Montreux beschloss zudem, dass ein europäischer Bundesstaat neben einer supranationalen Regierung gleichsam einen Gerichtshof und eine Polizeimacht besitzen sollte (Lipgens 1986: 196).[4]

Obwohl der Föderalismus im oben erwähnten Sinn einem politischen Programm näher kommt als einer wissenschaftlichen Theorie zur Erklärung des Integrationsprozesses, existiert eine nicht unwesentliche Anzahl wissenschaftlicher Beiträge jüngeren Datums, die die handlungsleitende Rolle *föderaler Ideen* in der Frühphase des europäischen Integrationsprojektes analysieren. Diese Beiträge vertreten das Argument, dass die von politischen Akteuren vertretenen föderalen Ideen eine wichtige, handlungsleitende Rolle bei der Herausbildung der institutionellen Struktur der EVG

4 Für gelungene Abhandlungen über den Föderalismus als Theorie und handlungsleitendes Prinzip im europäischen Integrationsprozess siehe Burgess (2003) sowie Große-Hüttmann und Fischer (2005).

und der EPG gespielt haben (Griffiths 2000, Burgess 2000, 2003, Parsons 2003).[5]

Craig Parsons (2003) zeigt beispielsweise, dass föderale Ideen eine entscheidende Rolle bei der Formulierung der französischen Position hinsichtlich der Bildung der EVG gespielt haben. Während in der Frühphase der EVG-Verhandlungen föderale Ideen die Position der französischen Regierung bestimmten, führten Veränderungen in der innenpolitischen Machtkonstellation dazu, dass verstärkt föderalismuskritische Positionen den innenpolitischen Ratifikationsprozess dominierten. Anhänger *staatenbündischer* (»konföderaler«) Ideen und Vertreter einer »traditionalen« Position standen einer Wiederbewaffnung Deutschlands und der Bildung einer europäischen Armee skeptisch gegenüber, und »only aggressive pro-community leadership selected the EDC over these options in defense« (Parsons 2003: 69). Allerdings wurden aufgrund von Veränderungen in der innenpolitischen Machtkonstellation die EVG-Befürworter letzten Endes ausgebremst (siehe Parsons 2003: 69).

Michael Burgess betont in seiner Arbeit die »crucial role of the European federalists in the feverish activities« der frühen fünfziger Jahre bei dem Versuch, den europäischen Integrationsprozess in eine bundesstaatliche Richtung hin zu lenken (Burgess 2000: 69, siehe auch Griffiths 2000: 63–70). Burgess behauptet, dass die europäischen Föderalisten »were able to exert a political influence out of all proportion to their size. External events had altered the political environment sufficiently to open up a window of opportunity for Monnet, Spinelli and the federalist movement to exploit it.« (Burgess 2000: 69). Welchen konkreten Beitrag leisteten nun föderale Ideen für die institutionelle Ausgestaltung der EVG und der EPG? Für Burgess ist die Beobachtung, dass mit der Gründung der EPG die bestehenden und zukünftigen Gemeinschaften ›demokratisiert‹ werden sollten, Beweis genug dafür, dass die Anhänger föderaler Ideen den Integrationsprozess erfolgreich beeinflussen konnten (Burgess 2000: 69). Ohne die Initiative föderal-gesinnter politischer Eliten, so seine Behauptung, wäre auch die EVG nicht zu Stande gekommen:

»Led by De Gasperi, the Italian government took the lead in advocating a federal model with a fully-fledged European Assembly directly elected by European citizens and having powers of taxation in a joint decision-making structure. Other governments however were less enthusiastic and the EDC conference could not

5 Siehe auch Lipgens (1982, 1985, 1986).

decide whether the structure of the future permanent organization should be federal or confederal.« (Burgess 2000: 69).

Durch die Einführung von Artikel 38 in den EVG-Vertrag wollte die italienische Regierung auf Nummer sicher gehen, dass Pläne für eine »endgültige« bundesstaatlich-organisierte institutionelle Ordnung nicht zu den Akten gelegt werden würden. Artikel 38 spiegelte somit eine Art »bundesstaatliche Vision« wider, die durch die EPG verwirklicht werden sollte: die Bildung einer supranationalen politischen Ordnung mit weitreichenden Kompetenzen in den Feldern der Außen- und Wirtschaftspolitik, sowie einer föderalen institutionellen Struktur, die den Prinzipien der Gewaltenteilung gehorchen sollte und mit einem Zweikammer-System parlamentarischer Repräsentation ausgestattet sein sollte (siehe Burgess 2000: 70).

Während es kaum einen Zweifel daran gibt, dass föderalistisch-gesinnte Politiker in der Lage waren, föderale Ideen in die Verhandlungen erfolgreich einfließen zu lassen – Artikel 38 des EVG-Vertrags ist das beste Beispiel – so ist empirische Beweislage sehr dünn, wenn es zu erfahren geht, ob und inwiefern föderale Ideen das *Ergebnis* der institutionellen Aushandlungsprozesse beeinflusst haben. Was brachte die Vertreter der Regierungen dazu, im Rahmen der Verhandlungen zur Einrichtung der EVG und der EPG die Parlamentarisierung dieser Gemeinschaften zu fordern und durchzusetzen?

Triebkräfte der Parlamentarisierung

Um die Parlamentarisierung der EVG und der EPG zu erklären, greift dieser Beitrag auf die von Rittberger und Schimmelfennig (in diesem Band) entwickelte Konstitutionalisierungshypothese und die Ergebnisse der qualitativ-vergleichenden Analyse (QCA) zurück (Schimmelfennig u. a., in diesem Band). Aus diesen Beiträgen folgt, dass zwei für die Konstitutionalisierung förderlichen Bedingungen insbesondere für die Parlamentarisierung Erklärungskraft besitzen müssten. Die erste Bedingung ist die *Salienz*: Je stärker die Übertragung staatlicher Kompetenzen auf die europäische Ebene nationale Parlamentskompetenzen zu untergraben droht, desto größer ist der soziale und moralische Druck auf die Mitgliedstaaten, die Kompetenzen des Europäischen Parlaments auszuweiten. Die zweite Bedingung ist die *interne Kohärenz*. Interne Kohärenz bezieht sich nach Rittberger und

Schimmelfennig (in diesem Band) auf bereits institutionalisierte Normen und Praktiken. Weitere Parlamentarisierungsschritte sind wahrscheinlich, wenn Parlamentarisierungsbefürworter ihre Forderungen mit ›Präzedenzfällen‹ – bereits bestehenden Vertragsregelungen, gemeinsamen Erklärungen von Mitgliedstaaten und supranationalen Organen, oder informellen Praktiken – begründen können.

Bereits durchgeführte Fallstudien stützen die Ergebnisse der QCA und unterstreichen die Erklärungskraft der Salienz-Bedingung. So wurden beispielsweise durch die Einrichtung der ›exekutiven‹ Hohen Behörde der EGKS die Regierungen der prospektiven Mitgliedstaaten angehalten, über demokratische Kontrollmechanismen zu reflektieren, da ›exekutive‹ Organe in modernen, liberaldemokratischen politischen Gemeinwesen parlamentarischen Institutionen rechenschaftspflichtig sind. Aus diesem Grund wurde die Gemeinsame Versammlung der EGKS ins Leben gerufen (siehe Rittberger 2001). Ein weiteres illustratives Beispiel für die Bedeutung der Salienz-Bedingung kann in der Übertragung von Haushaltsrechten an das Europäische Parlament gesehen werden. Die Schaffung eines System von Eigenmitteln zur Finanzierung der Gemeinschaft durch den Vertrag von Luxemburg (1970) führte dazu, dass die Mitgliedstaaten auch über eine Beteiligung des Europäischen Parlaments im Haushaltsverfahren berieten. Da mit dem System der Eigenmittel nationale Parlamente nicht mehr jährlich über einen Teil der an die Gemeinschaft abgeführten Beiträge zu beschließen hatten, bestand die Gefahr, dass die Kompetenzen nationaler Parlamente hierdurch untergraben würden. Die Stärkung der Haushaltskompetenzen des Europäischen Parlaments erschien einigen Regierungen ein geeigneter Kompensationsmechanismus zu sein. Die Feststellung des Haushalts, so das Argument einer Mehrzahl der Regierungen, bildet einen wesentlichen Bestandteil parlamentarischer Rechte. Argumenten, die sich auf diesen von Parlamentarisierungsbefürwortern vertretenen demokratischen Standard bezogen, konnten sich selbst widerspenstigste Regierungen nicht entziehen (Rittberger 2003, 2005, Lindner und Rittberger 2003).

Neben Salienz ist die Existenz etablierter Normen und Praktiken (interne Kohärenz) eine zweite Bedingung, die Forderungen nach einer Ausweitung der Kompetenzen des Europäischen Parlaments (zusätzlich) Legitimität verleiht. Angesichts der zeitlichen Nähe, die zwischen der Ausarbeitung des EGKS-Vertrags und den Verhandlungen zur Ausarbeitung der EVG und EPG Verträge besteht, kann erwartet werden, dass die institutionellen Bestimmungen des EGKS-Vertrags die Vertragsparteien bei der Ausarbeitung des EVG und des EPG Vertrags als Blaupause dienten.

Die EVG-Verhandlungen: Wie können die Föderalisten in Schach gehalten werden?

Als die Regierungskonferenz zur Ausarbeitung der EVG im Herbst 1951 in ihre entscheidende Phase eintrat, war bereits ersichtlich, dass Jean Monnets »Formel« zur Beförderung des europäischen Integrationsprozesses gegenüber derjenigen der Föderalisten die Oberhand behalten sollte. Die ›Monnet-Methode‹ stand für eine schrittweise ›Sektor-für-Sektor‹-Integration und die Errichtung einer institutionellen Infrastruktur, die allein dem Zweck der Sektorintegration dienen sollte (*form follows function*). Dieser Ansatz triumphierte über die Wünsche der Föderalisten, die – anstelle einer schrittweisen Sektorintegration – die Bildung einer europäischen bundesstaatlichen Ordnung institutionell verankert sehen wollten, ohne dass diese Ordnung notwendigerweise sofort mit wirtschaftlichen, politischen und militärischen Kompetenzen ausgestattet hätte werden müssen (*function follows form*). Die Föderalisten, die in Italiens Premierminister Alcide de Gasperi ihren verlässlichsten Verbündeten innerhalb der Regierungsdelegationen hatten, konnten allerdings einen Teilerfolg verbuchen: Auch wenn der EVG-Vertrag nicht den großen Wurf zu einem europäischen Bundesstaat darstellte, so zollten die Regierungen der EGKS-Mitgliedstaaten dennoch der Idee Tribut, dass die EVG nur den Beginn einer einstweiligen »vor-föderalen« Phase markierte, die den ersten Schritt hin zur Bildung eines europäischen Bundesstaates darstellen sollte.

Auch wenn die Verhandlungen über die institutionelle Struktur der EVG durch den Konflikt zwischen der italienischen Regierung und den Delegationen der anderen Mitgliedstaaten dadurch erschwert wurde, dass Uneinigkeit in der Frage nach der Trennung einer »vor-föderalen« von einer »endgültigen« Phase herrschte, so kamen beide Seiten überein, dass die Einrichtung eines supranationalen Verteidigungskommissariats im Rahmen der EVG, die Frage nach dessen demokratischer Verantwortlichkeit nach sich zieht (siehe Cardozo 1987: 51). Folgen wir der Salienz-Hypothese, so ist zu erwarten, dass das Abtreten nationaler Souveränitätsrechte normativen Druck auf die Delegationen der Mitgliedstaaten ausübt und diese sich aufgefordert sehen müssten, über institutionelle Mechanismen zur demokratischen Kontrolle des Kommissariats zu beraten und zu beschließen.[6]

Mit welchen Kompetenzen wurde die Versammlung der EVG ausgestattet? Hinsichtlich der Kontrolle des Kommissariats wurden der EVG-Versammlung die gleichen Rechte zugesprochen, die auch die EGKS-Versammlung ihr eigen nennen kann: So kann sie dem Kommissariat ihr Misstrauen aussprechen (Art. 36, 2. Absatz EVG-Vertrag). Ähnliches ist für die Rolle beider Versammlungen für die Einsetzung ihrer jeweiligen supranationalen »Exekutiven« und im Rahmen des Gesetzgebungsprozesses zu konstatieren: Hier hat weder die Versammlung der EGKS noch die der EVG Mitsprachrechte. Jedoch weichen die Kompetenzen der Versammlung der EVG hinsichtlich ihrer Rolle im Haushaltsverfahren merklich von denen der Gemeinsamen Versammlung der EGKS ab. Obwohl der EVG-Versammlung nicht das Recht zugesprochen wurde die Höhe des Gesamthaushalts zu beeinflussen (die von den Mitgliedstaaten einstimmig beschlossen werden muss), so hat sie doch das Recht, Änderungsanträge auf der Ausgabenseite zu machen, die der Rat mit einer Zweidrittel-Mehrheit annehmen, aber nur einstimmig ablehnen kann (Art. 8 EVG-Vertrag). Wie kann nun erklärt werden, dass die Sechs der EVG-Versammlung die soeben erwähnten Kontroll- und Haushaltsrechte übertragen haben?

Die Salienz der Salienz: Der demokratische Anstrich der EVG

Die Versammlung und das Haushaltsverfahren der EVG

Als die Verhandlungen zur EVG im Oktober 1951 in ihre kritische Phase eintraten, verteilte die von Premierminister Alcide de Gasperi angeführte italienische Delegation ein Memorandum an die Delegationen der anderen Mitgliedstaaten. Der Inhalt des Memorandums reflektierte die von der italienischen Regierung bevorzugte institutionelle Struktur sowie die Befugnisse der zu gründenden EVG. Gleichsam enthielt dieses Dokument auch die Forderung, eine bundesstaatlich geprägte, politische Gemeinschaft zu

6 Vergleiche Rittberger (2001). Das Problem der demokratischen Kontrolle stellte sich bereits bei der EGKS hinsichtlich der demokratischen Kontrolle der Hohen Behörde der EGKS.

errichten. In Bezug auf die Frage der Parlamentarisierung der EVG war eine der Kernideen dieses Dokuments die Bildung einer europäischen Versammlung, die das gemeinsame europäische Verteidigungsbudget kontrollieren sollte. Ferner forderte das italienische Memorandum, dass die Versammlung auch das Kommissariat der EVG demokratisch kontrollieren und seine Mitglieder wählen sollte (Lipgens 1984: 656). Hinsichtlich der Haushaltsbestimmungen verlangte das Memorandum die Einrichtung eines gemeinsamen europäischen Haushalts, welcher nicht mehr durch jährliche Zuweisungen der nationalen Parlamente abhängig sein sollte. Zur Durchsetzung dieses Ziels forderte das Memorandum die nationalen Parlamente (und ihre Regierungen) auf, ihre Souveränität diesbezüglich an die zu gründende Gemeinschaft abzutreten. Allerdings stellte die italienische Delegation in diesem Kontext fest, »dass ein Souveränitätsverzicht wie der oben erwähnte nicht von den Regierungen geleistet noch den nationalen Parlamenten gebilligt werden könnte, ohne im Gegenzug auf föderaler Ebene ein Organ zu schaffen, dem die Befugnisse übertragen würden, die die nationalen Parlamente abtreten würden, und das ermächtigt wäre, diese gleichermaßen wie die nationalen Parlamente auszuüben.«[7]

In den Verhandlungen der sechs Außenminister am 15. November und am 11. Dezember 1951 spielte die Frage der institutionellen Architektur der Verteidigungsgemeinschaft eine zentrale Rolle. Der italienische Außenminister Taviani und Premiereminister De Gasperi wurden nicht müde, die im italienischen Memorandum dargelegten Argumente zugunsten einer starken und mit Haushaltsrechten ausgestatteten parlamentarischen Versammlung immer wieder vorzubringen. Wie von der Salienz-Hypothese erwartet, verknüpften die italienischen Politiker ihre Argumente zugunsten einer Parlamentarisierung mit dem Argument, dass dies aufgrund des Abtretens nationaler Souveränität auf die supranationale Ebene notwendig sei: »Wenn man die gesamten Streitkräfte einer europäischen Staatsgewalt unterstelle, müssten Parlamente und Völker wissen, wie diese Staatsgewalt strukturiert ist, wie sie Befugnisse ausübt und wie sie kontrolliert wird.« (De Gasperi, zitiert in Lipgens 1984: 672).[8] De Gasperi hatte allerdings nicht nur eine ›Kompensationsrolle‹ für die EVG-Versammlung im Blick, sobald nationale Parlamente einige ihrer Vorrechte an die neue Gemeinschaft abtreten würden. Ihm ging es um mehr, nämlich um die Bildung einer politischen Gemeinschaft mit bundesstaatlichen Zügen. Diese politi-

7 Italienisches Memorandum, wiedergegeben in Lipgens (1984: 666).

8 Siehe auch AAPD, 1951, Dok. 188, 16/11/1951, S. 622.

sche Gemeinschaft spiegelte den Wunsch wider, dass zukünftige Integrationsprojekte jenseits der EGKS und der EVG im Rahmen einer bundesstaatlich organisierten europäischen Ordnung realisiert werden sollten.

Die niederländische und die belgische Delegation zweifelten nicht an dem Argument, dass eine gemeinsame europäische Versammlung innerhalb der EVG einen legitimen Platz einnehmen könnte. Jedoch betonten sie auch, dass den Regierungen der Mitgliedstaaten eine weitaus bedeutendere Rolle zuteil werden müsste als von der italienischen (und auch der deutschen) Regierung vorgesehen. Der belgische Außenminister Paul van Zeeland vertrat beispielsweise die Auffassung, dass Entscheidungen über die Ausgestaltung des EVG-Haushalts Einstimmigkeit unter den Regierungen erforderten. Hinsichtlich der Erwartung der Salienz-Hypothese kann man in diesem Fall argumentieren, dass die nationale »Kette der politischen Verantwortlichkeit« durch die Bedingung der Einstimmigkeit nicht unterbrochen wird, da dies zumindest formal die Beibehaltung nationaler Souveränität impliziert und demzufolge auch keine Notwendigkeit besteht, eine parlamentarische Versammlung auf europäischer Ebene in die Beschlussfassung mit einzubinden. Van Zeeland und sein niederländisches Pendant, Dirk Stikker, behaupteten daher, dass die Versammlung bei der Feststellung des Haushalts keine Rolle zu spielen habe, solange die Regierungen der Mitgliedstaaten ihre Entscheidung einstimmig treffen (Lipgens 1984: 674) und solange die nationalen Parlamente noch das Sagen hinsichtlich des jährlichen, an die Gemeinschaft zu entrichtenden Beitrags haben (Lipgens 1984: 684).

Eine Synopse der Positionen der Regierungen in einem vom Finanzausschuss der Regierungskonferenz vorgelegten Bericht unterstreicht stützt das Salienz-Argument. Aus der Beibehaltung der Einstimmigkeitsregel im Rat folgt, dass die Versammlung nicht in den Entscheidungsprozess einbezogen werden muss. Dies ändert sich jedoch mit der Anwendung der qualifizierten Mehrheitsregel: »(...) die niederländische und belgische Delegation möchten jedoch (...) die Befugnis, den Haushaltsplan zu billigen, dem Rat allein übertragen, der einstimmig zu beschließen hätte, während die deutsche, französische und italienische Delegation eine Zusammenarbeit von Rat und Versammlung mit qualifizierten Mehrheiten vorsehen.«[9] Im Verlauf der Verhandlungen wurde ein Kompromiss über das Haushaltsverfahren in der »vor-föderalen« Phase erzielt. Dieser sah vor, dass über die Ver-

---

9 AAPD, 1951, Dok. 205, 17/12/1951, S. 672–673 (Fn. 6); siehe auch AAPD, 1952, Dok. 4, 8/1/1952, S. 17–18.

wendung der Ausgaben mit qualifizierter Mehrheit beschlossen wird, während die Höhe des Gesamthaushalts einstimmig erfolgen sollte (Artikel 87 EVG-Vertrag). Wie von der Salienz-Hypotzhese prognostiziert, wurde der Versammlung das Recht zugestanden, Abänderungsanträge über die Verwendung der Haushaltsmittel zu machen (über die der Rat mit qualifizierter Mehrheit entscheidet); gleichwohl wurde der Versammlung ein Mitsprachrecht auf der Einkommensseite verwehrt: Dort beschließen die Regierungen über das Gesamtvolumen des Haushalts unter Anwendung der Einstimmigkeitsregel.

Die Versammlung und das Kommissariat der EVG

Das oben erwähnte Memorandum der italienischen Regierung verlangte nicht nur nach Mitspracherechten der Versammlung bei der Festsetzung des Gemeinschaftshaushalts. Es forderte auch, dass die Versammlung eine Schlüsselrolle bei der Kontrolle und der Ernennung des Kommissariats – der Exekutive der Verteidigungsgemeinschaft – einnehmen sollte. In ihrem Memorandum kritisierte die italienische Delegation folglich einen von der französischen Delegation vorgelegten Bericht, der zwar die Einrichtung eines exekutiven Kommissariats ins Auge fasste, »jedoch keine europäische legislative Gewalt« an dessen Seite stellen wollte.[10] Die Versammlung, so das Argument der italienischen Regierung, sollte nicht nur das Kommissariat kontrollieren, jeder Kommissar sollte auch der Versammlung »in gleicher Weise verantwortlich [sein] wie ein Minister gegenüber seinem Parlament.«[11] Das Recht, einen Misstrauensantrag zu stellen, sollte in der Ernennung des Kommissars seine »logische Ergänzung« finden: »In der Tat ist es völlig unlogisch, dass der Kommissar (...) durch eine Institution, die ihn nicht ernannt hat, abgesetzt werden kann, während die Institution, die ihn ernannt hat (der Ministerrat), dazu nicht befugt ist: hier besteht ein offenkundiger Widerspruch.«[12] Während der Konferenz der Außenminister der Sechs in Paris im November 1951 pointierte der italienische Außenminister Taviani diese Position: »Wenn man ein gemeinsames Budget wolle, so müsse man die europäische Föderation mit einem echten euro-

10 Italienisches Memorandum, wiedergegeben in Lipgens (1984: 666).

11 Italienisches Memorandum wiedergegeben in Lipgens (1984: 667).

12 Italienisches Memorandum wiedergegeben in Lipgens (1984: 667).

päischen Parlament und diesem verantwortlichen echten europäischen Ministern schaffen.«[13] Der deutsche Bundeskanzler Konrad Adenauer und der französische Außenminister Robert Schuman stellten auch eine explizite Verbindung zwischen einer europäischen Versammlung und der Einrichtung einer gemeinsamen militärischen Befehlsgewalt her, Adenauer verwendete diesbezüglich den Ausdruck »Exekutive«, die von eben jener parlamentarischen Versammlung kontrolliert werden sollte (Lipgens 1984: 658).

Während sich die Delegationen der Mitgliedstaaten in der Frage der demokratischen (parlamentarischen) Kontrolle des Kommissariats somit weitgehend einig waren, so divergierten ihre Ansichten im Hinblick auf die Rolle der Versammlung bei der Ernennung des Kommissariats umso stärker. Die Rolle der Versammlung bei der Ernennung des Kommissariats war eng damit verbunden, welche Konzeption des Kommissariats sich die verschiedenen Delegationen zueigen machten: Sollte das Kommissariat als supranationale *Regierung* fungieren oder eher als eine *Verwaltungsbehörde*? Die italienische Regierung sah im Kommissariat der EVG eine europäische Regierung, die – entsprechend der Logik des parlamentarischen Systems – durch eine parlamentarische Mehrheit gestützt werden und dieser auch verantwortlich sein sollte. Dies implizierte auch, dass das Parlament, bzw. dessen Mehrheit, das Kommissariat einsetzen können sollte. Auch wenn die deutsche und die französische Delegation den Vorschlag der italienischen Delegation für die »endgültige« institutionelle Ordnung der Gemeinschaft unterstützten, so plädierten sie allerdings dafür, dass in der »vor-föderalen« Phase der Ministerrat das zentrale Organ der Gemeinschaft sein sollte. Regierungsinterne Dokumente der deutschen Bundesregierung lassen den Schluss zu, dass die meisten Regierungsvertreter im Kommissariat in der »vor-föderalen« EVG keine europäische Regierung sahen, die die Unterstützung einer Mehrheit der supranationalen parlamentarischen Versammlungen zwingend benötigte. Deutsche Diplomaten sahen im EVG-Kommissariat eher eine Verwaltungsbehörde mit einem »Oberpräsident« an der Spitze, der bindende Weisungen vom Rat entgegen nehmen muss. Der Rat wurde demnach als »eigentliche[s] Parlament« sowie »Oberregierung« begriffen.[14]

---

13 Siehe AAPD, 1951, Dok. 188, 16/11/1951, S. 622.

14 AAPD, 1951, Dok. 169, 22/10/1951, S. 558.

Die Versammlung und die Gesetzgebung

In ihrem Memorandum vom Oktober 1951 forderte die italienische Regierung die übrigen Regierungen dazu auf, die zukünftige EVG-Versammlung mit Gesetzgebungskompetenzen auszustatten: »Diese Versammlung soll (...) die nationalen Parlamente auf dem Sektor der Verteidigung ersetzen und auf europäischer Ebene den Teil der Hoheitsgewalt ausüben, der nicht mehr bei den Mitgliedstaaten liegt.«[15] Darüber hinaus befasste sich das Memorandum auch mit der Rolle der Versammlung im Kontext weiterer, mit der Verteidigungskooperation zusammenhängender Fragen: »Das Parlament könnte beispielsweise zu gegebener Zeit ermächtigt werden, ein europäisches Steuergesetz für die Verteidigungsausgaben einzuführen. Es müsste auch das Recht haben, zu den Fragen betreffend das Gesetz zur Rekrutierung und die Pläne der Rüstungsproduktion Stellungnahmen zu verabschieden.«[16]

Während der Regierungskonferenz wurde allerdings schnell deutlich, dass diese Vorstellungen nicht mehrheitsfähig waren. Die meisten Delegationen verwehrten sich sogar den Begriff »Gesetzgebung« zu verwenden. Demnach sollte es Aufgabe des Rats sein, durch einstimmige Beschlüsse dem Kommissariat bindende Weisungen bzw. *Direktiven* zu erlassen (Artikel 39 EVG-Vertrag). Die meisten Regierungsdelegationen stimmten weiterhin darüber ein, dass die meisten Entscheidungen des Rats dem Prinzip der Einstimmigkeit gehorchen sollten (zumindest in der »vor-föderalen« Phase). Folgen wir der Konstitutionalisierungshypothese kann dann kein Parlamentarisierungsfortschritt erwartet werden, wenn keine Absicht besteht, qualifizierte Mehrheitsentscheidungen im Rat der Minister einzuführen. Die Vertreter Belgiens und der Niederlande gingen sogar so weit zu fordern, dass die Versammlung in der »vor-föderalen« Phase gänzlich außen vor zu lassen wäre. Van Zeeland betonte, dass das Kommissariat »die Weisungen des Ministerrats befolgen [solle] (...) Die Versammlung könne nichts wesentliches tun, wenn sie keine solide Basis habe. Wir sollten möglichst gar keine Versammlung haben in dieser vorföderalen Zeit.«[17] Das Fehlen eines als solchen bezeichneten und verstandenen Gesetzgebungsverfahren bedeutete für die EVG-Versammlung, dass sie als Mitgesetzgeber nicht in Betracht kam.

15 Italienisches Memorandum, wiedergegeben in Lipgens (1984: 666).
16 Italienisches Memorandum, wiedergegeben in Lipgens (1984: 667).
17 AAPD, 1951, Dok. 214, 27/12/1951, S. 721.

Was bedeutet dies für die Konstitutionalisierungshypothese? Als ersichtlich wurde, dass die EVG-Verhandlungen sich nur mit der unmittelbar bevorstehenden »vor-föderalen« Phase befassen würden, wurde die Frage der Parlamentarisierung ausschließlich mit Hinblick auf die Einführung qualifizierter Mehrheitsentscheidungen thematisiert. Die Tatsache, dass selbst föderalismusfreundliche Regierungen – wie die französische und die deutsche – Abstand davon nahmen, im Kommissariat eine supranationale Regierung einer föderalen Ordnung zu sehen und Gesetzgebungsbereiche zu definieren, setzte der Parlamentarisierung in diesem Bereich restriktive Grenzen. Nur dort, wo der Rat Entscheidungen mit qualifizierter Mehrheit treffen kann – bei der Feststellung der Ausgabenseite des Haushalts – konnten sich die Parlamentarisierungsbefürworter erfolgreich auf das Salienz-Argument stützen. Mit der Konzeption des Kommissariats als Verwaltungsbehörde ging dann allerdings auch die Sichtweise einher, dass der Versammlung keinerlei Mitspracherecht bei dessen Ernennung zuteil werden sollte.

Kohärenz: Die EGKS als Vorbild für die EVG?

Im Vergleich mit der Gemeinsamen Versammlung der EGKS spiegeln die der EVG-Versammlung zugedachten Kompetenzen die Befugnisse der Gemeinsamen Versammlung der EGKS weitegehend wider: Die Kontrolle der Hohen Behörde beziehungsweise des Kommissariats mittels Misstrauensvotum ist in beiden Verträgen angelegt. Gleichsam fehlt beiden Versammlungen ein Mitspracherecht bei der Einsetzung der jeweiligen Exekutiven. Allerdings übertrifft die EVG-Versammlung die Gemeinsame Versammlung der EGKS hinsichtlich ihrer Haushaltskompetenzen und in der ihr zugedachten Rolle bei der Ausarbeitung einer zukünftigen politischen Gemeinschaft gemäß Artikel 38 des EVG-Vertrags.

Es gibt einige Hinweise dafür, dass der institutionelle Rahmen der EGKS die institutionelle Ausgestaltung der EVG beeinflusst hat. Schon im Pleven Plan war ein institutionelles Grundgerüst angelegt, dass sich an der EGKS orientierte. Ein von der französischen Delegation verfasstes Memorandum schlug vor, dass das Kommissariat der EVG einer parlamentarischen Kontrolle unterliegen sollte, durchgeführt von der gleichen Versammlung, die auch für die Kontrolle der Hohen Behörde der EGKS verantwortlich ist.[18] Die EGKS-Versammlung sollte diesem Plan gemäß auch als Versammlung der EVG fungieren.[19]

Im vorliegenden Fall hat allerdings eine auf den Faktor *interne Kohärenz* abzielende Erklärung für die Parlamentarisierung der EVG klare Grenzen. Während die Frage der exekutiven Kontrolle ohne große Diskussion aufgenommen wurde, so existierten hinsichtlich der Haushaltsbefugnisse und der Ernennung des Kommissariats keine ähnlich gelagerten Präzedenzfälle die Parlamentarisierungsbefürwortern als argumentative Stütze hätte dienen können.

Allerdings kann auf der Basis des empirischen Materials argumentiert werden, dass die in Artikel 38 des EVG-Vertrag formalisierte Forderung nach der Ausarbeitung einer gemeinschaftlichen Verfassung unter anderem dadurch den Weg in das Vertragswerk fand, weil die italienischen Regierungen seit dem Herbst 1951 immer wieder die Notwendigkeit dies Artikels betonte und von anderen Regierungen, insbesondere der deutschen und französischen, darin prinzipiell gestützt wurde. Welche Argumente konnten hierbei die Skeptiker überzeugen? Unter dem starken Einfluss des ›Ultra‹-Föderalisten Altiero Spinelli und anderer föderalistischer Aktivisten, die dem *Movimento Federalista Europeo* (MFE) angehörten, forderte die italienische Regierung, dass die institutionelle Ordnung der EVG nicht nur eine Kopie des institutionellen Gerüstes der EGKS werden solle: In Anbetracht der Erwartung, dass der Kompetenzbereich der EVG in den politischen und wirtschaftlichen Bereich übergreifen würde, argumentierte die italienische Regierung, dass »the organisation could only work if its supranational, or confederative, powers were sufficiently developed. This required a once and for all renunciation of sovereign powers to a body with a definite constitutional character.« (Griffiths 2000: 66).[20] Um aber die eher föderalismusskeptischen Benelux-Regierungen in die Diskussion über einen zukünftigen europäischen Bundesstaat einzubinden und sie auf die Einführung von Artikel 38 zu verpflichten, bediente sich der deutsche Außenminister Walter Hallstein eines Arguments, das sich auf von Jean Monnet geäußerten Erwartungen hinsichtlich der Zielrichtung des europäischen Integrationsprozesses bezog. Hallstein begründete die Notwendigkeit des Artikels 38 unter anderem damit, dass bereits während der EGKS-Ver-

18 Siehe AAPD, 1951, Dok. 36, 27/2/1951, S. 141 (Fn. 14).

19 Siehe beispielsweise AAPD, 1951, Dok. 169, 22/10/1951, S. 556.

20 Siehe hierzu auch das Memorandum der italienischen Regierung (Lipgens 1984: 665–667).

handlungen Monnet immer wieder betont (und darin Zustimmung erfahren) hatte, dass die Mitarbeit am europäischen Integrationsprojekt »eine Teilnahme an Einzelschritten [ist], die zu einer politischen Föderation führen müssten.«[21]

In der kritischen Verhandlungsphase im Dezember 1951 gibt es allerdings keine expliziten Hinweise darauf, dass Konrad Adenauer tatsächlich diese, auf einen »Präzedenzfall« rekurrierenden Argumente für einen Bedeutungszuwachs der EVG-Versammlung eingesetzt hat. Gemäß dem Protokoll des Treffens der Außenminister vom 11. Dezember 1951 akzeptierten die Benelux Staaten letztlich die Forderung, Artikel 38 in den EVG-Vertrag einzufügen. Er erschien ihnen relativ ›ungefährlich‹, da dadurch keine unmittelbaren Auswirkungen für das Funktionieren der EVG zu befürchten waren. Zugleich bedürfte auch jeder durch die »Artikel 38-Versammlung« gemachte Vorschlag zur Gestalt einer europäischen Verfassung letztendlich der Zustimmung *aller* Regierungen.[22]

Die EPG-Verhandlungen: Kann der föderalistische Flaschengeist eingefangen werden?

In diesem Abschnitt wird die Erklärungskraft der Konstitutionalisierungshypothese empirisch untermauert, indem gezeigt wird, dass sie auch ›umgekehrt‹ wirken kann: Die Bedingungen, die normalerweise die Parlamentarisierung begünstigen, können auch normativen Druck erzeugen, um die Kompetenzen supranationaler parlamentarischer Versammlungen zu reduzieren. Um dieses Argument empirisch zu belegen, bedarf es offensichtlich einer supranationalen parlamentarischen Versammlung, deren Befugnisse die von der Konstitutionalisierungshypothese prognostizierten Befugnisse übersteigen. In der Geschichte des europäischen Integrationsprozesses existiert (für den Forscher glücklicherweise) ein solcher Fall. Im Kontext der Verhandlungen über eine politische Gemeinschaft nahmen sich die Regierungen der Sechs einen föderalistisch-inspirierten Vertragsentwurf – den Vertragsentwurf für eine europäische politische Gemeinschaft (VEPG) – »zur Brust«, indem sie die darin vorgesehenen Kompetenzen

21 AAPD, 1951, Dok. 188, 16/11/1951, S. 622.

22 Vergleiche hierzu: Protokoll der Verhandlungen der sechs Außenminister vom 11. Dezember 1951, wiedergegeben in Lipgens (1984: 667–681).

der supranationalen Organe – insbesondere die der parlamentarischen Versammlung – »zurechtstutzten«. In dem durch die Regierungen abgeänderten VEPG gab es zwar immer noch Raum für eine parlamentarische Versammlung, die Befugnisse, die die Regierungen dieser Versammlung beimessen wollten, hatten allerdings nur wenig mit den Hoffnungen vieler an der Ausarbeitung des VEPG beteiligten föderalistischen Aktivisten gemeinsam. Wie unten gezeigt wird, entsprechen die von den Regierungsvertretern in Aussicht gestellten Befugnisse für die parlamentarische Versammlung der EPG den Erwartungen der Konstitutionalisierungshypothese. Die Regierungen der Mitgliedstaaten konnten den von Föderalismusbefürwortern bei der Ausarbeitung des VEPG befreiten »föderalistischen Falschengeist« wieder eingefangen.

Der Vertragsentwurf für die europäische Gemeinschaft: Ein Haus ohne Fundament?

Gemäß Artikel 38 des EVG-Vertrags wurde die Ad-hoc-Versammlung mit der Aufgabe betraut, eine dauerhafte institutionelle Ordnung für eine bundesstaatlich oder staatenbündisch organisierte europäische politische Gemeinschaft auszuarbeiten, in der sowohl die EGKS und die EVG sowie weitere sektorale Integrationsprojekte aufgehen würden. Vor dem Hintergrund dieser Maßgabe arbeitete die Ad-hoc-Versammlung einen Vertragsentwurf für eine politische Gemeinschaft (VEPG) aus, der den Regierungen der Sechs am 9. März 1953 vorgelegt wurde.[23] Der VEPG sah die Einführung eines Zweikammersystems, bestehend aus einer direkt gewählten Völkerkammer und einem von nationalen Parlamenten zu wählendem Senat vor. Der Entwurf definierte als Kernaufgaben dieser beiden Organe die Ausarbeitung von Gesetzen und die Kontrolle bzw. Abberufung der Exekutive. Das im VEPG vorgesehene Haushaltsverfahren entsprach weitegehend den Regelungen des EVG-Vertrags: Das Parlament sollte beim Haushalt nicht hinsichtlich des Gesamtvolumens sondern nur in Bezug auf die Ausgabenseite Abänderungsvorschläge machen können. Neben dem Zweikammer-Parlament war eine zweigliederige Exekutive vorgesehen, die einerseits den europäischen Exekutivrat und andererseits den Rat der nationalen Minister umfasste. Es war vorgesehen, dass der

23 Detaillierte Analysen der Arbeit der Ad-hoc-Versammlung finden sich bei Cardozo (1987), Griffiths (2000) und Risso (2004).

Präsident des Exekutivrats vom Senat mit Mehrheit gewählt wird und die übrigen Mitglieder des Exekutivrats, die den Titel »Minister der Europäischen Gemeinschaft« tragen sollten, eigenverantwortlich ernennt. Dem Rat nationaler Minister, den einige Mitglieder der Ad-hoc-Versammlung gänzlich abschaffen wollten, kam lediglich die Rolle eines »*watch-dog*« und eines beratenden Organs zu (siehe Griffiths 2000: 79).

Hinsichtlich der von der Gemeinschaft auszuübenden Kompetenzen war eine schrittweise Integration der Funktionen und Aufgaben der EGKS und EVG vorgesehen. Kapitel V des VEPG sah zudem Zuständigkeiten auf dem Feld der wirtschaftlichen Integration, insbesondere bei der Schaffung eines gemeinsamen Marktes, vor (Artikel 82 VEPG). Allerdings wurden für die Umsetzung dieser Ziele (noch) keine konkreten Maßnahmen oder Entscheidungsmechanismen spezifiziert. Artikel 84 VEPG sieht vor, dass nach dem Inkrafttreten des EPG-Vertrags der Exekutivrat dem Rat der nationalen Minister und den beiden Kammern des Parlaments Vorschläge zur Umsetzung des gemeinsamen Marktes unterbreiten sollte.

Richard Griffiths hat die wesentliche Aufgabe der Ad-hoc-Versammlung als »*democratisation exercise*« (2000: 73) beschrieben. Das in Artikel 38 EVG-Vertrag angelegte Mandat deutet auch in diese Richtung: die Bildung eines gewaltenteiligen Systems bestehend aus einem Zweikammer-Parlament, einer Exekutive und einem Gerichtshof. Die dem Parlament durch den VEPG zugeschriebenen Befugnisse übertrafen diejenigen der EVG-Versammlung bei weitem – insbesondere die für das Parlament vorgesehene Rolle bei der Gesetzgebung ist hier zu nennen. Dem EPG-Parlament sollte hier sogar die Schlüsselrolle zukommen, nicht etwa dem Rat der nationalen Minister. Neben dem Exekutivrat wurde dem Parlament auch das Initiativrecht im Gesetzgebungsverfahren eingeräumt. Ein weiterer zentraler Unterschied zwischen dem EVG-Vertrag und dem VEPG liegt in der Rolle des Parlaments bei der Nominierung des Präsidenten des Exekutivrates: Hier obliegt die Ernennung des Präsidenten dem Senat (und nicht den nationalen Regierungsvertretern im Rat).

Mit dem Verfassungsentwurf der Ad-hoc-Versammlung sollte somit den existierenden Gemeinschaften ein föderales, gewaltenteiliges System übergestülpt werden. Allerdings haben die Debatten über die Frage nach den wirtschaftlichen Kompetenzen der EPG, die innerhalb der Ad-hoc-Versammlung geführt wurden, schon anklingen lassen, dass ein Fortschrieben der Sektorintegration im wirtschaftlichen Bereich nur schwerlich erzielt werden könnte. Konnte man vor diesem Hintergrund erwarten, dass die Regierungen der Sechs in der Lage waren dem »föderalen Haus«, das der VEPG entworfen hatte, ein Fundament zu geben, das den Kompetenzbereich der Gemeinschaft hätte erweitern können? Wir wissen heute, dass sie dazu nicht in der Lage waren. Die Demontage einiger im Vertragsentwurf vorgesehenen Bestimmungen hinsichtlich der Kompetenzen des Parlaments ermöglicht uns jedoch zu zeigen, dass die dem Parlament im VEPG zugedachten Kompetenzen auf das von der Konstitutionalisierungshypothese prognostizierte Maß »zurechtgestutzt« wurden.

Die »Entparlamentarisierung« der EPG

Im September 1953 wurde in Rom eine Regierungskonferenz der Sechs eröffnet, die den von der Ad-hoc-Versammlung verabschiedeten VEPG als Diskussionsgrundlage hatte. Allerdings sorgten schon einige der im VEPG vorgesehenen Bestimmungen, insbesondere solche über wirtschaftliche Kooperations- und Integrationsmaßnahmen, im Vorfeld der Konferenz für Unmut. Währen die Ad-hoc-Versammlung Fragen über die institutionellen Ordnung der zu gründenden EPG weitgehend von Fragen über wirtschaftliche Integration abkoppelte, sahen die Regierungen zwischen diesen beiden Komplexen einen direkten Zusammenhang. Vertreter der Benelux-Staaten setzten sich beispielsweise vehement für die Schaffung eines gemeinsamen Marktes ein. Die niederländische Regierung verknüpfte die eigene Zustimmung zum EPG-Projekt sogar mit der Bedingung, dass eine Zollunion und später ein gemeinsamer Markt eingerichtet werden müsste.

»When the Agriculture Minister, Sicco Mansholt, suggested that the EPC without a guaranteed common market would be a valuable achievement in itself, [Willem] Drees [the Dutch Prime Minister, B. R.] stated that he would resign before agreeing to involve the Netherlands in an institutional structure with no economic advantage.« (Griffiths 2000: 123)

Schon von Beginn der Regierungskonferenz an wurden Diskussionen über die institutionelle Ausgestaltung der EPG mit der Frage nach den wirtschaftlichen Kompetenzen der EPG verbunden (Griffiths 2000: 149).[24] Premierminister Willem Drees wies sogar darauf hin, dass die niederländi-

24 Siehe hierzu auch AAPD, 1953 II, Dok. 275, 24/9/1953 und AAPD, 1953 II, Dok. 284, 2/10/1953.

sche Regierung sei nicht bereit sei, Souveränität für die Bildung eines »*empty husk*« aufzugeben (Griffiths 2000: 136). Mit Ausnahme der französischen Delegation waren sich alle Regierungsvertreter einig, dass eine Übereinkunft zu der Frage der wirtschaftlichen Kompetenzen der neuen Gemeinschaft die Voraussetzung für eine Lösung der institutionellen Fragen darstellte.

Die Verhandlungen über die institutionelle Ordnung der EPG drehten sich daher vor allem um die Frage, in welchem Maß die Mitgliedstaaten willens waren, Souveränität an die zu gründende Gemeinschaft abzutreten. Richard Griffiths Antwort zeigt schon mal die Richtung an, die die Verhandlungen nahmen: »[T]he governments of the Six took a federalist inspired treaty and carefully and consistently ›corrected‹ the balance in favour of the nation state.« (Griffiths 2000: 149) Dies führte auch dazu, dass die im VEPG dem Parlament zugewiesenen Befugnisse von den Regierungen kritisch unter die Lupe genommen wurden.

Eine der ersten Kontroversen, die in der Regierungskonferenz ausgetragen wurde, befasste sich mit der Rolle und den Funktionen des Exekutivrats. Während der VEPG im Exekutivrat eine durch den Senat ernannte und durch beide Parlamentskammern kontrollierte europäische *Regierung* sah, bezeugten einige Delegationen ihren Missmut mit dem Vertragsentwurf der Ad Hoc Versammlung. Analog zu den Verhandlungen über die EGKS und EVG war die Frage nach einer parlamentarischen Kontrolle des Exekutivrats unstrittig.[25] Die Regelungen im Hinblick auf die Rolle des Parlaments bei der *Ernennung* des Exekutivrats erzeugten allerdings Spannungen zwischen den Delegationen. Der VEPG sah vor, dass der Senat – dessen Mitglieder sich aus den nationalen Parlamenten rekrutieren sollten – den Präsident des Exekutivrats ernennt. Die Regierungsvertreter zielten vor allem auf den Senat, um die im Vertragsentwurf enthaltenen supranationalen Elemente zurückzudrängen. Im Gegenzug werteten sie den Rat der nationalen Minister auf, der im VEPG nur eine Nebenrolle spielte. Der belgische Vertreter André de Staercke trat eine Debatte über die Zusammensetzung des Senats mit dem Argument los, dass »a community of sovereign states should have three levels of representation – the people, the states and the governments. In this scheme it was necessary that the states be represented in the legislature; namely in the Senate.« (Griffiths 2000: 154) Die Mehrheit der Regierungsvertreter war sich schnell einig, dass das

25 Siehe AAPD, 1953 II, Dok. 284, 2/10/1953, S. 844.

»Oberhaus« des Parlaments – der im Vertragsentwurf vorgesehene Senat – eine Repräsentanz der Staaten darstellen sollte. Die französische Delegation schlug vor, dass der Senat nicht aus nationalen Parlamentariern, sondern aus nationalen Ministern zusammengesetzt sein sollte (vgl. Griffiths 2000: 156). Damit war die Konzeption des Senats als Repräsentanz der Völker, vertreten durch nationale Parlamentarier, Geschichte. Die Frage hinsichtlich der Ernennung des Exekutivrats war somit allerdings auch wieder völlig offen. Die von der Ad-hoc-Versammlung vertretene und im Vertragsentwurf festgeschriebene Idee, dass das Parlament den Exekutivrat ernennen und abberufen können solle, fiel den Verhandlungen während der Regierungskonferenz zum Opfer: Mit Ausnahme Italiens und Deutschlands wollte keine der anderen Regierungen der Völkerkammer das Recht übertragen, den Präsident des Exekutivrats wählen zu dürfen. Die französischen Vertreter machten Gebrauch von Kohärenz-Argumenten, um den im Vertragsentwurf vorgesehenen Bestimmungen zur Ernennung und Kontrolle der »Exekutive« entgegenzutreten: »Since Europe already had a Council of Ministers and the executives of the ECSC and EDC, the supranational Executive is, in the eyes of the French, nothing other than the Executives of the existing Communities.« (Griffiths 2000: 158).[26]

Welche Regelungen hat die Regierungskonferenz hinsichtlich der im VEPG verankerten Bestimmungen zum Gesetzgebungsverfahren getroffen? Mit dem »Abschuss« des ursprünglich angedachten Senats war auch die Rolle nationaler Parlamentarier im Gesetzgebungsprozess der Gemeinschaft besiegelt. Allerdings hat die Regierungskonferenz die Rolle der Völkerkammer nahezu unangetastet gelassen. Die Vertreter der Regierungen kamen überein, dass die Völkerkammer das Recht auf Mitwirkung am Gesetzgebungsprozess mit dem (nun aus Regierungsvertretern bestückten) »neuen« Senat teilen sollte. Zu Beginn der Konferenz forderten die französischen und deutschen Vertreter, dass die Völkerkammer eine privilegierte Stellung im Gesetzgebungsverfahren einnehmen sollte:

> »If the Senate were to be transformed into a Council of Ministers, the Peoples' Chamber would have the right of first examination of any legislation. Only once it had passed the Chamber would it be examined by the Senate. If the Senate disagreed with the legislation or wanted to amend it, it would eventually return to the Chamber which … could still approve the original version [absolute majority of possible votes].« (Griffiths 2000: 163)

26 Siehe auch AAPD, 1953 II, Dok. 284, 2/10/1953, S. 843.

Die Kontroverse über die Verteilung der Gesetzgebungskompetenzen im Rahmen der zu gründenden EPG unterstreicht die Bedeutung der Salienz-Bedingung. Der Völkerkammer sollte immer dann ein Mitsprachrecht in der Gesetzgebung zuteil werden, wenn der »neue« Senat Entscheidungen mit qualifizierter Mehrheit trifft. Diese Logik übernahmen die Regierungsvertreter von der Ad Hoc Versammlung. Zudem wurde von dem Argument Gebrauch gemacht, dass weitere Parlamentarisierungsschritte keine Grundalge hätten, da die EPG mit keinen weiteren Souveränitätstransfers einherging (zumindest solange die Frage nach einem Forschreiten sektoraler Integration im wirtschaftlichen Bereich nicht geklärt war).

Schluss

Die in diesem Kapitel analysierten Fallstudien stützen die von Rittberger und Schimmelfennig (in diesem Band) entwickelte Konstitutionalisierungshypothese: Im EVG-Fall konnte gezeigt werden, dass die der EVG-Versammlung zugeschriebenen Kompetenzen in erster Linie auf Salienz-Argumente zurückgeführt werden können. Die EVG-Versammlung erhielt Haushalts- und Kontrollrechte als Antwort auf die Entscheidung der Mitgliedstaaten, bestimmte Souveränitätsrechte abzutreten. Im EPG-Fall konnte gezeigt werden, dass die Konstitutionalisierungshypothese auch unter »umgekehrtem Vorzeichen« Erklärungskraft besitzt: Die Mitgliedstaaten nahmen einen föderalistisch-inspirierten Vertragsentwurf und rekalibrierten die Kompetenzen des Parlaments bis sie den von der Konstitutionalisierungshypothese prognostizierten Befugnissen entsprachen.

Dieser Beitrag hat sich auch kritisch mit Erklärungen auseinandergesetzt, die die Rolle föderaler Ideen im Integrationsprozess hervorheben. Es wird oft argumentiert, dass Artikel 38 des EVG-Vertrag den »sichtbarsten« Erfolg der Föderalisten bzw. föderalistisch-inspirierter Politiker darstellt. Allerdings kann die Parlamentarisierung in dieser Periode durch Erklärungen, die sich auf die handlungsleitende Qualität föderaler Ideen stützen, nur unzureichend abgebildet werden. Die Entscheidungen der Regierungen die jeweiligen parlamentarischen Versammlungen funktionsspezifisch variabel mit Kontroll-, Haushalts- und Gesetzgebungskompetenzen auszustatten kann nur unter Rückgriff auf die Konstitutionalisierungshypothese adäquat erklärt werden. Sowohl bei der EVG als auch bei der EPG wurde die Frage nach der Parlamentarisierung mit der Frage nach Souveränitätstransfers in sektoralen Politikbereichen verknüpft. Dieser Sachverhalt kann auf folgende prägnante Formel gebracht werden: Ohne funktionale Integration keine parlamentarischer Repräsentation!

Integrationstheoretisch lässt sich die Parlamentarisierung der EVG und EPG auch als *demokratischer Spillover*-Prozess begreifen, der insbesondere durch Salienz-Argumente angetrieben wird. Immer wenn Mitgliedstaaten funktionale Integrationsschritte beschließen, die mit einem Abtreten an nationaler Souveränität einhergehen, werden Stimmen laut, die die mit funktionaler Integration verbundene Gefahr, dass nationale Parlamentsrechte untergraben werden, anklagen. Dieser Beitrag hat gezeigt, dass im Prozess der funktionalen Integration somit auch eine Art demokratischer »Selbstheilungsmechanismus«[27] innewohnt, der sowohl von Föderalismustheoretikern, Neofunktionalisten und Intergouvernementalisten bis heute übersehen wurde.

Literatur

AAPD – Institut für Zeitgeschichte (Hg.) (1999), *Akten zur Auswärtigen Politik der Bundesrepublik Deutschland, 1951*, München: Oldenbourg.

AAPD – Institut für Zeitgeschichte (Hg.) (2000), *Akten zur Auswärtigen Politik der Bundesrepublik Deutschland, 1952*, München: Oldenbourg.

AAPD – Institut für Zeitgeschichte (Hg.) (2001), *Akten zur Auswärtigen Politik der Bundesrepublik Deutschland, 1953* (Band II), München: Oldenbourg.

Burgess, Michael (2000), *Federalism and European Union: The Building of Europe, 1950–2000*, London: Routledge.

Burgess, Michael (2003), »Federalism«, in: Antje Wiener/Thomas Diez (Hg.), *European Integration Theory*, Oxford. Oxford University Press, S. 25–43.

Cardozo, Rita (1987), »The project for a political community«, in: Roy Pryce (Hg.), *The Dynamics of European Union*, London: Routledge, S. 49–77.

Griffiths, Richard T. (2000), *Europe's First Constitution. The European Political Community, 1952–1954*, London: The Federal Trust.

Große-Hüttmann, Martin/Fischer, Thomas (2005), »Föderalismus«, in: Hans-Jürgen Bieling/Marika Lerch (Hg.), *Theorien der Europäischen Integration*, Wiesbaden: VS Verlag für Sozialwissenschaften, S. 41–63.

27 Dieser Ausdruck stammt von Wolfgang Wagner.

Lindner, Johannes/Rittberger, Berthold (2003), »The creation, interpretation and contestation of institutions – revisiting historical institutionalism«, *Journal of Common Market Studies*, Jg. 41, H. 3, S. 445–473.

Lipgens, Walter (1982), *A History of European integration 1945–47: The Formation of the European Unity Movement*, Oxford: Clarendon Press.

Lipgens, Walter (1984), »EVG und politische Föderation«, *Vierteljahreshefte für Zeitgeschichte*, Jg. 32, H. 4, S. 637–688.

Lipgens, Walter (1985), »Die Bedeutung des EVG-Projekts für die politische europäische Einigungsbewegung«, in: Hans Erich Volkmann/Walter Schwengler (Hg.), *Die Europäische Verteidigungsgemeinschaft. Stand und Probleme der Forschung*, Boppard: Harald Boldt, S. 9–30.

Lipgens, Walter (Hg.) (1986), *45 Jahre Ringen um die Europäische Verfassung. Dokumente 1939–1984: Von den Schriften der Widerstandsbewegung bis zum Vertragsentwurf des Europäischen Parlaments*, Bonn: Europa Union Verlag.

Loth, Wilfried (1996), *Der Weg nach Europa. Geschichte der europäischen Integration 1939–1957* (3. Auflage), Göttingen: Vandenhoeck & Ruprecht.

Möller, Horst/Hildebrand, Klaus (Hg.) (1997), *Die Bundesrepublik Deutschland und Frankreich: Dokumente 1949–1963, Band 1 – Außenpolitik und Diplomatie*, München: Saur.

Parsons, Craig (2003), *A Certain Idea of Europe*, Ithaca, N. Y.: Cornell University Press.

Risso, Linda (2004), »The (forgotten) European political community, 1952–1954«, Beitrag für die *Research student conference on European foreign policy*, London School of Economics, 2.–3. Juli 2004, http://www.lse.ac.uk/Depts/intrel/EFPUresearchstudentconference.html.

Rittberger, Berthold (2001), »Which institutions for post-war Europe? Explaining the institutional design of Europe's first community«, *Journal of European Public Policy*, Jg. 8, H. 5, S. 673–708.

Rittberger, Berthold (2003), »The creation and empowerment of the European parliament«, *Journal of Common Market Studies*, Jg. 41, H. 2, S. 203–225.

Rittberger, Berthold (2005), *Building Europe's Parliament. Democratic Governance beyond the Nation State*, Oxford: Oxford University Press.

Schneider, Heinrich (2003), »The constitution debate«, *European Integration online Papers*, Jg. 7, http://eiop.or.at/eiop/texte/2003-004a.htm.

Volkmann, Hans Erich/Schwengler, Walter (Hg.) (1985), *Die Europäische Verteidigungsgemeinschaft. Stand und Probleme der Forschung*, Boppard: Harald Boldt.

Die Legitimität einer erweiterten und vertieften EU
Normative Standards als Verhandlungsressource im Verfassungskonvent

Alexander Bürgin

Die Präferenzen bezüglich der Rolle des Europäischen Parlaments (EP) in der institutionellen Architektur der EU gehen zwischen den Regierungen weit auseinander. Dennoch stimmten die Regierungen im Juni 2004 einem Verfassungsvertrag[1] zu, der dem EP neue Kompetenzen bei der Wahl des Kommissionspräsidenten und bei der Gesetzgebung überträgt. Die im Vorfeld des Europäischen Konvents von vielen Regierungen propagierte Aufwertung der nationalen Parlamente (NP) fiel dagegen sehr moderat aus. Wie ist dieses Ergebnis zu erklären? Dieser Artikel geht davon aus, dass sich das Resultat nicht allein mit der Analyse der strukturellen Verhandlungsmacht der Akteure erklären lässt[2] und untersucht die Plausibilität des alternativen Erklärungsansatzes des rhetorischen Handelns in internationalen Gemeinschaften (Schimmelfennig 2001, 2003). Demgemäss lässt sich mit Argumenten, die sich auf Normen demokratischen Regierens beziehen und die auf nationaler Ebene von allen beteiligten Akteuren geteilt werden, unter bestimmten Bedingungen Druck erzeugen, diese auch auf europäischer Ebene zu respektieren. Solche Normen sind daher eine zusätzliche Verhandlungsressource. In diesem Beitrag wird die Konstitutionalisierungshypothese (siehe Schimmelfennig und Rittberger in diesem Band) anhand von drei Kontroversen im Verfassungskonvent der EU untersucht: Wahl der Kommission, Haushaltsrechte des EP und Rolle der NP im europäischen Entscheidungsprozess.

1 Dessen Inkrafttreten ist nach den gescheiterten Referenden in Frankreich und in den Niederlanden derzeit ungewiss.

2 Wie dies der rationalistische Intergouvernmentalismus tut, siehe Moravcsik (1998).

Die Konstitutionalisierungshypothese: Normative Standards als Verhandlungsressource

Die Konstitutionalisierungshypothese erklärt die Aufwertung des EP mit zwei zentralen Faktoren: Salienz und Kohärenz. Salienz beschreibt eine wahrgenommene Legitimitätslücke zwischen dem Status Quo europäischen Regierens und den Standards der parlamentarischen Demokratie auf nationaler Ebene. Die Lücke ist das Resultat eines Souveränitätstransfers auf die europäische Ebene, die die Kompetenzen der NP aushöhlt (Rittberger 2005). Zur Schließung der Legitimitätslücke sind mehrere Lösungen denkbar (siehe Joerges 2001, Kohler-Koch 2000, Majone 1998). Gemäß der Konstitutionalisierungshypothese ist aber die Parlamentarisierungsstrategie (im Sinne einer Aufwertung des EP) die erfolgreichste, weil die Standards der parlamentarischen Demokratie in allen Mitgliedsländern akzeptiert sind und dazu benutzt werden können, normativen Druck auf diejenigen auszuüben, die diese Standards auf der europäischen Ebene nicht anwenden wollen (Schimmelfennig 2003: 225). Für die Durchsetzung von Forderungen ist es ferner förderlich, wenn sie an bestehende institutionelle oder informelle Strukturen anknüpfen und sich als legitime Fortsetzung des eingeschlagenen Konstitutionalisierungspfads präsentieren können (Kohärenz).[3]

Die qualitativ-vergleichende Konditionalanalyse (Schimmelfennig u. a. in diesem Band) ergab, dass das EP in den zurückliegenden Verhandlungen über Vertragsrevisionen immer dann einen Kompetenzgewinn verbuchen konnte, wenn Salienz und Kohärenz als Kontextbedingung vorhanden waren. Aus dieser Korrelation lässt sich aber noch nicht eindeutig schließen, dass der in Argumentationsprozessen ausgeübte normative Druck tatsächlich der entscheidende Mechanismus für die Ausweitung der Parlamentskompetenzen war. Schließlich ist auch denkbar, dass es eine Konvergenz der Positionen der Regierungen bezüglich des EP gegeben hat, oder dass das Ergebnis auf Aushandlungsprozesse zurückzuführen ist, die sich mit den strukturellen Machtverhältnissen zwischen den Regierungen erklären lassen. Ferner ist auch möglich, dass die Wahrnehmung einer Legitimitätslücke auch zu einem Lern- und Sozialisationsprozess geführt hat, an deren Ende die Akteure davon überzeugt waren, dass nur die Aufwertung des EP

3 Zur europäischen Integration als Prozess institutioneller Pfadabhängigkeit siehe Pierson (1998).

die Legitimitätsprobleme der EU lösen kann (vgl. Checkel 2001, Risse 2002). Daher soll im Folgenden durch die Rekonstruktion des Verlaufs unterschiedlicher Kontroversen im Europäischen Konvent bezüglich der Kompetenzen des EP überprüft werden, ob die Bezugnahme auf die Legitimitätslücke und die Übereinstimmung mit dem bisher eingeschlagenen Konstitutionalisierungspfad die Gegner einer Aufwertung des EP tatsächlich unter Druck setzten, ob also die Faktoren Salienz und Kohärenz, als Argumente verwendet, das Verhandlungsergebnis zugunsten des EP beeinflussen konnten.

Prozessanalyse: Definitionen und Methode

Basisargumente in der Debatte über legitimes Regieren in der EU

Um die Relevanz von Salienz und Kohärenz als Argumente im Verhandlungsprozess zu überprüfen, wird für jede Kontroverse die argumentative Grundstruktur zwischen Befürwortern und Gegnern einer weiteren Parlamentarisierung erhoben. Die unterschiedlichen Dimensionen (Input/Output) und Quellen (Nationalstaat/europäischer Bürger) von Legitimität[4] dienen dabei dazu, den normativen Diskurs auf argumentative Grundtypen zu reduzieren. *Nations-Argumente* rechtfertigen eine Position mit dem Nationalstaat als vorrangiger Legitimitätsquelle europäischen Regierens, *Bürger-Argumente* mit dem Leitbild einer Union der Bürger. *Effizienz-Argumente* verteidigen eine Position mit dem besseren Funktionieren des Entscheidungsprozesses (Output-basierte Legitimität). Den Aspekt legitimer Verfahren betonen *Salienz-Argumente*, die eine Position mit einer Diskrepanz zwischen den auf nationaler Ebene unumstrittenen Verfahrensstandards und den Verfahren auf EU-Ebene rechtfertigen. *Kohärenz-Argumente* rechtfertigen einen Vorschlag, indem sie ihn als logische Fortentwicklung der bereits bestehenden (und daher legitimen) Strukturen darstellen.

4 Zur Mehrdimensionalität von Legitimität siehe Jachtenfuchs, Diez und Jung (1998) sowie Scharpf (1999).

Die Wirkung von Salienz und Kohärenz als Argument

Eine Wirkung von Salienz- und Kohärenz-Argumenten mittels normativen Drucks auf die Gegenseite ist plausibel, wenn:

(1) Die Verhandlungsergebnisse nicht der ursprünglichen Konstellation der Positionen und strukturellen Verhandlungsmacht der Regierungen entsprechen (und diese aber auch nicht im Zuge von Interaktionsprozessen von der Idee einer parlamentarisierten EU überzeugt werden).
(2) Die Entwicklung der Entwürfe von Verfassungsartikeln bis hin zur endgültigen Verabschiedung der Verfassung durch die Regierungschefs deutlich macht, dass die Forderungen der Befürworter einer EP-Aufwertung stärker berücksichtigt wurden, als die Forderungen der Gegenseite.
(3) Akteure ihre der Aufwertung des EP abträglichen Positionen (oder ihre Begründungen) ändern, und
(4) die Gegner einer Parlamentarisierung eine normative Debatte über die Legitimitätslücke und ihre vermeintlichen Implikationen vermeiden, um dem normativen Druck auszuweichen.

Methodisches Vorgehen

Um einen möglichen Einfluss von normativem Druck auf das Verhandlungsergebnis nachzuweisen, wird zunächst von der Konstellation der Positionen im Vorfeld des Konvents auf ein zu erwartendes Ergebnis geschlossen. Formell reicht das Veto einer einzigen Regierung, um eine konstitutionelle Entscheidung zu verhindern. Allerdings lässt sich eine Zustimmung auch durch Ausgleichszahlungen und Paketlösungen erreichen. Diese Koppelgeschäfte werden aber umso unwahrscheinlicher, je mehr Mitgliedsstaaten sich gegen eine weitere Parlamentarisierung aussprechen, insbesondere wenn es sich um die großen Mitgliedsstaaten handelt.[5] Die Positionierung einer Auswahl von Regierungen im Vorfeld des Konvents wird daher mit dem tatsächlichen Verhandlungsergebnis des Konvents und der anschließenden Regierungskonferenz verglichen. Es ist plausibel anzu-

5 Zur Veto-Spieler-Theorie siehe Tsebelis (1995).

nehmen, dass Abweichungen vom erwarteten Ergebnis auf die Argumentationsprozesse innerhalb des Konvents rückführbar sind.

Bei der Auswahl der Regierungen (und der zu analysierenden Redebeiträge der Akteure im Konvent) wird angenommen, dass alle Konfliktlinien und Argumente berücksichtigt sind, wenn eine Selektion von kleineren und größeren Mitgliedsstaaten mit gegensätzlichen Präferenzen bezüglich einer weiteren Parlamentarisierung analysiert wird. Im Vorfeld des Konvents stand bei den größeren Mitgliedstaaten die deutsche Regierung einer weiteren Parlamentarisierung der EU im Prinzip positiv gegenüber, in Frankreich, Großbritannien und Polen wurde eher ein intergouvernmentaler Ansatz verfolgt. Unter den kleineren Mitgliedern waren die Benelux-Staaten und Irland Unterstützer des EP, während Finnland, Österreich und Dänemark sich eher für intergouvernmentale Lösungen stark machten.[6]

Die ersten Präsidiumsentwürfe zu den Institutionen können angesichts der engen Abstimmung des Präsidiums mit den Regierungen als ein Kompromiss zwischen den unterschiedlichen Positionen der Regierungen betrachtet werden.[7] Die Entwicklung der Artikelentwürfe wird mit der Argumentation der Akteure der oben genannten Länder in zentralen Plenardebatten[8] bezüglich der jeweiligen Kontroverse verglichen. Wenn die modifizierten Präsidiumsentwürfe sich gewissen Positionen annähern, dann ist plausibel, dass die Argumente für diese Positionen eine Rolle gespielt haben.

Die Wirkung von normativem Druck lässt sich nicht nur an der Verschiebung eines Verhandlungsergebnisses zugunsten der Seite zeigen, die normativen Druck auszuüben versuchte, sondern auch an dem Verhalten derjenigen, die unter normativen Druck gesetzt wurden. Wenn Akteure, die gegen eine weitere Parlamentarisierung der EU sind, sich nicht offen dazu bekennen, sondern rhetorisch am Ziel eines starken EP festhalten, ist dies ebenso wie die rhetorische Glättung von Zielkonflikten, der Versuch der Uminterpretation von Normen sowie die Verwendung von nichtssagenden Worthülsen ein Zeichen dafür, dass normative Standards Akteure

6 Für die nationalen Leitbilder bezüglich der europäischen Institutionen siehe Clegg (2002), Marcussen u. a. (1999) und Legleitner (2003). Für eine Übersicht der Regierungspositionen zu Beginn des Konvents siehe *The Convention Watch* 2004, http://eucon.europa2004.it/Watch1ed/Watch_A2.htm.

7 Für die enge Abstimmung zwischen Präsidium mit den Regierungen siehe Göler und Marhold (2005: 462 ff.).

8 Alle Plenardebatten finden sich im Wortlaut unter http://www.europarl.eu.int/europe2004/textes.htm.

unter Druck setzen, nach ihnen zu handeln – oder dies zumindest vorzugeben.[9]

Die Regierungsbildungsfunktion des EP

Der Konflikt: Balance der Regierungsfunktion zwischen Rat und Kommission

Die Kontroverse um die ›richtige‹ Balance der Macht zwischen Kommission und Europäischem Rat reflektiert den Konflikt zwischen eher supranationalen und eher intergouvernmentalen Leitbildern. Ein hauptamtlicher Präsident des Europäischen Rates mit weitreichenden Funktionen hätte das Potential, die Machtverteilung zugunsten des intergouvernmentalen Pols zu verschieben. Eine solche Neujustierung der Machtbalance hätte auch Auswirkungen auf die Regierungsbildungsfunktion des EP. Denn solange die Kommission als den Regierungen untergeordnete Behörde dargestellt werden kann, drängt sich die Frage nach ihrer Legitimität weniger in den Vordergrund, als wenn sie als ebenbürtige Mitregierung der EU wahrgenommen wird. Schließlich ist es ein normativer Standard in allen Mitgliedsstaaten, dass die Regierung aus dem Parlament hervorgeht.[10] Je mehr die Regierungsfunktion der Kommission anerkannt wird,[11] desto höher der normative Druck, sie analog zu den Standards auf nationaler Ebene aus der Parlamentsmehrheit hervorgehen zu lassen, indem der Kommissionspräsident durch die einfache Mehrheit des EP gewählt wird. Bisher kann das EP lediglich die Ernennung durch den Europäischen Rat bestätigen.

Regierungspositionen: Mehrheit für Aufwertung des Europäischen Rates

Die großen Mitgliedstaaten waren gegen eine Stärkung supranationaler Strukturen. Insbesondere Frankreich, Spanien und Großbritannien lehnten

9 Zu rhetorischen Strategien im Konvent siehe auch Magnette (2003).

10 Semi-presidentielle Systeme wie in Frankreich unterscheiden sich von den rein parlamentarischen Systemen darin, dass der Präsident direkt gewählt wird und nicht aus der Mehrheit des Parlaments hervorgeht. Der Grundsatz, dass der Premierminister aus der Mehrheit des Parlaments hervorgeht, gilt aber auch in diesen Regierungssystemen.

11 Zum Wandel der Funktion und Wahrnehmung der Kommission siehe Hooghe (2001).

es ab, die Kommission als gleichberechtigten Partner des Europäischen Rates anzuerkennen. Im Sommer 2002 dominierte die als ABC-Initiative (benannt nach Aznar, Blair und Chirac) bekannt gewordene Forderung nach einem hauptamtlichen Präsidenten des Europäischen Rates anstelle der Rotation den Diskurs. In einer Rede in Straßburg verdeutlichte Chirac, dass für ihn der Präsident mehr als bloß ein Koordinator ist: »Dieser Präsident würde Europa in den Augen der restlichen Welt verkörpern und dem institutionellen System die Stabilität geben, die Europa braucht, um stark zu sein«.[12] Im Mai betonte er, dass der Europäische Rat weiter mit zusätzlichen Kompetenzen ausgestattet werden könne.[13] Auch Tony Blair hatte bereits im Oktober 2000 in einer Rede vor der polnischen Börse[14] die Legitimität supranationaler Institutionen in Zweifel gezogen und sich für eine Stärkung des Europäischen Rates ausgesprochen. In seiner Rede am 28. November 2002 in Cardiff[15] betonte er, dass für ihn der Europäische Rat die Regierung der EU ist: »Setting the agenda for Europe is the sensible task for the governing body of Europe«. Der deutsche Bundeskanzler Gerhard Schröder zeigte Sympathie mit der ABC-Initiative und akzeptierte den hauptamtlichen Präsidenten in einem deutsch-französischen Kompromisspapier für den Konvent.[16] Dieser Vorstoß beeinflusste auch Regierungen, die zunächst gegen einen hauptamtlichen Präsidenten waren. So sagte der belgische Premier Guy Verhofstadt, dass angesichts der Phalanx von Befürwortern des neuen Amtes die Beibehaltung der Rotation keine Chance habe.[17]

Auch die Wahl des Kommissionspräsidenten mit einfacher Mehrheit des EP wurde von den großen Mitgliedstaaten abgelehnt. Blair zeichnete in seiner Rede in Cardiff das Bild einer im Auftrag handelnden Behörde: »It is responsible for keeping Member States to the commitments they have agreed. This role as enforcer is unenviable, but essential«. Aus diesem Verständnis heraus war er gegen eine Politisierung der Kommission:

12 Rede in Straßburg, 6. März 2002, http://europa.eu.int/constitution/futurum/congov_de.htm.

13 Rede im St Anthony's College in Oxford, 20. Mai 2002, http://europa.eu.int/constitution/futurum/congov_de.htm.

14 http://europa.eu.int/constitution/futurum/congov_de.htm.

15 Rede in Cardiff, 28. November 2002, http://www.number-10-gov.uk/output/Page1739.asp.

16 15. Januar 2003, CONV 489/03.

17 http://eucon.europa2004.it/Watch1ed/Watch_A1.htm.

»We must avoid at all costs turning the election of its President into a partisan wrangle, or allowing the Commission to become a prisoner of the Parliamentary majority (...) We cannot simply see the Commission as an executive accountable to the Parliament. (...) The Commission derives its legitimacy and authority from its independence«.

Chirac äußerte im März 2002, dass die Kommission komplett unabhängig von politischen Parteien zu sein habe.[18] Der französische Außenminister Dominique de Villepin sekundierte, dass eine Wahl das institutionelle Gleichgewicht verschieben würde.[19] Obwohl Schröder sich hinter die ABC-Initiative stellte, blieb er mit seiner Forderung nach einer starken Kommission dem traditionellen deutschen Leitbild einer stärker supranational ausgerichteten EU treu. Allerdings fand dieser Ansatz nicht den Weg in das deutsch-französische Kompromisspapier, das für die Wahl des Kommissionspräsidenten eine qualifizierte Mehrheit im EP fordert.

Entwicklung in Konvent und Regierungskonferenz: Beschränkte Rolle des Ratspräsidenten und politisierte Kommission

Am 28. Oktober 2002 veröffentlichte Konventspräsident Giscard den ersten Gliederungsentwurf für die Verfassung. Für Aufregung sorgte der Titel IV zu den Institutionen, da darin von einem hauptamtlichen Präsidenten des Europäischen Rates gesprochen wurde, ebenso wie im deutsch-französischen Kompromisspapier, das eine Woche vor der ersten Auseinandersetzung im Plenum am 20. und 21. Januar 2003 veröffentlicht wurde, und dort auf Ablehnung stieß. Trotzdem präsentierte Giscard einen stark intergouvernmentalen Verfassungsentwurf, den er ohne Konsultation mit dem Präsidium am 22. April 2003 an die Öffentlichkeit brachte.

Der Entwurf[20] definierte die Rolle des Europäischen Rates als »the highest authority« der Europäischen Union und stellte dem Präsidenten einen Vizepräsidenten an die Seite (Artikel 15). Der Präsident sollte mit qualifizierter Mehrheit auf 2,5 Jahre gewählt werden und seine Amtszeit einmal verlängern können (Art. 15a, 1). Der Präsident sollte ferner einem

18 Rede in Straßburg, 6. März 2002, http://europa.eu.int/constitution/futurum/congov_de.htm.

19 Rede in Marseille, 2. Dezember 2002, http://europa.eu.int/constitution/futurum/congov_de.htm.

20 Zitiert nach Norman (2003: 343 ff.).

Sekretariat vorstehen, dem neben dem Vizepräsidenten, zwei in Rotation gewählte Mitglieder des Europäischen Rates, sowie die Präsidenten des Ecofin und des Rates Justiz und Sicherheit angehören sollten (Art. 15a,4). Die Artikel zur europäischen Kommission reflektierten das alte Leitbild der Kommission als technischer Behörde ohne politische Funktion: »The European Commission is called on to give voice to the general European interest. It shall monitor the application of the Constitution and steps taken by the institutions under the Constitution« (Art. 18, 1). Ferner sollte die Kommission neben dem EP auch dem Europäischen Rat verantwortlich sein, die künftig beide ein Misstrauensantrag gegen die Kommission stellen könnten (Art. 18a, Punkt 3). Bezüglich der Wahl des Kommissionspräsidenten sollte das EP lediglich das Recht haben, den Kandidaten der Regierungschefs zu bestätigen: »The Parliament shall reach a view, by a majority of three-fifths of its constituent members, on the candidate put forward by the European Council« (Art. 18a).

Nach harschen Reaktionen im Präsidium gegenüber Giscards unabgestimmtem Vorgehen veröffentlichte das Präsidium nur einen Tag später einen Entwurf,[21] der zwar eine weniger deutlich intergouvernmentale Handschrift trug, aber immer noch den Europäischen Rat auf Kosten der Kommission zu stärken gedachte. Zu den offensichtlichsten Veränderungen im Vergleich zu Giscards Artikelvorschlägen gehörte die Streichung der Formulierung, dass der Europäische Rat die höchste Autorität der EU sei. Hatte es in Giscards Entwurf noch geheißen, dass der Europäische Rat strategische Richtlinien aufstellt und ihm auch in legislativen Fragen eine Führungsaufgabe zukommt, hieß es jetzt nur noch, dass er die für ihre Entwicklung erforderlichen Impulse gebe und ihre Zielvorstellungen und ihre allgemeinen politischen Prioritäten festlege (Art. 16, 1). Auch wurden die Ausführungen zum Vize-Präsidenten gestrichen, gleichwohl ging der Entwurf nach wie vor davon aus, dass es einen Vizepräsident gibt (Art. 16a, 4). Auch sprach Art. 16a, 3 weiter von einem Präsidium aus drei nach einem ausgewogenen turnusgemäßen Wechsel ausgewählten Mitgliedern. Bei dem Wahlprozedere des Kommissionspräsidenten hieß es jetzt, dass das Ergebnis der Europawahlen beim Vorschlag eines Kandidaten zu berücksichtigen ist; die in der Plenardebatte geforderte einfache Mehrheit bei der Wahl durch das EP wurde aufgenommen.

21 CONV 691/03.

Dieser Entwurf wurde in den Plenardebatten am 24. April und am 15. Mai 2003 im Plenum kontrovers diskutiert. Die Wahl des Kommissionspräsidenten mit einfacher Mehrheit war ebenso weiter umstritten wie Amt und Funktion des hauptamtlichen Präsidenten des Europäischen Rates. Am 31. Mai veröffentlichte das Präsidium eine modifizierte Fassung des Titel IV von Teil 1 der Verfassung,[22] in der es weiter auf die Gegner eines starken hauptamtlichen Präsidenten zuging. So wurde die Funktion des Europäischen Rates und seines Präsidenten beschnitten und die Rolle der Kommission als gleichberechtigter Partner des Rates deutlich gemacht. Der Kommissionspräsident wurde neben der Wahl durch das EP auch in seiner herausgehobenen Stellung innerhalb der Kommission gestärkt und bekam damit Züge eines Regierungschefs. Art. 21, 2 ergänzte nun, dass der Präsident des Europäischen Rates »*unbeschadet der Zuständigkeiten des Präsidenten der Kommission und des Ministers für Auswärtige Angelegenheiten* die Außenvertretung der Union wahrnimmt«. Ferner wurde das Amt eines Vizepräsidenten gestrichen. Der Kritik, dass dem Präsidenten ein Sekretariat unterstellt werde, das sich zu einer Konkurrenz zur Europäischen Kommission entwickeln könne, wurde Rechnung getragen, indem darauf verwiesen wurde, dass in »Teil III (Art. III-239) festgelegt werde, dass der Europäische Rat vom Generalsekretariat des Rates unterstützt wird«. Gleichwohl blieb es dabei, dass dem Präsidenten ein Präsidium unterstellt werden kann, wenn der Europäische Rat dies beschließt (Art. 21,3). Die Funktion des Kommissionspräsidenten als Regierungschefs wurde gestärkt durch das Recht, »ein Mitglied der Kommission dazu *aufzufordern, sein Amt niederzulegen*«. Im Vertrag von Nizza war die Entlassung eines Kommissars durch den Präsidenten nur möglich, wenn auch das Kollegium diesen Entschluss billigte (Art. 217 EGV). Bei der Wahl des Kommissionspräsidenten blieb es trotz verschiedener Änderungsanträge bei der einfachen Mehrheit im EP. In dem vom Konvent schließlich verabschiedeten Verfassungsentwurf[23] setzten sich die graduellen Verbesserungen aus der Sicht des supranationalen Lagers fort. Art. 20, 1 wurde ergänzt um den Satz, dass der Europäische Rat nicht gesetzgeberisch tätig wird. Art. 21, 1 legte fest, dass die Vorbereitung der Beratungen im Europäischen Rat »*in Zusammenarbeit mit dem Präsidenten der Kommission*« zu erfolgen hat. Die anschließende Regierungskonferenz veränderte diese Artikel nicht.

22 CONV 770/03.

23 CONV 850/03.

Bewertung des Einflusses normativer Standards

Vergleich Ausgangslage – Resultat. Angesichts der Ablehnung vieler Regierungen, die einfache Mehrheit im EP bei der Wahl des Kommissionspräsidenten zu akzeptieren, und deren Eintreten für einen starken Präsidenten des Europäischen Rates, ist die Entwicklung im Konvent ein beachtlicher Erfolg für das Lager der Befürworter einer Aufwertung des EP. Die Funktionsbeschreibung des hauptamtlichen Präsidenten ist am Ende der Verhandlungen sehr moderat. Der Verlauf des Konvents zeigt eine Entwicklung hin zu den Positionen der Befürworter einer weiteren Parlamentarisierung der EU. Die intergouvernmental gefärbten Präsidiumsentwürfe zu Beginn des Konvents, die einen starken hauptamtlichen Präsidenten für den Europäischen Rat vorsahen, wurden mit jeder Modifizierung zugunsten der Kommission und zu Lasten des Präsidenten des Europäischen Rates abgeändert. So wird laut Verfassungsvertrag dem Präsidenten kein Präsidium oder Sekretariat unterstellt, ebenso wird ihm kein Vizepräsident an die Seite gestellt. In der Rollenbeschreibung wird festgelegt, dass er keine über die Koordinierung hinausgehenden Funktionen hat und mit dem Kommissionspräsidenten auf gleichberechtigte Weise zusammenarbeiten muss. Die Wahl des Kommissionspräsidenten erfolgt mit einfacher Mehrheit im EP. Der Kritik, dass die Wahl des Kommissionspräsidenten nicht über die Bestimmungen des Vertrags von Nizza hinausgeht, da der Europäische Rat weiter einen Kandidaten vorschlägt und das EP damit nicht frei wählt, ist entgegenzuhalten, dass die Berücksichtigung des Ergebnisses der Wahlen zum Europäischen Parlament dazu führen würde, dass die Regierungen den Kandidaten der stärksten Partei im EP wählen müssten.[24]

Die normative Debatte bezüglich der Wahl des Kommissionspräsidenten. Die Veränderungen zugunsten des EP lassen sich auf den Einfluss von normativem Druck zurückführen. Die Befürworter einer Wahl des Kommissionspräsidenten mit einfacher Mehrheit des EP argumentierten vor allem mit der Salienz (38 % der Pro-Argumente) und dem Leitbild einer politischen Kommission (24 %), die vom Parlament gewählt werden müsse, um ein Legitimitätsdefizit zu vermeiden. Dem konnten die Gegner argumentativ wenig entgegen setzen. Es gelang ihnen offenbar nicht, durch das Beharren auf dem Bild einer technokratischen Behörde (54 % der Contra-Argumente) die Wahl mit einfacher Mehrheit zu verhindern. Der Verweis auf

24 Zur gleichen Einschätzung kommen Becker und Leiße (2005: 196).

den unpolitischen Charakter und die ausführende Funktion der Kommission, die keine Legitimitätsprobleme aufwerfe, wirkte angesichts der tatsächlichen Machtfülle der Kommission wenig überzeugend. Der Verweis auf das Leitbild der institutionellen Balance, die durch einen gewählten Kommissionspräsidenten verschoben würde, wirkte wenig glaubwürdig angesichts der Tatsache, dass die gleichen Akteure anderseits mit der Einführung eines hauptamtlichen Präsidenten des Europäischen Rates ebenfalls die Balance der Institutionen verschieben wollten.

Positionsänderungen. Die Wirkung von normativem Druck lässt sich auch daran ablesen, dass Regierungsvertreter schließlich ihre Position änderten. Hatten sowohl Villepin und Fischer noch im Januar 2003 einen Kompromiss verteidigt, der dem EP lediglich eine Wahl mit einer qualifizierten Mehrheit (drei Fünftel) zugestand, plädierten beide gegen Ende des Konvents für eine politisierte Kommission und die einfache Mehrheit.

Ausweichstrategien zur normativen Debatte. Die Plausibilität der Wirkung normativer Standards belegt auch die Art und Weise, wie die Gegner einer Kompetenzstärkung des EP mit der Norm der parlamentarischen Demokratie umgegangen sind. Es war verbreitet, die normativen Standards der parlamentarischen Demokratie formal anzuerkennen, sie aber anderseits zu konterkarieren. So wurde die Wahl des Kommissionspräsidenten durch das EP nach anfänglichem Widerstand anerkannt. Gleichwohl wurde durch das Vorschlagsrecht des Europäischen Rates (im Lichte der Europawahlen) doch wieder ein Gegenpol angestrebt und auch durchgesetzt. Dies zeigt: Der normative Druck wirkt. Die Akteure sehen sich genötigt, Zugeständnisse zu machen, die sie mit ihren Machtmitteln eigentlich verhindern könnten (und es in Bereichen, in denen der normative Druck nicht so stark war, auch getan haben). Der Versuch, die Zugeständnisse zu unterlaufen, zeigt aber auch: Es haben keine Überzeugungsprozesse stattgefunden. Die Akteure haben ihre Präferenzen nicht geändert, sondern sich lediglich aufgrund des normativen Drucks angepasst.

Normative Debatte bezüglich des hauptamtlichen Präsidenten. Die Analyse der Plenardebatten zeigt auch hier die Relevanz normativer Standards. Wieder waren Salienz-Argumente (Legitimitätsdefizite eines einflussreichen Präsident ohne Rückbindung an eine parlamentarische Kontrolle; 20 % der kodierten Pro-Argumente) und Kohärenz-Argumente (ursprüngliche Funktion des Europäischen Rates als Impulsgeber; 13 %) neben dem Prinzip der zu wahrenden institutionellen Balance (33 %) die wichtigsten Argumente gegen den Präsidenten. Dem hatten die Befürworter des hauptamtlichen Präsidenten argumentativ wenig entgegenzusetzen. Keiner der beiden erstgenannten Rechtfertigungsgründe wurde von ihnen explizit bestritten. Die Befürworter argumentierten vor allem mit der Effizienzsteigerung (69 %), die ein solches Amt und die Abschaffung der Rotation mit sich bringen würden. Doch die Gegner des neuen Amtes ließen dieses Argument nicht gelten. Sie zogen sowohl in Zweifel, dass aus dem Rechtfertigungsprinzip der Effizienz die Schaffung eines hauptamtlichen Präsidenten folgen müsse, als auch, dass es der Gegenseite überhaupt um Effizienz ginge (25 %). Zum einen argumentierten sie, dass mit dem neuen Amt die Komplexität des Entscheidungssystems der EU noch anwachsen würde und dass es möglich sei, das System der Rotation effizienter zu gestalten. Zum anderen wiesen sie auf Äußerungen einiger Regierungsvertreter im Vorfeld und zu Beginn des Konvents hin, die erkennen ließen, dass das Motiv der Einführung des hauptamtlichen Präsidenten die Stärkung des intergouvernmentalen Pols der EU gewesen sei – zu Lasten von Kommission und EP. Das Hauptargument der Befürworter des Ratspräsidenten konnte somit von der Gegenseite erfolgreich bestritten werden. Umgekehrt spricht die schrittweise Beschneidung der Kompetenzen des Präsidenten des Europäischen Rates dafür, dass sich mit dem Verweis auf die Entstehung einer Legitimitätslücke normativer Druck ausüben ließ. Ein Beleg für diese These ist auch das Verhalten der kleineren Mitgliedstaaten. Diese waren mehrheitlich aus machtpolitischen Gründen gegen die Abschaffung der Rotation, weil sie andernfalls ein Europa der großen Mitgliedsstaaten befürchten. Allerdings führten sie oft nicht dieses Machtargument an, sondern verwiesen auf die Legitimitätsdefizite des Präsidenten, weil ihnen dieses Argument offenbar erfolgversprechender erschien.

Positionsänderungen. Die Befürworter eines starken Präsidenten des Europäischen Rates akzeptierten nach und nach, dass die Befugnisse des Ratspräsidenten kontinuierlich verringert wurden. Effizienz-Argumente wurden seltener; stattdessen betonten sie die vermeintlich belanglose Rolle dieses Amtes, um die fehlende parlamentarische Legitimität zu rechtfertigen. So solle der Präsident lediglich für eine bessere Koordination sorgen. Im Vergleich zur Rhetorik zu Beginn der ABC-Initiative ist das überraschend. Es hat sich offenbar die Erkenntnis durchgesetzt, dass sich ein starker Mann an der Spitze des Rates nur dann durchsetzen lässt, wenn er als vermeintlich unwichtige Figur ›verkauft‹ wird.

Ausweichstrategien zur normativen Debatte. Der Einfluss von normativen Standards zeigt sich auch anhand der Ausweichstrategien derjenigen, deren

Interessen konträr zu normativen Standards der parlamentarischen Demokratie standen, und die daher eine direkte normative Auseinandersetzung vermeiden wollten. So verteidigten etwa Fischer und Villepin in einer Aussprache im Januar 2003 einen deutsch-französischen Vorschlag als einen Kompromiss, der seine Wirkung dadurch entfalten sollte, dass ihn die beiden größten Länder auf den Weg gebracht hatten. Dies war ein Signal der Macht: Wenn Frankreich und Deutschland sich zusammentun, dann steht das Ergebnis für die EU fest. Eine normative Rechtfertigung für ihre institutionellen Vorschläge lieferten die beiden nicht. Zur Vermeidung einer normativen Debatte gehört auch die Verwendung abstrakter, nichtsagender Prinzipien, die alle gutheißen können, weil sie keinerlei Entscheidung enthalten. Ein solcher Begriff war die ›institutionelle Balance‹, die Redner beider Lager anführten, obwohl sie im weiteren Verlauf ihres Redebeitrags dann doch eine Position bezogen, die die institutionelle Balance in die eine oder andere Richtung verschob.

Zu den Ausweichstrategien zählt ferner der Versuch, Zielkonflikte zu negieren, anstatt sie zu diskutieren. So macht das Amt des Präsidenten nur Sinn, wenn es auch mit Kompetenzen ausgestattet ist. Nur für die Leitung einer Sitzung muss man die Rotation nicht abschaffen. Einige Regierungsvertreter hatten auch im Vorfeld des Konvents klar gemacht, dass sie den Europäischen Rat mittels des hauptamtlichen Präsidenten stärken wollten. Allerdings reibt sich dies an dem normativen Standard der parlamentarischen Verantwortlichkeit der Exekutive. Formal entsprachen die Befürworter des hauptamtlichen Präsidenten in ihren Äußerungen diesem Prinzip, wenn sie versuchten, dieses Amt in seiner Bedeutung klein zu reden, um damit den Konflikt mit der Kommission und die fehlende Legitimation zu negieren.

Die Budgetrechte des EP

Der Konflikt: Die kohärente Anwendung der Gesetzgebungsfunktion des EP auf das Budget

Die Haushaltskompetenzen des EP entsprechen nicht den Befugnissen eines klassischen Parlaments. Bei den Einnahmen, die sich zusammensetzen aus Zöllen und Agrarabschöpfungen, einem Anteil an der Mehrwertsteuer der Mitgliedstaaten und den Beiträgen der Mitgliedssaaten in

Form eines Anteils am Bruttosozialprodukt, hat das EP keine Kompetenzen. Beschlüsse werden vom Rat einstimmig gefasst. Auf der Ausgabenseite ist zu unterscheiden zwischen der Finanziellen Vorausschau und dem jährlichen Haushaltsverfahren. Die Finanzielle Vorausschau legt in mehrjährigen Planungsperioden die Obergrenze für den EU-Haushalt in den verschieden Ausgabekategorien fest, setzt also den Rahmen für das Haushaltsverfahren. Das EP besitzt dabei dank einer interinstitutionellen Vereinbarung eine gewisse Mitsprache.[25] Im jährlichen Haushaltsverfahren hat das EP ein Mitentscheidungsrecht bei den nichtobligatorischen Ausgaben, bei den obligatorischen Ausgaben, zu denen vor allem die Agrarpolitik zählt, hat der Rat das letzte Wort. Im Konvent drehte sich der Konflikt darum, inwieweit Mitentscheidungsrechte auf das gesamte Budget, einschließlich der Finanzplanung und auf die Einnahmenseite ausgeweitet werden sollten.

Die Regierungspositionen: Frankreich und Großbritannien gegen Stärkung des EP

Zu Beginn der Budgetdebatten machte Frankreich klar, dass es keine Mitsprache des EP bei den obligatorischen Ausgaben akzeptiere.[26] Ebenso wandte sich der britische Europaminister Peter Hain gegen eine Aufwertung des EP. »We need a strong EP which concentrates on what it does best – *improving* legislation (…) and its right that the European Parliament's *voice should be heard* in all annual decisions on the EU spending« – gehört zu werden heißt nicht zu entscheiden. Die deutsche Position, dem EP das volle Budgetrecht zu geben, spiegelte sich nur teilweise in dem deutsch-französischen Kompromisspapier[27] wider, in dem es lediglich heißt: »Deutschland und Frankreich wünschen, dass das Haushaltsverfahren rationalisiert und vereinfacht wird und Überlegungen über die Bedingungen angestellt werden, zu denen das Europäische Parlament über alle *oder Teile* (Hervorhebung durch den Autor) der Einnahmen entscheiden könnte, ohne dabei die Gesamtbesteuerung zu erhöhen«. Die Formulierung zeigt,

---

25 Interinstitutionelle Vereinbarung vom 6. Mai 1999 zwischen dem Europäischen Parlament, dem Rat und der Kommission über die Haushaltsdisziplin und die Verbesserung des Haushaltsverfahrens (1999/C172/01).

26 Villepin in der Plenardebatte am 5. Dezember 2002.

27 CONV 489/03.

dass Deutschland bereit war, Rücksicht auf die Interessen Frankreichs zu nehmen, und sich nicht vehement für die vollen Haushaltsrechte des EP einsetzte.

Entwicklung in Konvent und Regierungskonferenz: Erfolgreiche Ausweitung der Budgetrechte – erfolglose Forderung nach EP-Kompetenzen auf der Einnahmenseite

Budgetfragen wurden von der Arbeitsgruppe ›Vereinfachung‹ behandelt. In ihrem Abschlussbericht[28] schlug sie die Abschaffung der unterschiedlichen Ausgabearten vor – verbunden mit einem Letztentscheidungsrecht des EP über alle Ausgaben. Bei den Einnahmen sah sie die Beibehaltung des gegenwärtigen Systems vor – Einstimmigkeit im Rat, anschließende Ratifizierung in den Mitgliedstaaten.

In der Plenardebatte am 5. Dezember 2002 wurde das gegenwärtige System der Eigenmittel kritisiert. Gefordert wurde die Einführung von qualifizierter Mehrheitsentscheidung im Rat (und damit verbunden eine Beteiligung des EP), um eine Blockade in einer erweiterten Union zu verhindern, sowie die Erhebung einer EU-Steuer. Die Aufhebung der Unterscheidung von obligatorischen und nichtobligatorischen Ausgaben wurde mehrheitlich gutgeheißen, kontrovers diskutiert wurde aber, ob dem EP dann die Entscheidung über das ganze Budget zu übertragen sei.

Der erste Präsidiumsentwurf zu den Finanzen der EU[29] am 14. März 2003 spiegelte die Konfliktlinien im Konvent wider. Bei den Beschlussverfahren über die Eigenmittel und der EU-Steuer respektierte der Entwurf die Vorbehalte der Regierungsvertreter und beließ es bei der Einstimmigkeit. Die Ausführungen zum Haushaltsverfahren legten nicht fest, ob im Falle einer Nichteinigung, der Rat oder das EP das letzte Wort hat, und auch zur Ausgestaltung der finanziellen Vorausschau und der damit verbundenen Frage nach der Rolle des EP gab es keine Festlegungen.

Nach einer weiteren kontroversen Diskussion am 4. April veröffentlichte das Präsidium am 26. Mai die Finanzvorschriften.[30] Darin erhielt das EP keine Kompetenzen auf der Einnahmenseite. Die Finanzielle Vorausschau, umbenannt in ›Mehrjähriger Finanzrahmen‹ wurde institutionalisiert

28 CONV 424/02.
29 CONV 602/03.
30 CONV 724/03.

und das EP über das Zustimmungsverfahren beteiligt – was allerdings nach Auffassung einiger Mitglieder des EP hinter die Einflussmöglichkeiten zurückging, die die bereits bestehende interinstitutionelle Vereinbarung ermöglichte. Für viele Regierungsvertreter war dies der Preis für ihre Zustimmung zu einem Haushaltsverfahren, in dem das EP im Vermittlungsverfahren das letzte Wort über das gesamte Budget haben würde. Allerdings wurde diese Bestimmung auf der anschließenden Regierungskonferenz wieder gekippt. Art.III-404[31] legt fest, dass bei einer Nichteinigung im Vermittlungsverfahren die Kommission einen neuen Entwurf vorlegt.

Bewertung des Einflusses normativer Standards

Vergleich Ausgangslage – Resultat. Während das EP auf der Einnahmenseite keine Kompetenzen hinzugewann, ist die Aufwertung des EP im Haushaltsverfahren angesichts der Vorbehalte insbesondere der französischen und der britischen Regierung ein Erfolg für die Befürworter einer Parlamentarisierung der EU.

Die normative Debatte bezüglich des Haushaltsverfahrens. Salienz-Argumente machen 42 % der Argumente zugunsten einer Kompetenzausweitung des EP aus. Es ist daher plausibel anzunehmen, dass sich vor allem auf diesem Weg normativer Druck aufbauen ließ, um das untransparente Aushandeln von Teilen des Budgets ohne parlamentarische Rückbindung zu beenden. Begünstigt wurde diese Forderung durch das kaum umstrittene Prinzip der Vereinfachung der Verträge, aus dem sich auch die Aufhebung unterschiedlicher Ausgabenarten folgern ließ. Die Gegner einer EP-Aufwertung hatten dem argumentativ wenig entgegen zu setzen. Obwohl insbesondere die Finanzminister die gleichwertige Stellung des EP im Vermittlungsverfahren bei der Regierungskonferenz am liebsten abgeschafft hätten (Becker und Leiße 2005: 245), wurde der parlamentarische Standard schließlich respektiert. Das Hauptargument gegen die Stärkung des EP war die institutionelle Balance, die es zu wahren gelte (50 % der Contra-Argumente), sowie der Verweis auf den funktionierenden Status Quo (Effizienz, 33 %) – beides keine Argumente, die die Gegenseite in Bedrängnis brachte. Allerdings gelang es den Gegnern einer EP-Aufwertung, ihre Position anderweitig annähernd durchzusetzen, da der mehrjährige Finanzrahmen, bei

31 CIG 87/04.

dem das EP nur über das Zustimmungsverfahren beteiligt ist, die Spielräume des jährlichen Haushaltsverfahrens einschränkt. So wurde zwar formal die Norm der Haushaltskompetenz anerkannt, gleichzeitig auf anderem Wege aber wieder unterlaufen. Der Versuch des EP-Lagers, dies mit dem Kohärenzargument zu verhindern, dass die interinstitutionelle Vereinbarung bei der finanziellen Vorausschau schon ein Quasi-Mitbestimmungsrecht des EP sei, das auch bei einer Institutionalisierung des mehrjährigen Finanzrahmens zu respektieren sei (26 %), war erfolglos.

Entwicklungen in der Debatte. Selbst wenn es den Regierungsvertretern über den mehrjährigen Finanzrahmen gelingen sollte, die Haushaltsrechte des EP einzuschränken, zeigte die Entwicklung im Konvent dennoch, dass sich mit dem Budgetrecht, dem klassischen Parlamentsrecht, normativer Druck ausüben ließ. Denn zu Beginn des Konvents machten sowohl britische wie französische Regierungsvertreter deutlich, dass sie am Status Quo festhalten wollten. Beide veränderten ihre Positionen im Laufe des Konvents und der Regierungskonferenz und akzeptierten, dass kein Budgetbereich ohne Zustimmung des EP verabschiedet werden kann.

Ausweichstrategien zur normativen Debatte. Für die Plausibilität des normativen Drucks sprechen auch die Ausweichstrategien der Gegner einer Aufwertung des EP. Anstatt zu sagen, dass eine starke Mitwirkung des EP bei der mehrjährigen Finanzplanung nicht erwünscht ist, wurde von verschiedener Seite postuliert, dass das Zustimmungsverfahren den gegenwärtigen Mitsprachemöglichkeiten der interinstitutionellen Vereinbarung entspräche. Dass es zwischen den beiden Verfahren Unterschiede gibt, wurde negiert. Rhetorisch wurden so parlamentarische Standards respektiert, obwohl deren Einhaltung in der Praxis zumindest fraglich ist. Insbesondere die französische Regierung wollte auf jeden Fall verhindern, dass die beschlossenen Mehrjahresprogramme für den Agrarbereich durch das jährliche Haushaltsverfahren relativiert werden könnten. Es haben also keine Überzeugungsprozesse stattgefunden.

Die normative Debatte bezüglich der Einnahmen. Dass das EP in diesem Bereich nicht gestärkt worden ist, ist auch darauf zurückzuführen, dass sich keine normative Notwendigkeit konstruieren ließ, das EP auf der Einnahmenseite des EU-Budgets zu stärken. Die Befürworter einer Stärkung des EP rechtfertigten ihre Vorstöße zur Mitsprache (verbunden mit der Forderung nach QME im Rat) und zur Einführung einer EU-Steuer vor allem mit Effizienz-Argumenten (›Das jetzige Verfahren zur Bestimmung der Eigenmittel funktioniert in einer erweiterten Union nicht mehr‹, 44 %);

hinzu kam der Versuch, eine Legitimitätslücke (33 %) anzuprangern (›Da das EP Haushaltsbehörde ist, muss es auch über die Einnahmen entscheiden‹), sowie der Verweis darauf, dass die Gründerväter der EU von einer durch Eigenmittel finanzierten EU ausgingen, und da diese durch die Absenkung von Zöllen eine immer geringere Rolle spielten, die Einführung einer EU-Steuer einen Ausgleich schaffen müsse (Kohärenz, 22 %).

Normativer Druck ließ sich mit diesen Argumenten nicht aufbauen. Die Gegenseite negierte Legitimitätsprobleme (20 %), da die nationalen Parlamente nicht ihrer Rechte enthoben seien, über das Budget zu entscheiden – einschließlich der darin enthaltenen Beiträge für die EU. Die Gegenseite konnte also nicht als Normbrecher angeprangert werden. Die Erfolglosigkeit der Befürworter einer Aufwertung des EP bei den Einnahmen bestätigt, dass eine rein föderalistisch motivierte Aufwertung des EP sich nicht durchsetzen lässt, wenn sie nicht mit einer Legitimitätslücke gerechtfertigt werden kann (vgl. den Beitrag von Rittberger in diesem Band).

Die Rolle nationaler Parlamente im europäischen Entscheidungsprozess

Der Konflikt: Stärkung der NP als ergänzende oder alternative Demokratisierungsstrategie

Zwei dem Maastricht-Vertrag angefügte Erklärungen anerkannten erstmals die Partizipations- und Kontrollrechte nationaler Parlamente (NP) im europäischen Entscheidungsprozess. Der Vertrag von Amsterdam überführte sie in das bindende Protokoll Nummer neun. Neben Informationsrechten regelt das Protokoll die Einbeziehung der NP über die Konferenz der Europaausschüsse der Mitgliedsparlamente (COSAC), die unverbindliche Überlegungen und Vorschläge einbringen kann – unter anderem zur Anwendung des Subsidiaritätsprinzips. Für die Parlamentarisierung der EU im Sinne einer Aufwertung des EP ist die Einbindung der NP zweischneidig, denn die Aufwertung der NP lässt sich einerseits als ergänzende, andererseits aber auch als alternative Strategie zur Aufwertung des EP ausgestalten.

Zu einer ergänzenden Demokratisierungsstrategie zählt die Stärkung der Kontrollrechte der NP gegenüber der eigenen Regierung. Dies lässt sich unabhängig von den Kompetenzen des EP ausgestalten. Allerdings ist das Demokratisierungspotenzial beschränkt. Schließlich läuft die Kontrolle der eigenen Regierung ins Leere, wenn diese aufgrund von Mehrheitsentscheidungen im Rat überstimmt werden kann. Problematischer für das EP ist die Einbindung der NP auf europäischer Ebene. Die Kontrolle des Subsidiaritätsprinzips durch einen Frühwarnmechanismus ohne das Recht, Kommissionsinitiativen zu stoppen, lässt sich als ergänzende Strategie zu werten, die keine Konkurrenzsituation für das EP schafft. Veto-Rechte im Frühwarnmechanismus oder eine institutionelle Vertretung durch eine zweite Kammer, einen Kongress oder eine aufgewertete COSAC sind dagegen tendenziell gegen das EP gerichtet.[32]

Regierungspositionen: Stärkung der NP auf Kosten des EP

Die Aufwertung des EP als Strategie zur Behebung des Demokratiedefizits der EU war in den Debatten rund um die Verhandlungen zum Vertrag von Nizza stark in der Defensive. Sogar Föderalisten wie der deutsche Außenminister Fischer argumentierten gegen das EP. In seiner Humboldt-Rede in Berlin[33] schlug er stattdessen vor, zu den Verhältnissen vor der Direktwahl des EP 1979 zurückzukehren: einem europäischen Parlament zusammengesetzt aus nationalen Parlamentariern. Seine Rechtfertigung lautete, das EP habe nicht genügend Legitimität, weil es von den Bürgern kaum wahrgenommen werde, die im Nationalstaat weiter ihren zentralen Bezugspunkt hätten. Auch Schröder maß den NP in einer Regierungserklärung[34] »einen herausgehobenen Platz im Gefüge der europäischen Institutionen« bei – etwa bei »der Kontrolle der europäischen Sicherheits- und Verteidigungspolitik«.

In Frankreich setzten sowohl Präsident Chirac als auch Premierminister Jospin auf ein neu zu schaffendes Gremium zur Überwachung der Subsidiarität. In Straßburg forderte Chirac,[35] dass »den nationalen Parlamenta-

32 Zu dieser Einschätzung siehe Maurer (2003) und Raunio (2004) sowie House of Lords (A second parliamentary chamber for Europe: An unreal solution to some real problems, Seventh Report, 27.11.2001, http://www.publications.parliament.uk/pa/ld200102/ldeucom/48/4804.htm).

33 12.5.2000, http://www.bundesregierung.de.

34 207.Sitzung des Bundestags, 12. Dezember 2001, dokumentiert im Ausschuss für die Angelegenheiten der EU, Band 31, Seite 91.

35 6. März 2002, dokumentiert unter http://www.europa.eu.int/constitution/futurm/congov_de.htm.

riern auf der Ebene der Union neue Befugnisse übertragen werden«. Kurz vor dem Gipfel in Laeken erklärte Jospins Europaminister Pierre Moscovici die Regierungsposition.[36] Zwar sei die Einrichtung einer neuen Kammer bestehend aus nationalen Parlamentariern problematisch, pragmatischer sei aber der auch von Jospin in seiner Rede am 28. Mai 2001 vorgeschlagene Kongress, der in regelmäßigen Abständen Vertreter nationaler Parlamente und des EP zusammenführe und eine politische Kontrolle der Aufteilung der Kompetenzen ausüben würde. Eine institutionalisierte Einbindung der NP favorisierte auch der britische Premierminister Blair. In seiner Rede vor der polnischen Börse am 6. Oktober 2000[37] beschrieb er den Sinn und die Notwendigkeit einer zweiten Parlamentskammer neben dem EP.

Die Entwicklung im Konvent und Regierungskonferenz: Minimale Aufwertung der NP als ergänzende Strategie zur Parlamentarisierung

Die Rolle der NP wurde in den Arbeitsgruppen ›Subsidiariät‹ und ›Einzelstaatliche Parlamente‹ thematisiert. Letztere bezeichnet Norman (2003: 98) als »the battle ground between supporters of an additional parliamentary chamber and MEPs who were determined – successfully as it turned out – to protect the legislative prerogatives of the European Parliament«. Die Gruppe schlug vor,[38] der COSAC eine größere Rolle in der Überwachung der Entscheidungsprozesse zu geben. Ferner sollten wichtige Themen innerhalb eines Kongress debattiert werden, bestehend aus nationalen und europäischen Parlamentariern. Dagegen stand die Arbeitsgruppe ›Subsidiarität‹ einer weitreichenden Einbindung der NP in die europäische Gesetzgebung skeptisch gegenüber. Der Abschlussbericht[39] betonte, dass das Subsidiaritätsprinzip bereits von der Kommission kontrolliert werde. Zur Verbesserung der Kontrolle des Subsidiaritätsprinzips wurde die Einführung eines Frühwarnmechanismus vorgeschlagen, der den NP das Recht gibt, eine Verletzung des Subsidiaritätsprinzips festzustellen, ohne aber den Entscheidungsprozess blockieren zu können.

36 Beitrag bei den so genannten »*Mardis de l'Europe*« in der Assemblée Nationale, 11. Dezember 2001, http://www.diplomatie.gouv.fr/avenir/page_31.html.

37 Dokumentiert: http://www.europa.eu.int/futurum/congov_de.htm.

38 CONV 353/02.

39 CONV 286/03.

Die Schlussfolgerungen der beiden Arbeitsgruppen wurden im Plenum am 3./4. und am 28. Oktober 2002 diskutiert. Die Forderung nach einer weiteren Parlamentskammer spielte kaum noch eine Rolle. Stattdessen wurden die Einführung eines Kongresses sowie eine Ausweitung der Kompetenzen der COSAC gefordert. Der Fokus der Debatte war die Kontroverse über Vetomöglichkeiten im Frühwarnmechanismus zur Kontrolle der Subsidiarität.

Am 27. Februar 2003 veröffentlichte das Präsidium den Entwurf des Protokolls über die Anwendung der Grundsätze der Subsidiarität und der Verhältnismäßigkeit, sowie des Protokolls über die Rolle der einzelstaatlichen Parlamente in der Europäischen Union.[40] Dabei beließ es das Präsidium bei den Modalitäten des Frühwarnmechanismus, wie sie von der Arbeitsgruppe Subsidiarität vorgeschlagen wurden. Es kam also nicht zu einer von verschiedener Seite geforderten Verschärfung des Kontrollmechanismus. Gemäß Art. 5 ist jedes NP berechtigt, binnen sechs Wochen eine begründete Stellungnahme zu übermitteln, in der es darlegt, weshalb der betreffende Vorschlag seines Erachtens nicht mit dem Subsidiaritätsprinzip vereinbar ist. Mit Art. 6 wurde eine Schwelle von einem Drittel eingeführt, ab der die Kommission ihren Vorschlag zu überprüfen hat. Die Kommission kann aber frei wählen, ob sie an ihrem Vorschlag festhalten, ihn ändern oder ihn zurückziehen möchte. Sie muss ihren Beschluss lediglich begründen. Ein Zugeständnis an die Befürworter von weitreichenden Kompetenzen der NP ist die Möglichkeit, auch im Vermittlungsverfahren noch Stellungnahmen abgeben zu können (Punkt 7).

In der anschließenden Plenardebatte am 18. März 2003 drängten einige Konventsmitglieder weiter darauf, die Kompetenzen der COSAC auszubauen und den Frühwarnmechanismus mit einer Veto-Möglichkeit für die NP auszustatten. Der vor allem von Giscard geforderte Kongress stieß weiter auf Ablehnung. Im modifizierten Teil 1 der Verfassung[41] wurde er schließlich gestrichen, bezüglich COSAC und Subsidiaritätskontrolle kam es zu keinen Veränderungen. Daran änderte auch die vor allem von Großbritannien in der Regierungskonferenz vorgebrachte Kritik nichts.

40 CONV 579/03.
41 CONV 770/03.

Bewertung des Einflusses normativer Standards

Vergleich Ausgangslage – Resultat. Betrachtet man, mit welcher Vehemenz die Regierungen der großen Mitgliedsstaaten im Vorfeld des Konvents in ihren Reden zur Verfassungsdebatte für eine Stärkung der NP auf EU-Ebene eintraten, ist es überraschend, dass von den ambitionierten Vorschlägen einiger Regierungen nichts übrig geblieben ist. Es wurde keine zweite Kammer eingerichtet, auch kein Kongress; die COSAC bleibt ein Gremium des Austausches ohne direkten Einfluss auf die europäische Gesetzgebung. Übrig blieb ein Frühwarnmechanismus, der es den einzelnen Parlamenten erlaubt, die Verletzung des Subsidiaritäts- und Verhältnismäßigkeitsprinzips festzustellen. Obwohl Subsidiaritätsprinzip und die Stärkung der NP schon lange auf der Agenda standen, wurden diese beiden Elemente im Konvent erstmals verknüpft (Rittberger 2004: 26). Damit wurde das Argument anerkannt, dass die durch den Kompetenztransfer auf die europäische Ebene geschwächten NP mit dem Recht zur Überprüfung der Einhaltung des Subsidiaritätsprinzips kompensiert werden sollten. Eine Kompensation, die aber eher symbolisch zu betrachten ist, da der Mechanismus ohne Vetomöglichkeit harmlos ist (Raunio 2005: 7). Ferner kann mittels dieses Mechanismus das Legitimitätsdefizit europäischen Regierens nicht geschlossen werden, da er für den europäischen Gesetzgebungsprozess nicht greift (Raunio 2005: 7). Als Mittel der Demokratisierung im Sinne einer Schließung der Kluft zum Bürger, wie der Einbezug der NP in der Verfassungsdebatte im Vorfeld des Konvents immer wieder gerechtfertigt wurde, taugt der Frühwarnmechanismus daher nur sehr bedingt.

Die normative Debatte. Die Erfolglosigkeit der Befürworter einer weitreichenden Einbindung der NP liegt unter anderem daran, dass sich dafür keine normative Notwendigkeit konstruieren ließ. Es wurde zwar versucht mittels der Legitimitätslücke (45 % der kodierten Argumente pro weitgehende Stärkung der NP) in Verbindung mit dem Verweis auf den Nationalstaat als primäre Legitimitätsquelle (34 %) die Gegner eines weitreichenden Einbezugs normativ unter Druck zu setzen. Dies misslang aber. Kein Gegner des Kongresses oder der aufgewerteten COSAC konnte als jemand hingestellt werden, der mit gemeinsam geteilten Werten bricht. Denn die Gegner einer weitreichenden Einbindung bestritten vehement das Salienz-Argument (26 % der Contra-Argumente gegen einen weitreichenden Einbezug der NP) und versuchten es zu entkräften. Sie teilten zwar die Sicht, dass durch den Kompetenztransfer eine Legitimitätslücke bestehe, bestritten aber, dass diese durch eine Stärkung der NP auf europäischer Ebene geschlossen werden kann. Ihr Argument: Wie sollte eine Kontrolle durch NP aussehen, wenn der Rat mit Mehrheit entscheidet und daher auch eine dem NP verantwortliche Regierung überstimmt werden kann? Sie machten also plausibel, dass sich die durch Kompetenztransfers entstandene Legitimitätslücke nicht durch den Einbezug NP auf europäischer Ebene schließen lässt. Möglich wäre dies nur durch eine Beteiligung am Entscheidungsprozess, wie sie derzeit durch das EP ausgeübt wird. Eine solche Einbindung hätte aber die Tendenz, dass Delegierte der Regierungen lediglich die Struktur des Rates verdoppeln würden. Neben den inhärenten Schwächen einer NP-Aufwertungsstrategie zur Behebung des Demokratiedefizits zogen die Gegner einer weitreichenden Einbindung ferner die Glaubwürdigkeit ihrer Gegenspieler in Zweifel, indem sie ihnen vorwarfen, weniger an einer Demokratisierung als an einer Renationalisierung und einer Schwächung des supranationalen Pols der EU interessiert zu sein.

Erschwerend kam für die Befürworter einer weitreichenden Einbindung der NP hinzu, dass eine solche Strategie kaum auf Kohärenz bauen kann. Sie mussten vielmehr einen Bruch mit der bisherigen Architektur verteidigen, wenn sie etwa die COSAC stärken oder einen Kongress einführen wollten, der auch eine Wahlfunktion gehabt hätte. Beides wäre eine Abkehr vom Konstitutionalisierungspfad der vergangenen Vertragsrevisionen gewesen und hätte zu einer Vermischung der Ebenen geführt, wie sie es bisher zwischen NP und EP nicht gibt (32 % der Argumente der Gegner eines weitreichenden Einbezugs der NP bezogen sich auf den bestehenden Konstitutionalisierungspfad, den es nicht zu verlassen gelte). Das Scheitern eines weitreichenden Einbezugs der NP bestätigt somit die Konstitutionalisierungshypothese, die besagt, dass sich institutionelle Veränderungen eher durchsetzen lassen, wenn sie an bestehende institutionelle Regeln anknüpfen können. Ungünstig für die Einbindung der NP war ferner, dass sie zu einer Verkomplizierung des Institutionengefüges geführt hätte, was im klaren Widerspruch zu der gestellten Aufgabe der Vereinfachung gestanden hätte und ebenfalls von der Gegenseite angeprangert wurde (29 % Effizienzargumente).

Entwicklungen in der Debatte. Ein weiterer Beleg für die Wirkung normativer Standards ist die Entwicklung der Debatte. So verwiesen die Befürworter einer weitreichenden Involvierung der NP im Frühjahr 2003 weniger auf die Legitimitätslücke als noch in der Debatte im Oktober 2002, weil die Gegner offenbar dieses Argument erfolgreich bestritten hatten. Bezüglich des Kongresses veränderten sie ihre Argumentationsstrategie. Nachdem der Kongress im Konvent auf viel Widerstand gestoßen war, versuchten Giscard und andere Befürworter den Kongress nun mit dem Konvent gleichzusetzen, weil sie darauf spekulierten, dass die hohe Legitimität, die der Konvent genoss, dazu führen würde, auch im Kongress etwas Positives zu sehen.

Schlussfolgerungen

Die drei Fallstudien bestätigen die Konstitutionalisierungshypothese. Die Analyse der Verhandlungsprozesse macht plausibel, dass sich mit Salienz- und Kohärenz-Argumenten normativer Druck aufbauen ließ, der das Verhandlungsergebnis zugunsten des EP verschob. Erstens entsprachen die Verhandlungsergebnisse nicht dem, was aus der Konstellation der Positionen der Regierungen im Vorfeld und zu Beginn des Konvents zu erwarten gewesen war. Die Verfassung sieht trotz Widerstand unter den großen Mitgliedsländern eine Wahl des Kommissionspräsidenten mit einfacher Mehrheit im EP vor, schreibt dem Präsidenten des Europäischen Rates eine sehr beschränkte Rolle zu und gibt dem EP das Mitentscheidungsrecht für den kompletten Haushalt. Zweitens zeigt die Entwicklung der Artikelentwürfe, dass das Konventspräsidium Schritt für Schritt die Argumente der Befürworter einer Stärkung des EP aufnahm und sich das Verhandlungsergebnis so im Verlauf des Konvents zugunsten der Befürworter einer weiteren Stärkung des EP verschob. Drittens veränderten die unter normativen Druck gesetzten Akteure im Verlauf der Konventsdebatten ihre Positionen. Viertens vermieden die Gegner einer weiteren Parlamentarisierung der EU meist eine offene normative Debatte über das konstitutionelle Prinzip des Parlamentarismus, indem sie etwa mit Worthülsen wie die der ›institutionellen Balance‹ bestehende Zielkonflikte zu verdecken versuchten. Schließlich zeigte sich, dass ohne eine signifikante Legitimitätslücke kein erfolgreicher normativer Druck aufbauen lässt. So gelang es nicht, dem EP auf der Einnahmenseite des Budgets Kompetenzen zuzubilligen, weil die meisten Akteure dort kein Legitimitätsproblem wahrnahmen. Dies zeigt, dass allein integrationistisch motivierte Vorschläge weniger Chancen haben sich durchzusetzen, wenn sie nicht mit einer klaren

Verletzung parlamentarischer Standards gerechtfertigt werden können. Die Forderung nach einer weitreichenden Einbindung der NP blieb erfolglos, weil es der Gegenseite gelang, erfolgreich auf die Defizite einer solchen Strategie zur Demokratisierung der EU hinzuweisen.

Literatur

Becker, Peter/Leiße, Olaf (2005), *Die Zukunft Europas. Der Konvent zur Zukunft der Europäischen Union*, Wiesbaden: VS Verlag für Sozialwissenschaften.

Clegg, Nick (2002), »Restoring legitimacy: parliaments and the EU«, in: Ulrike Rüb (Hg.), *European Governance. Views from the UK on Democracy, Participation and Policy-making in the EU*, London: Federal Trust, S. 31–44.

Checkel, Jeffrey T. (2001), »Why comply? Social learning and European identity change«, *International Organization*, Jg. 55, H. 3, S. 553–588.

Göler, Daniel/Marhold, Hartmut (2005), »Die Konventsmethode – Institutionelles Experiment oder Modell für die Zukunft?«, in: Mathias Jopp/Saskia Matl (Hg.), *Der Vertrag über eine Verfassung für Europa. Analysen zur Konstitutionalisierung der EU*, Baden-Baden: Nomos.

Hooghe, Lisbeth (2001), *The European Commission and the Integration of Europe. Images of Governance*, Cambridge: Cambridge University Press.

Jachtenfuchs, Markus/Diez, Thomas/Jung, Sabine (1998), »Which Europe? Conflicting models of a legitimate European political order«, *European Journal of International Relations*, Jg. 4, H. 4, S. 409–445.

Joerges, Christian (2001), »Deliberative supranationalism – a defence«, *European Integration online Papers (EioP)*, Jg. 5, Nr. 8.

Kohler-Koch, Beate (2000), »Framing: the bottleneck of constructing legitimate institutions«, *Journal of European Public Policy*, Jg. 7, H. 4, S. 513–531.

Legleitner, Jochen (2003), *Europapolitik und innerstaatlicher Bezugsrahmen. Herleitung und Entwicklung der deutschen und französischen Europakonzeption im Spannungsfeld von EU-Integration und Osterweiterung der Jahre 1989/90–2000*, Frankfurt/M. u. a.: Lang.

Majone, Giandomenico (1998), »Europe's ›democratic deficit‹: The question of standards«, *European Law Journal*, Jg. 4, H. 1, S. 5–28.

Magnette, Paul (2003), *Coping with Constitutional Incompatibilities. Bargains and Rhetoric in the Convention on the Future of Europe*, Jean Monnet Working Paper 14/03.

Marcussen, Martin/Risse, Thomas/Engelmann-Martin, Daniela/Knopf, Hans (1999), »Constructing Europe? The evolution of French, British and German nation state identities«, *Journal of European Public Policy*, Jg. 6, H. 4, S. 614–633.

Maurer, Andreas (2003), *Schließt sich der Kreis? Der Konvent, nationale Vorbehalte und die Regierungskonferenz. Teil I: Analyse und Empfehlungen*, Diskussionspapier der Stiftung Wissenschaft und Politik (http://www.swp-berlin.org/de/common/get_document.php?id=573).

Moravcsik, Andrew (1998), *The Choice for Europe. Social Purpose and State Power from Messina to Maastricht*, Ithaca: Cornell University Press.

Norman, Peter (2003), *The Accidental Constitution: The Story of the European Convention*, Brüssel: EuroComment.

Pierson, Paul (1998), »The path to European integration: A historical-institutionalist analysis«, in: Wayne Sandholtz/Alec Stone Sweet (Hg.), *European Integration and Supranational Governance*, Oxford: Oxford University Press, S. 27–59.

Raunio, Tapio (2004), *Two Steps Forward, One Step Back. National Legislatures in the EU Constitution*, The Federal Trust for education and research: http://www.fedtrust.co.uk/uploads/constitution/Raunio.pdf.

— (2005), »Much ado about nothing? National legislatures in the EU constitutional treaty«, *European Integration online Papers (EioP)*, Jg. 9, Nr. 9.

Risse, Thomas (2002), *Arguing and Persuasion in International Relations and European Affairs*, Discussion Paper for the FU-Berlin Conference, 8–10 April 2002.

Rittberger, Berthold (2004), *The Politics of Democratic Legitimation in the European Union*, Oxford University: Nuffield College Working Papers in Politics, Nr. 4.

— (2005), Building Europe's Parliament. Democratic Governance Beyond the Nation-State. Oxford: Oxford University Press.

Scharpf, Fritz Wilhelm (1999), *Regieren in Europa: effektiv und demokratisch?*, Frankfurt/M.: Campus.

Schimmelfennig, Frank (2001), »The community trap: Liberal norms, rhetorical action and the Eastern enlargement of the EU«, *International Organization*, Jg. 55, H. 1, S. 47–80.

— (2003), *The EU, NATO, and the Integration of Europe. Rules and Rhetoric*, Cambridge: Cambridge University Press.

Tsebelis, George (1995), »Decision making in political systems: veto players in presidentialism, parliamentarism, multicameralism and multipartyism«, *British Journal of Political Science*, Jg. 25, H. 3, S. 289–326.

Menschen- und Bürgerrechte

Konkurrenz und Gemeinschaft Verfassungsgerichte, rhetorisches Handeln und die Institutionalisierung von Menschenrechten in der Europäischen Union

Frank Schimmelfennig

Einleitung

Der Prozess der Institutionalisierung der Menschenrechte in der EU ist bemerkenswert. Ursprünglich war die Europäische Gemeinschaft ein Projekt regionaler wirtschaftlicher Integration. In den Gründungsverträgen gibt es deshalb keinen Verweis auf grundlegende Menschenrechte – geschweige denn eine Menschenrechtscharta. Auch werden in diesem Bereich keine Kompetenzen an die supranationalen Organe übertragen.[1] Heute hält der EU-Vertrag fest, dass die Achtung der Menschenrechte und der Grundfreiheiten zu den grundlegenden Prinzipien der Union gehört. Es wurden Prozeduren geschaffen, mit deren Hilfe die Akte der EU oder ihrer Mitgliedstaaten auf ihre Vereinbarkeit mit den Menschenrechten überprüft werden können (Art. 6, 7 und 46 EUV). Daneben besitzt die EU eine im Jahre 2000 vom Europäischen Rat angenommene und im Jahre 2004 in den Europäischen Verfassungsvertrag integrierte Menschenrechtscharta. Schließlich sieht der Europäische Verfassungsvertrag den Beitritt der EU zur Europäischen Menschenrechtskonvention (EMRK) des Europarats vor.

---

1 Eine Ausnahme bilden die Bestimmungen über die Nichtdiskriminierung aufgrund der Nationalität und des Geschlechts in Art. 69 des EGKS-Vertrags und Art. 7 und 119 der EEA.

Die Institutionalisierung der Menschenrechte begann bereits in den frühen siebziger Jahren. Damals erklärte der Gerichtshof der Europäischen Gemeinschaften (EuGH) die Achtung der Menschenrechte mit dem Verweis auf die EMRK und die Verfassungstraditionen der Mitgliedstaaten zu einem allgemeinen Prinzip des Gemeinschaftsrechts und begann, Akte der Gemeinschaft und der Mitgliedstaaten auf ihre Konformität mit den Menschenrechten zu überprüfen.

In diesem Artikel sollen die beschriebenen Entwicklungen als rhetorisches Handeln zwischen Verfassungsgerichten analysiert werden. Die wichtigsten Europäischen Verfassungsgerichte – der Europäische Gerichtshof, nationale Verfassungsgerichte und der Europäische Gerichtshof für Menschenrechte (EuGMR) – konkurrieren hinsichtlich ihrer Rechtssprechungsbereiche und versuchen, ihren eigenen Rechtssprechungsbereich vor »Übergriffen« anderer Rechtsordnungen und Gerichte zu schützen. Gleichzeitig gehören sie aber derselben rechtlichen und liberalen internationalen Gemeinschaft an. Deren grundlegendste Norm, die es unter allen Umständen zu schützen gilt, sind die Menschenrechte. Der Wettbewerb zwischen den Gerichten beschränkt sich deshalb auf rechtliche Argumente. Der Ruf nach Autonomie und Vormachtstellung ist erfolgreich, wenn ein Gericht in der Lage ist, die Menschenrechte mindestens so effektiv zu schützen, wie die konkurrierenden Gerichte.

Auf der Basis dieser Annahmen wird versucht zu zeigen, dass der EuGH die Menschenrechte in seine Rechtssprechung integrieren und seine Jurisdiktion an die bestehenden europäischen Menschenrechtsbestimmungen binden musste, um seine Autonomie gegenüber den nationalen Verfassungsgerichten zu behaupten. Um unabhängig vom EuGMR zu bleiben, musste er jedoch auch verhindern, rechtlich an die EMRK gebunden zu werden. Der EuGH befand sich deshalb in einem Dilemma. Indem er seine Rechtssprechung an die Menschenrechtsnormen der EMRK band, konnte er die nationalen Verfassungsgerichte besänftigen. Der gleiche Schritt erschwerte ihm aber die Wahrung seiner Autonomie gegenüber der EMRK. Dem EuGH gelang es also nicht, die nationalen Verfassungsgerichte dazu zu bewegen, seinen Vorrang zu akzeptieren, ohne selbst den Vorrang des EuGMR im Bereich der Menschenrechte anerkennen zu müssen. Das wichtigste, wenn auch ursprünglich nicht intendierte, Ergebnis dieser strategischen Interaktion war die progressive Institutionalisierung der Menschenrechte in der EU.

Wie argumentierten die Gerichte in diesem Wettbewerb? Im Wesentlichen setzten die Konkurrenten des EuGH Salienzargumente gegen die Effizienzargumente des EuGH. Gegen die Behauptung des EuGH, eine stärkere Integration könne nur erreicht werden, wenn das Gemeinschaftsrecht und die Rechtssprechung des EuGH Vorrang genössen, wandten sie ein, dass ein solcher Vorrang des europäischen Rechts die bestehenden Standards zum Schutz der Menschenrechte untergraben würde. Der EuGH bezog sich daraufhin vor allem auf die in der EMRK kodifizierten Menschenrechte, um seine Praxis mit den bestehenden Gemeinschaftsnormen in Einklang zu bringen und seine Legitimität zu stärken. In den hier beschriebenen Fällen lassen sich die Bedingungen der Salienz und der Kohärenz beobachten und als relevant bestätigen. Sie untermauern daher die Erkenntnisse der vergleichenden Analyse der Konstitutionalisierungsschritte in der EU (Schimmelfennig u. a. in diesem Band).

Der Beitrag ist wie folgt aufgebaut. Im nächsten Kapitel werden kurz die Annahmen und Erwartungen bezüglich der Interaktionen zwischen den europäischen Gerichten beschrieben, die aus dem Ansatz des rhetorischen Handelns folgen. Der empirische Schwerpunkt des Artikels liegt einerseits auf dem argumentativen Prozess zwischen dem EuGH und dem deutschen Bundesverfassungsgericht, andererseits auf demjenigen zwischen dem EuGH und dem EuGMR. In der Analyse wird auf eine chronologisch geordnete Sammlung von Gerichtsentscheiden, die sich direkt oder indirekt auf die Kompetenzen der Gerichte im Bereich der Menschenrechte beziehen, zurückgegriffen.[2] Mit Hilfe dieser Sammlung wird die Debatte zwischen den Gerichten, welche in zahlreichen Fallentscheidungen über andere rechtliche Konflikte implizit enthalten ist, rekonstruiert. Es werden zudem die über die Zeit benutzten Frames und Argumente ermittelt und die Resultate der Debatte analysiert.

Die Entwicklung der Rechtssprechung des EuGH im Bereich der Menschenrechte ist bereits Gegenstand zahlreicher Publikationen.[3] Erst kürzlich präsentierte Laurent Scheeck außerdem eine umfassende Analyse der Beziehungen zwischen dem EuGH und dem EuMGR (2005, siehe auch Canor 2000). Das vorrangige Ziel des vorliegenden Artikels ist es, aufzu-

---

2 Ein spezieller Dank gilt Lutz Krebs für die Zusammenstellung des Korpus und Sandra Egli für die Übersetzung des Textes aus dem Englischen.

3 Siehe zum Beispiel Cassese, Clapham und Weiler (1991), Craig und De Búrca (2003: 317–70).

zeigen, dass die Institutionalisierung der Menschenrechte in der EU dem Muster der Konstitutionalisierung innerhalb der EU und den Bedingungen und Mechanismen des rhetorischen Handelns folgt.

Rhetorisches Handeln zwischen europäischen Gerichten

Verfassungsgerichte definieren sich durch die »Autorität, Regierungsakte – wie legislative, administrative oder rechtliche Entscheidungen –, welche die Verfassung verletzen, außer Kraft zu setzen« (Stone Sweet 2000: 21, eigene Übersetzung). Es liegt deshalb in ihrem fundamentalen Organisationsinteresse, diese Autorität zu erhalten und, wenn möglich, zu erweitern. Auf der einen Seite wenden sich ihre Anstrengungen gegen politische Akteure der Exekutive oder Legislative, die versuchen könnten, die Gerichte politisch zu kontrollieren und ihre Entscheidungsautorität zu unterminieren.

Auf der anderen Seite treten die Gerichte aber auch untereinander in Konkurrenz. Die Konkurrenz ist innerhalb des Nationalstaats aufgrund gut etablierter Hierarchien gedämpft. Im »neo-mittelalterlichen« europäischen System aber, in dem Rechtsordnungen koexistieren, sich überlappen und keine klaren und unumstrittenen Hierarchien besitzen, ist der Wettbewerb stärker (Ruggie 1993). Unter diesen Bedingungen haben die Verfassungsgerichte ein Interesse daran, ihre »eigene« Rechtsordnung, innerhalb derer sie letztinstanzlich für die verfassungsmäßige Überprüfung zuständig sind, vor Eingriffen anderer rechtlicher Ordnungen und der Rechtssprechung anderer Gerichte zu schützen. Auch werden sie versuchen, die Reichweite ihrer eigenen rechtlichen Ordnung auf die Rechtsprechung anderer Ordnungen auszudehnen und den Vorrang ihres rechtlichen Systems und ihrer verfassungsmäßigen Entscheidungen zu etablieren.

Zu Beginn des Konstitutionalisierungsprozesses waren die nationalen Verfassungsgerichte auf ihrem jeweiligen nationalen Territorium letztinstanzlich für die verfassungsmäßige Überprüfung zuständig. In Ländern wie Deutschland und Italien, in denen das rechtsstaatliche System durch faschistische Regime pervertiert wurde, etablierten die Nachkriegsverfassungen Verfassungsgerichte und gestanden ihnen auf ihrem Hoheitsgebiet die exklusive und letztinstanzliche verfassungsmäßige Rechtsprechung zu. Die neuen demokratischen Staaten in Süd- und Osteuropa übernahmen dieses System in den siebziger und neunziger Jahren größtenteils. Das nationale Monopol der Verfassungsgerichte wurde aber durch zwei europäische Entwicklungen herausgefordert.

Nachdem die Mitgliedstaaten des Europarats im Jahre 1950 die EMRK unterzeichnet hatten, etablierten sie 1959 in Straßburg den EuGMR. Damit schufen sie nicht nur einen internationalen Katalog der in den nationalen Verfassungen kodifizieren oder integrierten Menschenrechte, sondern etablierten auch einen rechtlichen Durchsetzungsmechanismus jenseits des Nationalstaats. 1958 schufen die Gründungsmitglieder der Europäischen Gemeinschaft (EG) den EuGH, um die Einhaltung des EG-Vertrags zu fördern und rechtliche Streitfälle innerhalb des EG-Raums zu lösen.

Diese europäischen Entwicklungen warfen für die nationalen Verfassungsgerichte zwei Fragen auf. Erstens, wie würde die rechtliche Ordnung Europas zu den rechtlichen Ordnungen der Nationalstaaten stehen? Würde sie diesen gleichgestellt oder unter- bzw. überlegen sein? Zweitens, wie würde die Beziehung zwischen den Verfassungsgerichten strukturiert sein? Würden nationale Verfassungsgerichte Entscheidungen der europäischen Gerichte annullieren können? Würden europäische Gerichte Entscheidungen der nationalen Verfassungsgerichte, die mit der europäischen rechtlichen Ordnung nicht vereinbar sind, außer Kraft setzen können? In diesen Fragen gehe ich davon aus, dass nationale Verfassungsgerichte danach streben, ihre Autonomie zu schützen. Daraus folgt, dass sie ein Interesse daran haben, dass das innerstaatliche über dem internationalen Recht steht und internationales Recht und internationale Gerichtsentscheidungen auf nationaler Ebene verfassungsmäßig überprüft werden können. Im Gegensatz dazu ist anzunehmen, dass die europäischen Verfassungsgerichte die »Konstitutionalisierung« der EMRK und des EG-Vertrags wünschen, also den Vorrang des internationalen Rechts und ihrer eigenen Rechtssprechung in den die EMRK oder die EG betreffenden Angelegenheiten etablieren wollen.

Mit der Schaffung von zwei europäischen Gerichten wurde jedoch weiteres Konfliktpotential geschaffen. Sollten die EMRK und die Rechtssprechung der auf der Konvention basierenden Organe auch auf die Organe und Akte der EG Anwendung finden? Streben die Gerichte tatsächlich danach, ihre Autonomie zu erhalten bzw. zu vergrößern, ist davon auszugehen, dass der EuGMR seine Rechtssprechung auf die EG ausdehnen und der EuGH seine Autonomie gegenüber der verfassungsmäßigen Überprüfung durch den EuGMR verteidigen wollte.

Zur Förderung ihrer Organisationsinteressen handeln Gerichte rhetorisch – hier rechtlich – argumentieren.[4] Rechtliches Argumentieren ist die anerkannte Methode für die Entscheidungsfindung von Verfassungsgerichten. Verfassungsgerichte haben trotz ihres Mangels an physischen oder materiellen Machtressourcen eine starke politische Position, weil sie die Kompetenz und die Autorität haben, die wesentlichen Spielregeln der Politik zu interpretieren und anzuwenden, und auch als Hüterinnen der Verfassung gelten. Sie müssen aber rechtliche Argumente verwenden, um ihr politisches Interesse an Autonomie und Vorrang durchzusetzen (siehe Stone Sweet 2000: 143–144). Der Erfolg ihrer Forderungen hängt von der Logik und der Überzeugungskraft ihrer rechtlichen Argumentation ab.

Gleichzeitig können Gerichte der Logik des rechtlichen Argumentierens nicht entfliehen. Sowohl ihre eigene argumentative Glaubwürdigkeit als auch die Autorität des Rechts, das sie repräsentieren, hängen von der Unparteilichkeit und der Konsistenz ihrer Rechtssprechung ab (Elster 1992). Um ihre Legitimität zu fördern und ihren Einfluss zu stärken, müssen Verfassungsgerichte »das Recht« als ein einheitliches und unmissverständliches Set von Normen und in einem objektiv erscheinenden, einer deduktiven Logik folgenden Prozess präsentieren. Obwohl durch solche Zwänge die Menge an zulässigen Argumenten eingeschränkt wird, bleibt immer noch genügend Platz für Meinungsverschiedenheiten und rhetorische Manipulationen. Auf der einen Seite können Gerichte das Recht unterschiedlich interpretieren und anwenden und so auf Grundlage derselben Verfassungsprinzipien und -regeln zu unterschiedlichen Schlüssen kommen. Auf der anderen Seite besteht die Möglichkeit, dass sie sich über die anzuwendenden Prinzipien und Regeln oder die richtige Balance zwischen verschiedenen rivalisierenden Prinzipien und Regeln nicht einig sind. Welches aber sind die gemeinsamen Prinzipien und Grundlagen, welche die Verfassungsgerichte nicht ablehnen oder umgehen können, und auf deren Basis sie zu denselben Schlussfolgerungen kommen müssen?

Erstens teilen alle Konkurrenten in ihrer Eigenschaft als Verfassungsgerichte die Prinzipien des Konstitutionalismus und der verfassungsmäßigen Überprüfung von Regierungsakten. Als Verfassungsgerichte einer liberaldemokratischen internationalen Gemeinschaft sind sie zudem dazu gezwungen, den grundlegenden Charakter der Menschenrechte anzuerken-

---

4 Zum rhetorischen Handeln siehe auch Schimmelfennig (2003: 199–228) sowie Rittberger und Schimmelfennig in diesem Band.

nen. Schutz und Förderung der Menschenrechte sind das bedeutendste politische Ziel, der wichtigste Legitimitätsstandard und die zentrale Voraussetzung für die Mitgliedschaft in der liberaldemokratischen Gemeinschaft. Alle Mitgliedstaaten dieser Gemeinschaft haben in der Zeit seit dem Zweiten Weltkrieg einen Prozess der Konstitutionalisierung der Menschenrechte durchlaufen (Shapiro 2005). Der Schutz und die Förderung der in der Verfassung garantierten Menschenrechte vor Verletzungen durch die Exekutive (und die Legislative) wurde zur wichtigsten Aufgabe der Verfassungsgerichte, die auch ihre herausragende Stellung im politischen System rechtfertigt und die Basis für ihr hohes öffentliches Ansehen bildet.

Die Argumente eines Gerichts in der Konkurrenz um Autonomie und Vorrang der eigenen Rechtsordnung müssen deshalb in letzter Instanz auf dem Prinzip des verfassungsmäßigen Schutzes der Menschenrechte beruhen, um überzeugend zu sein. Ferner muss das Gericht in der Lage sein, (überzeugend) darzulegen, dass es zum Schutz fundamentaler Rechte berechtigt und auch (so gut wie die konkurrierenden Gerichte) dazu in der Lage ist. Ansonsten stellen andere Gerichte mit guten Gründen seine Rechtsprechung in Frage.

Zusammenfassend kann gesagt werden, dass die Mitgliedschaft der Gerichte in der liberaldemokratischen Gemeinschaft den Bereich der akzeptablen rhetorischen Argumente erheblich einschränkt. Die Verfassungsgerichte müssen überzeugende, rechtliche Grundlagen für die Gleichwertigkeit oder den Vorrang ihres verfassungsmäßigen Rechtsschutzes anführen, um mit ihrer Forderung nach Autonomie und Vorrang Erfolg zu haben.

Um spezifische Annahmen zu den rhetorischen Strategien der Gerichte machen zu können, müssen die spezifischen Stärken und Schwächen der an der Debatte beteiligten Gerichte analysiert werden. Anfänglich war der EuGH schwächer als die anderen Gerichte, weil die Rechtsordnung der EG weder einen expliziten Menschenrechtskatalog noch eine explizite Kompetenz oder Verpflichtung zur Kontrolle der Menschenrechtskonformität der Handlungen der EG oder ihrer Mitgliedstaaten enthielt. Dies machte es schwierig, die Forderungen des EuGH nach Autonomie und Vorrang zu akzeptieren. Die Konkurrenten des EuGH nutzten dieses Defizit aus. Um seine Forderung nach Autonomie und Vorrang des Gemeinschaftsrechts und der Jurisdiktion des EuGH zu stärken, musste der EuGH deshalb ein funktionierendes System des Menschenrechtsschutzes aufbauen.

Wie es dazu kam, wird in der empirischen Analyse dargestellt. Im ersten Teil werden die argumentativen Interaktionen zwischen dem EuGH und dem Bundesverfassungsgericht (BVerfG) analysiert. Das BVerfG wird als repräsentatives Beispiel für alle nationalen Verfassungsgerichte herangezogen. Aufgrund seiner starken institutionellen Position im politischen System Deutschlands und seiner starken Identität als Garant der Menschenrechte bildete das BVerfG eine große Hürde für die Forderung des EuGH nach Vorrang gegenüber nationalen Verfassungsgerichten. Hinzu kommt, dass die Menschenrechtsdoktrin des EuGH in erster Linie als Reaktion auf die Herausforderungen durch deutsche Gerichte entwickelt wurde. Im zweiten Teil wird auf die Interaktion zwischen dem EuGH und dem EuGMR fokussiert. Es handelt sich dabei um ein jüngeres Beispiel, das zeigt, wie der EuGH sich in der innereuropäischen Konkurrenz verschiedener Verfassungsgerichte behaupten musste.

In jedem Teil werden die Gerichtsentscheide chronologisch behandelt. Das Interesse gilt nicht den Entscheidungen in der Sache, sondern der Kompetenzdebatte zwischen den Gerichten. Außerdem befasst sich der Artikel nur mit den allgemeinen Kompetenzen im Bereich der Menschenrechte, nicht aber mit der Interpretation und Anwendung spezifischer Menschenrechte durch die Gerichte. In jedem Teil werden die Hauptargumente rekonstruiert und der Verlauf der Debatte aus der Perspektive des rhetorischen Handelns erklärt.

Der Europäische Gerichtshof und das deutsche Bundesverfassungsgericht

Der EuGH kämpfte nicht von Beginn an für den Schutz individueller verfassungsmäßiger Rechte. Am 4. Februar 1959 gab er sein Urteil im Fall *Stork* bekannt. Eine deutsche, im Kohlegeschäft tätige Firma hatte verlangt, dass eine Entscheidung der Hohen Behörde (der Europäischen Gemeinschaft für Kohle und Stahl) annulliert werde, weil sie in Deutschland garantierte Rechte verletze. Der EuGH weigerte sich aber explizit, sich »über nationale Rechtsvorschriften auszusprechen« und hielt fest, dass infolge dessen »auf den Vorwurf, die Hohe Behörde habe Grundsätze des nationalen Verfassungsrechts verletzt, im Verfahren vor dem Gerichtshof nicht eingegangen werden« könne.[5] Im Fall *Geitling* (15. Juli 1960) wiederholte er, dass »der Gerichtshof (...) bei der Nachprüfung der Rechtmäßigkeit von Entscheidungen der Hohen Behörde nicht befugt (sei), für die Beachtung solcher innerstaatlicher Vorschriften Sorge zu tragen, die in dem einen oder anderen Mitgliedstaat gelten, mag es sich hierbei auch um Verfassungsrechtssätze handeln.«[6] Erst in den Entscheidungen *Stauder* und *Internationale Handelsgesellschaft,* als sein Vorrang von den deutschen Gerichten in Frage gestellt wurde, änderte der EuGH seine Haltung (Craig und De Búrca 2003: 319).

In den beiden aufsehenerregenden Entscheidungen *Van Gend en Loos* (5. Februar 1963) und *Costa* (15. Juli 1964) machte der EuGH den Anspruch geltend, dass das EG-Recht weder von nationalen politischen Institutionen in nationales Recht transferiert werden müsse (Direktwirkung des EG-Rechts), noch durch nachfolgendes innerstaatliches Recht aufgehoben werden könne (Vorrang des EG-Rechts). Die EG wäre nach Meinung des EuGH sonst nicht in der Lage, das Ziel eines gemeinsamen Marktes zu erreichen. Die Forderung nach Vorrang des EuGH wurde also aufgrund von *Effizienz*überlegungen formuliert:

»Die Geltungskraft des Vertrages und der zu seiner Anwendung getroffenen Maßnahmen darf nicht von Staat zu Staat aufgrund nationaler Rechtsakte verschieden sein; andernfalls würde die Wirkung der Gemeinschaftsrechtsordnung beeinträchtigt und die Verwirklichung der Vertragsziele gefährdet werden. Normenkonflikte zwischen Gemeinschafts- und innerstaatlichem Kartellrecht sind daher nach dem Grundsatz des Vorrangs des Gemeinschaftsrechts zu lösen.«[7]

Der Vorrang bezog sich nicht nur auf einfache innerstaatliche Gesetze, sondern auch auf das nationale Verfassungsrecht und die von diesem geschützten individuellen Rechte und Freiheiten. Die vom EG-Recht geregelten Bereiche wurden deshalb von der verfassungsmäßigen Überprüfung auf nationaler Ebene ausgenommen. Gleichzeitig existierte innerhalb der EG kein System des Menschenrechtsschutzes. Es bestand deshalb die Gefahr, dass die Doktrinen des EuGH über die direkte und vorrangige Wirkung EG-Rechts den Menschenrechtsschutz in der Gemeinschaft reduzie-

5 EuGH, Stork gegen Hohe Behörde, Fall 1/58.
6 EuGH, Präsident, Geitling, Mausegatt und Nold gegen Hohe Behörde, Fälle 36–38/59 und 40/59.
7 EuGH, Wilhelm gegen Bundeskartellamt, Fall 14/68.

ren würden (*Salienz*). Diese Diskrepanz konnte von den nationalen Gerichten genutzt werden, um den Vorrang des EG-Rechts und der Rechtssprechung des EuGH in Frage zu stellen.

Im *Stauder*-Fall forderte das *Verwaltungsgericht* Stuttgart den EuGH auf dieser Basis heraus. Es warf die Frage auf, ob eine Entscheidung der Europäischen Kommission »mit den allgemeinen Rechtsgrundsätzen des geltenden Gemeinschaftsrechts« vereinbar sei. In der Entscheidung hatte die Kommission verlangt, dass bei der Verteilung von Butter aus Überschussbeständen an Bedürftige die Empfänger ihre Identität offen legen müssten. Wenn der EuGH dieser Herausforderung erfolgreich begegnen wollte, musste er die Legitimitätslücke schließen und demonstrieren, dass er dazu fähig war, die Menschenrechte ebenso gut zu schützen wie die nationalen Gerichte. In seinem Urteil vom 12. November 1969 interpretierte der EuGH die Kommissionsentscheidung liberal und schloss, dass die streitige Vorschrift bei dieser Auslegung nichts enthalte, »was die in den allgemeinen Grundsätzen der Gemeinschaftsrechtsordnung, deren Wahrung der Gerichtshof zu sichern hat, enthaltenen Grundrechte der Person in Frage stellen könnte.«[8] Anders ausgedrückt stellte der EuGH in dieser Entscheidung zwei Dinge fest: Erstens, dass Menschenrechte tatsächlich, wenn auch nur implizit, Teil des Rechtssystems der EG sind und dass sie, zweitens, von diesem juristisch geschützt sind. Im Fall *Stauder* versuchte der Gerichtshof also zum ersten Mal, sich als ein den nationalen Verfassungsgerichten gleichwertiges Gericht zu etablieren. Damit reagierte der EuGH auf das Salienzargument der nationalen Gerichte, schützte die Autonomie des rechtlichen Systems der Gemeinschaft vor der verfassungsmäßigen Überprüfung durch nationale Gerichte und erweiterte die Legitimität des auf Effektivität basierenden Anspruchs auf Vorrang des EG-Rechts.

In folgenden Urteilen verfolgte der EuGH diese argumentative Strategie weiter und verfeinerte seine Doktrin. Der Fall *Internationalen Handelsgesellschaft* wurde ebenfalls von einem deutschen Verwaltungsgericht an den EuGH überwiesen. Das Verwaltungsgericht Frankfurt argumentierte weitaus stärker mit Salienz als das Verwaltungsgericht Stuttgart, indem es behauptete, dass die beanstandete EG-Bestimmung »gegen bestimmte Strukturprinzipen des nationalen Verfassungsrechts (verstoße), die im

8 EuGH, Stauder gegen die Stadt Ulm, Fall 29/69.

Rahmen des Gemeinschaftsrechts gewährleistet werden müssten, so dass der Vorrang des übernationalen Rechts vor den Grundsätzen des deutschen Grundgesetzes zurückzutreten habe.«[9]

Im Urteil vom 17. Dezember 1970 hielt der EuGH erstens an einer strikten Interpretation der Vorrangdoktrin fest, indem er entschied, dass »es die Gültigkeit einer Gemeinschaftshandlung oder deren Geltung in einem Mitgliedstaat nicht berühren (könne), wenn geltend gemacht wird, die Grundrechte in der Ihnen von der Fassung dieses Staates gegebenen Gestalt oder die Strukturprinzipien seiner Verfassung seien verletzt.«[10] Zweitens gestand er ein, dass solche Gemeinschaftsmaßnahmen im Prinzip Gegenstand einer verfassungsmäßigen menschenrechtlichen Überprüfung sein müssten (und akzeptierte damit Menschenrechte als Normen höherer Ordnung). Drittens wies er aber die Forderung nach einer *nationalen* Überprüfung der Verfassungsmäßigkeit zurück und beharrte darauf, dass die Überprüfung innerhalb des rechtlichen Systems der Gemeinschaft zu erfolgen habe:

»Es ist jedoch zu prüfen, ob nicht eine entsprechende gemeinschaftsrechtliche Garantie verkannt worden ist; denn die Beachtung der Grundrechte gehört zu den allgemeinen Rechtsgrundsätzen, deren Wahrung der Gerichtshof zu sichern hat. Die Gewährleistung dieser Rechte muss zwar von den gemeinsamen Verfassungsüberlieferungen der Mitgliedstaaten getragen sein, sie muss sich aber auch in die Struktur und die Ziele der Gemeinschaft einfügen.«[11]

Der EuGH argumentierte weiter, dass in diesem Fall keine solchen Rechte verletzt wurden. Der EuGH führte hier erstmals die »gemeinsamen Verfassungsüberlieferungen der Mitgliedstaaten« ein. Es handelt sich dabei um ein Resonanzargument, das von nun an die zweite rechtliche Basis des EG-Menschenrechtsschutzes neben den in *Stauder* angeführten »allgemeinen Grundsätzen der Gemeinschaftsrechtsordnung« bildete. Dabei handelt es sich um einen weiteren Versuch des EuGH, die nationalen Gerichte davon zu überzeugen, dass er ihre Standards des Menschenrechtsschutzes anwendet, es kein bedeutendes Menschenrechtsdefizit gibt und die Forderungen nach Vorrang des nationalen Verfassungsrechts gegenstandslos sind. Gleichzeitig war der EuGH aber vorsichtig genug, sich nicht formell an

---

9 EuGH, Internationale Handelsgesellschaft gegen Einfuhr- und Vorratsstelle für Getreide- und Futtermittel, Fall 11/70.

10 Ebd.

11 Ebd.

irgendeinen nationalen Menschenrechtskatalog oder ein bestimmtes System des Menschenrechtsschutzes zu binden. Er erklärte nur, dass »die Gewährleistung dieser Rechte (...) von den gemeinsamen Verfassungsüberlieferungen der Mitgliedstaaten« getragen sein muss. Diese Wortwahl erlaubte es dem EuGH bei der Interpretation und Anwendung der nationalen Verfassungsregeln und -rechte autonom zu bleiben.

Das Verwaltungsgericht Frankfurt akzeptierte diese Vorabentscheidung nicht und überwies den Fall an das BVerfG. In der Zwischenzeit fügte der EuGH seiner Rechtssprechung im Bereich der Menschenrechte durch die Entscheidung im Fall *Nold* vom 14. Mai 1974 eine weitere »Inspirationsquelle« hinzu. Die Firma Nold führte an, dass die von der Kommission autorisierten Handelsregeln »sie in einem Recht, das dem Eigentumsrecht gleichzustellen sei, sowie im Recht auf freie Berufsausübung (beeinträchtige), beides Rechte, die geschützt werden durch das Grundgesetz der Bundesrepublik Deutschland, die Verfassungen anderer Mitgliedstaaten und verschiedene internationale Verträge namentlich die Europäische Konvention zum Schutz der Menschenrechte und Grundfreiheiten«.[12] Der EuGH reagierte auf diesen Schritt, indem er »die internationalen Verträge über den Schutz der Menschenrechte, an deren Abschluss die Mitgliedstaaten beteiligt waren oder denen sie beigetreten sind« in die »Grundsätze«, denen er »im Rahmen des Gemeinschaftsrechts« folgen würde, einschloss.[13] Er versuchte also, externe Kohärenz für seinen Menschenrechtsschutz herzustellen um damit seine Legitimität zu stärken. Die vom EuGH verfolgte allgemeine Strategie war es, zu argumentieren, dass alle von den Mitgliedstaaten beachteten und von nationalen und internationalen Systemen durchgesetzten Menschenrechte auch vom rechtlichen System der EG geschützt werden. Dadurch widersprach er Behauptungen einer Legitimitätslücke zwischen dem Menschenrechtsschutz der EG und dem ihrer Mitgliedstaaten.

Das BVerfG akzeptierte diese Schlussfolgerung zunächst nicht. Zwei Wochen nach der Entscheidung im Fall *Nold*, am 29. Mai 1974, erließ es sein Urteil in dem vom *Verwaltungsgericht* Frankfurt überwiesenen Fall *Internationale Handelsgesellschaft*. In diesem speziellen Fall wurde das Verfassungsrecht gemäss BVerfG zwar nicht verletzt. Das Gericht nutzte aber die Gelegenheit, um festzuhalten, dass nationale Gerichte das Recht bzw. sogar

---

12 EuGH, Nold gegen Kommission, Fall 4/73.
13 Ebd.

die Pflicht haben, Urteile des EuGH, die mit fundamentalen, vom Grundgesetz geschützten Rechten kollidieren können, dem Verfassungsgericht zur rechtlichen Überprüfung zu überweisen, »solange der Integrationsprozess der Gemeinschaft nicht so weit fortgeschritten ist, dass das Gemeinschaftsrecht auch einen von einem Parlament beschlossenen und in Geltung stehenden formulierten Katalog von Grundrechten enthält, der dem Grundrechtskatalog des Grundgesetzes adäquat ist.«[14] In seiner Urteilsbegründung wies das BVerfG den prinzipiellen »Vorrang« des EG-Rechts zurück und akzeptierte den direkten Effekt des EG-Rechts nur bei Bestimmungen, welche nicht grundlegende Elemente der Verfassungsstruktur – wie insbesondere die Grundrechte – betreffen.

Die Forderung des BVerfG nach dem Vorrang des nationalen Verfassungsrechts und seiner Überprüfung war jedoch nicht kategorisch, sondern lediglich bedingt. Seine Vorbehalte basierten auf dem noch provisorischen Zustand des Integrationsprozesses und den zum damaligen Zeitpunkt noch höheren Legitimitätsansprüchen der nationalen Verfassungsgerichtsbarkeit. In der Meinung des BVerfG war die »anerkanntermaßen bisher grundrechtsfreundliche Rechtsprechung« des EuGH ungenügend. Durch die Institutionalisierung von Menschenrechten und Demokratie – durch ein demokratisch gewähltes Parlament mit umfassenden legislativen Kompetenzen und die Schaffung eines Menschenrechtskataloges, wie sie auf nationaler Ebene gegeben sind – würden die Vorbehalte des Gerichtes aber gegenstandslos und das Primat der nationalen verfassungsmäßigen Überprüfung außer Kraft gesetzt.

Die Argumentation des BVerfG bewegte sich damit innerhalb des anerkannten argumentativen Rahmens der Gemeinschaft. Der effektive Schutz der Menschenrechte wurde als Legitimitätsstandard anerkannt. Aufgrund der ungenügenden demokratischen Legitimität und rechtlichen Kodifikation bestritt das BVerfG aber, dass das Niveau des Menschenrechtsschutzes im rechtlichen System der EG ausreichend war, um die alleinige Autonomie, geschweige denn den Vorrang des EG-Rechts, zu rechtfertigen. Durch die Entscheidung des BVerfG entstand anstelle einer prinzipiellen Kontroverse über den Vorrang des EG-Rechts ein positiver Wettbewerb um Menschenrechtsstandards, was der supranationalen Institutionalisierung der Menschenrechte weiteren Auftrieb verlieh. Die EG musste den Menschenrechtsschutz stärker verrechtlichen, wenn sie den

14 Bundesverfassungsgericht, Solange I, BVerfGE 37, 271.

Status ihrer Rechtsordnung gegenüber den nationalen Rechtsordnung verbessern wollte.

Nach der *Solange*-Entscheidung argumentierte der EuGH zur Verteidigung des Vorrangs des Gemeinschaftsrechts weiterhin unbeirrt, dass der Schutz der Menschenrechte durch das Gemeinschaftsrecht garantiert sei.[15] Seit *Nold* machte der EuGH dabei vermehrt ausführlichen Gebrauch von der EMRK, um seiner Rechtssprechung Legitimität zu verleihen. Er musste sich für externe Kohärenz entscheiden, weil er sich nicht auf eine interne EG-Norm stützen konnte. Externe Kohärenz mit der EMRK hatte zwei strategische Vorteile für den EuGH. Erstens handelt es sich bei der EMRK um einen einzigen Menschenrechtskatalog, der von allen Mitgliedstaaten der EG unterzeichnet und ratifiziert worden war.[16] Die EMRK ist deshalb nicht nur legitim, sondern auch einfach anwendbar. Hätte sich der EuGH auf die verfassungsmäßigen Traditionen der Mitglieder gestützt, hätten die nationalen Verfassungsbestimmungen zuerst einer vergleichenden Analyse unterzogen werden müssen. Zweitens ist die EMRK unabhängig von den nationalen Verfassungsgerichten. Der Gerichtshof der Europäischen Gemeinschaften konnte von sich aus allerdings nichts tun, um die Forderungen des BVerfG von 1974 bezüglich der Kodifizierung und Verrechtlichung der Menschenrechte in der EG zu erfüllen. Dazu brauchte er die Unterstützung anderer Gemeinschaftsakteure.

Am 5. April 1977 veröffentlichten das Europäische Parlament, der Ministerrat und die Kommission eine gemeinsame Erklärung »über die Grundrechte«, in denen sie »die vorrangige Bedeutung, die sie der Achtung der Grundrechte beimessen, wie sie insbesondere aus den Verfassungen der Mitgliedstaaten sowie aus der Europäischen Konvention zum Schutz der Menschenrechte und Grundfreiheiten hervorgehen« unterstreichen und diese Rechte »bei der Ausübung ihrer Befugnisse und bei der Verfolgung der Ziele der Europäischen Gemeinschaften« zu respektieren geloben. In der Präambel der Erklärung erwähnen die drei Gemeinschaftsorgane explizit die vom EuGH entwickelte Doktrin, dass das Gemeinschaftsrecht »außer den Vorschriften der Verträge und des abgeleiteten Gemeinschaftsrechts die allgemeinen Rechtsgrundsätze und insbesondere die Grundrechte, Prinzipien und Rechte, welche die Grundlage des Verfas-

---

15 Siehe zum Beispiel EuGH, Hauer gegen Land Rheinland-Pfalz, Fall 44/79.

16 Als letzter Mitgliedstaat ratifizierte Frankreich die Konvention im Mai 1974.

sungsrechts der Mitgliedstaaten bilden« enthalten.[17] In der »Erklärung über die Demokratie« von 1978 bekräftigten die im Europäischen Rat versammelten Staatsoberhäupter und Regierungschefs diese interinstitutionelle Erklärung. In der Präambel zur Einheitlichen Europäischen Akte von 1986 verkündeten die Mitgliedstaaten ihre Entschlossenheit »gemeinsam für die Demokratie einzutreten, wobei sie sich auf die in den Verfassungen und Gesetzen der Mitgliedstaaten, in der Europäischen Konvention zum Schutze der Menschenrechte und Grundfreiheiten und der Europäischen Sozialcharta anerkannten Grundrechte, insbesondere Freiheit, Gleichheit und soziale Gerechtigkeit, stützen.«[18] Schließlich ist in Art. F(2) des Vertrags von Maastricht festgehalten, dass die Union die Grundrechte »wie sie in der am 4. November 1950 in Rom unterzeichneten Europäischen Konvention zum Schutze der Menschenrechte und Grundfreiheiten gewährleistet sind und wie sie sich aus den gemeinsamen Verfassungsüberlieferungen der Mitgliedstaaten als allgemeine Grundsätze des Gemeinschaftsrechts ergeben« achtet.[19] Die durch die politischen Erklärungen ermöglichte Überführung der Rechtssprechung in Vertragsrecht verrechtlichte die Entscheidungen des EuGH und stärkte deren demokratische Legitimität. Der EuGH verwies deshalb regelmäßig auf die Deklaration von 1977 bzw. das Vertragsrecht, um die Legitimität seiner Rechtssprechung zu erhöhen. Ein Vergleich des Wortlauts der Erklärungen und des Vertragsrechts mit den Doktrinen des EuGH zeigt jedoch, dass diese es waren, die die Erklärungen und Verträge der Regierungen erst inspiriert haben.

Wie reagierte das *BVerfG* auf diese Entwicklungen? Bereits 1979 musste es in einem weiteren vom Verwaltungsgericht Frankfurt überwiesenen Fall entscheiden. Das Verwaltungsgericht zweifelte daran, dass eine vorangehende Entscheidung des EuGH mit bestimmten fundamentalen im Grundrecht garantierten Rechten vereinbar war. Das BVerfG entschied, dass die Überweisung nicht zulässig war, merkte aber in einem kurzen Paragraph am Ende der Entscheidung an, dass der Senat offen lasse, »ob und gegebenenfalls inwieweit – etwa angesichts mittlerweile eingetretener politischer und rechtlicher Entwicklungen im europäischen Bereich – für

17 Amtsblatt, C 103, 27. April 1977.

18 Amtsblatt, L 169, 29. Juni 1987.

19 In der jüngsten, konsolidierten Version des Vertrags über die Europäische Union ist Art. F(2) Art. 6(2). Der Inhalt des Textes blieb aber gleich. Siehe Amtsblatt, C 325, 24. Dezember 2002.

künftige Vorlagen von Normen des *abgeleiteten* Gemeinschaftsrechts die Grundsätze des Beschlusses vom 29. Mai 1974 (...) weiterhin uneingeschränkt Geltung beanspruchen können.«[20] In der Entscheidung wurde nicht erwähnt, von welchen Entwicklungen das Gericht sprach, aber es ist sehr wahrscheinlich, dass es auf die Erklärung von 1977 und die zunehmend elaborierte Rechtssprechung des EuGH Bezug nahm.

In der *Solange-II*-Entscheidung vom 22. Oktober 1986 entschied das BVerfG dann, dass

»solange die Europäischen Gemeinschaften, insbesondere die Rechtsprechung des Gerichtshofs der Gemeinschaften einen wirksamen Schutz der Grundrechte gegenüber der Hoheitsgewalt der Gemeinschaften generell gewährleisten, der dem vom Grundgesetz als unabdingbar gebotenen Grundrechtsschutz im wesentlichen gleichzuachten ist, (...) wird das Bundesverfassungsgericht seine Gerichtsbarkeit über die Anwendbarkeit von abgeleitetem Gemeinschaftsrecht (...) nicht mehr ausüben und dieses Recht mithin nicht mehr am Maßstab der Grundrechte des Grundgesetzes überprüfen.«[21]

Diese Entscheidung war immer noch weit von einer bedingungslosen Akzeptanz des Vorrangs des EuGH entfernt. Aus praktischen Gründen gab das BVerfG seine Forderung, dass alle EuGH-Entscheidungen auf ihre Kompatibilität mit der nationalen Verfassung überprüft werden müssen, aber auf. Sieben Jahre nach seiner »*Vielleicht-Entscheidung*« schloss das BVerfG nun, dass die Institutionalisierung der Menschenrechte in der EU so weit fortgeschritten sei, dass das Gericht seine Vorbehalte widerrufen könne.

In seiner Urteilsbegründung akzeptierte das BVerfG die funktionale, auf Effizienz basierende Argumentation des EuGH, dass seine Interpretation des Gemeinschaftsrechts im Interesse einer einheitlichen Anwendung des Rechts, welche für den gemeinsamen Mark unverzichtbar war, für das nationale Recht und die nationalen Gerichte verbindlich sein müsse. Dennoch wiederholte es seine Position, dass das Gemeinschaftsrecht die konstitutive Struktur der nationalen Verfassungsordnungen, einschließlich der von ihnen garantierten fundamentalen Rechte, nicht unterminieren dürfe. Wie bereits im *Solange-I*-Urteil forderte das BVerfG nicht, dass diese fundamentalen Rechte durch die nationalen Gerichte geschützt werden müssen – sofern an einem anderer Ort ein äquivalenter und effektiver Schutz

20 Bundesverfassungsgericht, »Vielleicht«-Beschluss, BVerfGE 52, 187.

21 Bundesverfassungsgericht, Solange II, BVerfGE 73, 339.

bestehe. Im Gegensatz zur Entscheidung von 1974 kam es 1986 aber zum Schluss, dass »mittlerweile im Hoheitsbereich der Europäischen Gemeinschaften ein Maß an Grundrechtsschutz erwachsen (sei), das nach Konzeption, Inhalt und Wirkungsweise dem Grundrechtsstandard des Grundgesetzes im wesentlichen gleichzuachten ist.« Laut BVerfG haben sich »seither (alle Hauptorgane) in rechtserheblicher Form dazu bekannt, dass sie sich in Ausübung ihrer Befugnisse und im Verfolg der Ziele der Gemeinschaft von der Achtung vor den Grundrechten (...) als Rechtspflicht leiten lassen werden.« Neben einer detaillierten Analyse der Rechtssprechung des EuGH der vergangenen fünfzehn Jahre verwies das Gericht zum Beweis auf die Erklärungen von 1977 und 1978. Es bestehen »keine durchgreifenden Anhaltspunkte dafür, dass der erreichte gemeinschaftsrechtliche Grundrechtsstandard nicht hinreichend gefestigt und lediglich vorübergehender Natur sei.«[22]

Die Interaktion kann plausibel als Wettbewerb zwischen Gerichten angesehen werden, die einen hinlänglich (EuGH) bzw. nicht hinlänglich (BVerfG) verrechtlichten Schutz der Menschenrechte in der EG behaupteten, um ihre jeweiligen Forderungen nach Vorrang der eigenen Rechtsordnung zu untermauern. Auf der einen Seite wurde der EuGH immer weiter in seine Rhetorik des EG-Menschenrechtsschutzes verstrickt, die er benötigte, um seine Doktrin des Vorrangs des Gemeinschaftsrechts zu legitimieren. Vor der Herausforderung durch die deutschen Verwaltungs- und Verfassungsgerichte war der EuGH nicht dazu bereit gewesen, das Gemeinschaftsrecht und seine Rechtsprechung an die Menschenrechte zu binden. Auf der anderen Seite wurde es durch die rechtlichen und politischen Verpflichtungen der EG-Institutionen im Bereich der Menschenrechte für das BVerfG zunehmend schwierig, den Menschenrechtsschutz der EG nicht als adäquat und äquivalent anzuerkennen.

22 Ebd.

Der Europäische Gerichtshof und der Europäische Gerichtshof für Menschenrechte

Indem der EuGH eine mit der EMRK kohärente Rechtssprechung aufbaute, um die Autonomie und den Vorrang seiner Rechtssprechung vor einer Überprüfung durch das BVerfG zu schützen, geriet er jedoch gleichzeitig immer stärker unter die Kontrolle der Organe der Menschenrechtskonvention. Ursprünglich schien die Behauptung der externen Kohärenz mit der EMRK das Legitimitätsdefizit des EuGH ohne grosse Autonomiekosten zu beheben. Die EMRK ist ein kodifizierter Menschenrechtskatalog, den nicht nur alle Mitgliedstaaten als rechtlich verbindlich akzeptiert haben, sondern der auch durch ein gerichtliches Durchsetzungssystem geschützt wird, also in ein stark verrechtlichtes System des Menschenrechtsschutzes eingebunden ist. Gleichzeitig ist die EG bis heute nicht Mitglied der EMRK und damit formell nicht an ihre Normen und die Rechtssprechung des EuGMR gebunden. Schließlich erkannten erst 1985 alle Mitgliedstaaten die Rechtssprechung des EuGMR an und erst seit November 1998 (Inkrafttreten des 11. Zusatzprotokolls der Konvention) können Individuen vor dem neuen, ständigen EuGMR direkt klagen.

Seit dem *Hoechst*-Fall (21. September 1989) verwies der EuGH regelmäßig auf den »besonderen Stellenwert«, welche der EMRK seiner Ansicht nach unter den internationalen Verträgen im Bereich der Menschenrechte zukommt. Zudem begann er, auf die Rechtssprechung der EMRK zu verweisen – wenn auch nur in negativer Form. So hielt er fest, dass die bisherige Rechtssprechung des EuGMR im Zusammenhang mit dem *Hoechst*-Fall nicht relevant sei.[23] Erst sieben Jahre später (30. April 1996) nahm der EuGH in *P gegen S und Cornwall County Council* erstmals positiv auf das Straßburger Fallrecht Bezug. Seither bezieht er sich in seinen Entscheidungen regelmäßig darauf.[24]

Um seine Autonomie zu schützen, achtete der EuGH aber sorgfältig darauf, dass er nicht rechtlich verbindlich an die EMRK gebunden wurde. Gemäss der am meisten benützten Formel, ließ sich das Gericht von externen rechtlichen Kodizes »inspirieren«. Externe rechtliche Kodizes kön-

---

23 EuGH, Hoechst gegen Kommission, gemeinsame Fälle 46/87 und 227/88.

24 Siehe zum Beispiel EuGH, Familiapress gegen Bauer Verlag, Fall C-368/95; SCK gegen Kommission, gemeinsame Fälle T-213/95 und 18/96; Grant gegen Trains, Fall C-249/96.

nen »Hinweise« für die Interpretation und Anwendung der Menschenrechte durch den EuGH »im Rahmen des Gemeinschaftsrechts« [25] geben. Wenn der EuGH sich auf die Rechtssprechung der Europäischen Kommission für Menschenrechte (EuKMR) oder des EuGMR berief, dann nur »in Analogie«. Schließlich schreckte er nicht davor zurück, in denjenigen Fällen, in denen keine solche Rechtssprechung existierte, die EMRK eigenständig zu interpretieren (Scheeck 2005: 21–23).

Der EuGH bewegte sich auf einem schmalen Grat, als er von der Legitimität der Konvention profitierte ohne aber ihren Vorrang zu akzeptieren. In dem Moment, in dem die auf der Konvention basierenden Organe aktiver, durchsetzungsfähiger und rechtlich stärker wurden, konnten sie die Tatsache, dass sich der EuGH so stark an die EMRK anlehnte, nutzen, um ihre eigene Autorität zu erweitern und die Autonomie des EuGH schrittweise einzuschränken.

Erstens verkleinerte sich der Spielraum für eine autonome Interpretation der EMRK durch die wachsende Rechtssprechung der auf der Konvention basierenden Organe. Seit die EuKMR und der EuGMR eine vertragsbasierte Autorität über die Interpretation und die Anwendung der EMRK hatten, sah sich der EuGH zunehmend dazu gezwungen, deren Interpretation bei seinen Verweisen auf die EMRK zu übernehmen. Tatsächlich gibt es nach Scheeck »keine Fälle, bei denen Luxemburg die Rechtssprechung von Straßburg nicht respektierte« (2005: 21, eigene Übersetzung). In denjenigen Fällen, in denen der EuGH eine eigene Auslegung der EMRK entwickelt hatte, passte er sie der des EuGMR an, sobald sie vorlag (Scheeck 2005: 22). In den jüngeren Entscheidungen des EuGH findet sich die Formel, dass die Rechtssprechung des EuGMR »in Analogie« berücksichtigt würde, nicht mehr.

Zusätzlich zu dieser indirekten Verstrickung versuchten die konventionsbasierten Organe zweitens, ihre Rechtssprechung auf Angelegenheiten der EG auszudehnen. Ihre rechtliche Schwäche erschwerte diese Versuche zunächst. Im Fall *CFDT gegen die Europäische Gemeinschaften* klagte der Antragssteller sowohl kollektiv gegen die EG als auch individuell gegen die einzelnen Mitgliedstaaten. Dadurch wäre eine Ausweitung des Menschen-

25 Diese Sprache, welche heute Standard ist, findet sich bereits bei *Nold, Hauer*. Für ein Beispiel aus der jüngeren Vergangenheit siehe EuGH, Karner gegen Troostwijk, Fall C-71/02 (Urteil vom 25. April 2004). Vergleiche auch EuGH, Johnston gegen Chief Constable of the Royal Ulster Constabulary, Fall 222/84 und Scheeck (2005: 20–21).

rechtsschutzes der EMRK auf die Gemeinschaft möglich gewesen. Am 10. Juli 1978 erklärte die EuKMR aber, dass sie in dieser Frage nicht zuständig sei, weil weder die EG noch der Ministerrat der Konvention angehörten. Auch hatten zu dieser Zeit noch nicht alle Mitgliedstaaten die Individualbeschwerde vor der EUKMR anerkannt. Dieses Hindernis wurde aber zu Beginn der achtziger Jahre beiseite geräumt.

In der Folge hielt die EuKMR im Fall *M. & Co* gegen Deutschland fest, dass »sie keine Kompetenz ratione personae habe, um Prozesse oder Entscheidungen von Gemeinschaftsorganen zu überprüfen« und »die Konvention einem Mitgliedstaat nicht verbiete, Macht an eine internationale Organisation zu übertragen«. Sie beharrte aber darauf, dass dadurch die Verantwortlichkeit des Staates gegenüber der Konvention erhalten bleibe. Ansonsten könnten die Garantien der Konvention willkürlich beschränkt und ausgeschlossen und somit ihrer unbedingten Gültigkeit beraubt werden.« Um einen Bedeutungsverlust der Konvention zu verhindern, verwies die EuKMR mit einem typischen Salienzargument auf das potentielle Legitimitätsdefizit, das durch die Europäische Integration entstehen könnte. Da sie das Defizit aus rechtlichen Gründen nicht auf der Ebene der EG-Institutionen schließen konnte, wandte sie sich an die Mitgliedstaaten.

Zusätzlich erhob die EuKMR, genau wie das BVerfG 1974, den Anspruch, die Konformität der Gemeinschaftsakte mit den Menschenrechtsstandards der EMRK zu überprüfen und autorisierte die »Übertragung von Macht an eine internationale Organisation (…) unter der Voraussetzung, dass die Menschenrechte in der Organisation gleichwertig geschützt sind.« Darüber hinaus bemerkte die Kommission, wie das BVerfG 1986 und auf ähnlichen rechtlichen und politischen Grundlagen, »dass das rechtliche System der Europäischen Gemeinschaften die grundlegenden Rechte schützt und ihre Achtung kontrolliert.« Sie akzeptierte damit das vorhergehende Urteil des EuGH und entschied, dass der Antrag unzulässig sei.[26]

Zusammengefasst kann gesagt werden, dass zu Beginn der neunziger Jahre sowohl das BVerfG als auch die EuKMR die Autonomie des Gemeinschaftsrechts und der EuGH-Rechtssprechung bedingt akzeptiert hatten, weil sie zum Schluss gekommen waren, dass der Menschenrechtsschutz in der EG gewährleistet sei. Allerdings kamen sie aus unterschiedli-

---

26 EuKMR, M. & Co gegen Bundesrepublik Deutschland, Nr. 13258/87, eigene Übersetzung.

chen Richtungen. Das BVerfG akzeptierte, dass seine ursprüngliche Kompetenz eingeschränkt wurde, weil die Menschenrechte in der Zwischenzeit auch durch den EuGH und die EG geschützt wurden. Demgegenüber weitete die EuKMR ihre Kompetenzen gegenüber der EG aus, indem sie beanspruchte, den Menschenrechtsschutz der EG zu überprüfen. Aufgrund der ähnlichen Argumentation scheint es plausibel, dass das BVerfG einen Präzedenzfall geschaffen hatte, den die EuKMR nutzen konnten, um den gleichen prinzipiellen, aber ausgesetzten Rechtsvorrang zu behaupten wie Karlsruhe. Schlussendlich handelte es sich um die gleiche Situation: Das Gemeinschaftsrecht und seine Rechtssprechung hatten in den Kompetenzbereich einer anderen Rechtsordnung eingegriffen und die Jurisdiktion anderer Verfassungsgerichte beschränkt. Diese Gerichte mussten den Willen der Regierungen zur Integration ihrer politischen Kompetenzen und die Argumentation des EuGH, dazu müsse das EG-Recht direkte Wirkung und Vorrang haben, akzeptieren. Weil aber ihr Menschenrechtsschutz besser ausgebaut war, konnten sie den EuGH in seine Schranken weisen und das letzte Wort bei der Überprüfung der Verfassungsmäßigkeit des Gemeinschaftsrechts fordern. Aus praktischen Gründen wurde der Vorrang des EuGH akzeptiert, durch die Macht rechtlicher Argumente wurde er aber von der höheren Legitimität anderer Gerichte abgeleitet und von deren Zustimmung abhängig gemacht.

Der EuGH hielt jedoch weiterhin an seiner Autonomie fest. Dies wurde besonders offensichtlich, als der Ministerrat 1994 das Gericht bat, ein Gutachten zur Frage zu erstellen, ob die EG der EMRK beitreten könne oder nicht. Zu diesem Zweck hatte die Kommission dem Rat bereits 1979 und 1990 einen formellen Vorschlag gemacht. Die Mitgliedstaaten waren sich allerdings weder in der Sache einig noch in der Frage, ob dieser Streitpunkt dem EuGH vorgelegt werden dürfe. Am 28. März 1996 entschied der EuGH, dass die Anfrage zulässig war, »die Gemeinschaft gemäss dem aktuellen Recht aber nicht beitreten dürfe (...)« Im Speziellen »wird den Gemeinschaftsinstitutionen in keiner Vertragsbestimmung ein allgemeines Recht zum Erlass von Regeln oder zum Abschluss internationaler Konventionen im Bereich der Menschenrechte gegeben.« Das Gericht folgerte zwar, dass ein Gemeinschaftsakt nur legal ist, wenn der Respekt der Menschenrechte garantiert ist, hielt aber gleichzeitig fest, dass ein Beitritt zur Konvention »das System des Menschenrechtsschutzes in der heutigen Gemeinschaft grundlegend verändern würde, weil es zum Beitritt zu einem anderen internationalen institutionellen System und zur Integration der Bestimmungen der EMRK in das Gemeinschaftsrecht führen würde.«[27] Das Gericht vertrat die Meinung, dass ein solch fundamentaler Regimewandel nur durch eine Vertragsrevision vorgenommen werden könne. Der EuGH behielt sich also die Möglichkeit vor, die Menschenrechte informell und seinen eigenen Präferenzen folgend zu verwenden, und lehnte jede formelle Änderung im System des Menschenrechtsschutzes der EG ab.

Weil dieses eigennützige Gutachten für die EG bindend ist, errichtete es hohe institutionelle Hürden für den weiteren Prozess. Es schloss die Möglichkeit eines Beitritts zur Konvention ohne eine Vertragsrevision, welche die Gemeinschaft explizit zu einem entsprechenden Schritt autorisierte, aus. Eine Vertragsrevision wiederum erforderte die Zustimmung und die innerstaatliche Ratifikation aller Mitgliedstaaten. Angesicht der Tatsache, dass die Mitgliedstaaten sich nicht einig waren, konnte sich der EuGH vorläufig vor einer formellen Einmischung durch die rechtliche Ordnung der Konvention und ihrer Instrumente sicher fühlen.

In der Zwischenzeit hielten die Organe der Konvention aber an der Doktrin fest, das EG-Recht auf seine Konformität zu überprüfen und EG-Mitgliedstaaten dafür verantwortlich zu machen, wenn sie bei der Anwendung von EG-Recht Regeln der EMRK verletzen. Einige Monate nach dem Gutachten des EuGH argumentierte der EuGMR im *Cantoni*-Fall (15. November 1996), dass sogar ein nationales Gesetz, das »beinahe wörtlich« auf einer EG-Direktive beruht, »nicht von Art. 7 der Konvention ausgenommen ist.«[28] Im vorliegenden Fall stellte er aber keine solche Verletzung fest. Im *Matthews*-Fall (18. Februar 1999) hingegen machte der EuGMR Großbritannien dafür verantwortlich, dass in Gibraltar keine Wahlen zum Europäischen Parlament durchgeführt worden waren. Er entschied, dass der Ausschluss der Einwohnerinnen und Einwohner von Gibraltar die Konvention verletze.

Obwohl damit erstmals ein Mitgliedstaat sanktioniert wurde, weil er EU-Recht anwendete (Scheeck 2005: 27), bestätigte M*atthews* die zwei zentralen Argumente von *M. & Co.*: dass die Mitgliedstaaten für Vertragsverletzungen der EG im Prinzip verantwortlich gemacht werden können, und

27 EuGH, Gutachten 2/94, ECR I-1759, eigene Übersetzung.
28 EuGMR, Cantoni gegen Frankreich, Nr, 17862/91, eigene Übersetzung.

dass der EuGH die Konventionsnormen genügend schütze.[29] Anders als im Fall *M. & Co* hielt der Gerichtshof aber fest, dass die konventionsbasierten Rechte in diesem speziellen Fall nicht gesichert gewesen wären, weil der Akt, der das Territorium von Gibraltar von den Wahlen zum EP ausschloss, vor dem EuGH nicht angefochten werden konnte. Es handelte sich nämlich um einen »Vertrag innerhalb der Rechtsordnung der Gemeinschaft«, dem das Vereinigte Königreich »freiwillig beigetreten« war. Da in diesem Fall die Mitgliedstaaten Ermessensfreiheit besaßen und der EuGH den Schutz der Grundrechte innerhalb der Gemeinschaftsrechtsordnung nicht selbst übernehmen konnte, musste der EuGMR eingreifen.

Im Prinzip ist diese Doktrin bis heute gültig. Im *Bosphorus*-Fall (30. Juni 2005) überprüfte der EuGMR die Institutionalisierung der Menschenrechte in der EU, wie auch die Kompetenz und Rechtsprechung des EuGH und seine früheren Urteile in Zusammenhang mit dem EG-Recht eingehend. Er wiederholte seine Doktrin, dass der Menschenrechtschutz in der EG äquivalent sei und deshalb bedingt akzeptiert werden könne – und seine »Vermutung … dass ein Staat seine Verpflichtungen gegenüber der Konvention nicht verletzt, wenn er die durch eine Mitgliedschaft in einer Organisation erwachsenen rechtlichen Verpflichtungen übernimmt.« Es nennt allerdings auch ein neues, stärkeres Element:

> »Jedoch kann eine solche Vermutung entkräftet werden, wenn in einem bestimmten Fall davon ausgegangen wird, dass der Schutz der Konventionsrechte offensichtlich nicht genügend ist. In einem solchen Fall würde die Rolle der Konvention als ›verfassungsmäßiges Instrument der Europäischen öffentlichen Ordnung‹ im Bereich der Menschenrechte das Interesse der internationalen Kooperation überwiegen.«

Diese Forderung nach einer ultimativen verfassungsmäßigen Überprüfung war in der Argumentation der konventionsbasierten Organe seit *M. & Co* implizit immer enthalten. Hier hielt der EuGMR aber erstmals explizit fest, dass er zwar im Allgemeinen von der Gleichwertigkeit des Menschenrechtsschutzes in der EG ausgehe, aber dennoch nicht davon absehen werde, in konkreten Fällen die Rechtssprechung des EuGH zu überprüfen. Im *Bosphorus*-Fall ging er sogar so weit, im Einzelnen zu untersuchen, ob

29 EuGMR, Matthews gegen Grossbritannien, Nr. 24833/94. Für eine detaillierte Analyse siehe Canor (2000).

diese Vermutung eines hinlänglichen Schutzes der Menschenrechte durch den EuGH widerlegt werden könne. (Dies war nicht der Fall.)

Obwohl also die EG der EMRK formell nicht beigetreten ist – und aufgrund des vorläufigen Scheiterns der Ratifikation des Verfassungsvertrages auch in näherer Zukunft nicht beitreten wird – wurde sie durch die Rechtsprechung des EuGMR faktisch annektiert und ihrer Autonomie beraubt (Canor 2000: 4, Scheeck 2005: 27–29). Die Situation des EuGH wurde so schwierig, dass die Richterinnen und Richter des EuGH ihren Widerstand gegen einen Beitritt aufgegeben haben: »Ein Beitritt würde nur die bestehende Praxis bestätigen.« (Scheeck 2005: 46, eigene Übersetzung).

Schlussfolgerungen: Rhetorisches Handeln und Menschenrechte in der EU

Die Fallstudien zu den Europäischen Verfassungsgerichten und der Institutionalisierung der Menschenrechte in der EU bestätigen die Perspektive der Konstitutionalisierung als »strategisches Handeln innerhalb einer Gemeinschaftsumwelt« und die Erkenntnisse aus der vergleichenden Analyse der Konstitutionalisierungsbedingungen in der EU. Erstens kann der Konstitutionalisierungsprozess, welcher die EG in ein Mehrebenen-System des Menschenrechtsschutzes einbettete, tatsächlich als Prozess rhetorischer Argumentation rekonstruiert werden. In diesem Fall handelt es sich um einen Prozess des rechtlichen Argumentierens, in dem die Gerichte ihre Organisationsinteressen durch den Rekurs auf fundamentale Normen ihrer internationalen Gemeinschaft zu fördern versuchten.

Daneben gibt es breite Evidenz für die Bedeutung der Salienz, der internen und externen Kohärenz sowie der Resonanz. Es kann beobachtet werden, wie diese Bedingungen in den Hauptargumenten aufgenommen wurden und den Verlauf der Debatte beeinflussten. Während der EuGH zu Beginn in erster Linie Effizienzargumente benutzte, um seinen Anspruch auf Direktwirkung und Vorrang des Gemeinschaftsrechts durchzusetzen, verwiesen seine Konkurrenten auf das Legitimitätsdefizit einer Rechtsintegration ohne Grundrechtsschutz (Salienz). Weil der EuGH diese fundamentalen Prinzipien der Gemeinschaft nicht zurückweisen konnte, war er gezwungen, die Salienz zu reduzieren, um den Vorrang aufrecht zu erhalten. Ursprünglich konnte er sich nicht auf Normen und Prozeduren des Menschenrechtsschutzes der Gemeinschaft abstützen (keine interne Kohärenz) und musste sich auf die gemeinsame Verfassungstradition der Mitgliedstaaten (Resonanz) und insbesondere auf das auf der EMRK aufgebaute System des Menschenrechtsschutzes beziehen (externe Kohärenz). Die interne Kohärenz spielte in denjenigen Fällen eine Rolle, in denen EG-Organe die Menschenrechtsdoktrinen des Gerichtshofs aufnahmen und in politische Erklärung und schließlich Vertragsrecht übersetzten.

Der EuGH wurde von zwei Seiten dazu gedrängt, die Menschenrechte und die Verfassungskontrolle als Legitimitätsstandards für die EG zu akzeptieren. In den siebziger Jahren brachte der Druck nationaler Gerichte den EuGH dazu, seine Rechtssprechung an den Menschenrechtsschutz zu binden. Dadurch wurden die nationalen Gerichte in den achtziger Jahren zunehmend dazu gezwungen, den Vorrang des EuGH bedingt anzuerkennen. Zur gleichen Zeit hatte sich jedoch der EuGH wiederum rhetorisch so eng an den Menschenrechtsschutz der EMRK gebunden, dass er sich zunehmend dazu gezwungen sah, den Vorrang des EuGMR (im Bereich der Menschenrechte) zu respektieren. Angesichts der Tatsache, dass seine Legitimität von den konkurrierenden Gerichten nur bedingt akzeptiert wurde und die liberale Gemeinschaft ständig beobachtete, ob er die Legitimitätsstandards einhielt, konnte der EuGH sich aus der konstitutionellen Zwickmühle zwischen nationalen Verfassungsgerichten und Europäischem Menschenrechtsgerichtshof nicht befreien.

Die Institutionalisierung der Menschenrechte in der EU war das unbeabsichtigte Ergebnis eines rechtlichen Wettbewerbs innerhalb der liberalen internationalen Gemeinschaft Europas und nicht das Resultat eines bewussten und geplanten »föderalistischen« Prozesses der Verfassungsgebung. Eine Vielzahl von rhetorischen Prozessen verwickelte die europäischen Verfassungsgerichte in ein System des Menschenrechtsschutzes, in dem die Autoritätsabgrenzung nicht sauber ist. Jedoch verhinderte dieses System nicht nur eine generelle Erosion des Menschenrechtsschutzes als »Kollateralschaden« der europäischen Integration, sondern vergrößerte sogar die Anzahl der Rechtswege und Gerichte, vor denen Individuen gegen die Verletzung ihrer Rechte klagen können.

Literatur

Canor, Iris (2000), »Primus inter pares. Who is the ultimate guardian of fundamental rights in Europe?«, *European Law Review*, Jg. 25, H. 1, S. 3–21.

Cassese, Antonio/Clapham, Andrew/Weiler, Joseph (Hg.) (1991), *Human Rights and the European Community*, 3 Bd., Baden-Baden: Nomos.

Craig, Paul/de Búrca, Gráinne (2003), *EU Law. Text, Cases, and Materials*, Oxford: Oxford University Press.

Elster, Jon (1992), »Arguing and bargaining in the Federal Convention and the Assemblée Constituante«, in: Raino Malnes/Arild Underdal (Hg.), *Rationality and Institutions. Essays in Honour of Knut Midgaard*, Oslo: Universitetsforlaget, S. 13–50.

Ruggie, John Gerard (1993), »Territoriality and beyond«, *International Organization*, Jg. 47, H. 1, S. 139–74.

Scheeck, Laurent (2005), *Solving Europe's Binary Human Rights Puzzle. The Interaction between Supranational Courts as a Parameter of European Governance*, Questions de Recherche Nr. 15, Paris: Centre d'études et de recherches internationales.

Schimmelfennig, Frank (2003), *The EU, NATO, and the Integration of Europe. Rules and Rhetoric*, Cambridge: Cambridge University Press.

Shapiro, Martin (2005), »Rights in the European Union: Convergent with the USA?«, in: Nicolas Jabko/Craig Parsons (Hg.), *With US or Against US? European Trends in American Perspective* (The State of the European Union 7), Oxford: Oxford University Press, S. 371–390.

Stone Sweet, Alec (2000), *Governing with Judges. Constitutional Politics in Europe*, Oxford: Oxford University Press.

Wirken Ursachen als Gründe? Nichtdiskriminierung, Minderheitenrechte und soziale Rechte im Konvent zur EU-Grundrechtscharta

Guido Schwellnus

Einleitung

Obwohl sie durch das Scheitern des Verfassungsvertrags nicht rechtsverbindlich geworden ist, stellt die Verabschiedung der Grundrechtscharta einen bedeutenden Schritt in der Konstitutionalisierung der EU im Bereich der Menschenrechte dar. In Anknüpfung an die im Einleitungskapitel dieses Bandes vorgestellten theoretischen Annahmen hinsichtlich der Triebkräfte für Konstitutionalisierungsprozesse und des Mechanismus des rhetorischen Handelns untersucht dieser Beitrag die Bedeutung von Salienz sowie interner und externer Kohärenz. Beleuchtet wird zudem ihre Rolle als Argumente für die Institutionalisierung von Rechten im Konvent, der mit der Ausarbeitung der Charta beauftragt war. Analysiert werden Vorschläge und ihre Rechtfertigung, sowohl in mündlichen Debatten wie auch in schriftlichen Änderungsanträgen, und ihr Erfolg, d. h. ob sie ihren Niederschlag in folgenden Entwürfen und dem endgültigen Charta-Text gefunden haben. Ziel ist herauszuarbeiten, ob die Faktoren, die sich in vorangegangenen Kausalanalysen als Ursachen für konstitutionelle Entwicklungen auf der EU-Ebene herausgestellt haben, tatsächlich dadurch wirkungsmächtig wurden, dass sie erfolgreich als Gründe im Argumentationsprozess des Konvents genutzt wurden.

Der Beitrag gliedert sich wie folgt: Im theoretischen Teil wird eine Typologie von Argumenten auf der Basis theoretischer Überlegungen hinsichtlich möglicher Ursachen für Konstitutionalisierung im EU-Kontext entwickelt. Die hauptsächlichen Kategorien sind hierbei die Salienz und die innere und äußere Kohärenz von Vorschlägen zur Institutionalisierung einer bestimmten Menschenrechtsnorm auf der europäischen Ebene. Als weitere Kategorien werden nationale Resonanz und rechtliche Durchsetzbarkeit sowie unbegründete Positionsäußerungen eingeführt. Im empirischen Teil werden die Konventsdebatten im Hinblick auf drei Bereiche untersucht: Gleichheit vor dem Gesetz und Nichtdiskriminierung, kulturelle Vielfalt und Minderheitenrechte, sowie das Recht auf Arbeit und Schutz gegen ungerechtfertigte Entlassung. Jede Fallstudie beinhaltet zunächst eine Rekonstruktion des Argumentationsprozesses und dann eine Auswertung der statistischen Daten bezüglich der Verteilung und des Erfolges der unterschiedlichen Arten von Argumenten. In den Schlussfolgerungen werden die Ergebnisse im Hinblick auf theoretische Annahmen zu den Mechanismen der EU-Konstitutionalisierung beurteilt.

Die Übersetzung von Ursachen in Gründe: Eine Typologie von Argumenten zur Begründung von EU-Konstitutionalisierung

Im folgenden Abschnitt wird ein analytischer Rahmen zur Untersuchung der Rechtfertigung von Vorschlägen entwickelt, wie sie im Konvent vorgebracht wurden. Zu diesem Zweck müssen die kausalen Faktoren, die in vorangegangenen Kausalanalysen zur EU-Konstitutionalisierung erarbeitet worden sind (siehe den Beitrag von Schimmelfennig u. a. in diesem Band), in Argumenttypen übersetzt werden. Hierbei handelt es sich zunächst um die Faktoren Salienz sowie interne (EU) und externe (internationale) Kohärenz. Als weitere Argumenttypen werden die Resonanz mit nationalen Normen sowie die rechtliche Durchsetzbarkeit einer Norm beziehungsweise die Einklagbarkeit von Rechten hinzugefügt. Außerdem dient die bloße Äußerung eines Vorschlags ohne argumentative Begründung als Residualkategorie.

(1) *Salienz* kann definiert werden als Defizit des formellen oder informellen EU-*acquis* im Vergleich zu bestehenden nationalen oder internationalen Menschenrechtsstandards. Als Argument dient Salienz der Unterstützung von Vorschlägen zur Konstitutionalisierung, insofern darauf hingewiesen wird, dass ohne Etablierung des betreffenden Rechts auf der EU-Ebene existierende nationale oder internationale Standards unterlaufen würden. Umgekehrt kann Salienz zur Begründung der Ablehnung eines Konstitutionalisierungsvorschlags herangezogen werden, indem argumentiert wird, dass die Etablierung dieses Rechts auf EU-

Ebene eine Erweiterung der Kompetenzen der Union bedeuten würde. In diesem Fall würde die Institutionalisierung eines Rechts selbst einen salienten Integrationsschritt darstellen.[1]

(2) *Interne Kohärenz* bezieht sich auf das Vorhandensein formeller oder informeller institutioneller Präzedenzfälle innerhalb der EU. Im Rahmen einer Argumentation kann der Hinweis auf die Übereinstimmung oder Anschlussfähigkeit eines Vorschlags an bestehende EU-Regeln im positiven Sinne zur weiteren Fortschreibung von Institutionalisierung in eine bereits eingeschlagene Richtung genutzt werden, oder im negativen Sinne zur Ablehnung eines Vorschlages mit der Begründung, er sei nicht mit bestehenden EU-*acquis* vereinbar. Argumente, die auf interner Kohärenz aufbauen, beziehen sich auf existierende EU-Regeln wie z. B. Vertragsvorschriften, einfache Gesetzgebung oder Urteile des EuGH. Ebenso werden Argumente berücksichtigt, die sich darauf beziehen dass die EU eine Regel zwar nicht selber intern anwendet, aber diese nach außen vertritt, z. B. im Erweiterungskontext.

(3) *Externe Kohärenz* meint die internationale Institutionalisierung der betreffenden Norm außerhalb der EU. Im argumentativen Sinne kann der Vorschlag, ein bestimmtes Recht in die Charta aufzunehmen, damit begründet werden, dass auf dessen Verankerung in internationalen Menschenrechtsinstrumenten hingewiesen wird. Umgekehrt kann eine vorgeschlagene Formulierung mit der Begründung abgelehnt werden, hierbei handele es sich nicht um ein international anerkanntes Recht, oder damit, dass internationale Dokumente dieses Recht anders definieren.

(4) *Resonanz:* Ein Konstitutionalisierungsschritt ist resonant, wenn er mit nationalen Verfassungs- und Rechtskulturen kompatibel ist. Resonanz fungiert daher als wichtiger Faktor für alternative Erklärungen sowohl konstruktivistischer als auch rationalistischer Art (im letzteren Fall als voraussichtliche Anpassungskosten und somit Indikator für die konstitutionellen Präferenzen der jeweiligen Mitgliedstaaten). Übertragen auf die argumentative Ebene dienen Hinweise auf nationale Resonanz im positiven Sinne als Beispiele für Regelungen, die auch auf der EU-

1 Da Salienz sich auf eine Diskrepanz zwischen einer angestrebten Institutionalisierung auf EU-Ebene und bestehenden Rechtsstandards bezieht, müssen Salienzargumente fast notwendigerweise durch Verweise auf den jeweils zum Vergleich herangezogenen Standard ergänzt werden. Es kommt also häufig zu Kombinationen von Salienz mit Resonanz (nationale Standards), externer Kohärenz (internationale Standards) oder interner Kohärenz (existierender EU-Standard).

Ebene übernommen werden sollten. Negativ eingesetzt werden nationale Regeln als inkompatibel mit einem vorgeschlagenen Recht dargestellt, eventuell gar verbunden mit einer Veto-Drohung. Neben Bezügen auf spezielle Regeln oder Traditionen eines Staates können Resonanzargumente auch allgemeinerer Natur sein, indem auf die geteilten Verfassungstraditionen aller Mitgliedstaaten Bezug genommen wird.

(5) *Rechtliche Durchsetzbarkeit:* Ein weiterer Faktor, der einen *compliance pull* (Franck 1990) in Richtung einer Institutionalisierung bestimmter Rechte ausüben kann, ist ihr intrinsischer Rechtscharakter (siehe Finnemore 2000). Subjektive Rechte können direkt von den Personen, denen sie verliehen worden sind, eingeklagt werden und werden von Gerichten durchgesetzt. Ein bedeutender Teil der akademischen und politischen Debatte um soziale und ökonomische Rechte (den so genannten Rechten der zweiten Generation) wie auch der Solidaritätsrechte (Rechte der dritten Generation) dreht sich um die Frage, ob diese überhaupt als Rechte aufzufassen seien, oder ob es sich dabei um Staatenverpflichtungen oder sogar nur Politikziele handelt, die grundsätzlich nicht rechtlich einklagbar sind.

(6) *Position:* Schließlich können auch nur inhaltliche Vorschläge oder reine Positionsäußerungen ohne explizite Begründung vorgebracht werden. Derartige Äußerungen sollten nicht als Anzeichen für *bargaining* missverstanden werden, denn das Vorbringen eines inhaltlichen Vorschlags ist nicht mit einer Interessenbekundung, einem Verhandlungsangebot oder einer Drohung gleichzusetzen, so dass ihr Erfolg nicht als das Ergebnis von Verhandlungsmacht zu deuten ist.[2] Stattdessen werden sie hier als reine Residualkategorie geführt.

2 Die Anzahl von Positionsäußerungen könnte auch dadurch künstlich erhöht sein, dass zur Analyse der mündlichen Sitzungen keine vollständigen Verlaufsprotokolle sondern lediglich Zusammenfassungen herangezogen werden konnten, auch wenn diese in der Regel die Begründungen der einzelnen Wortmeldungen enthalten.

Fallstudien: Die Verwendung und der Erfolg von Argumenten in den Konventsdebatten

Im Folgenden wird eine systematische Analyse der Diskussionen im Charta-Konvent in drei verschiedenen Rechtsbereichen durchgeführt: erstens Gleichheit vor dem Recht und Nichtdiskriminierung, zweitens Minderheitenrechte und kulturelle Vielfalt, sowie drittens aus dem Bereich der sozialen Rechte das Recht auf Arbeit und der Schutz vor ungerechtfertigter Entlassung. Diese Fälle wurden ausgewählt, weil sie in der vorangegangenen QCA-Analyse Varianz sowohl hinsichtlich der Konfiguration unabhängiger Variablen als auch in der abhängigen Variable aufwiesen (siehe den Beitrag von Schimmelfennig u. a. in diesem Band). Der Nichtdiskriminierungsfall wurde für eine eingehendere Untersuchung ausgewählt, da hier der seltene Fall einer Konstitutionalisierung in Abwesenheit von Salienz auftritt. Der Minderheitenfall repräsentiert weitgehend unvorteilhafte Bedingungen (keine Salienz, keine interne Kohärenz, eher schwach ausgeprägte externe Kohärenz), während der Sozialrechtsfall im Allgemeinen eher gute Aussichten auf Konstitutionalisierung zu bieten scheint (sowohl Salienz als auch interne und externe Kohärenz sind vorhanden). Letzterer Fall ist darüber hinaus als kritisch in Bezug auf alternative Erklärungen anzusehen, da hier sowohl die nationale Resonanz bei wichtigen Akteuren fehlt als auch die Rechtsqualität sozialer Rechte umstritten ist.

Um die gewählte Untersuchungsmethode zu verdeutlichen, sind zunächst einige Bemerkungen zum Prozess der Verabschiedung der Charta angebracht: Der Konvent wurde 1999 vom Europäischen Rat in Köln ins Leben gerufen.[3] Seine Zusammensetzung bestand aus 15 Repräsentanten der Regierungen der Mitgliedstaaten, 30 Repräsentanten der nationalen Parlamente, 16 Repräsentanten des Europäischen Parlaments (EP) sowie einem Kommissionsvertreter. Zwischen dem 17. Dezember 1999 und dem 2. Oktober 2000 hielt der Konvent 18 Sitzungen ab, in denen die fortschreitenden Entwürfe debattiert wurden.[4] Gleichzeitig reichten die Dele-

3 Schlussfolgerungen der Präsidentschaft des Europäischen Rates von Köln, 3.–4. Juni 1999 (zitiert nach: Meyer und Engels 2002: 73).

4 Die Zusammenfassungen der Konventssitzungen sind wiedergegeben in Meyer und Engels 2002: 318–404.

gierten schriftliche Änderungsvorschläge ein.[5] Die Entwürfe selbst wurden vom so genannten »Präsidium« ausgearbeitet, das aus Roman Herzog als Vorsitzender sowie je einem Vertreter der vier verschiedenen Gruppen – Regierungen, nationale Parlamente EP, Kommission – bestand. Das Präsidium war aufgefordert, Entwurfstexte zu erarbeiten und dabei Vorschläge

5 Die schriftlichen Eingaben sind zusammengestellt in Charte 4332/00 Convent 35 (zuzüglich der Nachträge Add1; 2; 3) mit Bezug auf politische Rechte und in Charte 4372/00 Convent 39 mit Bezug auf soziale Rechte.

Tabelle 1: QCA-Ergebnisse für die untersuchten Fälle

Fälle	Salienz	interne Kohärenz	externe Kohärenz	konstitutioneller Wandel
ND00	0	1	1	1
MR00	0	0	1	0
SR00	1	1	1	1

Quelle: Schimmelfennig u. a. in diesem Band.

der Delegierten zu berücksichtigen, die für konsensfähig erachtet wurden, bis eine Übereinkunft ohne formale Abstimmung erreicht wurde. Dies bedeutet, dass Argumentationen nicht direkt im Plenum, sondern vom Präsidium als »Schiedsrichter« entschieden wurden.

Die folgende Analyse stützt sich auf die Auswertung sowohl der Protokolle der mündlichen Konventssitzungen als auch der schriftlichen Änderungsvorschläge, die von Delegierten eingereicht wurden. Die in diesen Dokumenten enthaltenen Vorschläge wurden wie folgt kodiert:

(1) Hinsichtlich der *Nationalität des Vorschlagenden*, um als Indikator für die Positionen der Mitgliedstaaten und damit alternative, auf Verhandlungsmacht fußende Erklärungen zu dienen.
(2) Hinsichtlich der *Art des Vorschlags*, d. h. ob es sich dabei um eine weitere Konstitutionalisierung (+), die Bestätigung des aktuellen *status quo* (=), oder die Rücknahme bzw. Beschränkung bereits bestehender Rechte (–) handelt. Der Referenzpunkt ist dabei der jeweils aktuelle Präsidiumsvorschlag, auf dessen Grundlage die Diskussion stattfand.
(3) Hinsichtlich der *Argumente*, die zur Rechtfertigung des Vorschlags vorgebracht werden, d. h. ob es sich um eine unbegründete Positionsäußerung handelt, oder ob er durch Verweise auf Salienz, interne oder externe Kohärenz, Resonanz oder rechtliche Durchsetzbarkeit begründet wird.
(4) Hinsichtlich des *Erfolgs* des Vorschlags, d. h. ob das vorgeschlagene (oder abgelehnte) Recht bzw. die betreffende Formulierung in die nächsten Entwürfe des Präsidiums aufgenommen (bzw. daraus entfernt) wurde.

Jede Fallstudie stellt zunächst eine Rekonstruktion des Argumentationsprozesses vor und wertet dann die statistischen Daten bezüglich der Verteilung und der Erfolgsquote der unterschiedlichen Argumenttypen im jeweiligen Bereich aus. Die statistische Signifikanz eines über- oder unterdurchschnittlichen Auftretens bzw. Abschneidens eines bestimmten Arguments im Vergleich zu allen anderen Argumenten wird mittels Chi Quadrat (χ^2) bzw. Fisher-Exact-Probability-Test ermittelt.[6]

Gleichheit vor dem Gesetz und Nichtdiskriminierung

Die beim Zusammentritt des Konvents gültigen EU-Nichtdiskriminierungsregeln wurden mit dem Amsterdamer Vertrag etabliert. Im Gegensatz zu den Nichtdiskriminierungsvorschriften der meisten nationalen Verfassungen und internationalen Menschenrechtsinstrumente, welche normalerweise ein generelles Gleichheitsprinzip mit einer offenen, d. h. nicht erschöpfenden Liste der ausgeschlossenen Diskriminierungsgründe verbinden, findet sich in Artikel 13 des EG-Vertrags eine geschlossene, erschöpfende Liste, die ausschließlich die explizit genannten Diskriminierungsgründe abdeckt: Geschlecht, Rasse, ethnische Herkunft, Religion oder Weltanschauung, Behinderung, Alter oder sexuelle Ausrichtung.

Dennoch ist nach dem deutlichen Fortschritt von Amsterdam die Salienz von Diskriminierungsfragen als eher gering anzusehen (Schimmelfennig u. a. in diesem Band). Zwar ist interne Kohärenz mit bestehenden EU-Regeln gegeben und kann als Begründung für einen weiteren Ausbau des Diskriminierungsschutzes auf EU-Ebene herangezogen werden. Die bereits bestehenden EU-Regeln können allerdings ebenso gegen eine Ausdehnung der Gemeinschaftskompetenzen ins Feld geführt werden. Im letzteren Fall kommt Salienz im negativen Sinne ins Spiel. Die externe Kohärenz und der Rechtscharakter der Nichtdiskriminierungsnorm sind hoch angesichts der anerkannten Nichtdiskriminierungsklausel in Artikel 14 der EMRK und anderen internationalen Dokumenten. Obwohl nationale Resonanz hinsichtlich der abgedeckten Diskriminierungsgründe und der Ausgestaltung der jeweiligen Gleichstellungsregime deutlich variiert (vgl. Bell 2002: 149–180), sind Anti-Diskriminierungsregeln im Allgemeinen in allen EU-Mitgliedstaaten etabliert. Es handelt sich hierbei also um einen aus theoretischer Sicht besonders interessanten Fall, da geklärt werden kann,

6 Welcher der beiden Tests benutzt wurde hängt von der Anzahl von Argumenten in jeder Zelle der entsprechenden Kreuztabelle ab (Fisher bei $n<5$ in zumindest eine Zelle, ansonsten χ^2).

ob und wie ansonsten günstige Bedingungen die weitgehende Abwesenheit von Salienz aufwiegen können. Auf *bargaining* basierende Alternativerklärungen würden hingegen weitere Konstitutionalisierung in diesem Bereich nur bei konvergierenden Präferenzen und in Abwesenheit von Veto-Spielern erwarten.

Prozessrekonstruktion

Im Anschluss an die ersten Vorschläge des Präsidiums, die noch keine kompletten Charta-Entwürfe darstellten sondern lediglich Listen von verschiedenen Rechten, wurde bereits in der zweiten Sitzung des Konvents festgestellt, dass unter anderem ein Gleichstellungsparagraph darin fehlte (Meyer und Engels 2002: 325).

Da diese Forderung ohne Widerspruch blieb, fügte das Präsidium im nächsten Entwurf Artikel bezüglich Gleichheit vor dem Gesetz und Nichtdiskriminierung ein (Charte 4137/00 Convent 8: 7 f.). Im beigefügten Kommentar begründete das Präsidium diese Artikel damit, dass ersteres durch den EuGH als fundamentales Prinzip des Gemeinschaftsrechts eingeführt sei, während letzteres eine Kombination von Artikel 13 EG-Vertrag und Artikel 14 EMRK darstelle. Dies trifft für die aufgeführten Diskriminierungsgründe zu, allerdings handelt es sich weiterhin um eine geschlossene Liste, die damit weniger weit reichend als der angeführte EMRK-Artikel ist. Andererseits jedoch war er als freistehender Artikel konzipiert, also nicht wie Artikel 14 EMRK lediglich akzessorisch, d. h. nur in Verbindung mit anderen Bestimmungen der Charta gültig.

In der folgenden Debatte forderten einige Delegierte, das Gleichheitsprinzip solle an prominenterer Stelle der Charta eingeführt werden (Meyer und Engels 2002: 353). Daraufhin wurde der Artikel zur Gleichheit vor dem Gesetz im ersten Komplettentwurf als zweiter Absatz zu Artikel 1 (Menschenwürde) hinzugefügt (Charte 4284/00 Convent 28: 2), während der Nichtdiskriminierungskatalog mit der bisher gesonderten Bestimmung zur Nichtdiskriminierung aus Gründen der Staatsbürgerschaft zusammengelegt wurde (ebd.: 22). In beiden Fällen jedoch wurden keine inhaltlichen Änderungen vorgenommen.

Im nächsten Schritt wurden die schriftlichen Eingaben der Delegierten begutachtet. Unter den positiven Vorschlägen, die über den bisherigen Stand hinausgingen, war die am häufigsten vorgebrachte Forderung die nach einer offenen Nichtdiskriminierungsliste (Charte 4332/00 Convent

35: 542, 546, 550, 554, 558, 559, 560). Zudem befürwortete eine große Anzahl von Änderungsvorschlägen, Gleichheit vor dem Gesetz wieder in einen eigenständigen Artikel umzuwandeln. Außerdem wurden folgende Ergänzungen zu den erwähnten Diskriminierungsgründen angeregt: genetische Eigenschaften (ebd.: 49, 540, 542), jegliche andere in Ergänzung zu politischer Meinung (ebd.: 543 f.), sowie Gesundheit (ebd.: 49, 540). Negativ ausgerichtete Eingaben zielten darauf ab, den Nichtdiskriminierungsartikel einzuschränken, indem er in einen akzessorischen Artikel umgewandelt werden sollte (ebd.: 28, 545, 551, 557), oder schlugen vor, einzelne Gründe wie z. B. sexuelle Orientierung zu streichen (ebd.: 548), die Liste entweder auf die bereits im EG-Recht verankerten Gründe (d. h. Artikel 13 EG-Vertrag genannten), auf die Gründe von Artikel 14 EMRK oder ausschließlich auf die Gleichstellung der Geschlechter zu beschränken (ebd.: 539, 545, 550, 551, 564), oder gar die gesamte Liste zu entfernen (ebd.: 554, 557). In seiner Zusammenfassung der Änderungsanträge mit gleichzeitigen Kompromissvorschlägen ging das Präsidium ausschließlich auf die positiven Vorschläge ein: Es wertete Gleichheit vor dem Gesetz zu einem eigenständigen Artikel auf (Charte 4360/00 Convent 37: 2), wandelte den Nichtdiskriminierungskatalog in eine offene Liste um und fügte »genetische Merkmale« sowie »sonstige Anschauung« zu den explizit aufgeführten Gründen hinzu (ebd.: 33).

In der anschließenden Konventsdebatte war insbesondere die Aufnahme genetischer Merkmale in die Liste umstritten (Meyer und Engels 2002: 419), während Lord Goldsmith, der Repräsentant der britischen Regierung, ein allgemeines Diskriminierungsverbot für inakzeptabel erklärte und eine Beschränkung auf die explizit genannten Gründe forderte (ebd.). Die nächsten Präsidiumsentwürfe sahen jedoch allenfalls kleine editorische Änderungen vor, und auch nach der abschließenden Diskussion des Gleichheits-Kapitels der Charta, in der einerseits die Forderung aufkam, den Begriff der Rasse aus dem Artikel zu entfernen (Meyer und Engels 2002: 469 f.), andererseits beklagt wurde, die Charta biete einen geringeres Schutzniveau als der EU-Vertrag, so dass zumindest dessen Formulierung in die Charta übernommen werden müsse (ebd.: 470), wurden keine Änderungen mehr vorgenommen. Schlussendlich nahm der Konvent folgende Version an: Gleichheit vor dem Gesetz wurde ein eigenständiger Artikel zu Beginn des Gleichheits-Kapitels, gefolgt von dem Nichtdiskriminierungsartikel, der eine offene Liste aus den kombinierten Gründen aus Artikel 13 EG-Vertrag und Artikel 14 EMRK unter Hinzufügung des Grundes »genetische Merkmale« enthielt. Der Anwendungsbereich des Diskriminierungsverbotes wurde also nicht nur gegenüber dem Amsterdamer Vertrag deutlich ausgedehnt, es fand auch eine sukzessive Ausweitung während des Konventsprozesses statt, in dessen Verlauf neue Gründe hinzugefügt und die Umwandlung von einer geschlossenen in eine offene Liste vorgenommen wurde.

Auswertung der statistischen Ergebnisse

Unter den Mitgliedstaaten, deren Delegierte eine größere Anzahl an Stellungnahmen zu Nichtdiskriminierungsfragen abgaben, taten sich italienische und niederländische Konventsmitglieder mit vorrangig positiven Vorschlägen hervor. Französische und deutsche Delegierte vertraten geteilte Meinungen, wobei im französischen Fall die Ablehnung der Aufnahme von nationalen Minderheiten in die Nichtdiskriminierungsliste der ausschlaggebende Grund für negative Äußerungen war. Einzig die britischen Vertreter argumentierten eindeutig gegen die Ausweitung des Nichtdiskriminierungs-*acquis*. Daraus folgt, dass es keine offensichtliche Konsensposition gab, da zumindest ein großer Mitgliedstaat offen und beständig weitere Konstitutionalisierungsschritte in diesem Bereich ablehnte.

Abgesehen von Positionsäußerungen, die etwa die Hälfte aller Argumente ausmachten,[7] sind Salienz, interne und externe Kohärenz die Argumenttypen, die in einem signifikanten Ausmaß verwendet wurden. Allerdings ist externe Kohärenz der einzige dieser Argumenttypen, der eine hohe Erfolgsrate aufweist. Der beeindruckende Gesamterfolg ist dadurch zu spezifizieren, dass insbesondere alle positiven Vorschläge mit Hinweis auf externe Kohärenz (z. B. um die Umwandlung von einer geschlossenen in eine offene Liste zu erreichen) von Erfolg gekrönt waren, während sie im erheblich selteneren Fall der Verbindung mit negativen Forderungen (z. B. um die Beschränkung auf die durch Artikel 14 EMRK abgedeckten Gründe zu bewirken) gänzlich erfolglos blieben. Allerdings weist externe Kohärenz selbst unter den insgesamt überaus erfolgreichen positiven Vorschlägen (75 % Erfolgsrate) eine immer noch signifikant überdurchschnittliche Performanz auf. Daraus ist zu schließen, dass der Verweis auf international kodifizierte Normen ein enorm wirkungsmächtiges Argument zur Erweiterung des *acquis* in Richtung eines Allgemeinen Diskriminierungs-

7 Da jedoch die Erfolgsrate der Positionsäußerungen keine signifikante Abweichung vom Gesamtergebnis aufweist, verzerrt ihre Einbeziehung nicht die restlichen Ergebnisse.

Tabelle 2: Nichtdiskriminierung – Verteilung und Erfolg von Argumenten

	Summe	(+)	(–)	(=)	Erfolg	(+)	(–)	(=)
Alle	74	32 43.24 %	31 41.89 %	11 14.86 %	31 41.89 %	24 75 %	2 6.45 %	5 45.45 %
Position	37	18 48.65 %	10 27.03 %**	9 24.32 %*	18 48.65 %	13 72.22 %	0 0 %	5 55.56 %
Salienz	7	1 14.29 %	6 85.71 %*	0 0 %	0 0 %*	0 0 %	0 0 %	— —
externe Kohärenz	13	10 76.92 %**	3 23.08 %	0 0 %	10 76.92 %**	10 100 %*	0 0 %	— —
interne Kohärenz	12	2 16.67 %*	8 66.67 %	2 16.67 %	2 16.67 %*	0 0 %	2 25 %	0 0 %
Resonanz	2	1 50 %	1 50 %	0 0 %	1 50 %	1 100 %	0 0 %	— —
rechtliche Durchsetzung	3	0 0 %	3 100 %	0 0 %	0 0 %	— —	0 0 %	— —

Statistische Signifikanz (p) wurde mittels χ^2/Fisher-Exact-Probability-Test bestimmt.
* bezeichnet signifikante ($p \leq 0.05$), ** sehr signifikante ($p \leq 0.01$) und *** extrem signifikante ($p \leq 0.001$) Abweichungen der Häufigkeit bzw. Erfolgsrate eines Argumenttyps verglichen mit allen anderen Argumenten.

verbots war, hingegen nicht in überzeugendem Maße zur Begrenzung der Anwendung dieser Norm herangezogen werden konnte.

Interne Kohärenz findet fast so häufig Anwendung wie externe Kohärenz, aber Verweise auf den bestehenden *acquis* wurden vorrangig zur Stützung negativer Vorschläge verwendet (z. B. um den Nichtdiskriminierungskatalog auf die in Artikel 13 EG-Vertrag festgelegten Gründe zu beschränken), nicht so sehr als Argument für eine weitere Konstitutionalisierung. Die Erfolgsrate derartiger Argumente ist insgesamt niedrig, und diese Erfolglosigkeit ist sogar noch ausgeprägter in den seltenen Fällen einer Verbindung von interner Kohärenz mit positiven Vorschlägen.[8] Salienz wurde fast ausschließlich negativ eingesetzt und zeigt überhaupt keinen Erfolg, was jedoch nicht überrascht, da in diesem Bereich die Salienz ohnehin als gering angenommen wurde.

Resonanz und rechtliche Durchsetzbarkeit werden so selten verwendet, dass keine gültigen Rückschlüsse auf ihren möglichen Erfolg gezogen wer-

8 Interne Kohärenz weist ein signifikant überdurchschnittliches Ergebnis bei negativen Forderungen auf. Angesichts der allgemein sehr schlechten Performanz negativer Vorschläge bedeutet dies jedoch nicht, dass es sich dabei insgesamt um ein erfolgreiches Argument handelt.

den können. Auch hier ist die Tatsache, dass sie nicht in einer großen Anzahl von Argumenten auftreten, wenig überraschend. Verweise auf nationale Resonanz sind nur dann ein potenziell starkes Argument, wenn die nationalen Regeln völlig inkompatibel mit dem vorgeschlagenen Konstitutionalisierungsschritt wären, was bei Nichtdiskriminierung kaum anzunehmen ist. Auseinandersetzungen über die rechtliche Durchsetzbarkeit einer Norm sind nur dann zu erwarten, wenn deren Rechtscharakter in Frage steht – auch dies ist bei Nichtdiskriminierung nicht der Fall. Zusammengefasst stellt sich externe Kohärenz als der einzige erfolgreiche Argumenttyp zur Begründung weiterer Konstitutionalisierungsschritte im Bereich der Nichtdiskriminierung heraus.

Minderheitenrechte und kulturelle Vielfalt

Obwohl Minderheitenschutz eine wichtige Rolle in den externen Beziehungen der EU einnimmt, hat die Union bislang noch keine speziellen Minderheitenrechte auf der europäischen Ebene etabliert (De Witte 2000). Die Minderheitenproblematik wurde innerhalb des *acquis* – wenn überhaupt – ausschließlich indirekt über das Diskriminierungsverbot angesprochen, indem Rassendiskriminierung in Artikel 13 EG-Vertrag aufgenommen wurde, sowie über Politikinitiativen im Rahmen des Kampfes gegen Rassismus und Fremdenfeindlichkeit und im Rahmen der Förderung kultureller Vielfalt auf der Basis von Artikel 151 EG-Vertrag. Interne Kohärenz für spezielle Minderheitenrechte jedoch fehlt. Salienz ist allerdings auch nicht gegeben, da die europäische Integration bisher nicht gravierend in nationale Minderheitenschutzsysteme eingegriffen hat (Toggenburg 2005). Externe Kohärenz besteht insbesondere im Rahmen des Europarats in Form der Rahmenkonvention zum Schutz von Nationalen Minderheiten, aber verglichen mit der EMRK ist die Rechtsqualität und Durchsetzbarkeit internationaler Minderheitenschutzregeln schwach ausgeprägt. Resonanz mit nationalen Regeln variiert sehr stark unter den Mitgliedstaaten (vgl. Pan und Pfeil 2002: 11).

Aus diesen Überlegungen ergeben sich insgesamt wenig aussichtsreiche Bedingungen für eine Konstitutionalisierung von Minderheitenrechten über den Mechanismus des rhetorischen Handelns im Gemeinschaftskontext, da die zentralen Faktoren (Salienz, interne Präzedenz auf EU-Ebene geteilte internationale Normen) weitgehend fehlen. Allerdings würde auch eine rationalistische, auf *bargaining* aufbauende Erklärung angesichts der Vetomacht von Mitgliedstaaten mit starken Präferenzen gegen Minderheitenrechte (vor allem Frankreich, aber auch Griechenland) keine Konstitutionalisierung erwarten lassen, und auch der Rechtscharakter und damit der *compliance pull* bestehender internationaler Minderheitenschutznormen aus konstruktivistischer Sicht muss angezweifelt werden.[9]

Prozessrekonstruktion

Minderheitenfragen wurden im Konvent bereits zu einem frühen Zeitpunkt aufgeworfen. Bereits in der zweiten Sitzung wurde kritisch darauf hingewiesen, dass Bestimmungen zum Minderheitenschutz in den ersten Vorschlägen des Präsidiums fehlten (Meyer und Engels 2002: 325). Als nach dieser Debatte – wie im vorherigen Fall beschrieben – ein Nichtdiskriminierungsartikel entworfen wurde, enthielt die Liste von Beginn an »Zugehörigkeit zu einer nationalen Minderheit« (Charte 4137/00 Convent 8: 7). Allerdings scheint dies nicht in direkter Reaktion auf Forderungen nach einer Minderheitenschutzklausel geschehen zu sein. In seiner Begründung verweist das Präsidium lediglich darauf, dass der Vorschlag auf einer Kombination aus Artikel 13 EG-Vertrag und Artikel 14 EMRK (aus welchem die Formulierung stammt) beruht. Eine gesonderte Begründung mit Bezug auf Minderheitenschutz findet nicht statt. Zudem wurde die vorgeschlagene Lösung von den Befürwortern einer Minderheitenschutzklausel allgemein als nicht ausreichend empfunden.

In der Generaldebatte zum ersten Gesamtentwurf einer Charta (Charte 4284/00 Convent 28) war das Fehlen spezieller Minderheitenrechte die am häufigsten vorgebrachte Kritik am vorgeschlagenen Text (Meyer und Engels 2002: 376). Aber obwohl den zahlreichen Forderungen nach einer speziellen Minderheitenklausel keinerlei Gegenposition entgegengesetzt wurde, reagierte das Präsidium weder auf diese Debatte noch auf die diesbezüglichen schriftlichen Anträge, die in großer Zahl vorgelegt wurden. Unter letzteren unterstützten zwar einige grundsätzlich den Nichtdiskriminierungsansatz des Präsidiumsentwurfs und schlugen lediglich kleinere Änderungen in der Formulierung vor, wie z. B. »nationale Minderheit« durch einen anderen Begriff zu ersetzen (Charte 4332/00 Convent 35: 536 f., 542), bei weitem die meisten Eingaben forderten jedoch die Einfü-

9 Die Rahmenkonvention als einziges rechtsverbindliches, internationales Minderheitenschutzinstrument weist nur sehr schwache Durchsetzungsmechanismen auf.

gung eines separaten Minderheitenschutzartikels (ebd.: 495, 516, 579, 607, 727, 728 and Charte 4332/00 Convent 35 Add2: 8 f.), oder zumindest eines eigenen Paragraphen zu dem Thema (ebd.: 538).

Inhaltlich unterscheiden sich die vorgeschlagenen Artikel recht stark und umfassen sowohl individuelle als auch kollektive Formulierungen von Minderheitenrechten, die meisten enthalten jedoch das Recht von Minderheiten, die eigene Identität zu bewahren, und das Recht, die eigene Kultur und Sprache zu erhalten und entwickeln. Umgekehrt enthalten lediglich zwei Änderungsanträge (von demselben französischen Delegierten) negative Forderungen dahingehend, dass selbst die EMRK-basierte Formulierung des Präsidiumsvorschlags als zu weitgehend angesehen und daher die Entfernung des Begriffs »nationale Minderheit« aus dem Nichtdiskriminierungskatalog gefordert wird (Charte 4332/00 Convent 35: 557, 564). Das Präsidium vermerkte in seiner Zusammenfassung der schriftlichen Eingaben positive wie negative Vorschläge, ohne allerdings einen eigenen Kompromissvorschlag vorzulegen.

Infolge der ausbleibenden Reaktion des Präsidiums blieb die Frage eines Minderheitenschutzartikels auf der Agenda aller folgenden Konventssitzungen, die sich mit dem Gleichheitskapitel beschäftigten. Bereits im direkten Anschluss an den vom Präsidium auf Grundlage der schriftlichen Eingaben erarbeiteten Entwurf wurde erneut der Ruf nach umfassenderen Minderheitenbestimmungen laut (Meyer und Engels 2002: 419), und in der Abschlussdebatte zum gesamten Gleichheitskapitel monierte erneut eine bemerkenswert hohe Anzahl von Delegierten das Versäumnis der Aufnahme eines Minderheitenschutzartikel in dieses Kapitel (ebd.: 469). Dabei gingen einige Äußerungen so weit zu fordern, dass die Charta nicht nur fördernde Maßnahmen zur Gewährleistung von Chancengleichheit bereitstellen, sondern die Minderheitenrechte aktiv weiterentwickeln solle, oder gar, dass Minderheiten zu ihrem Schutz nicht nur Gleichbehandlung, sondern kollektive Rechte benötigten, um ihren Bestand als Minderheiten zu sichern (ebd.: 469). Umgekehrt finden sich in dieser Debatte die einzigen Beispiele offener Zurückweisung derartiger Forderungen: Ein französischer Delegierter hielt den Befürwortern von Minderheitenrechten entgegen, dass kein Bedarf bestehe, Minderheitenrechte explizit in der Charta zu erwähnen, da adäquate Schutzmechanismen auf Ebene der Mitgliedstaaten in Übereinstimmung mit nationalen Praktiken entwickelt werden könnten (ebd.: 470 f.).

Zwar wurde im Anschluss an diese Debatte ein neuer Artikel bezüglich kultureller, religiöser und sprachlicher Vielfalt hinzugefügt, der vom Präsidium damit begründet wurde, er folge der Menschenrechtsklausel in Artikel 6 EU-Vertrag und den kulturellen Bestimmungen in Artikel 151 EG-Vertrag (Charte 4471/00 Convent 48: 21); dieser wurde jedoch von den Befürwortern des Minderheitenschutzes keineswegs als ausreichend empfunden. So kann die Einführung dieses Artikels kaum als argumentativer Erfolg der Minderheitenschutzbefürworter gewertet werden, auch wenn einige der schriftlichen Eingaben Hinweise auf Artikel 151 EG-Vertrag enthielten. Selbst in der abschließenden Debatte über die gesamte Charta wurde kritisiert, der Minderheitenschutz sei sehr schwach ausgeprägt und die Charta in diesem Bereich kein ausgewogenes Dokument (ebd.: 485).[10]

Zusammenfassend ist zu bemerken, dass die zwei substanziellen Ergebnisse in Bezug auf Minderheiten – die Aufnahme von »Zugehörigkeit zu einer nationalen Minderheit« in den Nichtdiskriminierungskatalog und der Artikel bezüglich kultureller, religiöser und sprachlicher Vielfalt – in keinem direkten Bezug zu den Argumentationen im Konvent zu stehen scheinen, obwohl dies eines der Hauptthemen in den Debatten war. Die Aufnahme des Minderheitenbegriffs in die Nichtdiskriminierungsliste erfolgte sehr früh im Prozess und war eher ein »Nebenprodukt« der generellen Orientierung dieser Bestimmung an Artikel 14 EMRK. In der Folge fanden weder die unzähligen weitergehenden Vorschläge noch die wesentlich selteneren Forderungen nach Streichung dieses Passus zu irgendeinem Zeitpunkt Eingang in die Präsidiumsentwürfe. Der Artikel zur kulturellen Vielfalt war eine späte Ergänzung, die als Konzession an die Befürworter des Minderheitenschutzes angesehen werden könnte, aber inhaltlich folgt sie keinem ihrer Vorschläge, sondern repliziert lediglich den *status quo* von Artikel 151 EG-Vertrag.

Auswertung der statistischen Ergebnisse

Die meisten und weitest reichenden positiven Vorschläge im Minderheitenschutzbereich wurden von österreichischen und deutschen Delegierten vorgebracht, gefolgt von britischen und finnischen. Umgekehrt ist es beachtlich, wie wenig offener Widerstand den zahlreichen Vorstößen entgegengebracht wurde. Nur eine mündliche Stellungnahme und zwei schriftli-

10 Auch andere Delegierte monierten, dass Minderheitenrechte nicht ausreichend stark formuliert seien (Meyer und Engels 2002: 487 f.).

che Eingaben französischer Konventsmitglieder wandten sich gegen eine Minderheitenklausel und befanden selbst die Aufnahme des Begriffs in den Nichtdiskriminierungskatalog als zu weitgehend. Von griechischer Seite – ein weiterer Kandidat für eine ablehnende Haltung – kam überhaupt keine Wortmeldung. Dennoch ist zumindest festzuhalten, dass mit Frankreich ein wichtiger Mitgliedstaat eine offene Gegenposition zu den Forderungen bezog.

Hinsichtlich der Verteilung und des Erfolges von Argumenttypen ist zunächst festzustellen, dass unbegründete Positionsäußerungen, die wiederum ungefähr die Hälfte aller Argumente ausmachten, besonders häufig bei den – ohnehin vorherrschenden – positiven Vorschlägen auftreten. Unbegründete Ablehnung kommt dagegen nicht vor. Ansonsten ist interne Kohärenz das am häufigsten benutzte Argument, und zwar sowohl im Sinne einer Bezugnahme auf bestehende EU-Regeln wie z. B. Artikel 151 EG-Vertrag zur kulturellen Vielfalt (Charte 4332/00 Convent 35: 352 f., 495, 516, 538, 607), als auch in Form des Hinweises auf die externe Forderung der EU nach Minderheitenschutz im Erweiterungskontext (Meyer und Engels 2002: 417, 481).

Externe Kohärenz wurde als Argument eingesetzt, aber weniger häufig als in anderen Bereichen. Darüber hinaus zielten mehr als die Hälfte der auf internationale Normen Bezug nehmenden Vorschläge lediglich auf eine begriffliche Änderung innerhalb der Nichtdiskriminierungsklausel. So wird vorgeschlagen, den Begriff »nationale Minderheit«, der ja aus dem Kontext des Europarats stammt, durch den von der UN z. B. in Artikel 27 des Internationalen Paktes für Politische und Bürgerliche Rechte verwendeten Begriff der »ethnischen, religiösen oder sprachlichen Minderheit« zu ersetzen. Daraus lässt sich zweierlei schließen: Zum einen bedeutet es, dass der (auch von der EU im Erweiterungskontext so definierte) »europäische Standard« der Rahmenkonvention des Europarats verhältnismäßig selten von den Minderheitenschutzbefürwortern angeführt wurde, zum anderen verweist es auf Inkonsistenzen zwischen verschiedenen internationalen Instrumenten zum Minderheitenschutz. Diese Beobachtung gewinnt an Bedeutung vor dem Hintergrund, dass externe Kohärenz in anderen Fällen eine sehr prominente Rolle einnimmt. Im Gegensatz dazu konnten sich die Befürworter im Minderheitenfall offensichtlich nicht auf eine konsensuale Referenz einigen, was die Durchschlagskraft derartiger Argumente beeinträchtigt.

Tabelle 3: Minderheitenrechte – Verteilung und Erfolg von Argumenten

	Summe	(+)	(–)	(=)	Erfolg	(+)	(–)	(=)
Alle	54	41	5	8	2	1	0	1
		75.93 %	9.26 %	14.81 %	3.70 %	2.44 %	0 %	12.5 %
Position	27	24	0	3	1	0	—	1
		88.89 %*	0 %*	11.11 %	3.70 %	0 %	—	33.33 %
Salienz	2	0	2	0	0	—	0	—
		0 %*	100 %**	0 %	0 %	—	0 %	—
externe	7	3	0	4	0	0	—	0
Kohärenz		42.86 %*	0 %	57.14 %**	0 %	0 %	—	0 %
interne	14	11	2	1	1	1	0	0
Kohärenz		78.57 %	14.29 %	7.14 %	7.14 %	9.09 %	0 %	0 %
Resonanz	4	3	1	0	0	0	0	—
		75 %	25 %	0 %	0 %	0 %	0 %	—

Erstaunlich ist die niedrige Anzahl von Salienz- und Resonanzargumenten. Weder wird von den Befürwortern damit argumentiert, dass bei Unterlassung einer Minderheitenklausel nationale Schutzsysteme unterminiert würden, noch werden weitgehende nationale Regelungen als positive Beispiele zitiert, etwa als Substitut für den eher schwachen internationalen Standard. Umgekehrt verweisen die Gegner nicht auf die mangelnde Kompatibilität eines Minderheitenschutzes auf EU-Ebene mit nationalen Verfassungsnormen, was im französischen Fall ja durchaus gegeben ist. Argumente zur rechtlichen Durchsetzbarkeit kommen überhaupt nicht vor, was angesichts der umstrittenen Rechtsqualität gerade kollektiver Schutzmechanismen, die ja gelegentlich gefordert wurden, ebenfalls etwas erstaunt.

Nicht nur diese Anomalie in der Argumentverteilung, sondern insbesondere die Tatsache, dass kein Argumenttyp auch nur irgendeinen signifikanten Erfolg zeigte, unterstreicht die aus der Prozessanalyse gezogene Schlussfolgerung, dass das Ergebnis nicht als Resultat eines Argumentationsprozesses gedeutet werden kann. Stattdessen liegt es nahe anzunehmen, dass entweder ein *bargaining* »hinter den Kulissen« stattgefunden hat oder das stille Einverständnis herrschte, dass bei Annahme eines substanziellen Minderheitenartikels ein französisches Veto unumgänglich gewesen wäre – und die französischen Delegierten dies noch nicht einmal offen androhen mussten, um zu erreichen, dass das Präsidium nicht auf dementsprechende Forderungen einging. Ein solches Ergebnis ist natürlich völlig unabhängig von jeglichen vorgebrachten Argumenten.

Recht auf Arbeit und Schutz gegen ungerechtfertigte Entlassung

Obwohl der Amsterdamer Vertrag einen wichtigen Schritt hin zu einer Verankerung sozialer Rechte im primären Gemeinschaftsrecht markierte, blieben diese zumeist auf der Ebene sozialpolitischer Zielvorstellungen und sind somit nicht auf einer Stufe mit den sonstigen Menschenrechten gemäß Artikel 6 EU-Vertrag. Die Aufnahme sozialer Rechte in die Grundrechtscharta war eines der umstrittensten Themen in den Konventsdebatten. Bei sozialen Rechten handelt es sich um einen kritischen Fall für die Erklärung von Konstitutionalisierungsprozessen in der EU, da einerseits Salienz, interne und externe Kohärenz vorhanden sind und gute Bedingungen für Konstitutionalisierung durch rhetorisches Handeln bieten, während andererseits der umstrittene rechtliche Charakter sozialer Rechte und das Vorhandensein starker Gegner (besonders Großbritannien) keine Konstitutionalisierung aus der Sicht alternativer konstruktivistischer wie rationalistischer Erklärungen erwarten lässt. Obwohl sich ein Großteil der Auseinandersetzung darum drehte, ob soziale Rechte überhaupt in die Charta integriert werden sollten, beschränkt sich die folgende Fallstudie auf einen Ausschnitt – das Recht auf Arbeit und den Schutz vor ungerechtfertigter Entlassung – um wie in den anderen Fällen in der Lage zu sein, die Entwicklung der verschiedenen Entwürfe nachzuzeichnen und auf dieser Grundlage den Erfolg verschiedener Argumente zu bestimmen.

Prozessrekonstruktion

Im ersten vom Präsidium zusammengestellten Memorandum zu sozialen Rechten findet sich ein Abschnitt zum Recht auf Arbeit und freie Berufswahl, der sich auf Artikel 127 EG-Vertrag sowie der Europäischen Sozialcharta und der Gemeinschaftscharta der Sozialen Rechte stützte. Allerdings war das Recht auf Arbeit als Ziel der Erlangung eines hohen Beschäftigungsstandes formuliert (was es anfällig für den Vorwurf machte, als reines Politikziel sei es nicht vom Kölner Mandat gedeckt), während der rechtsförmige Absatz sich auf das Recht zur freien Beschäftigungswahl und -ausübung bezog (zitiert in: Charte 4192/00 Convent 18: 1). Folgerichtig war in den ersten Vorschlägen zu konkreten Artikeln im Sozialrechtsbereich auch nur das Recht auf freie Beschäftigungswahl vertreten. In seiner Begründung merkte das Präsidium an, dass dieses Recht unzweideutig in der Rechtsprechung des EuGH als Grundrecht etabliert worden sei und verwies auf den Fall 4/73 *Nold* [1974] ECR 491 (ebd.: 3). In einem gesonderten Artikel wurde darüber hinaus der Schutz im Entlassungsfall behandelt, ebenfalls mit Hinweis auf die revidierte Fassung der Europäischen Sozialcharta (ebd.: 12).

Auf dieser Grundlage wurde das Thema erstmals im Konvent debattiert. Befürworter einer weiter reichenden Bestimmung zum Recht auf Arbeit bezogen sich auf die Begründung des Präsidiums im ursprünglichen Memorandum und argumentierten, dass der vorgeschlagene Artikel zur freien Beschäftigungswahl nur einen Teilaspekt des Rechts auf Arbeit darstelle, welches in der Europäischen Sozialcharta verankert sei und deshalb in die EU-Grundrechtscharta übernommen werden müsse (Meyer und Engels 2002: 359). Auch andere internationale Dokumente wurden bezüglich eines Rechts auf Arbeit zitiert, so etwa der Internationale Pakt für ökonomische, soziale und kulturelle Rechte (ebd.). Umgekehrt forderten Gegner einer weitgehenden Implementierung eines solchen Rechts, dass es auf EU-Bürger beschränkt werden müsse (ebd.). Der auf die Debatte folgende Präsidiumsentwurf sah jedoch keinerlei Änderungen an der Klausel vor (Charte 4316/00 Convent 34: 2 f.), woraufhin die Forderung nach Aufnahme eines Rechts auf Arbeit mit stärkerem Nachdruck in der nächsten Sitzung wiederholt wurde. Nun wurde darauf hingewiesen, dass die Charta auf keinen Fall hinter dem Schutzniveau der Allgemeinen Deklaration der Menschenrechte zurückbleiben dürfe, und selbst diese enthalte ein Recht auf Arbeit (Meyer und Engels 2002: 386).

Dies war auch die hauptsächliche Stoßrichtung der schriftlichen Eingaben zu diesem Thema (Charte 4372/00 Convent 39: 39–61). Die verschiedenen Vorschläge, den Artikel als Recht auf Arbeit zu formulieren beziehen sich meist auf internationale Dokumente insbesondere die Europäische Sozialcharta (Charte 4372/00 Convent 39: 32, 41, 44, 45, 52, 53). Die Gegner akzeptierten allgemein die bestehende Formel des Rechts auf freie Beschäftigungswahl, verlangten jedoch unterschiedliche Einschränkungen (ebd.: 56, 59, 61) – besonders die Beschränkung auf EU-Bürger, weil ansonsten der EU die Kompetenz fehle (ebd.: 46, 47, 48, 54) – und warnten davor, das Recht auf einen Arbeitsplatz zu kreieren (ebd.: 48).

Obwohl es einen eigenständigen Artikel zum Schutz vor ungerechtfertigter Entlassung gab (Charte 4316/00 Convent 34: 6) wurde eine derartige Klausel auch als Bestandteil des Rechts auf Arbeit gefordert (Charte 4372/00 Convent 39: 32). In den Änderungsanträgen zum genannten Artikel bezüglich ungerechtfertigter Entlassung (ebd.: 195–211) wurden viele alternative Formulierungen vorgeschlagen, darunter unter anderem, eine Reformulierung im Sinne eines Politikziels vorzunehmen oder die Wortwahl an die Europäische Sozialcharta anzugleichen (ebd.: 199 f., 201, 202, 203, 204, 210, 211). Inhaltliche Vorschläge zum Ausbau des Artikels betrafen z. B. einen Schutz im Falle kollektiver Entlassungen einschließlich Kompensationsanspruch (ebd.: 205, 206, 207) und ein Verbot der Entlassung Schwangerer (ebd.: 208, 209). Besondere Gründe wurden für derartige Vorschläge zumeist nicht vorgebracht. Die Gegner eines weit reichenden Sozialschutzes in der Charta forderten die komplette Streichung des Artikels, da er unter nationales Recht falle (ebd.: 195, 197, 198) und ohnehin nur ein Ziel und nicht ein klassisches Grundrecht formuliere (ebd.: 196), welches bei Aufnahme in die Charta zu einem generellen und uneingeschränkten Rechtsanspruch erhoben und dadurch weit über existierendes Recht hinausgehen würde (ebd.: 197).

In Reaktion auf die schriftlichen Eingaben wurden die positiven Vorschläge insoweit aufgenommen, als ein Recht auf Arbeit und Schutz des Arbeitsplatzes in den Artikel zum Recht auf freie Berufswahl aufgenommen wurde (Charte 4383/00 Convent 41: 4), während der Artikel zum Schutz im Falle ungerechtfertigter Entlassung unverändert bestehen blieb (ebd.: 13). In der folgenden Konventssitzung wurde die Aufnahme des Rechts auf Arbeit von den Befürwortern dieser Klausel verständlicherweise begrüßt, während die Gegner ihre Opposition deutlich machten, indem sie darauf bestanden, dass ein Recht auf Arbeit keinesfalls mit rechtlichen Mitteln durchsetzbar wäre (Meyer und Engels 2002: 428), dass der Artikel mit nationalen Vorschriften kollidiere, da in verschiedenen Mitgliedstaaten nicht jeder (z. B. Asylbewerber) ein Recht auf Arbeit habe (ebd.: 429), und dass ein derartiger Anspruch schlechthin von keinem Staat eingelöst werden könne (ebd.: 431).

Der Artikel zum Schutz gegen ungerechtfertigte Entlassung wurde von einer Mehrheit der Delegierten befürwortet, unter anderem als besonderer Ausdruck des »europäischen Sozialmodells« im Gegensatz zum US-amerikanischen »*hire and fire*« (ebd.: 428). Die Gegner blieben bei ihrer Ablehnung, dass ein Recht auf Schutz des Arbeitsplatzes in der Praxis nicht umzusetzen sei (ebd.: 430) und hegten die Befürchtung, eine extensive Auslegung dieses Artikels durch den EuGH würde zu einer schleichenden Ausweitung der EU-Kompetenzen führen (ebd.: 436).

Im folgenden Präsidiumsentwurf eines gesamten Charta-Textes wurde die Vorschrift zur freien Beschäftigungswahl in das »Freiheiten«-Kapitel verschoben, der explizite Verweis auf ein Recht auf Arbeit dabei jedoch wieder gestrichen (Charte 4422/00 Convent 45: 6). Der Artikel hinsichtlich des Schutzes vor ungerechtfertigter Entlassung verblieb unverändert im »Solidaritäts«-Kapitel (ebd.: 9). Daraufhin brach die Debatte im Konvent erneut auf. Mehrere Delegierte beklagten das Versäumnis, einen spezifischen Bezug zum Recht auf Arbeit herzustellen, das als unbedingt aufzunehmendes soziales Recht präsentiert wurde (Meyer und Engels 2002: 466). In Entgegnung der Vorwürfe, hierbei handle es sich entweder lediglich um das Politikziel eines hohen Beschäftigungsniveaus oder ein um ein unannehmbares einklagbares Recht auf einen bestimmten Arbeitsplatz, betonte einer der Hauptbefürworter der Klausel, dass diese ein »Recht zu Arbeiten«, nicht jedoch ein »Recht auf einen Arbeitsplatz« darstelle (ebd.: 471).

Dennoch nahm das Präsidium außer kleinerer editorischer Änderungen keine substanzielle Veränderung an diesem Artikel vor (Charte 4470/00 Convent 47: 7), was wiederum zum Vorwurf führte, die Charta sei ohne ein Recht auf Arbeit unausgewogen (Meyer und Engels 2002: 485). Der Disput wurde letztlich dadurch gelöst, dass die Formulierung »Berufsfreiheit und Recht zu Arbeiten« in den endgültigen Charta-Text aufgenommen wurde, während der Artikel zum Schutz vor ungerechtfertigter Entlassung durch einen Verweis auf nationales und Gemeinschaftsrecht eingeschränkt wurde.

Auswertung der statistischen Ergebnisse

Die häufigsten Wortmeldungen hinsichtlich des Rechts auf Arbeit kamen aus Deutschland und den Niederlanden, wobei jeweils eine Polarisierung innerhalb der jeweiligen Delegationen entlang des politischen Spektrums (links-rechts) zu erkennen ist. Unter den weniger aktiven Mitgliedstaaten waren Delegierte aus Frankreich, Österreich, Belgien und Luxemburg vorrangig positiv eingestellt, während die Vertreter aus Großbritannien, Schweden und Irland sich eindeutig gegen die Aufnahme dieses Rechts in die Charta aussprachen. Erneut ist also keine Interessenkonvergenz zwischen den Akteuren auszumachen.

Obwohl auch hier Positionsäußerungen die am häufigsten gebrauchte Kategorie bilden, ist ihr Anteil dennoch erheblich geringer als in den beiden anderen Fällen (ein Drittel gegenüber der Hälfte aller Argumenttypen). Zudem lässt sich aus der Prozessrekonstruktion entnehmen, dass das Vortragen unbegründeter Positionen hauptsächlich zwei Faktoren geschuldet ist: einerseits der Wiederholung bereits mehrmals vorgebrachter Forderungen (die dann nicht mehr begründungsbedürftig erscheinen), andererseits der nachträglichen Anerkenntnis und Unterstützung bereits vom Präsidium übernommener Vorschläge. Insbesondere letzteres Phänomen ist abzulesen an der signifikant überdurchschnittlichen Verwendung von Positionsäußerungen als *Status-quo*-Argumente und erklärt deren beachtlichen Erfolg.

Alle anderen Argumenttypen sind recht gleichmäßig verteilt, allerdings mit deutlichen Unterschieden hinsichtlich der Art des zu begründenden Vorschlags (positiv, negativ, *status quo*) und dem Erfolg der Argumente. Wie aus theoretischer Perspektive zu erwarten spielen Salienzargumente bei sozialen Rechten eine erheblich wichtigere Rolle als in den anderen beiden Fällen, aber ihre Erfolgsrate ist gering (wenn auch nicht statistisch signifikant geringer als die anderer Argumente). Dies ist allerdings hauptsächlich darauf zurückzuführen, dass Salienz eben nicht vorrangig zur Rechtfertigung positiver Konstitutionalisierungsvorschläge verwendet wird, sondern umgekehrt ein prominentes negatives Argumentationsmuster bildet: nämlich dass es sich bei der Aufnahme sozialer Rechte in die Charta um eine Kompetenzausweitung der EU handle, welche die Gefahr zukünftigen Harmonisierungsdrucks auf die Mitgliedstaaten in sich birgt. Betrachtet man die wenigen Fälle, in denen Salienz positiv im Sinne des theoretischen Rahmens verwendet wird, um zu betonen, dass Konstitutionalisierung notwendig ist, um ein Unterlaufen nationaler oder internationaler Standards zu verhindern, ergibt sich ein erheblich besseres Bild. Allerdings ist hinzuzufügen, dass die geringe Anzahl derartiger Argumente zusammen mit dem generell guten Erfolg aller positiven Argumente dazu führt, dass der hohe Erfolg positiver Salienzargumente nicht statistisch signifikant ist.

Interne Kohärenz wird ebenso wie Salienz eher zur Ablehnung des Rechts auf Arbeit verwendet und hat dabei eine geringe Erfolgsrate. Dasselbe gilt für Argumente, die sich auf die rechtliche Durchsetzbarkeit sozialer Rechte beziehen.[11] Auch die Mehrheit der vorgebrachten Resonanzargumente war negativ ausgerichtet und zeigt schwache, aber nicht signifikant unterdurchschnittliche Performanz. Hingegen wurde externe Kohä-

11 Rechtliche Durchsetzbarkeit hat zwar einen signifikant überdurchschnittlichen Erfolg unter den negativen Vorschlägen, aber dieses Ergebnis basiert lediglich auf einer einzigen Aussage.

Tabelle 4: Recht auf Arbeit – Verteilung und Erfolg von Argumenten

	Summe	(+)	(–)	(=)	Erfolg	(+)	(–)	(=)
Alle	105	33	50	21	39	17	1	21
		31.43 %	47.62 %	20 %	37.14 %	51.51 %	2 %	100 %
Position	35	12	8	14	19	5	0	14
		34.29 %	22.86 %***	40 %***	54.29 %**	41.67 %	0 %	100 %
Salienz	15	3	11	1	4	3	0	1
		20 %	73.33 %*	6.67 %	26.67 %	100 %	0 %	100 %
externe Kohärenz	15	9	3	3	8	5	0	3
		60 %*	20 %*	20 %	53.33 %	55.56 %	0 %	100 %
interne Kohärenz	13	4	9	0	1	1	0	—
		30.77 %	69.23 %	0 %	7.69 %*	25 %	0 %	—
Resonanz	15	3	9	3	4	1	0	3
		20 %	60 %	20 %	26.67 %	33.33 %	0 %	100 %
rechtliche Durchsetzung	12	2	10	0	3	2	1	—
		16.67 %	83.33 %**	0 %	25 %	100 %	10 %	—

renz – hauptsächlich Verweise auf die Europäische Sozialcharta, aber auch UN und ILO Dokumente – vorrangig zur Stützung positiver Vorschläge verwendet und zeigt eine hohe Erfolgsrate (allerdings kaum stärker als positive Argumente im Allgemeinen).[12] Insgesamt deuten die Zahlen darauf hin, dass externe Kohärenz und Salienz die wirkmächtigsten Argumente zur Begründung von Konstitutionalisierung im untersuchten Bereich sozialer Rechte waren, wobei letztere weniger Anwendung fanden, als theoretisch zu erwarten war.

Schlussfolgerungen

Was können wir aus einer Argument-Analyse der Konventsdebatten zur Erarbeitung einer EU-Grundrechtscharta in den Bereichen Nichtdiskriminierung, Minderheitenschutz und Recht auf Arbeit lernen? Die Ergebnisse scheinen zunächst die theoretische Annahme zu bestätigen, dass die treibenden Faktoren hinter den Konstitutionalisierungsprozessen der EU

12 Werden Positionsäußerungen aus der Analyse ausgeschlossen, so ist externe Kohärenz der einzige Argumenttyp mit signifikant überdurchschnittlicher Erfolgsrate.

durch argumentative oder rhetorische Mechanismen zum Tragen kommen. Weder lässt sich in den untersuchten Bereichen ein voller Konsens beobachten, der auf Interessenkonvergenz oder Sozialisierung schließen ließe, noch sehen wir offenes *bargaining* oder Vetodrohungen, obwohl in jedem der Fälle zumindest ein bedeutender Mitgliedstaat eindeutige Präferenzen gegen eine Konstitutionalisierung in dem betreffenden Bereich zeigte. Allerdings sind einige Modifikationen bzw. Einschränkungen gegenüber den ursprünglichen Annahmen vorzunehmen.

Zuerst zeigen alle drei Fälle eine besonders starke Rolle externer Kohärenz, die weit über den anderen Faktoren liegt. Im Nichtdiskriminierungsfall ist externe Kohärenz das einzige erfolgreiche Argument für eine Erweiterung der Nichtdiskriminierungsklausel über den durch Artikel 13 EG-Vertrag etablierten *status quo* hinaus. Im Falle des Rechts auf Arbeit bewährt sich externe Kohärenz ebenfalls als wirkmächtiges Argument, wenn auch hier gemeinsam mit Salienz, die jedoch in erheblich geringerem Ausmaß zur Begründung positiver Vorschläge in Anspruch genommen wird. Im Minderheitenrechtsfall ist es umgekehrt, denn hier ist es plausibel anzunehmen, dass die vergleichsweise seltene und dann widersprüchliche Verwendung von Verweisen auf international kodifizierte Normen ein entscheidender Nachteil in der Argumentationsstrategie der Befürworter war.

Zweitens beleuchten die Fälle die zwei angenommenen Konstellationen, die zu Konstitutionalisierung führen: entweder Salienz oder alternativ interne und externe Kohärenz sowie Resonanz. Der Nichtdiskriminierungsfall betont den zweiten Mechanismus, der besagt, dass Konstitutionalisierung auch in der Abwesenheit von Salienz voranschreiten kann, wenn andere Faktoren gegeben sind. Die starke Rolle externer Kohärenz passt zu dieser Annahme, nicht jedoch die Tatsache, dass interne Kohärenz weniger als notwendiger Baustein für die Begründung positiver Vorschläge sondern viel häufiger (und zudem erfolglos) gegen eine Konstitutionalisierung über den bestehenden *status quo* hinaus in Stellung gebracht wird.

Der Sozialrechtsfall ist dagegen ein typischer Fall für Konstitutionalisierung bei hoher Salienz, so dass auch zu erwarten gewesen wäre, dass Salienzargumente eine prominente Rolle in der Rechtfertigung von Konstitutionalisierung in diesem Bereich gespielt hätten. Zwar wird diese Annahme nicht widerlegt, da Salienzargumente in der Tat effektiv sind, wenn sie mit positiven Vorschlägen verknüpft werden. Dies wird allerdings konterkariert durch die geringe Anzahl von Argumenten, in denen dies geschieht, gerade im Vergleich zur wesentlich häufigeren (und erfolgloseren) negativen Verwendung von Salienz. Konstitutionalisierung scheint also weniger aus positiven Salienzüberlegungen als vielmehr gegen starken salienzbasierten Widerstand erfolgt zu sein.

Zuletzt deutet der Minderheitenfall darauf hin, dass nicht alle Konstitutionalisierungsentscheidungen überhaupt sinnvoll als Ergebnis erfolgreicher Argumente interpretiert werden können. Weder der endgültige Charta-Text noch die Abfolge der Entwürfe reflektieren in irgendeiner Weise den Argumentationsprozess im Konvent. Allerdings ist darauf hinzuweisen, dass die Aussichten auf argumentativen Erfolg in diesem Fall auch recht dürftig waren: geringe Salienz, keine interne Kohärenz mit bestehenden EU-Regeln, sowie ein recht schwach ausgeprägter und nicht konsensualer internationaler Standard und völlig fehlende Resonanz bei zumindest einem wichtigen Mitgliedstaat. Mit anderen Worten den Befürwortern standen so gut wie keine überzeugenden Argumente zur Verfügung, die zu einem argumentativen Sieg über die Gegner hätten führen können – letztere mussten sich noch nicht einmal auf eine echte Debatte einlassen.

Entwurf einer Grundrechtscharta der Europäischen Union, Dokumente des Präsidiums

Proposed Articles (Articles 10 to 19), Brussels, 24 February 2000, CHARTE 4137/00 CONVENT 8.

Proposals for social rights, Brussels, 27 March 2000, CHARTE 4192/00 CONVENT 18.

New proposal for Articles 1 to 30 (Civil and political rights and citizens' rights), Brussels, 5 May 2000, CHARTE 4284/00 CONVENT 28.

New proposal for the Articles on economic and social rights and for the horizontal clauses, Brussels, 16 May 2000, CHARTE 4316/00 CONVENT 34.

Amendments submitted by the members of the Convention regarding civil and political rights and citizens' rights, Brussels, 25 May 2000, CHARTE 4332/00 CONVENT 35, ADD1-3.

Summary of amendments presented by the Präsidium, Brussels, 14 June 2000, CHARTE 4360/00 CONVENT 37.

Amendments submitted by the members of the Convention regarding social rights and the horizontal clauses, Brussels, 16 June 2000, CHARTE 4372/00 CONVENT 39.

Summary of amendments received and of Präsidium compromise amendments on economic and social rights and on the horizontal clauses (Articles 31 to 50), Brussels, 3 July 2000, CHARTE 4383/00 CONVENT 41.

Complete text of the Charter proposed by the Präsidium, Brussels, 28 July 2000, CHARTE 4422/00 CONVENT 45.

Complete text of the Charter proposed by the Präsidium following the meeting held from 11 to 13 September 2000 and based on CHARTE 4422/00 CONVENT 45, Brussels, 14 September 2000, CHARTE 4470/00 CONVENT 47.

Text of the explanations relating to the complete text of the Charter as set out in CHARTE 4470/00 CONVENT 47 + COR 1, Brussels, 20 September 2000, CHARTE 4471/00 CONVENT 48.

Literatur

Bell, Mark (2002), *Anti-Discrimination Law and the European Union*, Oxford: Oxford University Press.

De Witte, Bruno (2000), *Politics Versus Law in the EU's Approach to Ethnic Minorities*, EUI Working Paper No. RSC 2000/4, Florenz: European University Institute.

Finnemore, Martha (2000), »Are legal norms distinctive?«, *Journal of International Law and Politics*, Jg. 32, H. 3, S. 699–705.

Franck, Thomas M. (1990), *The Power of Legitimacy Among Nations*, Oxford: Oxford University Press.

Meyer, Jürgen/Engels, Markus (2002), *The Charter of Fundamental Rights of the European Union and the Work of the Convention* (2. Aufl.), Berlin: Deutscher Bundestag, Ausschuss für die Angelegenheiten der Europäischen Union.

Pan, Christoph/Pfeil, Beate Sibylle (2002), *Minderheitenrechte in Europa. Handbuch der europäischen Volksgruppen* (Bd. 2), Wien: Braumüller.

Schimmelfennig, Frank (2000), »International socialization in the New Europe: rational action in an institutional environment«, *European Journal of International Relations*, Jg. 6, H. 1, S. 109–39.

Toggenburg, Gabriel N. (2005), »EU-ropäische Mobilität und Südtiroler Autonomie: Konfrontation – Cohabitation – Kooperation?«, in: Joseph Marko (Hg.), *Die Verfassung der Südtiroler Autonomie*, Baden-Baden Nomos, S. 451–494.

Die Rechte von Drittstaatsangehörigen im Konstitutionalisierungsprozess

Sandra Lavenex

Der Begriff »Verfassung« war ursprünglich Staaten vorbehalten, und beinhaltete Rechte nur für die Bürger dieser Staaten. Die Berücksichtigung der »Rechte des Anderen« (»*rights of others*«, Benhabib 2004) in nationalen Verfassungen ist ein neueres Phänomen und hat seinen Ursprung in der Internationalisierung der Menschenrechte nach dem Zweiten Weltkrieg. In der EU stellt die Konstitutionalisierung der Rechte von Drittstaatsangehörigen eine besondere Herausforderung dar, denn »theoretisch ist Souveränität nirgends absoluter als in Fragen der Auswanderung, Naturalisierung, Staatsbürgerschaft und Abschiebung« (Arendt 1973: 278, eigene Übersetzung). Während die Mitgliedstaaten große Teile ihrer Souveränität in Bezug auf die Freizügigkeitsrechte ihrer eigenen Staatsbürger aufgegeben haben, wurden Aufnahme und Aufenthalt von Drittstaatsangehörigen lange Zeit als letzte Bastion der Souveränität erachtet. Ironischerweise bot die EU bis vor kurzem weniger ein Forum für die Konsolidierung von Ausländerrechten denn eine Plattform, um nationale rechtliche und politische Handelsschranken zu umgehen, wie sie aus den nationalen Verfassungen erwachsen. Ganz im Sinne der These einer »neuen Staatsräson« (Wolf 1999) eröffnete die zunächst intergouvernementale Zusammenarbeit auf EU-Ebene die Möglichkeit für gleichgesinnte Ministerialbeamte aus den Bereichen Inneres und Justiz, eine eigene Agenda zu entwickeln und innenpolitisch durchzusetzen (Lavenex 2001a). Andererseits deutet aber einiges darauf hin, dass im Zuge des Vergemeinschaftungs- und Konstitutionalisierungsprozesses manche dieser »Ausfluchtrouten« wieder geschlossen werden könnten. Diese Prozesse begründen neue Schranken für politisches Handeln und spiegeln dabei einige der politischen und rechtlichen Handlungsschranken wider, wie wir sie aus nationalen Verfassungssystemen kennen.

Wie kommt es, dass gewisse Rechte für Drittstaatsangehörige trotz einer vornehmlich restriktiven Migrationsagenda in der EU nach und nach

»konstitutionalisiert« werden? Wie schlägt sich dabei die Spannung zwischen europäischer Integration und nationaler Souveränität in diesen sensiblen innenpolitischen Fragen nieder?

Nach einer kurzen Vorstellung des theoretischen Ansatzes werden erfolgreiche und erfolglose Fälle von Konstitutionalisierung vergleichend analysiert. Der Artikel endet mit einigen Überlegungen zur Relevanz »formeller Konstitutionalisierung« für die politische Praxis und verweist auf die mögliche Weiterführung von transgouvernementalen »Ausflüchten« aus konstitutionalisierten Arenen, sowohl auf nationaler als auch auf europäischer Ebene.

Intergouvernementale Ausflüchte und ihre Grenzen

Die bestehende Forschung über die Entwicklung europäischer Asyl- und Einwanderungspolitiken stimmt in der Feststellung überein, dass der Europäisierungsprozess den Handlungsspielraum der Mitgliedstaaten gegenüber Drittstaatsangehörigen bisher weniger eingeschränkt als vielmehr ausgeweitet hat. Zwei institutionelle Faktoren spielten dabei eine entscheidende Rolle: die autonomiefördernden Effekte intergouvernementaler Kooperationsstrukturen und die Abwesenheit ausgleichender Menschenrechtsnormen (Lavenex 2001a). In organisatorischer Hinsicht führte Internationalisierung – oder in diesem Fall Europäisierung – zu einer Stärkung nationaler Exekutiven durch die Einführung einer zusätzlichen politischen Arena, die von ausgewählten Regierungsvertretern mit ähnlichem professionellen Hintergrund dominiert ist (Wolf 1999: 336, Guiraudon 2000). Die intergouvernementalen Entscheidungsregeln, die bis Ende 2005 in Kraft waren, stärkten insbesondere die Innenminister, deren Aktivitäten dadurch von der pluralistischen innenpolitischen Arena abgeschirmt wurden. Das geteilte Initiativrecht der Kommission, minimale Beteiligungsrechte des Europäischen Parlaments und eingeschränkte Mitwirkungsrechte für den Europäischen Gerichtshof schränkten zudem den Einfluss supranationaler Akteure ein. Deren Rolle wurde zusätzlich durch die Abwesenheit einschlägiger Menschenrechtsnormen in den Verträgen geschwächt, so dass es kaum Spielraum für supranationales Engagement im Bereich Ausländerrechte gab. Damit unterschieden sich die Kooperationsstrukturen in der EU deutlich von parallelen Verhandlungen im Europarat, wo heterogene Mitgliedschaft einerseits und humanitäres Mandat andererseits den Beschluss ähnlich restriktiver Maßnahmen wie in der EU verhinderten (Lavenex 2001a: 76 ff.).

Die Autonomie generierenden Effekte der europäischen Kooperation begünstigten in erster Linie jene Teile der nationalen Bürokratieapparate, welche sich mit den Kontrollaspekten der Migrationsfrage beschäftigen, und schirmte sie weitgehend von konkurrierenden, auf die menschenrechtlichen Aspekte achtenden Diskursen ab. In der Wirkung wurden damit gewisse nationale Handlungsschranken neutralisiert, die liberale Demokratien daran hindern, »ungewollte Einwanderung« zu unterbinden (Joppke 1998): der Einfluss heterogener (organisierter) Interessen und die Rechte, die nationale Verfassungen verschiedenen Kategorien von Einwanderern gewähren (Freeman 1995, Guiraudon und Lahav 2000, Castles 2004).

Mit der Überführung der Asyl- und Einwanderungszusammenarbeit vom Dritten in den Ersten Pfeiler der EU ist die Metapher der »Festung Europa« vermehrt in Frage gestellt worden (Favell und Hansen 2002). Wenn man dieses Politikfeld mit anderen Bereichen der europäischen Integration vergleicht, könnte man erwarten, dass die autonomiegenerierenden Effekte der Europäisierung nur ein vorübergehendes Phänomen sein werden und von den supranationalen Dynamiken eingeholt werden, wie sie von historischen Institutionalisten oder Neofunktionalisten thematisiert werden. Auch sozialkonstruktivistische Ansätze suggerieren, dass die Schaffung und Aufrechterhaltung einer »Festung Europa« grundlegenden Prinzipien und Normen liberaler Demokratien widersprechen würde und mittelfristig eine entsprechende Kodifizierung von Menschenrechten in der EU nach sich ziehen würde.

Meine Frame-analytische Untersuchung der Wechselwirkungen zwischen europäischer (hauptsächlich intergouvernementaler) und nationaler Asylpolitik aus dem Jahre 2001 argumentierte, dass die Entwicklung eines rechtsbasierten Ansatzes nicht nur von institutionellen Reformen zugunsten der Gemeinschaftsmethode abhängen würde, sondern auch von der Fähigkeit der EU, eine Wertegemeinschaft zu entwickeln, und davon, inwieweit neue rechtliche Instrumente wie die Menschenrechtscharta zu einem Referenzpunkt für politische Akteure und Gerichte werden würden (Lavenex 2001b: 852). Die erfolgreiche Konstitutionalisierung der Rechte von Drittstaatsangehörigen würde somit einen Wechsel von Problemwahrnehmung und -definition erfordern, weg vom bisher dominanten Fokus auf die innere Sicherheit hin zu einem Kernanliegen der europäischen

Integration im Sinne einer Wertegemeinschaft oder, in den Worten von Rittberger und Schimmelfennig, einer »Gemeinschaftsumwelt«.

Gemäß ihrem theoretischen Ansatz wird eine solche normative Dynamik von zwei ideenbasierten Variablen gefördert: Salienz, definiert als die wahrgenommene Diskrepanz zwischen dem Jetztzustand europäischer Regeln und den geteilten liberalen normativen Standards, und Legitimität. Letztere wiederum resultiert aus der Kohärenz von Konstitutionalisierungsschritten mit etablierten EU-Normen einerseits, welche als Präzedenzfälle wirken und Pfadabhängigkeiten auslösen, und Kohärenz mit internationalen Normen andererseits, denen sich die Mitgliedstaaten verpflichtet haben, also etwa die Europäische Menschenrechtskonvention (EMRK) oder andere Menschenrechtsabkommen. Wenn ein legislativer Vorschlag betreffend Asyl und Einwanderungsrechte in der EU diese Eigenschaften aufweist, wird es schwierig für seine Gegner, dessen Kodifizierung abzulehnen. Sie werden »rhetorisch verstrickt« (Schimmelfennig), und akzeptieren einen Konstitutionalisierungsschritt, auch wenn sich ihre ursprünglichen Präferenzen nicht verändert haben.

Dieser Ansatz setzt voraus, dass integrationsfreundliche Akteure Zugang zur Entscheidungsarena haben und die gleichen Mittel zur Interessendurchsetzung haben wie ihre Gegner. Dies sollte jedoch unterschiedlich aussehen, je nachdem ob es sich um Tagesgeschäfte im Ministerrat handelt oder um breit angelegte Konstitutionalisierungsschritte wie im Verfassungskonvent. Diese Analyse zeigt aber auch, dass zwischen Ministerräten Unterschiede bestehen, je nachdem ob nach Gemeinschaftsmethode entschieden wird und ob die betreffenden Ausländerrechte als Sozialpolitik oder Innen- und Justizpolitik behandelt werden. Deshalb wird eine zusätzliche organisatorische Variable in die vergleichende Analyse eingeführt: der Pluralismusgrad der Entscheidungsarena.

Im Folgenden wird dieser theoretische Rahmen auf acht Fälle angewandt, die sowohl erfolgreiche als auch erfolglose Konstitutionalisierungsschritte umfassen. Konstitutionalisierung wird definiert als die Kodifizierung einklagbarer individueller Rechte im supranationalen Recht. Im Bereich des Primärrechts umfassen die erfolgreichen Fälle die Regierungskonferenz zum Amsterdamer Vertrag 1996–97 und den Menschenrechtskonvent, dessen Charta später in den Verfassungsvertrag übertragen wurde. Im Sekundärrecht wurden positive Ausländerrechte in zwei von fünf Richtlinien kodifiziert: in der Richtlinie von 2004 über den Status von Flüchtlingen (Qualifikationsrichtlinie) und jener zur Nichtdiskriminierung von 2000 (so genannte »Rassenrichtlinie«). Die negativen Fälle umfassen diejenigen, die vor dem EuGH angefochten wurden: die Asylverfahrensrichtlinie von 2005, die Richtlinie über Familienzusammenführung von 2003, und diejenige über den Status von Langzeitaufenthaltern von 2003.[1]

Analyse des Konstitutionalisierungsprozesses

Ausländerrechte können an zwei Dimensionen entlang kategorisiert werden: ob sie sich auf freiwillige oder erzwungene Migration beziehen und ob sie die Aufnahme (Einwanderungsrechte) oder die Aufenthaltsrechte (Einwandererrechte) von Ausländern betreffen.[2] In der EU haben sich legislative Schritte im Bereich der Aufnahmerechte auf Asylbewerber konzentriert. Einwandererrechte umfassen Nichtdiskriminierung, Freizügigkeit und Familienzusammenführung. Obwohl sich die Zusammenarbeit im Bereich Inneres und Justiz hauptsächlich mit dem Aspekt der Aufnahme und dem Zugang von Drittstaatsangehörigen zum EU-Territorium befasst hat, und insbesondere mit dem Kampf gegen irreguläre Einwanderung, sind auch gewisse Aufenthaltsrechte konstitutionalisiert worden. In beiden Rechtskategorien jedoch finden wir sowohl erfolgreiche als auch nicht erfolgreiche Konstitutionalisierungsschritte, was einer genaueren Untersuchung bedarf.

Konstitutionalisierung von Einwandererrechten

Das erste Individualrecht für Drittstaatsangehörige, das Eingang in den EG-Vertrag fand, ist die Nichtdiskriminierungsnorm in Artikel 13 des Amsterdamer Vertrags. In der Folge wurden drei Richtlinien beschlossen, die sich auf die Rechte von legal anwesenden Drittstaatsangehörigen be-

1 Da Verhandlungen zu Sekundärrecht im Ministerrat (wie auch traditionelle Regierungskonferenzen) nicht öffentlich geführt werden, basiert diese Untersuchung nicht auf Verlaufsprotokollen (mit der Ausnahme des Menschenrechtskonvents), sondern auf zugänglichen öffentlichen Dokumente und halboffenen Interviews, die mit EU- und Regierungsvertretern in den Jahren 2001, 2004 und 2005 geführt wurden.

2 Die Unterscheidung zwischen Einwanderungs- und Einwandererrechten stimmt mit Thomas Hammars Unterteilung in »immigrants« und »migrants rights« überein (Hammar 1985).

ziehen: Nichtdiskriminierung, die Rechte von Langzeitaufenthaltern und Familienzusammenführung.

Nichtdiskriminierungsartikel und -richtlinie

Die Nichtdiskriminierungsrichtlinie basiert auf dem Nichtdiskriminierungsartikel (Art. 13 Amsterdamer Vertrag) und wurde in der Rekordzeit von nur sieben Monaten einstimmig beschlossen. Dies kontrastiert stark mit den langwierigen Entscheidungsprozessen in anderen Fällen (siehe unten).

Artikel 13 Amsterdamer Vertrag führte ein individuell einklagbares Recht ein auf Nichtdiskriminierung auf der Basis von Rasse, ethnischer Herkunft oder anderen Gründen wie Geschlecht, sexueller Orientierung, Religion, Alter oder Behinderung.[3] Die »Anti-Rassismus-Richtlinie« verbietet direkte und indirekte Diskriminierung in einer Vielzahl von Bereichen wie Beschäftigung, Ausbildung, soziale Sicherheit und Gesundheitswesen. Sie verlangt auch von den Mitgliedstaaten, ein Amt mit der Förderung der Gleichbehandlung zu befassen und mit der praktischen und unabhängigen Unterstützung der Opfer von Rassendiskriminierung. Obwohl die Schnelligkeit, mit der die Richtlinie angenommen wurde, vermuten lässt, dass ihr Inhalt wenig umstritten gewesen war, verlangte deren Umsetzung nach Aussage eines Kommissionsmitarbeiters umfassende legislative Änderungen auf nationaler Ebene, und mehrere Mitgliedstaaten hatten schwere Bedenken bei ihrer Annahme (Tyson 2001: 112). Diese wurden in der Implementationsphase manifest, als sich vier Mitgliedstaaten wegen unterbliebener Umsetzung ins nationale Recht vor dem EuGH rechtfertigen mussten.

Die Untersuchung der Prozesse, die der Annahme der Nichtdiskriminierungsnormen vorausgegangen sind, bestätigt die Bedeutung einer organisatorischen Öffnung der Entscheidungsarena und erfolgreicher *Framing*-Strategien. Zwei Faktoren waren besonders prominent: der Aktivismus einer breiten Koalition von nahezu 400 Nichtregierungsorganisationen, Akademikern und *think tanks*, welche sich in der Starting Line Group (SLG) zusammengefügt hatten (»Pluralismus«), und die Verknüpfung der Ausländerfrage mit den allgemeinen Nichtdiskriminierungsnormen des Binnenmarktes (»Kohärenz«).

3 Ein ausdrücklicher Verweis auf Nichtdiskriminierung auf Grund von Nationalität wurde abgelehnt.

Die SLG wurde 1991 mit dem Ziel gegründet, europäisches Recht gegen Rassismus und Xenophobie zu fördern, und hatte einen wichtigen Einfluss auf die Ausarbeitung von Art. 13 EGV und die Nichtdiskriminierungsrichtlinie (Chopin 1999, Geddes und Guiraudon 2004, Tyson 2001). Ihre Lobby-Aktivitäten begannen 1992 mit dem Gipfel in Edinburgh und flossen in dessen Deklaration zu Rassismus und Fremdenfeindlichkeit ein, welche die Notwendigkeit europäischer rechtlicher Maßnahmen betonte. Trotz anhaltender Skepsis im Ministerrat gegenüber einer europäischen Zuständigkeit in diesem Bereich fungierte die Deklaration als erste »rhetorische Falle«, die sich auf spätere Verhandlungen auswirkte. Die Strategie des SLG bestand daraufhin in der Förderung einer europäischen Zuständigkeit in den Verträgen, auf deren Basis Sekundärrecht entwickelt werden könnte. Wichtige Alliierte auf dem Weg zu Art. 13 EGV waren die Konsultativkommission über Rassismus und Xenophobie, die auf dem Europäischen Gipfel in Korfu 1994 gegründet wurde, und die Reflektionsgruppe, die den sogenannten »Westendorp-Bericht« ausarbeitete. Am Ende ihres Mandats schlugen beide Gruppen eine Vertragsänderung vor, die dem Vorschlag der SLG sehr nahe kam (Chopin 1999: 119). Die schwache Position der Innen- und Justizminister (gemäß dem Europaabgeordneten van Outrive die »Polizisten der Souveränität« [1995: 395]) auf der darauffolgenden Regierungskonferenz, ihre mangelnde Nutzung formeller und informeller Einflusskanäle und die führende Stellung integrationsfreund licher Außenminister schafften ein günstiges organisatorisches Umfeld für die Annahme von Artikel 13 EGV.

Hauptpartner in der Förderung der darauffolgenden Anti-Rassismus-Richtlinie waren die Generaldirektion Soziales der Europäischen Kommission und das Europäische Parlament. In zwei Beschlüssen von 1993 und 1994 hatte dieses an die Kommission appelliert, den Vorschlag der SLG für eine Nichtdiskriminierungsrichtlinie weiterzuverfolgen. Nach Inkrafttreten des Amsterdamer Vertrags kamen »ein Paar progressive Individuen« in dieser Generaldirektion darauf zurück (Guiraudon 2003: 273, Geddes 2000b) und nach Konsultationen mit den Generaldirektionen Binnenmarkt und Inneres und Justiz schlugen sie die Anti-Rassismus-Richtlinie vor. Im Unterschied zu den weiter unten diskutierten Richtlinien war die Entscheidungsarena in diesem Fall pluralistischer und reduzierte die Aushandlungsprozesse nicht auf den kleinen Kreis der Innen- und Justizminister. Pluralismus alleine kann jedoch nicht erklären, warum die Gegner supranationaler Rechte diese Normen einstimmig annahmen, und dies in Rekordzeit, trotz wichtiger innenpolitischer Bedenken (siehe Tyson 2001).

Ein Blick auf die *Framing*-Strategien integrationsfreundlicher Akteure zeigt eine erfolgreiche Verbindung dieser Vorschläge mit übergeordneten Nichtdiskriminierungsnormen in Art. 12 EGV, dem Binnenmarktrecht und der Rechtsprechung des EuGH. Dies gab den Vorschlägen eine starke Kohärenz. In den Worten der früheren Direktorin der SLG wählte diese, »um unnötige Diskussionen über Terminologie« zu vermeiden, den Wortlaut der Richtlinien von 1976 und 1997 über Geschlechtergleichheit auf der Basis von Artikel 119 EGV (Chopin 1999: 122, auch Tyson 2001: 200). Ein zweiter »Anker« war der »Feldzug« der Kommission gegen soziale Ausgrenzung (Guiraudon 2003: 274) und der entsprechende Artikel 137 EGV. Das Leitbild der sozialen Inklusion erwies sich dabei als genügend vage, um potentielle Gegner zu mäßigen und gleichzeitig den Legitimitätsgehalt des Vorschlags zu erhöhen (Geddes 2000b: 224). Eine weitere Quelle der Kohärenz war die Rechsprechung des EuGH über die Freizügigkeit der Arbeitnehmer und insbesondere der Fall O'Flynn zu Rassendiskriminierung.[4] Zusammenfassend lässt sich feststellen, dass die Thematisierung von Einwandererrechten als Hürden zur Binnenmarktintegration und deren Verknüpfung mit anderen Diskriminierungsgründen wie Religion, Geschlecht oder Behinderung in Artikel 13 EGV deren Bezug zum allgemeinen Einwanderungsdiskurs schwächten und sie näher an weniger umstrittene Kernbereiche europäischer Integration heranführten.

Zusätzlich zur hohen internen Kohärenz der Vorschläge wurde deren Legitimationspotential von der externen Kohärenz mit übergeordneten internationalen Normen sowie den parallelen Aktivitäten des Europarats und der Europäischen Kommission gegen Rassismus und Intoleranz (European Commission against Racism and Intolerance, ECRI) gestärkt, die 1993 gegründet wurde. Externe Kohärenz erwuchs insbesondere aus der UN-Konvention über die Abschaffung jeglicher Formen rassistischer Diskriminierung von 1965 sowie die Arbeit der ECRI zugunsten eines Protokolls über rassistisch motivierte Diskriminierung zu Artikel 14 EMRK (Chopin 1999: 116, 118).

Für die zweite ideenbasierte Variable, Salienz, lassen sich in diesem Fall wenig Anhaltspunkte finden. Obwohl Rassismus und Xenophobie relativ hoch auf der politischen Agenda in mehreren Mitgliedstaaten standen und

4 Fall C-237/94.

auch in der EU einige Aufmerksamkeit erlangt hatten, ist es nicht möglich, eine normative Legitimationslücke zu finden, die durch frühere Integrationsschritte geschaffen worden wäre und nun durch Artikel 13 EGV oder die Richtlinie geschlossen werden sollte. Das Agenda-Setting war gemäß einem beteiligten Kommissionsmitglied vielmehr das Ergebnis einer langen Kampagne einer Vielzahl von Nichtregierungsorganisationen über mehrere Jahre hinweg, insbesondere der SLG (Tyson 2001: 200). Der rasche Konsens wurde zudem von einem anderen externen Faktor unterstützt: der Regierungsbeteiligung von Jörg Haiders FPÖ in Österreich, der den Debatten über Nichtdiskriminierung eine zusätzliche symbolische Qualität anfügte (Geddes und Guiraudon 2004: 346, Tyson 2001: 218).

Richtlinie über Langzeitaufenthalter

Die Gegenüberstellung des Prozesses bis zur Annahme der Anti-Rassismus-Richtlinie mit demjenigen im Fall der Richtlinie über den Status lang fristig aufenthaltsberechtigter Personen in der EU (RLZA) ist verblüffend: Obwohl beide das gleiche Ziel verfolgen, die Gleichstellung der etwa 20 Millionen legal niedergelassenen ausländischen Mitbürger aus Drittstaaten mit EU-Bürgern, unterscheiden sich beide im Aushandlungsprozess und -ergebnis.

Die Kernfrage der RLZA, ob die betreffenden Personen unter die Freizügigkeitsregeln des Binnenmarkts fallen, war schon seit den 1960er Jahren auf dem Tisch. Nach mehreren erfolglosen Versuchen der Europäischen Kommission deklarierte der Europäische Rat von Tampere in 1999 das Ziel, legal niedergelassenen Drittstaatsangehörigen einen Rechtsstatus möglichst nah an demjenigen der EU-Bürger zu gewähren. Im Sinne der Kodifizierung einklagbarer Freizügigkeitsrechte muss die Richtlinie jedoch als gescheitert angesehen werden. Entgegen dem ursprünglichen Vorschlag der Kommission wurde der Inländervorrang eingefügt, die Mitgliedstaaten behielten das Recht, Quoten für Drittstaatsangehörige festzusetzen, können von diesen gewisse »Integrationsmaßnahmen« verlangen und die Sprache der Richtlinie blieb so allgemein und unverbindlich, dass den Mitgliedstaaten kaum rechtliche Verpflichtungen erwuchsen und die Möglichkeiten des EuGH für eine expansive Rechtsprechung sehr beschränkt blieben.

Wie kann man die Annahme einer Richtlinie erklären die, rechtlich gesehen, das nur wenige Jahre zuvor vereinbarte Diskriminierungsverbot und

Prinzip der Gleichbehandlung unterwandern könnte (Carrera 2005: 18)? Im Gegensatz zur Anti-Rassismus-Richtlinie hätte die Salienz in diesem Fall größer sein müssen, da die volle Realisierung der Freizügigkeitsrechte für EU-Bürger im Jahr 1992 der offenen Fragen legal niedergelassener Drittstaatsangehöriger neue Priorität verlieh. Die Notwendigkeit rechtlicher Klarstellung zeigte sich in einer Reihe von EuGH-Entscheiden, die dem Ziel der Gleichbehandlung zusätzliche Unterstützung gaben. Auf dem Prinzip der Nichtdiskriminierung aufbauend weiteten mehrere Urteile ab den späten 1980er Jahren die Freizügigkeitsrechte von legal niedergelassenen Drittstaatsangehörigen aus, zunächst für Werkvertragsarbeitnehmer im Rahmen der Dienstleistungsfreiheit[5] und später für Angehörige aus Ländern, mit denen die EU Assoziationsabkommen mit relevanten Klauseln vereinbart hatte, wie die Türkei und Marokko.[6]

Dieser Fall suggeriert, dass eine objektive Kohärenz mit EU-Normen und mit der Rechtsprechung des EuGH nicht ausreicht, um die Unterstützung für Konstitutionalisierungsprozesse zu gewährleisten. Diese Bezüge müssen vielmehr im *Policy*-Diskurs aktiv hergestellt und propagiert werden. Ein Blick auf den organisatorischen Kontext der Verhandlungen und auf das *Framing* der Reformen deutet auf eine frühzeitige Loslösung des Richtlinienvorschlags von seiner ursprünglichen Einbettung in den Rahmen des Nichtdiskriminierungsdiskurses. Seine ausschließliche Behandlung im Rat der Innen- und Justizminister führte es näher an den Einwanderungsdiskurs, insbesondere den Fokus auf Einwanderungskontrolle. Im Unterschied zur Anti-Diskriminierungsrichtlinie, welche unter Federführung der Generaldirektion Soziales und des Sozialministerrats ausgehandelt wurde, dominierten in diesem Fall mit den Innen- und Justizministerien einige der integrationskritischsten Teile der nationalen Bürokratien. Die zuständige Arbeitsgruppe »Migration und Abschiebung« beschäftigte sich schwerpunktmäßig mit Aspekten der irregulären Zuwanderung und der Rückführung von Migranten und konzentrierte daher ihre Beratungen darauf, die den Mitgliedstaaten erwachsenden Verpflichtungen aus der Richtlinie zu beschränken, so etwa die Verfahrensgarantien oder die Ansprüche für Drittstaatsangehörige. Obwohl der Kommissionsvorschlag die Gleichbehandlung als Leitprinzip vorbrachte, entfernte sich der erste Gegenentwurf der Ratspräsidentschaft vom Mai 2002 von diesem

5 EuGH Urteil C-113/89 Rush Portugesa [1991] ECR I-1417.

6 EuGH 12/86 Demirel [1986] ECR 37/9, C-192/89 Sevince [1990] ECR I-3461, C-18/90 Kziber [1991] ECR 199.

Prinzip und sprach stattdessen von Ansprüchen, die sich aus dem Niedergelassenenstatus gemäß nationalem Recht ergeben.[7] Einige Vertreter versuchten auch, die Richtlinie in ein Instrument der Einwanderungskontrolle umzuwidmen, indem sie deren Anwendung auf Personen, die legal in die EU eingereist waren, zu beschränken versuchten – und damit indirekt die Regulierungspraxis anderer Staaten bekämpften.[8] Aus Interviews mit der Generaldirektion Inneres und Justiz und dem Ratssekretariat wurde außerdem deutlich, dass die parallele Behandlung des sehr umstrittenen und später zurückgezogenen Vorschlags der Kommission für eine gemeinsame Politik der ökonomischen Einwanderung zu einer Verwischung der Debatten führte, und die Diskussion um die Rechte von Niedergelassenen rückte näher an den kontroverseren Einwanderungsdiskurs.

Richtlinie über Familienzusammenführung

Das Recht auf Familienzusammenführung ist an der Schnittstelle von Einwanderer- und Einwanderungsrechten, da es zusammen mit dem Asylrecht die einzige Ausnahme zum souveränen Recht des Staates bildet, die Einreise von Drittstaatsangehörigen auf sein Territorium abzulehnen. Dementsprechend erwiesen sich die Verhandlungen im Ministerrat als besonders schwierig. Nach einem ersten Vorschlag 1999 musste die Kommission zwei Mal neue Initiativen einbringen (2000 und 2002), bevor eine stark verwässerte Version schließlich 2003 angenommen wurde. Knapp an rechtlichen Verpflichtungen und mit Minimalstandards, die weit unterhalb der Vorgaben im nationalen Recht bleiben, kann diese Richtlinie nicht als erfolgreicher Fall von Konstitutionalisierung betrachtet werden. Diese Einschätzung wird durch die Entscheidung des Europäischen Parlaments gestützt, gegen die Richtlinie vor dem EuGH Einspruch zu erheben. Im dazu verfassten Bericht wird unter anderem auf den Widerspruch zum Recht auf Familienleben gemäß Artikel 8 EMRK verwiesen.[9]

7 »Benefits afforded by long-term resident status«, siehe Ratsdokument 9636/92 MIGR 50 vom 18. Juli 2002.

8 Siehe Ratsdokument 13700/02 MIGR 110 vom 9 Dezember 2002.

9 Die umstrittenste Regelung betrifft die Möglichkeit für die Mitgliedstaaten, Kinder über 12 Jahre von der Familienzusammenführung auszuschließen und jene, die Familienzusammenführung zu unterbinden, wenn der Antragsteller weniger als zwei Jahre im Antragsland gewohnt hat. Außerdem sind die Regelungen zu den rechtlichen Einspruchsmöglichkeiten unklar.

Dieses negative Konstitutionalisierungsergebnis entspricht den theoretischen Annahmen. In organisatorischer Hinsicht war die Entscheidungsarena aufgrund der Federführung der Innen- und Justizminister ähnlich geschlossen wie im Fall der Richtlinie über Langzeitaufenthalter. Sogar das minimale Erfordernis von Konsultationen mit dem Europäischen Parlament wurde verletzt, wogegen dieses beim EuGH Klage eingereicht hat. Aber auch die ideellen Variablen waren schwach ausgeprägt. Obwohl die Kommission den Wunsch, die Familienzusammenführung zu regeln, schon zu früheren Zeitpunkten geäußert hatte, gab es keine Salienz in dem Sinne, dass bestehende Integrationsschritte eine normative Lücke entstehen ließen. Stattdessen öffnete das Thema ein neues Kapitel für supranationale Politik, das bisher den Mitgliedstaaten vorbehalten war. Das heißt, dass auch die Kohärenz mit etablierten EU-Normen schwach war, obwohl der ursprüngliche Vorschlag der Kommission eine starke Kohärenz mit internationalen Normen aufwies, insbesondere mit Artikel 8 EMRK und der UN-Konvention über die Rechte des Kindes.

Konstitutionalisierung von Asylrechten

Asyl war von Anfang an ein Schwerpunkt der Zusammenarbeit im Bereich Inneres und Justiz, allerdings mehr unter dem Blickwinkel des Kampfes gegen den Asylmissbrauch als in Hinblick auf ein supranationales Asylrecht. Die Metapher einer »Festung Europa« (Geddes 2000a) bringt diesen Schwerpunkt zum Ausdruck, der bisher weniger die Schaffung gemeinsamer europäischer Normen, als vor allem die Einschränkung ehemals großzügiger Asylstandards in den Hauptaufnahmeländern von Asylsuchenden unterstützt hat, etwa durch die Einschränkung des Zugangs zum Territorium und zu vollumfänglichen Asylverfahren (z. B. Guild 2005). Allerdings sind in den letzten Jahren auch zwei Asylrichtlinien angenommen worden, und das Asylrecht ist in die Menschenrechtscharta eingeflossen, die mit dem Verfassungsvertrag rechtlich bindend geworden wäre. Im Folgenden wird untersucht, inwieweit diese Instrumente Konstitutionalisierungsschritte darstellen, und wenn ja, warum sie angenommen wurden, wenn doch die Hauptmotivation der Mitgliedstaaten bisher die Einschränkung ihrer Verpflichtungen unter nationalem und internationalem Recht war.

Das Asylrecht im Verfassungsvertrag

Neben der vollen Realisierung der Gemeinschaftsmethode im Bereich Inneres und Justiz hätte der Verfassungsvertrag auch die Menschenrechtscharta inklusive deren Recht auf Asyl und *Non-Refoulement* in bindendes Recht umgewandelt.[10] Der Wortlaut des Asylartikels ist weiter als derjenige der EMRK und der Genfer Flüchtlingskonvention von 1951, welche als solche kein Asylrecht beinhalten. Er geht auch weiter als die Allgemeine Erklärung der Menschenrechte, die sich auf das Recht, Asyl zu suchen und zu erhalten, beruft (Art. 14(1)). Obwohl dieser Artikel nur den Status Quo kodifiziert, wonach Asylbewerber das Recht haben, Asyl zu suchen (statt zu erhalten), ist dessen Formulierung dennoch erstaunlich, wenn man sich die wiederholten Restriktionen von Asylnormen in nationalen Verfassungen und verschiedene Vorschläge nationaler Regierungen vor Augen führt, die Genfer Flüchtlingskonvention ganz aufzugeben.

Vergleichend betrachtet erlaubte die Tatsache, dass die Kodifizierung der Menschenrechte nicht durch eine Regierungskonferenz, sondern in Form eines Konvents mit humanitärem Mandat erfolgte, einen ungleich höheren Grad an Pluralismus und stärkere Einwirkungsmöglichkeiten für integrationsfreundliche Akteure, insbesondere nationale und europäische Parlamentarier und Repräsentanten der Zivilgesellschaft. Die Tatsache, dass Regierungsvertreter im Konvent nicht an Regierungsvorgaben gebunden waren und keinen Prozess der interministeriellen Koordination durchlaufen mussten, erhöhte deren Unabhängigkeit und schwächte potentielle Widersacher v. a. in den Innenministerien. Die Kommission hatte in beiden Konventen eine starke Position und arbeitete eng mit NGO und *think tanks* zusammen, die aktiv liberale Standards vertraten.

Der »Festungsdiskurs«, und das aufgrund der koordinierten europäischen Politik gewachsene Risiko des *Refoulement* potentieller Flüchtlinge in Gebiete, in denen ihre Freiheit, ihr Leben oder ihre körperliche Unver-

10 Artikel II-78: Artikel 18 [Asylrecht]: Das Recht auf Asyl wird nach Maßgabe des Genfer Abkommens vom 28. Juli 1951 und des Protokolls vom 31. Januar 1967 über die Rechtsstellung der Flüchtlinge sowie gemäß dem Vertrag zur Gründung der Europäischen Gemeinschaft gewährleistet.
Artikel II-79 [Schutz bei Abschiebung, Ausweisung und Auslieferung]: (1) Kollektivausweisungen sind nicht zulässig. (2) Niemand darf in einen Staat abgeschoben oder ausgewiesen oder an einen Staat ausgeliefert werden, in dem für sie oder ihn das ernsthafte Risiko der Todesstrafe, der Folter oder einer anderen unmenschlichen oder erniedrigenden Strafe oder Behandlung besteht.

sehrtheit gefährdet sind, erhöhte die Salienz des Rechts auf Asyl, obwohl im Grunde internationale Normen, insbesondere die Genfer Flüchtlingskonvention, schon mit Artikel 63 Amsterdamer Vertrag kodifiziert worden waren. Kohärenz entsprang auch aus der längeren Tradition der EuGH-Rechtsprechung, in der die EMRK und die Verfassungsprinzipien der Mitgliedstaaten als allgemeine Prinzipien des Gemeinschaftsrechts Anerkennung gefunden hatten[11] (siehe auch den Beitrag von Frank Schimmelfennig in diesem Band). Außerdem waren die EMRK und die gemeinsamen Verfassungstraditionen der Mitgliedstaaten in der Präambel der Einheitlichen Europäischen Akte und Artikel 6(2) des Maastrichter Vertrags als allgemeine Prinzipien des Gemeinschaftsrechts verankert worden. Ein Bekenntnis zum Flüchtlingsrecht im engeren Sinne war auf dem Europäischen Rat von Tampere 1999 abgegeben worden, als die Staats- und Regierungschefs unter dem Eindruck der Flüchtlingskrise im Kosovo die humanitären, rechtsbasierten Grundlagen einer späteren gemeinsamen Politik betonten. Die Schlussfolgerungen des Rates bestätigten die Bedeutung, die die Union und die Mitgliedstaaten dem Recht, um Asyl zu bitten, beimessen, und verlangten die vollständige und umfassende Anwendung der Genfer Flüchtlingskonvention und das Verbot des *Refoulement* (§13).

Die Debatten im Menschenrechtskonvent bestätigen die starke Orientierung an der Genfer Flüchtlingskonvention und anderen allgemeineren Menschenrechtsabkommen. Von den 30 Änderungsanträgen, die zum Präsidiumsvorschlag formuliert wurden, beziehen sich 14 explizit auf die Genfer Konvention, um ihre Anliegen zu rechtfertigen, drei beziehen sich auf die EMRK und vier auf die Allgemeine Menschenrechtserklärung.[12] Der Vergleich der Debatten über andere, weniger stark kodifizierte Normen wie Minderheitenrechte oder kulturelle Rechte zeigt auch, dass Asyl eigentlich nicht zu den umstrittensten Themen im Konvent gehörte, trotz seiner starken Politisierung in den Mitgliedstaaten (siehe den Beitrag von Guido Schwelnuss in diesem Band und die Zusammenfassung der Debatten in Meyer und Engels 2002). Das kontroverseste Thema im Asylbereich war vielmehr das Beharren Spaniens darauf, EU-Bürger vom Asylrecht auszu-

11 Fall 29/69 Stauder ECR 419 und 11/70 Int. Handelsgesellschaft ECR 1125.

12 CHARTE 4332/00, Entwurf zur Europäischen Menschenrechtscharta – Änderungsanträge der Konventsmitglieder betreffend bürgerliche und politische Rechte sowie die Rechte der Bürger, Brüssel 25.5.2000.

schließen, so, wie dies schon im Protokoll zum Amsterdamer Vertrag festgehalten worden war.[13]

Zusammenfassend lässt sich feststellen, dass bei der Konstitutionalisierung des Asylrechts alle unterstützenden Faktoren gegeben waren: ein pluralistisches organisatorisches Umfeld, Salienz, interne Kohärenz mit früheren Verpflichtungen und externe Kohärenz mit internationalen Normen. Die nüchterne, juristische Behandlung der Asylnorm im Konvent kontrastiert stark mit den politisierten Debatten bei der Verabschiedung des Sekundärrechts.

Qualifikationsrichtlinie

Diese Richtlinie, die u. a. die Flüchtlingsdefinition harmonisiert, kann als erfolgreicher Fall von Konstitutionalisierung betrachtet werden, da sie grundlegende Asylnormen aus nationalen Rechtssystemen ins europäische Recht übersetzt. Außerdem überschreitet ihr Anwendungsbereich in einigen Punkten die bisher herrschenden Standards in mehreren Mitgliedstaaten, insbesondere in jenen mit jüngeren Asylsystemen, aber auch in einigen Hauptaufnahmeländern wie Deutschland. Dies erklärt auch, warum dieses Land die Richtlinie über mehrere Jahre im Ministerrat blockierte. Deutschlands Einwände betrafen vor allem die Anerkennung von Verfolgungsgründen, die bis dahin nicht in der nationalen Asylpraxis berücksichtigt wurden, wie nichtstaatliche Verfolgung (Artikel 6), kinder- oder geschlechtspezifische Verfolgungsgründe (Artikel 9) oder Regelungen zur Situation unbegleiteter Minderjähriger (Artikel 30).[14]

Im Unterschied zu den anderen erfolgreichen Fällen von Konstitutionalisierung war der Prozess bis zur Annahme der Qualifikationsrichtlinie nicht von einem besonders hohen Maß an Pluralismus gekennzeichnet. Die Kommission, oder besser die Generaldirektion Inneres und Justiz, konsultierte zwar eine Vielzahl von NGO und internationalen Organisationen, der Entscheidungsprozess war aber im Innen- und Justizministerrat konzentriert und das Parlament wurde lediglich konsultiert. Mehr als diese

13 ebd.

14 Insbesondere von NGO-Seite sind aber auch einige Einwände gegen die Qualifikationsrichtlinie eingebracht worden, so die Tatsache, dass EU-Bürger vom Flüchtlingsstatus ausgenommen bleiben (Artikel 2), dass der Schutz vor Verfolgung auch von nichtstaatlichen Organisationen gewährt werden kann (Artikel 7), dass keine klaren Kriterien für die Prüfung inländischer Fluchtalternativen vorgegeben werden (Artikel 8) und dass die Ausnahmegründe der Genfer Flüchtlingskonvention ausgeweitet wurden (Artikel 14).

organisatorischen Faktoren dürfte das »*framing*« entscheidend dafür gewesen sein, dass sich die Vorlage trotz erheblicher Verhandlungsblockaden schließlich durchsetzen konnte, insbesondere ihre hohe Salienz und Legitimität.

Hohe Salienz entsprang der Tatsache, dass eine gewisse Harmonisierung der Verfolgungsgründe notwendig war für das Funktionieren des Kerns des Europäischen Asylsystems, der so genannten Dubliner Konvention von 1990 (mittlerweile in eine Verordnung umgegossen). Dieses System, das die Verantwortlichkeit von Mitgliedstaaten für die Prüfung von Asylanträgen regelt, funktioniert auf der Basis des Prinzips der wechselseitigen Anerkennung. Die Mitgliedstaaten verpflichten sich, das Ergebnis eines Asylverfahrens im verantwortlichen Staat anzuerkennen und von einer erneuten Prüfung abzusehen (Lavenex und Wagner 2005). Dies würde im Regelfall die Vergleichbarkeit der Anerkennungsgründe für die Flüchtlingseigenschaft voraussetzen, und schon das Arbeitsprogramm zum Maastrichter Vertrag von 1991 gab der Harmonisierung der Flüchtlingsdefinition hohe Priorität. Tatsächlich weisen die Anerkennungsraten in den Mitgliedstaaten für die gleichen Nationalitäten starke Unterschiede auf. Der Amsterdamer Vertrag führte dann eine Frist von fünf Jahren ein, innerhalb deren gemeinsame Mindeststandards beschlossen werden müssten. Die Salienz dieser Maßnahme wurde aber insbesondere durch einige Gerichtsentscheide verstärkt, die die Anwendung des Dubliner Systems unter Verweis auf Unterschiede bei der Interpretation der Fluchtgründe stoppten (Danish Refugee Council and European Commission 2001). So argumentiert auch der Kommissionsvorschlag, dass die anhaltende Abwesenheit angeglichener Regeln über die Qualifizierung und den Status als Flüchtling und andere schutzbedürftige Personen sich negativ auf die Wirksamkeit anderer Instrumente im Asylbereich auswirken würde. Der Beschluss solcher Mindeststandards würde das Dubliner System nicht nur wirksamer machen in seiner Anwendung, sondern auch fairer.[15] Mindeststandards wurden somit mit der Schließung von Effektivitäts- und Legitimitätslücken in der bestehenden Gesetzgebung begründet.

Zusammenfassend lässt sich festhalten, dass Kohärenz aus der Verbindung der Qualifikationsrichtlinie mit früher beschlossenen Maßnahmen entsprang, insbesondere der Dubliner Konvention/Verordnung, und aus der Notwendigkeit, dass schon beschlossene Prinzip der wechselseitigen

---

15 Siehe den Vorschlag der Kommission für eine Richtlinie über Mindeststandards für die Anerkennung der Flüchtlingseigenschaft COM(2001) 510 final, Brüssel, 12.9.2001: 8–9.

Anerkennung durch Minimalstandards zu flankieren. Hiermit wurde eine Parallele mit einem Hauptpfeiler des Binnenmarkts geschaffen, die einer im Grunde genommen tief politisierten Frage einen technokratischen, funktionalen Anstrich gab. Die Legitimität wurde daneben durch die starke externe Kohärenz der Vorschläge mit anderen internationalen Normen erhöht, insbesondere der Genfer Flüchtlingskonvention, aber auch der EMRK, der UN-Folterkonvention und den Schlussfolgerungen des Exekutivkomitees des UNHCR.

Asylverfahrensrichtlinie

Das Ziel dieser Richtlinie ist die Festlegung von Mindeststandards für die Prüfung von Asylanträgen. Die betroffenen Individualrechte sind somit verfahrensrechtlicher Natur und beziehen sich auf den Zugang zu einem fairen Rechtsverfahren. Die Richtlinie wurde unter großem Druck mit erheblicher Verspätung im Dezember 2005 beschlossen und wird vom UNHCR und dem Europäischen Parlament für unvereinbar mit internationalem Flüchtlingsrecht gehalten.[16] Mit ihren vielfältigen Ausnahmeklauseln und offenen Formulierungen wird ihre Implementation nur geringe Konsequenzen für das nationale Recht haben; sie kann aber einen Abbau bestehender nationaler Standards fördern. Im Februar 2006 hat das Europäische Parlament beim EuGH Klage gegen die Richtlinie eingereicht.

Die Tatsache, dass beide Asylrichtlinien über den gleichen Zeitraum und im gleichen Rahmen verhandelt wurden, deutet darauf hin, dass auf der organisatorischen Ebene wenig Unterschiede gegeben waren. Die Gründe für das unterschiedliche Konstitutionalisierungsergebnis müssen vielmehr in den ideellen Variablen gesucht werden.

Wie auch im Fall der Flüchtlingsdefinition war die Angleichung der Asylverfahren im Maastrichter Arbeitsprogramm von 1991 als notwendiger Schritt zur Realisierung der Dubliner Konvention enthalten. Allerdings war diese »Regelungslücke« in den Augen mehrerer Mitgliedstaaten schon mit verschiedenen Maßnahmen geschlossen worden, die unter dem Dritten Pfeiler des Maastrichter Vertrags getroffen worden waren. Diese Maßnah-

16 Siehe Europäisches Parlament, Bericht von Wolfgang Kreissl-Dörfler über den revidierten Vorschlag für eine Ratsrichtlinie über Mindeststandards im Asylverfahren, angenommen am 25 September 2005, A6-0222/2005 und UNHCR Pressemitteilung vom 30.4.2004. Die Hauptkritikpunkte betreffen die Gefahr von Refoulement, die von den Konzepten zu »sicheren Drittstaaten« und »supersicheren Drittstaaten« ausgeht.

men wurden denn auch im Vorschlag der Kommission zur Asylverfahrensrichtlinie aufgelistet: die Resolution von 1995 über Minimalstandards für den Asylbereich, die Londoner Resolution von 1992 über offensichtlich unbegründete Asylanträge, sichere Drittstaaten und sichere Herkunftsstaaten, sowie die Resolution von 1997 über unbegleitete Minderjährige aus Drittstaaten. Der Kommissionsvorschlag schlägt auch einen deutlich defensiven Ton an, wenn z. B. wiederholt betont wird, dass gewisse Maßnahmen von den Mitgliedstaaten weder die Anwendung einheitlicher Verfahren noch die Übernahme von gemeinsamen Konzepten und Praktiken verlangen, welche sie nicht anzuwenden wünschen.[17] Doch selbst mit diesem breiten Ermessensspielraum musste dieser erste Kommissionsvorschlag zurückgenommen werden, und es folgte ein zweiter, noch weniger verpflichtender im Jahr 2002, der dann die Basis legte für die Richtlinie, die drei Jahre später angenommen wurde. Bei der Unterbreitung dieses zweiten Vorschlags argumentierte Kommissar Vitorino erneut, dass die Kommission nicht von Harmonisierungsbestrebungen »besessen« sei, aber dass ein gewisses Maß an Harmonisierung notwendig sei, um die Effizienz einer gemeinsamen Politik zu steigern (Ackers 2005: 12).

Neben der schwächeren Salienz wirkte auch die mangelnde Kohärenz mit bestehenden europäischen Normen als eine Haupthürde für die Annahme der Richtlinie. Dies erklärt auch, zusätzlich zur Sensibilität des Politikfelds selbst, die Vorsicht der Kommission bei ihrem Vorgehen. Die Richtlinie ist nämlich einer der ersten Versuche, Verfahrensrecht in den Mitgliedstaaten anzugleichen, und berührt damit den Kern nationaler Rechtssysteme. Gemäß einem Mitglied der Generaldirektion Inneres und Justiz in der Kommission, das an den Verhandlungen teilnahm, sind Asylverfahren im allgemeinen Verwaltungsrecht eingebettet, in nationalen Verwaltungstraditionen und speziellen Verfassungsnormen. Daher sei Verfahrensrecht notwendigerweise schwierig zu harmonisieren (Ackers 2005: 2). Das ist auch der Grund, warum der Kommissionsvorschlag einige zentrale Fragen offen lies, so wie etwa die Regelung des Suspensiveffekts bei Rekursen Das Übergewicht nationaler Regeln in diesem Bereich geht einher mit einer Abwesenheit von Verfahrensgarantien im internationalen Recht, so dass, wenn man von den nicht bindenden Empfehlungen im UNHCR-Handbuch über Asylverfahren und Anerkennungskriterien von 1979 absieht, auch das Element der externen Kohärenz schwach ausfiel.

17 Vorschlag der Kommission für eine Richtlinie über Mindeststandards im nationalen Asylverfahren, COM (2000) 578 final, Brüssel 20.9.2000: 3 f.

Schluss

Die Geltung von Ergebnissen aus sieben Fällen mit vier Variablen ist, natürlich, begrenzt. Nichtsdestotrotz fördert diese Untersuchung einige interessante Ergebnisse zutage, die spätere Untersuchungen zu Konstitutionalisierungsprozessen und den Rechten von Ausländern inspirieren könnten.

Aus vergleichender Perspektive zeigt sich, dass eine Öffnung der Entscheidungsarena im Sinne einer pluralistischeren Teilnahme, als dies unter den üblichen Verfahren im Bereich Inneres und Justiz der Fall ist, sich positiv auf die Konstitutionalisierung der Rechte von Drittstaatsangehörigen auswirkt, insbesondere im Bereich des Primärrechts (Nichtdiskriminierungsartikel im Amsterdamer Vertrag und Asylrecht der Menschenrechtscharta/Verfassungsvertrag). Dies hängt sicherlich mit den intergouvernementalen Wurzeln der Zusammenarbeit im Bereich Inneres und Justiz zusammen sowie der dominanten Orientierung der beteiligten Akteure an Fragen der inneren Sicherheit, und weniger mit menschenrechtlichen Aspekten. Allerdings zeigt sich im Fall der Qualifikationsrichtlinie, dass Konstitutionalisierungsprozesse auch in diesen relativ geschlossenen Zirkeln möglich sind, wenn Salienz, interne und externe Kohärenz stark sind. Im Falle der Flüchtlingsdefinition wurde Harmonisierung notwendig, um den Kern des europäischen Asylsystems, die Zuschreibung der Zuständigkeit für die Prüfung von Asylanträgen unter der Dubliner Konvention, sowohl effizient als auch legitim umzusetzen. Gleichzeitig entsprach die Überlegung, dass eine solche wechselseitige Anerkennung eine gewisse Angleichung von Mindeststandards erfordere, übergeordneten Prinzipien der europäischen Integration (interne Kohärenz). Nach außen hin konnte Kohärenz mit der Genfer Flüchtlingskonvention und den Schlussfolgerungen des UNHCR-Exekutivkomitees hergestellt werden. Der zweite erfolgreiche Fall von Konstitutionalisierung auf Ebene des Sekundärrechts, die Anti-Rassismus-Richtlinie, weist ebenfalls starke Bezüge zu etablierten europäischen Normen im Rechtfertigungsdiskurs auf, insbesondere dem allgemeinen Prinzip der Nichtdiskriminierung, dem auch in anderen Kernbereichen des europäischen Einigungsprozesses eine Schlüsselrolle zukommt. Hier war Konstitutionalisierung auch ohne sichtbare Salienz möglich dank den Lobby-Aktivitäten einer aktiven NGO-Koalition, deren Zugang zu supranationalen Foren und allgemein dem größeren Pluralismus des Entscheidungsprozesses.

Tabelle 1: Zusammenfassung der Hauptergebnisse

Fall	Salienz	Interne Kohärenz	Externe Kohärenz	Pluralismus	Konstitutionalisierung
Artikel 13 EVG	0	1	1	1	1
Anti-Rassismus-Richtlinie	0	1	1	1	1
Richtlinie über die Rechte von Langzeitaufenthaltern	1	0	0	0	0
Richtlinie über Familienzusammenführung	0	0	1	0	0
Asylrecht					
Verfassungsvertrag	1	1	1	1	1
Qualifikationsrichtlinie	1	1	1	0	1
Asylverfahrensrichtlinie	0	0	0	0	0

Im Gegensatz dazu weisen alle nicht erfolgreichen Konstitutionalisierungsfälle wenig Bemühungen auf, Kohärenz herzustellen, obwohl diese in einem Fall, der Richtlinie über den Status von Langzeitaufenthaltern, objektiv gesehen mit den übergeordneten Normen der Gleichbehandlung und Nichtdiskriminierung durchaus gegeben gewesen wäre. Die zweite Legitimitätsvariable, externe Kohärenz, war in allen erfolgreichen Fällen gegeben. Doch die Richtlinie über die Familienzusammenführung zeigt auch, dass die Existenz klarer und stark legalisierter internationaler Normen allein nicht notwendigerweise eine Anpassung des Europarechts nach sich zieht. Kohärenz mit etablierten EU-Normen ist somit der zuverlässigste Faktor zugunsten der Konstitutionalisierung der Rechte von Drittstaatsangehörigen.

Zusammenfassend bestätig diese Analyse somit die Hypothese, dass europäische Politik in einer »Gemeinschaftsumwelt« stattfindet, die das Ergebnis von Entscheidungsprozessen unabhängig von Präferenzen, Macht oder den formellen Entscheidungsregeln beeinflussen kann (siehe Rittberger und Schimmelfennig in diesem Band). Eine Reihe von Rechten von Drittstaatsangehörigen ist jetzt kodifiziert, obwohl sich die ursprünglichen, eher restriktiven Präferenzen nicht geändert haben – wie sich an den nationalen Einwanderungsdebatten und den anderen Prozessen im Ministerrat und in der operativen Zusammenarbeit leicht ablesen lässt. Konstitutionalisierung war somit möglich, nicht so sehr, weil die beteiligten Akteure ihre Interessen geändert hätten, sondern weil sie den präskriptiven Status von Gemeinschaftsnormen akzeptiert haben.

Das interessantere Ergebnis dieser Untersuchung ist jedoch, dass die Normen, die bei der Kodifizierung von Ausländerrechten wirken, weniger die übergeordneten internationalen Menschenrechte sind, sondern vielmehr EU-spezifische Integrationsnormen. Das *Framing* von Reformvorschlägen entlang als gegeben angenommener EU-Normen wie der wechselseitigen Anerkennung oder Nichtdiskriminierung, beide zentral für den Aufbau des Binnenmarkts, gab den jeweiligen Initiativen einen funktionalen, technokratischen Anstrich. Gleichzeitig zeigen unsere Fälle, dass sowohl interne als auch externe Kohärenz nicht objektiv gegeben sind, sondern dass Resonanz mit EU- oder anderen internationalen Normen aktiv von den Befürwortern der Konstitutionalisierung hergestellt werden muss, um effektiv zu werden. »Ideas don't float freely« (Risse-Kappen 1994) – sie müssen von den politischen Akteuren vertreten werden, deren Interaktion wiederum von organisatorischen Faktoren strukturiert wird.

Abschließend kann man sagen, dass die ursprüngliche Motivation für die asyl- und einwanderungspolitische Zusammenarbeit in der EU, das Ziel, sich von nationalen Verfassungsschranken zu lösen, in der Tat von einer supranationalen Integrationslogik eingeholt worden ist. Allerdings ist der Wunsch allgegenwärtig, diese neuen supranationalen Verpflichtungen in Grenzen zu halten, und er hat in mehreren wichtigen Bereichen Konstitutionalisierungsschritte verhindert. Es ist auch verfrüht, die Wirkungen dieser formellen Konstitutionalisierung auf die Halter und Schützer dieser Rechte abzuschätzen und abzusehen, inwieweit dem strategischen *»venue-shopping«* tatsächlich ein Riegel vorgeschoben wurde. Eine Frage, die offen bleibt, ist, ob die neuen Menschenrechtsnormen einen ähnlich präskriptiven Status erhalten werden wie die der Marktintegration. Einerseits deuten die Klagen des Europäischen Parlaments gegen zwei Richtlinien vor dem EuGH auf positive praktische Implikationen der Konstitutionalisierung hin. Allerdings wird vielfach bezweifelt, dass der EuGH die notwendigen Kapazitäten und Ressourcen hat, um im Politikfeld Inneres und Justiz eine bedeutende Rolle zu spielen (Peers 2005). Außerdem deuten sich in der Praxis der europäischen Kooperation schon verschiedene neue Auswege aus dem sich konstitutionalisierenden europäischen Rahmen an. Das klarste Zeichen dafür ist die außenpolitische Dimension der Zusammenarbeit und insbesondere die Auslagerung von Asylverfahren in Drittländer, wo die neuen europäischen Normen keine Anwendung finden (Lavenex 2006). Dies verweist auf die theoretische Frage, wie sich »rhetorisches Handeln« (Schimmelfennig 2001) zu »kommunikativem Handeln« (Habermas 1981) verhält und zur Sozialisation der Akteure; und ob die formelle Kodifizierung von Ausländerrechten diese automatisch zum Bestandteil der »Gemeinschaftsumwelt« werden lässt. Es bleibt offen, wie sich europäische Konstitutionalisierung auf die politische Praxis auswirkt und unter welchen Bedingungen (Menschenrechts-)Normen präskriptiven Status er- und behalten.

Literatur

Ackers, Doede (2005), »The negotiations of the asylum procedures directive«, *European Journal of Migration and Law*, Jg. 7, H. 1, S. 1–33.

Arendt, Hannah (1973), *The Origins of Totalitarianism*, New York: Harvest Books.

Benhabib, Seyla (2004), *The Rights of Others: Aliens, Residents, and Citizens*, Cambridge: Cambridge University Press.

Carrera, Sergio (2005), *›Integration‹ as a Process of Inclusion for Migrants? The Case of Long-Term Residents in the EU*, CEPS Working Document No. 219.

Castles, Steven (2004), »Why migration policies fail«, *Ethnic and Racial Studies*, Jg. 27, H. 2, S. 205–227.

Chopin, Isabelle (1999), »The starting line group: a harmonised approach to fight racism and to promote equal treatment«, *European Journal of Migration and Law*, Jg. 1, H. 1, S. 111–129.

Danish Refugee Council and European Commission (2001), *The Dublin Convention. Study on its implementation in the 15 Member States of the European Union*, Kopenhagen: online at http://www.flygtning.dk/fileadmin/uploads/pdf/Materialer/dublin.pdf.

Favell, Adrian/Hansen, Randall (2002), »Markets against politics: migration, EU enlargement and the idea of Europe«, *Journal of Ethnic and Migration Studies*, Jg. 28, H. 4, S. 581–601.

Freeman, Gary P. (1995), »Modes of immigration politics in liberal democratic states«, *International Migration Review*, Jg. 29, H. 4, S. 881–902.

Geddes, Andrew (2000a), *Immigration and European Integration. Towards Fortress Europe?*, Manchester: Manchester University Press.

Geddes, Andrew (2000b), »Thin europeanisation: the social rights of migrants in an integrating Europe«, in: Michael Bommes/Andrew Geddes (Hg.): *Immigration and Welfare. Challenging the Borders of the Welfare State*, London: Routledge, S. 209–226.

Geddes, Andrew/Guiraudon, Virginie (2004), »Britain, France, and EU anti-discrimination policy: the emergence of an EU policy paradigm«, *West European Politics*, Jg. 27, H. 2, S. 334–353.

Guild, Elspeth (2005), »Changing the ground rules. Reframing immigration, asylum and security in the European Union«, in: Amy Verdun/Osvaldo Croci (Hg.), *Institutional and Policy-making Challenges to the European Union in the Wake of Eastern Enlargement*, Manchester: Manchester University Press, S. 134–150.

Guiraudon, Virginie (2000), »Vertical policy-making as venue-shopping«, *Journal of Common Market Studies*, Jg. 38, H. 2, S. 249–269.

Guiraudon, Virginie (2003), »The constitution of a European immigration policy domain: a political sociology approach«, *Journal of European Public Policy*, Jg. 10, H. 2, S. 263–282.

Guiraudon, Virginie/Lahav, Gallya (2000), »The state sovereignty debate revisited: the case of migration control«, *Comparative Political Studies*, Jg. 33, H. 2, S. 163–195.

Habermas, Jürgen (1981), *Theorie des kommunikativen Handelns*, Frankfurt: Suhrkamp.

Hammar, Tomas (1985), *European Immigration Policy. A Comparative Study*, London: Cambridge University Press.

Joppke, Christian (1998), »Why liberal states accept unwanted immigration«; *World Politics*, Jg. 50, H. 2, S. 266–293.

Lavenex, Sandra (2001a), *The Europeanization of Refugee Policies. Between Human Rights and Internal Security*, Aldershot: Ashgate.

Lavenex, Sandra (2001b), »The europeanisation of refugee policies: normative challenges and institutional legacies«, *Journal of Common Market Studies*, Jg. 39, H. 5, S. 851–874.

Lavenex, Sandra (2006, im Erscheinen), »Shifting up and out: the foreign policy of EU immigration control, *West European Politics«*, Jg. 29, H. 2.

Lavenex, Sandra/Wagner, Wolfgang (2005, unter Begutachtung), »Which european public order? Sources of imbalance in the European area of freedom, security and justice«.

Meyer, Jürgen/Engels, Markus (2002), *The Charter of Fundamental Rights of the European Union and the work of the Convention*, Berlin: Deutscher Bundestag (Ausschuss für Angelegenheiten der Europäischen Union).

van Outrive, Lode (1995), »Commentary on the third pillar and the 1996 iIntergovernmental conference: What should be on the agenda?«, in: Roland Bieber/Jörg Monar (Hg.), *Justice and Home Affairs in the European Union: The Development of the Third Pillar*, Brüssel: Interuniversity Press, S. 391–96.

Peers, Steve (2005), »The future of the EU judicial system and EC immigration and asylum law, *European Journal of Migration and Law*, Jg. 7, H. 3, S. 263–274.

Risse-Kappen, Thomas (1994), »Ideas do not flow freely: transnational coalitions, domestic structures, and the end of the cold war«, *International Organization*, Jg. 48, H. 2, S. 185–214.

Schimmelfennig, Frank (2001), »The community trap: liberal norms, rhetorical action, and the Eastern enlargement of the European Union«, *International Organization*, Jg. 55, H. 1, S. 47–80.

Tyson, Adam (2001), »The negotiation of the European Community directive on racial discrimination«, *European Journal of Migration and Law*, Jg. 3, H. 2, S. 199–229.

Wolf, Klaus-Dieter (1999), »The new *raison d'état* as a Problem for democracy in world society«, *European Journal of International Relations*, Jg. 5, H. 3, S. 333–363.

Die Kontrolle der Kontrolleure Der Europäische Konvent und die Vergemeinschaftung der polizeilichen Kooperation[1]

Wolfgang Wagner

Einleitung

Die Polizeizusammenarbeit wurde erst spät Gegenstand der europäischen Integration. Bis zum Ende des Ost-West-Konflikts blieb die Zusammenarbeit im Bereich der inneren Sicherheit auf die Arbeitsgruppe »TREVI« (*terrorisme, radicalisme, extrémisme et violence internationale*) beschränkt, die im Rahmen der Europäischen Politischen Zusammenarbeit in den 1970er Jahren etabliert worden war. Zwar ging die Einrichtung und Ausweitung des Schengen-Gebiets in den 1980er Jahren mit so genannten Ausgleichsmaßnahmen (wie dem *Schengen Informationssystem* (SIS) oder Regelungen zur Nacheile) einher. An Dynamik gewann die Kooperation auf dem Gebiet der Polizeiarbeit aber erst im Verlauf der 1990er Jahre. Der Maastricht-Vertrag begründete die so genannte »Zusammenarbeit in den Bereichen Inneres und Justiz« (ZBIJ) als eine eigenständige »Säule« der Europäischen Union, unter die auch das zu schaffende Europäische Polizeiamt (»Europol«) fallen sollte. Auf der Basis eines ministeriellen Übereinkommens war bereits 1993 eine »europäische Drogeneinheit« als Vorläuferorganisation eingesetzt worden. Europol selbst konnte seine Arbeit aber erst 1999 aufnehmen, nachdem schwierige Verhandlungen und ein langwieriges Ratifikationsverfahren der Europol-Konvention und mehrerer Protokolle zum Abschluss gebracht worden waren.

Seit der Verabschiedung des Maastricht-Vertrags ist die institutionelle Trennung der polizeilichen Zusammenarbeit von der Europäischen Gemeinschaft häufig kritisiert wurden. Der Hauptvorwurf lautet, dass die Zusammenarbeit das Grundprinzip der Kontrolle der Kontrolleure verletze,

---

1 Ich danke Sonja von Schirmbeck für wertvolle Hilfe bei der Übersetzung dieses Beitrags aus dem Englischen.

weil mit dem Maastricht-Vertrag eine Polizeibehörde geschaffen werde, deren Aktivitäten keiner effektiven parlamentarischen oder gerichtlichen Kontrolle unterliegen.[2] Trotz dieser Kritik blieb die Säulenstruktur und die damit einhergehende Abschirmung der polizeilichen Zusammenarbeit von den Gemeinschaftsinstitutionen auch nach zwei weiteren Regierungskonferenzen (1996/97 und 2000) bestehen. Erst im Rahmen des Verfassungskonvents wurde die Abschaffung der Säulenstruktur beschlossen und damit die Zusammenarbeit der Polizei wieder unter die Kontrolle von Parlament und Justiz gestellt. Obwohl der während des Konventes ausgehandelte Verfassungsvertrag bei Referenden in Frankreich und in den Niederlanden abgelehnt wurde und deshalb nicht in Kraft getreten ist, kann er doch als Wendepunkt der europäischen Polizeipolitik gesehen werden, da die Regierungen der 25 Mitgliedstaaten hier die Notwendigkeit einer Stärkung parlamentarischer und gerichtlicher Kontrolle über Europol anerkannt haben.

Dieser Beitrag untersucht, wie es zur Institutionalisierung eines der Kernprinzipien liberaler Verfassungsstaatlichkeit, nämlich der »Kontrolle der Kontrolleure«, im Verfassungsvertrag gekommen ist. Der nächste Abschnitt gibt einen kurzen Überblick über die wichtigsten Merkmale der europäischen Polizeikooperation und zeigt deren Defizite im Bereich der parlamentarischen und gerichtlichen Kontrolle, während Abschnitt 3 dem Prozess gewidmet ist, der während der Beratungen des Europäischen Konvents zu einer Institutionalisierung der parlamentarischen und gerichtlichen Kontrolle geführt hat. In Abschnitt 4 wird der Analyserahmen dieses Bandes (Rittberger und Schimmelfennig, Kap. 1) herangezogen, um diesen Institutionalisierungsprozess zu erklären, wobei zunächst die Rolle des Gemeinschaftskontextes im Allgemeinen in den Blick genommen und dann auf die Konventsdiskurse fokussiert wird, wie sie sich vor allem in der Plenardebatte am 6. Juni 2002 widerspiegelten. Die Auswertung legt zum einen nahe, dass das Thema der parlamentarischen und gerichtlichen Kontrolle vor allem dann an Brisanz gewann, als die Ausstattung Europols mit operativen Befugnissen wahrscheinlicher wurde. Zum anderen wird deutlich, dass die in der Europäischen Gemeinschaft sonst üblichen Standards parlamentarischer und gerichtlicher Kontrolle als Maßstab wirkten,

2 Kritiker haben auch das Fehlen einer Staatsanwaltschaft bemängelt, die gegenüber Europol weisungsbefugt wäre. Obwohl auch eine solche Institution sicherlich zur Kontrolle der Polizei beitragen würde, konzentriert sich dieses Papier ausschließlich auf parlamentarische und gerichtliche Kontrolle.

demgegenüber Abweichungen wie in der Polizeizusammenarbeit unter hohem Begründungsdruck stehen (Abschnitt 5).

Die Funktionsweise Europols

Europol wurde mit dem Ziel geschaffen, die Polizeikräfte der einzelnen EU-Mitgliedstaaten in ihrem Kampf gegen die grenzüberschreitende Kriminalität zu unterstützen.[3] Der Tätigkeitsschwerpunkt von Europol liegt in der Sammlung, dem Austausch und der Analyse von kriminalitätsbezogenen Daten. Zu diesem Zweck wurden am Sitz von Europol in Den Haag mehrere Systeme zur Datenverarbeitung eingerichtet. Im Rahmen eines »Informationssystems« werden Angaben über verurteilte und verdächtige Personen zusammengeführt, welche die Polizei der Mitgliedstaaten wiederum über nationale Verbindungsbüros abrufen kann. Bedeutender sind jedoch die »Arbeitsdateien« von Europol, die in mehrerlei Hinsicht deutlich umfangreicher sind als das Informationssystem: Zum einen können sie zusätzlich zu Daten über Täter auch Daten zu deren Kontaktpersonen, zu möglichen Zeugen sowie zu Opfern enthalten. Darüber hinaus dürfen auch sensible Daten aufgenommen werden, welche die ethnische Herkunft, politische Anschauungen, religiöse oder andere Überzeugungen erkennen lassen sowie die Gesundheit und das Sexualleben betreffen. Durch die Zusammenführung großer Datenmengen und deren systematische Analyse sollen neue Zusammenhänge sichtbar werden. So sollen fundierte Bedrohungs- oder Risikobewertungen erstellt werden. Die Analysetätigkeit soll aber auch zur Einleitung von Ermittlungen führen. Die Daten, aus denen sich Informationssystem und Arbeitsdateien zusammensetzen, speisen sich aus zwei Quellen. Zum einen geben die EU-Staaten über ihre Verbindungsbeamten Daten direkt ein, zum anderen geben die Beamten von Europol selbst Daten ein, die sie von Drittstaaten oder internationalen Organisationen beziehen. Entsprechende Kooperationsverträge handelt Europol im Auftrag des Rates selbst aus.

Von Beginn an tat sich die deutsche Regierung als Hauptunterstützer einer europäisierten Justiz- und Innenpolitik hervor (Turnbull und Sandholtz 2001: 215). Zwar lagen ihre Präferenzen schwerpunktmäßig auf einer

3 Für einen Überblick über Aufbau und Arbeit Europols siehe Knelangen 2001: 221–254, Occhipinti 2003 sowie Anderson u. a. 1995.

engeren Zusammenarbeit in Fragen der Asyl- und Migrationspolitik, doch unterbreitete die Bundesrepublik auch Vorschläge zum Aufbau eines europäischen Polizeiamts. Hierbei regte die deutsche Regierung einen zweistufigen Prozess an, in dem sich die Arbeit von Europol zunächst auf reinen Informationsaustausch konzentrieren, die Behörde in einem zweiten Schritt aber auch die Kompetenz erhalten sollte, eigene Untersuchungen einzuleiten und durchzuführen (Occhipinti 2003: 35). Dabei sollte die Arbeit von Europol durch das Europäische Parlament und den Europäischen Gerichtshof überwacht werden (siehe Knelangen 2001: 228, Jachtenfuchs 2002: 237). Die Vorschläge stießen bei anderen Mitgliedsländern auf großen Widerstand: Frankreich, Dänemark und Großbritannien sprachen sich klar gegen eine supranationale Einmischung in einen Bereich aus, den sie zum Kern ihrer nationalen Souveränität zählten. Die Niederlande zeigten sich dagegen besorgt, dass der angestrebten parlamentarischen und gerichtlichen Kontrolle die institutionellen Voraussetzungen fehlten (Knelangen 2001: 203). Im Verlauf der Verhandlungen ließ Deutschland dementsprechend die Idee exekutiver Befugnisse für Europol fallen. Der im Vertrag von Maastricht niedergelegte Kompromiss sah den Aufbau eines »unionsweiten Systems zum Austausch von Informationen im Rahmen eines Europäischen Polizeiamts (Europol)« vor.[4] Zusammen mit der Asyl- und Migrationspolitik sowie der justiziellen Zusammenarbeit bildete Europol eine eigenständige »Säule« in der Europäischen Union, die die Innen- und Justizpolitik von der Europäischen Gemeinschaft und deren einflussreichen supranationalen Organen abschirmte. Ein vorheriger Vorschlag der niederländischen Ratspräsidentschaft, die innen- und justizpolitische Zusammenarbeit der Europäischen Gemeinschaft zu unterstellen, traf auf große Widerstände und die nur lauwarme Unterstützung Deutschlands und Belgiens. So wurde vereinbart, das Europäische Parlament, dem für große Teile der Binnenmarktgesetzgebung gerade ein Mitentscheidungsrecht zugestanden worden war, über die Kernaspekte der Justiz- und Innenpolitik lediglich zu unterrichten.

Europolbeamte besitzen keine exekutiven Befugnisse, das heißt sie dürfen selbst keine Hausdurchsuchungen oder Verhaftungen vornehmen. Allerdings zielt die oben beschriebene Tätigkeit im Bereich der Datensammlung und -verarbeitung natürlich darauf, die exekutive Tätigkeit nationaler Polizeibehörden zu verbessern. Darüber hinaus haben sich die EU-Staaten

4 Artikel K.1 (9) TEU-M.

darauf verständigt, Europol »operative Befugnisse« einzuräumen: Der Vertrag von Amsterdam sieht die Verabschiedung von Maßnahmen vor, welche eine Beteiligung von Europol an multinationalen Ermittlungsteams ermöglichen. Darüber hinaus soll sich Europol an die zuständigen Behörden der Mitgliedstaaten mit dem Ersuchen wenden können, Ermittlungen in speziellen Fällen vorzunehmen und zu koordinieren. Obwohl der Europäische Rat von Tampere 1999 die Dringlichkeit dieser Maßnahmen unterstrichen hat, bedurfte es weitere drei Jahre intensiver Verhandlungen, um sich auf den Wortlaut eines entsprechenden Zusatzes zur Europol-Konvention zu einigen. Sobald alle Mitgliedstaaten dieses Dokument ratifiziert haben, können Europol-Beamte in gemeinsamen Ermittlungsteams, in die verschiedene Mitgliedstaaten Polizisten entsenden, aktiv mitarbeiten. Obwohl alle exekutiven Maßnahmen den nationalen Polizeibehörden vorbehalten bleiben, dürfte Europol doch einen bedeutenden Einfluss auf viele Ermittlungsverfahren haben – vor allem, da es über den bei weitem besten Zugang zu Informationen verfügt. Allerdings berührt die Tätigkeit von Europol bereits jetzt, also vor der Übertragung operativer Befugnisse, die Grundrechte europäischer Bürgerinnen und Bürger. Gerade vor diesem Hintergrund bedürfen die Aktivitäten von Europol klar einer parlamentarischen und gerichtlichen Kontrolle, die bisher allerdings kaum gegeben war.

Die parlamentarische und gerichtliche Kontrolle von Europol ist stark eingeschränkt. Schon während der Aushandlung der Europol-Konvention hielten die Mitgliedstaaten sowohl die nationalen Parlamente als auch das Europaparlament auf Abstand (den Boer 2002: 283). Die Abgeordneten erhielten den Konventionstext erst, nachdem sich die Regierungsvertreter bereits darauf geeinigt hatten (Knelangen 2001: 222). Die parlamentarische Mitwirkung an der Konvention war also auf die Zustimmung zu einem bereits ausgehandelten Text beschränkt, der vielen Abgeordneten Bauchschmerzen bereitete. So hatte z. B. der deutsche Bundestag schwere Bedenken hinsichtlich des Immunitätsstatus, der Europol-Beamten garantiert werden sollte, obwohl deren Tätigkeit Grundrechte berührte. Der Vertrag von Amsterdam wertete das Europäische Parlament zwar durch die Einführung des Konsultationsverfahrens im Bereich Justiz und Inneres auf. Infolgedessen wurde das Europäische Parlament zur Ausweitung der Befugnisse von Europol sowie zur Einrichtung gemeinsamer Ermittlungsteams gehört. Verhandlungen mit Drittstaaten über den Austausch personenbezogener Daten wurden jedoch noch immer ohne jegliche Beteiligung des Parlaments geführt. Während der Rat regelmäßig in ausführlichen Berichten über geplante und bereits durchgeführte Aktionen Europols informiert wird, erhält das Parlament ausschließlich den nur jährlich erstellten Bericht der Präsidentschaft. Schließlich wird das Budget von Europol nicht zum Haushalt der Gemeinschaft gezählt und ist deshalb der Kontrolle des Europäischen Parlaments in Haushaltsfragen entzogen (Ellermann 2005: 333).

Auch die gerichtliche Kontrolle von Europol wurde von den Mitgliedstaaten gleich in mehrfacher Hinsicht eingeschränkt: Für die Arbeit der nationalen Polizei sind weiterhin ausschließlich nationale Gerichte zuständig. Allerdings schränkt eine Beteiligung von Europol an einem Fall die Kontrollmöglichkeiten nationaler Gerichte ein, weil Europolbeamte Immunität genießen und die Europol-Archive unverletzlich sind. Zwar ist der Direktor von Europol verpflichtet, die Immunität aufzuheben, wenn dies ein Gerichtsverfahren erfordert. Experten sind sich aber darüber einig, dass nationale Gerichte dennoch große Schwierigkeiten bei der Kontrolle europäisierter Polizeiarbeit haben werden (Frowein und Krisch 1998: 591, Kämper 2001: 209, Nachbaur 1998).

Die Lücke in der gerichtlichen Kontrolle, die sich auf nationaler Ebene auftut, wird durch das Fehlen entsprechender Kontrollinstanzen auf europäischer Ebene noch vergrößert: Sowohl der Vertrag über die Europäische Union, als auch die Europol-Konvention schränken die Kompetenzen des Europäischen Gerichtshofs mehrfach ein. Zwar kann der EuGH über die Auslegung und Anwendung der Konventionen urteilen, die Gültigkeit des Vertragstextes selbst kann jedoch nicht zum Gegenstand eines Verfahrens gemacht werden. Darüber hinaus ist der EuGH »nicht zuständig für die Überprüfung der Gültigkeit oder Verhältnismäßigkeit von Maßnahmen der Polizei oder anderer Strafverfolgungsbehörden eines Mitgliedstaats oder der Wahrnehmung der Zuständigkeiten der Mitgliedstaaten für die Aufrechterhaltung der öffentlichen Ordnung und den Schutz der inneren Sicherheit« (Artikel 35 (5) EUV). Auch das System der Vorabentscheidungsverfahren, das einen wichtigen Beitrag für die einheitliche Auslegung der Binnenmarktgesetzgebung geleistet hat, kann hier nur in dem Maße zur Anwendung kommen, wie Mitgliedstaaten dem durch entsprechende Deklarationen ausdrücklich zustimmen.[5] Als bedeutendste Einschränkung er-

5 Während es den britischen Gerichten verwehrt wurde, den EuGH zum Zweck solcher Vorabentscheidungen anzurufen, haben die anderen Mitgliedstaaten ihren Gerichten diese Möglichkeit eingeräumt. Allerdings gibt es im dritten Pfeiler der EU keine Vorlage-

scheint, dass sich der EuGH nicht mit möglichen Grundrechtsverletzungen durch Europol beschäftigen kann (Frowein und Krisch 1998: 590). Statt dem EuGH die Kontrolle von Europol zu übertragen, wurde eigens eine Gemeinsame Kontrollinstanz (GKI) eingerichtet, die sich aus Vertretern der nationalen Datenschutzbehörden zusammensetzt. Generell hat die GKI die Funktion eines Datenschutzbeauftragten für Europol. Die GKI nimmt zu verschiedenen Maßnahmen von Europol Stellung, beispielsweise wenn eine Arbeitsdatei eingerichtet oder ein Abkommen mit Drittstaaten verhandelt wird. Stellt die GKI Verstöße gegen die Datenschutzbestimmungen der Europol-Konvention fest, teilt sie dies dem Direktor von Europol mit. Allerdings zieht die Feststellung eines Rechtsverstoßes nicht unbedingt Konsequenzen nach sich. Der Verwaltungsrat von Europol beschäftigt sich zwar mit den Problemen, auf die ihn die GKI aufmerksam macht, aber er ist »nicht verpflichtet, Abhilfe zu schaffen oder den Direktor zu einer solchen anzuhalten. Die GKI hat damit keine Möglichkeiten, die Einhaltung der Vorschriften der Konvention zu erzwingen.« (Kröger 2004: 115). Besondere Kritik hat die Befugnis der GKI auf sich gezogen, Beschwerden von Einzelpersonen gegen Europol rechtsgültig zu entscheiden, denn den Mitgliedern der GKI fehlt die Qualifikation für das Richteramt und ihre Beratungstätigkeit für Europol verträgt sich schlecht mit ihren Kontrollaufgaben (vgl. u. a. Frowein und Krisch 1998).

Der Weg zur Vergemeinschaftung der polizeilichen Zusammenarbeit in der EU

Die Einrichtung einer innen- und justizpolitischen Zusammenarbeit im Allgemeinen und von Europol im Besonderen ging mit einem wachsenden Unbehagen über die eingeschränkten Möglichkeiten parlamentarischer und gerichtlicher Kontrolle einher: In Deutschland wurde schon während des Ratifizierungsverfahrens die für Europol-Beamte vorgesehene Immunität heftig kritisiert. Der Abgeordnete Stadler äußerte »massive rechtliche Bedenken« und stimmte der Immunitätsregelung nur »aus europapolitischen

verpflichtung für die Gerichte, wie dies bei der Auslegung des Gemeinschaftsrechtes der Fall ist.

Gründen« zu (vgl. Knelangen 2001: 248).[6] Ungefähr zur gleichen Zeit äußerten hochrangige Experten während einer öffentlichen Anhörung des Bundestags-Innenausschusses starke Bedenken über einen ungenügenden Grundrechtsschutz. Ein vom deutschen Justizministerium in Auftrag gegebenes Gutachten kritisierte, dass die Gemeinsame Kontrollinstanz für Europol nicht den anerkannten Ansprüchen an eine Institution genügt, die Polizeiarbeit überwachen soll (Gleß u. a. 2001). In einem *Policy Paper* für das *Center for European Policy Studies* (CEPS) kommen auch die Experten Malcolm Anderson und Joanna Apap zu dem Schluss, dass es auf europäischer Ebene keinen Rechtsschutz gegenüber den Tätigkeiten von Europol gebe (Anderson und Apap 2002: 66). Diese Vorwürfe wurden schließlich von verschiedenen NGOs wie *Statewatch* aufgegriffen.

Die Kritiker erhielten im Juni 2001 ein wichtiges Forum, als das niederländische Parlament Abgeordnete anderer Mitgliedstaaten sowie unabhängige Experten und Repräsentanten verschiedener EU-Institutionen (darunter auch Europol) dazu einlud, die Frage der parlamentarischen Kontrolle zu diskutieren.[7] In den Antworten auf einen Fragebogen, den die Organisatoren im Vorfeld der Konferenz an die nationalen Parlamente aller Mitgliedstaaten versandt hatten, kam zum Ausdruck, dass »parliamentary supervision of Europol is generally considered to be inadequate, at both European Parliament and national parliament level« (Fijnaut 2002: 18). Daraus schloss der für die Innen- und Justizpolitik zuständige EU-Kommissar Antonio Vitorino bei seiner Ansprache auf der Konferenz: »Assuming that Europol, in the coming years, will get more powers, I am of the opinion that it is only reasonable to launch the debate now and start a process of gradual enhancement of parliamentary control« (Vitorino 2002: 134).

Zur Zeit dieser interparlamentarischen Konferenz arbeitete die Kommission bereits an einer Mitteilung mit dem Titel »Die demokratische Kontrolle von Europol«, welche im Frühjahr 2002 veröffentlicht wurde. In diesem Papier kommt die Kommission zu dem Schluss, dass die Kontrolle

---

6 Vgl. auch den Artikel des damaligen Vizepräsidenten des Bundestages, Burkhard Hirsch (1998), der ebenfalls seine Besorgnis über eine mangelnde Kontrolle von Europol zum Ausdruck brachte.

7 Wortprotokolle dieses Treffens finden sich in Niederländisches Parlament 2002. Eine ähnliche Konferenz mit dem Titel »*Liberty and Security: Improving Parliamentary Scrutiny of Judicial and Police Cooperation in Europe*« wurde vom Ausschuss für Bürgerliche Freiheiten, Justiz und Inneres des Europäischen Parlaments organisiert und fand am 17. und 18. Oktober 2005 in Brüssel statt.

von Europol derzeit »auf eine indirekte, fragmentierte und nicht einfach zu verstehende Art und Weise« erfolgt, die Rufe nach »klareren und transparenteren Regelungen« laut werden lässt (Europäische Kommission 2002: 13). Weiter reichende Maßnahmen müssten außerdem dann ergriffen werden, wenn Europol operative Befugnisse zugewiesen würden. Zusammen mit verschiedenen Entschließungen des Europäischen Parlaments verlieh diese Mitteilung der Frage der demokratischen Kontrolle von Europol erhöhte Aufmerksamkeit. Das Europäische Parlament hatte bereits in einer frühen Phase der Maastricht-Verhandlungen einen verbesserten Grundrechtsschutz gefordert.[8] Mit Blick auf die Regierungskonferenzen 1996/97 und 2000 forderte das Europäische Parlament die Integration von Europol in das institutionelle System der EU und die Einführung des Mitentscheidungsverfahrens.[9] Gerade im Hinblick auf Europol unterstrich das Parlament, dass »die Ausübung polizeilicher Befugnisse in einem demokratisch-rechtsstaatlichen System parlamentarischer Kontrolle unterliegen muß« und fordert den Rat daher auf, »im Zuge der nächsten Regierungskonferenz eine umfassende parlamentarische und gerichtliche Kontrolle von Europol auf europäischer Ebene in den Vertrag aufzunehmen.«[10]

Die Forderung nach verbesserter parlamentarischer und gerichtlicher Kontrolle nahm verschiedene Formen an: Erstens wurden detaillierte Vorschläge zur Änderung der im Vertrag und in der Europol-Konvention vorgesehenen Regelungen unterbreitet. Zweitens wurde, als eine grundlegende Maßnahme gegen das generelle Kontrolldefizit, die »Vergemeinschaftung der Innen- und Justizpolitik« vorgeschlagen.[11] Schließlich wurden auch Maßnahmen unterstützt, die zwar nicht eigens für eine Verbesserung der Kontrolle von Europol entworfen worden waren, aber nichtsdestotrotz einen wichtigen Beitrag dazu leisten könnten. In diese letzte Rubrik fallen

8 Vergleiche die Entschließung des Europäischen Parlaments vom 11. Juli 1990.

9 Siehe die »*Resolution on the functioning of the Treaty on European Union with a view to the 1996 Intergovernmental Conference*« des Europäischen Parlaments vom 17. Mai 1995 sowie den »Bericht über die Vorschläge des Europäischen Parlaments für die Regierungskonferenz« (A5-0086/2000).

10 Europäisches Parlament, Empfehlung des Europäischen Parlaments an den Rat zu Europol: Stärkung der parlamentarischen Kontrolle und Erweiterung der Befugnisse vom 13. April 1999 (A4-0064/1999); s. auch »*European Parliament recommendation to the Council on the future development of Europol*« vom 07. April 2003 (2003/2070(INI)).

11 Vergleiche die »*Resolution on the functioning of the Treaty on European Union with a view to the 1996 Intergovernmental Conference*« des Europäischen Parlaments vom 17. Mai 1995.

die Integration der Charta der Grundrechte in die Grundlagenverträge und ein Beitritt der EU zur Europäischen Menschenrechtskonvention.

Trotz dieser Fortschritte beschlossen die Regierungen der Mitgliedstaaten auf den Regierungskonferenzen 1996/97 und 2000, die Zusammenarbeit in den Bereichen Inneres und Justiz als eine eigenständige dritte Säule zu belassen, und erweiterten die Möglichkeiten parlamentarischer und gerichtlicher Kontrolle in diesem Feld nur marginal. Erst beim Verfassungskonvent wurde eine tiefgreifende Reform auf den Weg gebracht und im Entwurf für einen europäischen Verfassungsvertrag niedergelegt. Obwohl der Vertrag bei Referenden in Frankreich und den Niederlanden zurückgewiesen wurde und deshalb nicht in Kraft getreten ist, ist er doch Ausdruck eines klaren Kurswechsels in der Frage der europäischen Polizeikooperation im Besonderen und der europäischen Justiz- und Innenpolitik im Allgemeinen.

Die ›Erklärung von Laeken‹, mit der die Staats- und Regierungschefs die Einsetzung des Verfassungskonvents beschlossen, nennt die innen- und justizpolitische Zusammenarbeit explizit als ein Themenfeld, in dem sich die EU-Bürger eine prominentere Rolle der Union wünschen. Der Konvent solle daher auch beraten, ob »wir uns bei der polizeilichen Zusammenarbeit und bei der Zusammenarbeit in Strafsachen einem stärker integrierten Konzept zuwenden [wollen]«.[12]

Auch unter den Querschnittsthemen, deren Beratung dem Konvent aufgegeben wurde, befanden sich einige, die sich auf die parlamentarische und gerichtliche Kontrolle von Europol auswirken mussten. Hierzu gehören die Frage einer generellen Stärkung des Europäischen Parlaments und der nationalen Parlamente, eine Übernahme der Grundrechte-Charta in den auszuhandelnden Verfassungsvertrag und die Forderung nach einem Beitritt der EU zur Europäischen Menschenrechtskonvention.

Der Konvent begann seine Arbeit mit einer »Phase des Zuhörens«, die den Delegierten Gelegenheit zum Austausch allgemeiner Anliegen und Prioritäten gab. In einer offenen Debatte zur Frage, welchen Erwartungen die Europäische Union gerecht werden sollte, wurde insbesondere für den Bereich »Freiheit, Sicherheit und Justiz« eine stärkere Rolle der EU gefordert. Mehrere Wochen später zeigte sich bei einer Anhörung von Vertretern der Zivilgesellschaft, dass Forderungen nach Verbesserung der gerichtlichen Kontrolle und des Zugangs zu den Gerichten weit verbreitet

12 »Erklärung von Laeken zur Zukunft der Europäischen Union«, Anlage I zu den Schlussfolgerungen des Vorsitzes, Europäische Rat in Laeken, 14./15. Dezember 2001.

sind. Nachdem das Präsidium einen Überblick über die am meisten verbreiteten Forderungen und Erwartungen erhalten hatte, setzte es eine Reihe von Plenarsitzungen zu einzelnen Themengebieten und instititutionenübergreifenden Fragestellungen an, um die Diskussionen weiter voranzutreiben. Für den 6. Juni 2002 wurde eine ausschließlich der Innen- und Justizpolitik gewidmete Plenarsitzung angesetzt.

Während der Plenardebatte sprachen sich nur wenige Redner für eine Beibehaltung nationaler Kompetenzen in der Innen- und Justizpolitik aus. Die überwältigende Mehrheit forderte eine verstärkte demokratische und gerichtliche Kontrolle der polizeilichen Zusammenarbeit und eine generelle Vergemeinschaftung der dritten Säule. Eine »Arbeitsgruppe für Freiheit, Sicherheit und Recht« wurde eingerichtet, um sich innen- und justizpolitischer Themen zu widmen. Neben Wissenschaftlern und Vertretern nationaler Polizeikräfte wurde auch der Direktor von Europol Jürgen Storbeck eingeladen, der Arbeitsgruppe seine Sichtweise darzulegen. Dabei machte Storbeck deutlich, dass Europol selbst ein Interesse an einer stärkeren und effizienteren demokratischen Kontrolle habe. Inzwischen hatte die Präsidentschaft bereits die Grundzüge eines Verfassungsvertrags vorgelegt, die auf eine Eingliederung der Charta und die Auflösung der Säulenstruktur hindeuteten (Norman 2005: 56). Der Abschlussbericht der Arbeitsgruppe enthielt weitere Vorschläge, die Eingang in einen weiteren Entwurf der Präsidentschaft vom März 2003 fanden. Obwohl anlässlich einer weiteren Plenarsitzung eine Fülle von Änderungsanträgen eingebracht wurden, fanden die vorgeschlagenen Reformen zur Stärkung der parlamentarischen und gerichtlichen Kontrolle der Polizeikooperation im Besonderen und der Innen- und Justizpolitik im Allgemeinen unverändert Eingang in den Vertragsentwurf des Konvents und wurden auch auf der nachfolgenden Regierungskonferenz nicht angetastet.[13]

Der Entwurf für einen europäischen Verfassungsvertrag sah tief greifende Änderungen in der polizeilichen Zusammenarbeit bzw. der Innen- und Justizpolitik vor (vgl. für einen Überblick Monar 2004 und Kainer 2005). Am bedeutendsten war die Abschaffung der in Maastricht begründeten Säulenstruktur. Infolgedessen traten nun Gesetze und Rahmengesetze an die Stelle von Beschlüssen, Rahmenbeschlüssen und Konventionen als rechtliche Instrumente. Darüber hinaus gilt die Rechtsprechung des

13 Vor allem auf Drängen der britischen Regierung verwässerte die Regierungskonferenz die Regelungen zur strafrechtlichen Zusammenarbeit, ließ aber die Passagen zur polizeilichen Zusammenarbeit unberührt.

Europäischen Gerichtshofs nun generell auch für die innen- und justizpolitische Zusammenarbeit. Trotz der Auflösung der Säulenstruktur blieben für den Bereich der Innen- und Justizpolitik einige gewichtige Abweichungen bestehen: Erstens bleiben Maßnahmen der Mitgliedstaaten und ihrer nationalen Polizeibehörden zur Wahrung ihrer inneren Sicherheit noch immer von der Rechtsprechung des EuGH ausgenommen. Zweitens teilt sich die Kommission, die nach der Gemeinschaftsmethode ein Initiativmonopol besitzt, in der strafrechtlichen und polizeilichen Zusammenarbeit das Initiativrecht mit den Mitgliedstaaten. Schließlich kommt den nationalen Parlamenten eine wichtigere Rolle zu, als dies in anderen Bereichen europäischer Politik üblich ist. Obwohl sie nicht an den Europol direkt betreffenden Gesetzgebungsprozessen beteiligt sind, werden sie an der politischen Kontrolle der Aktivitäten von Europol beteiligt. Diese Sonderregelungen waren vor allem als Zugeständnis an die Fürsprecher eines intergouvernementalen Ansatzes gedacht, die die polizeiliche und strafrechtliche Kooperation als Kernbereich von Staatlichkeit möglichst autonomieschonend verregelt sehen wollten. All diesen Einschränkungen zum Trotz wurde der Vertragsentwurf als »Durchbruch in Richtung größerer parlamentarischen Kontrolle (Monar 2004: 130, eigene Übersetzung) gefeiert. Das Mitentscheidungsverfahren, das dem Europäischen Parlament im Gesetzgebungsverfahren die gleiche Bedeutung einräumt wie dem Rat, würde durch den Verfassungsvertrag zum Standardverfahren in der Innen- und Justizpolitik. Für Europol im Besonderen ist vorgesehen, »[d]urch Europäisches Gesetz (...) die Einzelheiten für die Kontrolle der Tätigkeiten von Europol durch das Europäische Parlament« festzulegen, woran »die nationalen Parlamente beteiligt« werden sollen (Artikel III-276 (2)). Allerdings soll das Europäische Parlament zu Maßnahmen, welche die operative Zusammenarbeit betreffen und über die der Rat einstimmig beschließen muss, nur gehört werden. Diese Einschränkung wiegt deshalb schwer, weil im Bereich der operativen Zusammenarbeit voraussichtlich der Schwerpunkt künftiger Gesetzgebung liegen wird. Bei Aufbau, Arbeitsweise und Tätigkeitsbereich von Europol, für deren Regelung dem Europäischen Parlament nun ein Mitentscheidungsrecht eingeräumt wird, ist auf absehbare Zeit hingegen nur wenig Regelungsbedarf erkennbar.

Der Grundrechtsschutz wird durch den Vertragsentwurf auf zweierlei Weise verbessert: Erstens wird die Charta der Grundrechte zu einem integralen Bestandteil des Vertrages und damit für alle EU-Institutionen bindend. Zweitens sieht Artikel I-9 (2) des Vertrags den Beitritt der EU zur

Europäischen Menschenrechtskonvention vor. Der Straßburger Gerichtshof für Menschenrechte hatte bereits begonnen, seine Zurückhaltung gegenüber der Prüfung europäischen Gemeinschaftsrechts aufzugeben, obwohl die EU selbst der Menschenrechtkonvention nie beigetreten war (Scheeck 2005). Ein formaler Beitritt der EU zur Menschenrechtskonvention ist dennoch bedeutsam, da er ein klares Signal an die Bürgerinnen und Bürger ist, sich an den Straßburger Gerichtshof wenden zu können, sollten sie ihre Grundrechte durch EU-Institutionen verletzt sehen.

Zusammengenommen steht der Entwurf für einen europäischen Verfassungsvertrag für eine Konstitutionalisierung parlamentarischer und gerichtlicher Kontrolle in der innen- und justizpolitischen Zusammenarbeit. Die oben skizzierten Abweichungen von der Gemeinschaftsmethode schränken die gerichtliche und parlamentarische Kontrolle der polizeilichen Zusammenarbeit nur marginal ein: Die Kompetenzen der nationalen Parlamente sind keine Konkurrenz, sondern Ergänzung derjenigen des Europäischen Parlaments, und das Initiativrecht einer Gruppe von Mitgliedstaaten steht dem effektiven Schutz von Grundrechten oder parlamentarische Kontrolle nicht entgegen.

Zur Erklärung des Konventsergebnisses

Die Bedeutung der Gemeinschaftsumwelt

Angesichts des ursprünglichen Widerstandes gegen eine Vergemeinschaftung der innen- und justizpolitischen Zusammenarbeit in einigen, wenn nicht den meisten Mitgliedstaaten bedarf es einer Erklärung für die weit reichenden Vorschläge des Konvents und ihrer Bestätigung auf der folgenden Regierungskonferenz. Berthold Rittberger und Frank Schimmelfennig (vgl. den Beitrag in diesem Band) argumentieren, dass die Parlamentarisierung und Institutionalisierung des Grundrechtschutzes in der EU dadurch erleichtert werden, dass Verfassungspolitik in einer Gemeinschaftsumwelt stattfindet. Auf diese Weise können sich Forderungen, die im Einklang mit dem liberalen Ethos der EU stehen, generell leichter durchsetzen als solche, die den grundlegenden Normen der Gemeinschaft entgegenstehen. Ob der Einfluss einer gemeinschaftlichen Umgebung seine Wirkung entfalten kann, hängt nach Rittberger und Schimmelfennig wiederum von mehreren Kontextbedingungen ab: Erstens ist die Gemeinschaftsumwelt dann besonders wirksam, wenn eine verfassungspolitische Entscheidung bestehende Möglichkeiten parlamentarischer oder gerichtlicher Kontrolle untergräbt bzw. dies von den supranationalen Institutionen so wahrgenommen wird (»Salienz«). Zwei weitere Kontextbedingungen beziehen sich auf das Vorhandensein von Vorbildern, die Forderungen nach Kohärenz begünstigen. Solche Präzedenzfälle können sowohl innerhalb der EU (»interne Kohärenz«) als auch durch institutionalisierte internationale Normen außerhalb der EU (»externe Kohärenz«) vorliegen. Die Gemeinschaftsumwelt kommt ferner dann zur Geltung, wenn Forderungen auf nationale Verfassungstraditionen Bezug nehmen können (»Resonanz«). Schließlich lässt ein erhöhtes Maß öffentlicher Aufmerksamkeit der Gemeinschaftsumwelt eine stärkere Rolle zukommen (»Öffentlichkeit«).

Im Falle der Vergemeinschaftung der innen- und justizpolitischen Zusammenarbeit durch den Konvent waren – mit Ausnahme externer Kohärenz – alle Kontextbedingungen tatsächlich gegeben. Zunächst erhielt die Vergemeinschaftung der innen- und justizpolitischen Zusammenarbeit seit den frühen 1990er Jahren wachsende Salienz. Wie oben gezeigt, wurden die Europol-Konvention und das dazugehörige Immunitäten-Protokoll schon während des Ratifikationsprozesses heftig dafür kritisiert, den Schutz der Grundrechte zu unterminieren. Dabei erkannten auch die Fürsprecher einer Ratifikation an, dass Immunität keinem Polizeibeamten mit exekutiven Befugnissen gewährt werden könne. Sie wiesen jedoch darauf hin, dass die Aufgabe von Europol auf den Austausch und die Analyse von Daten beschränkt sei und eine Immunität für Europolbeamte deshalb keine Gefahr für den Grundrechtsschutz darstelle. In dieser Diskussion blieb zwar umstritten, ob die datenverarbeitende Tätigkeit von Europol tatsächlich so unproblematisch ist, dass Immunität gewährt werden könne. Ein folgenschwerer Nebeneffekt dieser Debatten war allerdings die Herausbildung eines Konsenses zwischen Befürwortern und Kritikern des Immunitätenprotokolls, dass die Immunität auf keinen Fall bestehen könne, wenn Europol operative Befugnisse zuteil würden. Beispielsweise argumentierte Ray MacSharry (IRE/Gov) in der Konventsdebatte zur innen- und justizpolitischen Zusammenarbeit, dass »[d]emocratic and judicial control of Europol is currently exercised satisfactorily via the Member

States and their parliaments. There is no reason to change the situation as long as Europol has no operational police role« (6/6/02, 4-020).[14]

In ähnlichen Worten versicherte auch die deutsche Regierung den Mitgliedern des Bundestages, dass eine Ausweitung der Kompetenzen von Europol notwendigerweise mit einer erneut geführten Diskussion über die Immunitätsfrage einhergehen müsse (Knelangen 2001: 249). Die Debatten über parlamentarische und gerichtliche Kontrolle gingen ähnlich vonstatten: Die Befürworter einer Immunitätsregelung spielten die Relevanz der Tätigkeit von Europol für die Grundrechte herunter, erkannten aber gleichzeitig an, dass der geringe Einfluss des Europäischen Parlaments und des Europäischen Gerichthofes keinen Bestand haben könne, wenn die Kompetenzen von Europol ausgeweitet würden.

Die Stärkung der parlamentarischen und gerichtlichen Kontrolle gewann an Salienz, als das Europäische Parlament und in einem geringeren Maße auch die Europäische Kommission im Vorfeld der Regierungskonferenzen 1996 und 2000 entsprechende Forderungen stellten. Außerdem wuchs mit den Kompetenzgewinnen von Europol die Wahrnehmung, dass der Grundrechtsschutz auf nationaler Ebene an Effektivität einbüßte. Die angestrebten operativen Befugnisse spielten dabei eine besonders große Rolle, war doch die Einschränkung parlamentarischer und gerichtlicher Kontrollfunktionen gerade mit dem Fehlen solcher Befugnisse gerechtfertigt worden.

Zweitens existierte innerhalb der EU ein Vorbild, auf das sich die Forderungen nach stärkerer parlamentarischer und gerichtlicher Kontrolle bezogen (»interne Kohärenz«), denn die Forderung nach Vergemeinschaftung zielte auf die Abschaffung einer Ausnahmeregelung, die durch die Institutionalisierung intergouvernementaler Zusammenarbeit außerhalb der Gemeinschaftsstrukturen begründet worden war. Dabei diente die »erste Säule« bzw. die Gemeinschaftsmethode als normativer Standard, demgegenüber die innen- und justizpolitische Zusammenarbeit als Abweichung erscheinen musste. Drittens konnten Rufe nach einer verstärkten parlamentarischen und gerichtlichen Kontrolle von Europol an die rechtsstaatlichen Traditionen in den Mitgliedstaaten anknüpfen (»Resonanz«). Obwohl sich in den einzelnen Mitgliedstaaten auf nationaler Ebene sehr unterschiedliche Formen der Überwachung und Kontrolle der Polizei etabliert

14 Auf den Zusammenhang von operativen Befugnissen und einer verstärkten parlamentarischen und gerichtlichen Kontrolle wiesen auch Jan Kavan, CZ(Gov) und Ayfer Yilmaz, TUR(NP) hin.

haben, zielen sie alle auf eine effiziente parlamentarische und gerichtliche Kontrolle.

Schließlich deutet der Durchbruch während der Verhandlungen des Konvents auch auf die Bedeutung von Öffentlichkeit als Kontextbedingung hin: Hinter verschlossenen Türen wurde auf den Regierungskonferenzen von 1996/97 und 2000 nur eine Vergemeinschaftung der Visapolitik erreicht, während die polizeiliche und strafrechtliche Zusammenarbeit weiterhin außerhalb der Gemeinschaft angesiedelt blieb. Im Gegensatz dazu mündeten die öffentlich geführten Debatten des Konvents in eine Abschaffung der Säulenstruktur. Interessanterweise wurde die vom Verfassungskonvent in öffentlichen Debatten vereinbarte Vergemeinschaftung der innen- und justizpolitischen Zusammenarbeit auch von der folgenden, wiederum nichtöffentlichen Regierungskonferenz übernommen. Allerdings wurde die Öffentlichkeit des Verfassungskonvents nicht unbedingt von einer breiteren Medienöffentlichkeit begleitet. Obwohl der Konvent im Allgemeinen Gegenstand ausführlicher Berichterstattung war, wurde den Themen Justiz und Inneres kaum Beachtung geschenkt. Über die Präferenzen und Verhandlungsstrategien der staatlichen Delegationen in der Regierungskonferenz wurde hingegen wiederum sehr detailliert berichtet, obwohl die Verhandlungen hinter verschlossenen Türen stattfanden. Sandra Lavenex (vgl. den Beitrag in diesem Band) hat darauf hingewiesen, dass die besondere Zusammensetzung des Konvents, bei der Regierungsvertreter eine Minderheit darstellten, für den Verlauf der Verhandlungen wahrscheinlich bedeutsamer war als die Öffentlichkeit des Verhandlungsprozesses. Folgt man der Argumentation von Lavenex, geht der mangelnde Fortschritt bei der Stärkung parlamentarischer und gerichtlicher Kontrolle in den neunziger Jahren auf die dominante Rolle der Innenminister im Verhandlungsprozess zurück, denn ihnen kann das größtes Interesse daran unterstellt werden, Parlamente und Gerichte in der innen- und justizpolitischen Zusammenarbeit auf Abstand zu halten. Gleichzeitig lässt sich aus dieser Perspektive das Ergebnis des Verfassungskonvents auf die herausragende Rolle von Parlamentariern in den Verhandlungen zurückführen, die zahlenmäßig die anwesenden Regierungsvertreter bei weitem überwogen.

Vorbilder oder Präzedenzfälle für die parlamentarische und gerichtliche Kontrolle einer Polizei jenseits des Nationalstaates fehlen hingegen. Von externer Kohärenz als weiterer Kontextbedingung konnten die Verhandlungen über eine Vergemeinschaftung der polizeilichen Zusammenarbeit also nicht profitieren. Ein denkbares Vorbild außerhalb der EU wäre die

Internationale Kriminalpolizeiliche Organisation (Interpol), aber diese ist mit wesentlich weniger Kompetenzen ausgestattet als Europol (für einen Überblick vgl. Anderson 1989). Die Einrichtung von Europol und die Verleihung operativer Befugnisse an diese Behörde sind ein präzedenzloser Schritt in der internationalen Polizeiarbeit geblieben.

Die von Rittberger und Schimmelfennig vertretene These, dass Konstitutionalisierungsprozesse in der EU von einer Gemeinschaftsumwelt geprägt sind, gewinnt auch dadurch an Plausibilität, dass Vertreter des Intergouvernementalismus, des prominentesten konkurrierenden Ansatzes, die Grenzen ihrer Theorie für die Vergemeinschaftung der innen- und justizpolitischen Zusammenarbeit ausdrücklich anerkannt haben. Paul Magnette und Kalypso Nicolaïdis (2004) haben gegen die Ansicht argumentiert, verständigungsorientiertes Handeln könne den Ausgang des Verfassungskonvents erklären. Stattdessen haben sie eine intergouvernmentalistische Analyse stark gemacht, wonach der »Schatten« der nachfolgenden Regierungskonferenz dazu führe, dass ein auf Eigennutzen bedachtes Handeln dominiere. Allerdings verweisen Magnette und Nicolaïdis selbst auf Grenzen dieser Perspektive: Am wichtigsten für das hier behandelte Thema ist dabei, dass auch sie von der Entwicklung einer Eigendynamik während der Verhandlungen ausgehen, zumindest »for issue areas where preferences were less intense and consequences less predictable, that is (...) ›constitutional‹ issues.« Als Beispiele werden in diesem Zusammenhang ausdrücklich das »merging of treaties and ›pillars‹ and the ›status of the charter‹« genannt.

Eine weitere konkurrierende Erklärung für die Vergemeinschaftung der innen- und justizpolitischen Zusammenarbeit lässt sich aus der Perspektive einer föderalistischen Integrationstheorie gewinnen: Vertreter dieses Ansatzes können darauf verweisen, dass weniger politikfeldspezifische Überlegungen als vielmehr verfassungspolitische Grundsatzerwägungen die Verhandlungen des Konvents geprägt haben. Die oben angeführten Einschränkungen bei der Anwendung des Gemeinschaftsmodells (insbesondere die Ansiedlung des Initiativrechts bei den Mitgliedstaaten und die Einbindung vornehmlich nationaler Parlamente) sind jedoch auch aus dieser Perspektive kaum zu erklären. Solche Ausnahmeregelungen weisen vielmehr auf weiter bestehende und anerkannte Besonderheiten in der innen- und justizpolitischen Zusammenarbeit hin, die sich der Logik föderalistischer Verfassungsgebung entziehen. Die Konstitutionalisierungsthese gibt hier eine treffendere Beschreibung, da die Konstitutionalisierung der parlamentarischen und gerichtlichen Kontrolle mit dem Fortbestehen politikfeldspezifischer Besonderheiten einhergeht.

Analyse der Konventsdebatten

Folgt man den Überlegungen Rittbergers und Schimmelfennigs, kommt im Verfassungskonvent Argumenten, die im Einklang mit dem liberalen Ethos der EU stehen, durch das gleichzeitige Vorhandensein von Salienz, interner Kohärenz, Resonanz und Öffentlichkeit, besonderes Gewicht zu. Um dieser These weiter nachzugehen, werden in diesem Abschnitt die Konventsdebatten näher betrachtet. Guido Schwellnus (vgl. Beitrag in diesem Band) hat gezeigt, dass sich die Faktoren, die zur Erklärung des Konstitutionalisierungsprozesses innerhalb der EU herangezogen werden, in bestimmte Typen von Argumenten übersetzen lassen, die sich in den entsprechenden Debatten wiederfinden lassen müssten. Zur Überprüfung dieser These eignet sich die Plenardebatte vom 6. Juni 2002 in besonderer Weise. Die Debatte war von der Präsidentschaft angesetzt worden, nachdem die Konventsteilnehmer zuvor in einer allgemeinen Aussprache die innen- und justizpolitische Zusammenarbeit als Bereich von höchster Wichtigkeit herausgestellt hatten. Die Debatte fand während der »Phase des Zuhörens« des Konvents statt und konzentrierte sich dementsprechend auf die Diskussion genereller Leitlinien für die künftige innen- und justizpolitische Zusammenarbeit. Um einen Überblick über die vorgebrachten Argumente bezüglich einer Reform dieses Politikfelds zu gewinnen, ist sie deshalb gut geeignet. Die Debatte am 3. April 2003 stand im Gegensatz dazu bereits ganz im Zeichen eines Textentwurfes, den die Präsidentschaft am 14. März des Jahres vorgelegt hatte. Zu diesem Präsidentschaftsentwurf wurden mehr als 700 Änderungsanträge eingebracht. Neben vielen eher technischen Fragen forderten die meisten dieser Anträge eine Abschaffung der bestehenden Ausnahmeregelungen von der Gemeinschaftsmethode, wobei häufig das Initiativrecht der Mitgliedstaaten und die Befugnis des Europäischen Rates, Rahmenlinien für die Gesetzgebung zu operativen Aktivitäten Europols zu erlassen, im Zentrum standen. Infolgedessen standen sich in der Diskussion am 3. April hauptsächlich Föderalisten und Intergouvernementalisten gegenüber (Norman 2005: 172). Interessanterweise konnten sich dabei die Föderalisten mit ihrer Forderung nach der Abschaffung der Ausnahmeregelungen nicht durchsetzen.

Während der Debatte am 6. Juni 2002[15] sprach sich die überwältigende Mehrheit der Delegierten für eine stärkere parlamentarische und gerichtliche Kontrolle sowie für eine Vergemeinschaftung der innen- und justizpolitischen Zusammenarbeit aus. Von den oben genannten Kontextbedingungen taucht Salienz am häufigsten auf. Ein Beispiel hierfür war die Rede von Ayfer Yilmaz (TR-NP), die ein stärkeres Mitbestimmungsrecht und verbesserte Möglichkeiten für EU-Bürger, ihre Rechte beim EuGH einzuklagen, forderte und hervorhob, dass »*[i]ncreased rights for Europol (...) risk endangering democratic rights*« (6/6/02, 4-066). Ähnlich argumentierte auch Jan Kavan (CZ-GOV), der forderte, dass »*[i]f Europol is given operational powers, the activities of the operational units should be subject to the kind of judicial control by the national courts, as applies to the national police*« (6/6/02, 4-014).

Über Salienz-Argumente hinaus lassen sich vier Argumentationslinien unterscheiden, die alle auf eine Gemeinschaftsumwelt hindeuten: Das am häufigsten vorgebrachte Argument für eine Vergemeinschaftung lautet »Effektivität/Effizienz«.[16] Nicole Deitelhoff (im Erscheinen) hat in ihrer Analyse zur Entstehung des Internationalen Strafgerichtshofes darauf hingewiesen, dass die Begriffe Effektivität und Effizienz in internationalen Verhandlungen in zweierlei Bedeutungen verwendet werden: Innerhalb eines »*political reality frames*« dient der Verweis auf »Effektivität/Effizienz« als Ermahnung, dass eine Verhandlungslösung nicht weit von den Präferenzen mächtiger Akteure abweichen dürfe. Dahinter steht die Überlegung, dass internationale Vereinbarungen kaum umzusetzen sein werden, wenn sie nicht auch den Interessen mächtiger Akteure entsprechen. Olivier Duhamel (F/EP) argumentierte während der Konventsdebatte auf diese Weise und riet unter anderem dazu, von einer Stärkung des Europäischen Parlaments in der innen- und justizpolitischen Zusammenarbeit abzusehen. Neben dem »*political reality frame*« gibt es allerdings auch einen »*public interest frame*«, der nationale Interessen eher als Hindernis für eine effektive Arbeit von Institutionen sieht und daher internationale Organisationen gern mit

15 Wortprotokolle der Plenarsitzungen des Konvents sind auf den Webseiten des Europaparlaments einsehbar: http://www.europarl.eu.int/Europe2004/index_en.htm (letzter Zugriff im April 2006). Da die Protokolle in der Originalsprache des jeweiligen Sprechers gehalten sind, konnten nur in Deutsch, Französisch, Spanisch oder Italienisch gehaltene Reden berücksichtigt werden. Für ihre Hilfe bei den Übersetzungen bedanke ich mich bei Cecile Brosset, Alice Negrini und Jonas Wolff.

16 Siehe entsprechende Aussagen von Erwin Teufel, GER(NP), Antonion Vitorino, POR(Kom), Jürgen Meyer, GER(NP), Elio de Rupo, BEL(NP) und Janez Lenarcic, SLO(Gov).

Kompetenzen ausgestattet sieht, die die Durchsetzung gemeinschaftlicher Interessen auch gegen den Widerstand einzelner Mitgliedstaaten erlauben. Das Vorbringen solcher Argumente zeugt wiederum von einem ausgeprägten Gemeinschaftssinn, der verständigungsorientiertes Handeln gegenüber nutzenorientierten Verhandlungsweisen in den Vordergrund stellt. In der hier untersuchten Debatte um die innen- und justizpolitische Zusammenarbeit verwendete die große Mehrheit der Redner die Begriffe »Effektivität« und »Effizienz« in diesem letztgenannten »*public interest frame*«, was auf die Bedeutung der Gemeinschaftsumwelt für diese Debatte hinweist. So sprach sich z. B. Erwin Teufel (GER/NP), für eine Überführung der dritten Säule unter das Dach der Europäischen Gemeinschaft aus, da nur so der EU eine wirkliche Chance eröffnet werden könne, eine Zone der Freiheit, Sicherheit und Gerechtigkeit zu schaffen. Andrew Duff (UK/EP) fügte hinzu, dass »the instruments (...) especially the intergovernmental conventions, are feeble« und weiter: »[W]hat is required are the same regulations with direct effect that we have in the first pillar« (6/6/02, 4-035). In gleicher Absicht wies Jürgen Meyer (GER/NP) auf die mühsame Aushandlung und Ratifizierung der Europolkonvention hin, womit die Unangemessenheit intergouvernementaler Aushandlungsprozesse unterstrichen wurde.

Zweitens behandelten zahlreiche Redner die Europäische Union wie ein Gemeinwesen, dessen Verfassungsvertrag den hohen Standards einer liberalen Demokratie gerecht werden sollte. Eine Vergemeinschaftung der innen- und justizpolitischen Zusammenarbeit wurde gefordert, weil so die demokratische Legitimität, Transparenz und der Schutz der Grundrechte verbessert werden könnten.[17] Der Vertreter der slowenischen Regierung, Lenarcic, erklärte z. B., dass »...since this area directly concerns the rights of the individuals, it is essential to ensure the necessary democratic control. This could be achieved through qualified majority voting and co-decision accompanied by a mechanism for an effective judicial review« (6/6/02, 4-064).

Drittens wurde häufig auf die Erwartungen der EU-Bürger Bezug genommen, an denen sich der Verfassungsentwurf messen lassen müsste. So wies Jürgen Meyer (GER/NP) z. B. darauf hin, dass

17 Siehe die Passagen der Reden von Jürgen Meyer, GER(NP), Elio de Rupo, BEL(NP) und Elena Paciotti, ITA(EP).

»[d]ie europäischen Staatsbürger erwarten – und ich finde, zu Recht –, dass ihre Grundrechte und Grundfreiheiten respektiert werden, und zwar auch von den unvermeidbar immer mächtiger werdenden Organen der EU. Deshalb muss die Europäische Charta der Grundrechte verbindlich werden, und deshalb wird der Europäische Gerichtshof eine zunehmend wichtige Rolle übernehmen« (6/6/02, 4-022).

Die Bezugnahme auf die Erwartungen der Bürger verweist darauf, dass die Rechenschaftspflichtigkeit gegenüber den Regierten auch in der EU als normativer Standard akzeptiert wird, was wiederum auf ein Verständnis der Europäischen Union als einer demokratischen Gemeinschaft hindeutet.

Viertens schließlich akzeptierten selbst die Kritiker einer Vergemeinschaftung die normativen Standards der Befürworter. Ray MacSharry (IRE/Gov) beispielsweise argumentierte, dass »democratic legitimacy in the JHA area resides within and derives from the national level«. Diese Argumentation wurde meist mit der Forderung nach weiterhin begrenzten Kompetenzen der EU in diesem Bereich verknüpft. In diesem Sinne erklärte MacSharry: »Democratic and judicial control of Europol is currently exercised satisfactorily via the Member States and their parliaments. There is no reason to change the situation as long as Europol has no operational police role and while it continues to be directly financed by Member States« (6/6/02, 4-020).

Diese Argumentationsweise verlor natürlich ihre Berechtigung, als eine Mehrzahl der Delegierten sich für die Verleihung operativer Befugnisse an Europol aussprach.

Die nachfolgenden Regierungskonferenzen haben vor allem wegen der harten Verhandlungen über die Stimmengewichtung im Rat und die Zusammensetzung der Europäischen Kommission Berühmtheit erlangt. Auf ähnlich kontroverse Verhandlungen über die polizeiliche Zusammenarbeit oder die Vergemeinschaftung der dritten Säule finden sich keinerlei Hinweise. Auf der Regierungskonferenz wurden zwar einige Regelungen zur strafjustiziellen Zusammenarbeit wieder verwässert, und die britische Regierung sicherte sich gegen eine Auslegung der Grundrechtecharta ab, wonach diese zusätzliche soziale Rechte begründen könnte. Die Vorschläge zur Stärkung der parlamentarischen und gerichtlichen Kontrolle, die schon von der Arbeitgruppe für den Bereich Justiz und Inneres erarbeitet worden waren, blieben aber im Wesentlichen unangetastet.

Zur Erklärung fehlgeschlagener Konstitutionalisierung vor dem Konvent

Obwohl die Entscheidung des Konvents, die parlamentarische und gerichtliche Kontrolle über Europol zu konstitutionalisieren, auf den ersten Blick gut zur Konstitutionalisierungsthese Rittbergers und Schimmelfennigs zu passen scheint, bleibt die Frage, warum es nicht schon bei früheren Regierungskonferenzen zu einer solchen Einigung kam. Dies ist insbesondere deshalb erklärungsbedürftig, weil mit Ausnahme von Öffentlichkeit alle Kontextfaktoren zumindest 1996/97 bereits gegeben waren. Sicherlich kann der genaue Zeitpunkt, an dem eine effektive parlamentarische und gerichtliche Kontrolle von Europol auf nationaler Ebene nicht mehr gewährleistet war, kaum bestimmt werden. Bereits in den 1990er Jahren hatten sich Experten besorgt gezeigt, dass schon die datenverarbeitende Tätigkeit Europols die hohen Datenschutz-Standards mancher Mitgliedstaaten unterlaufen und einen effektiven Grundrechtsschutze gefährden würde. Nach den Konventsdebatten zu urteilen, scheint aber erst die Verleihung operativer Befugnisse an Europol der Tropfen gewesen zu sein, der das Fass zum Überlaufen brachte und eine Konstitutionalisierung parlamentarischer und gerichtlicher Kontrolle als nunmehr unverzichtbar erscheinen ließ. Hier könnte man argumentieren, dass diese Schwelle schon mit der Verabschiedung des Vertrages von Amsterdam überschritten wurde, der eine solche Erweitung der Kompetenzen von Europol innerhalb eines Zeitraumes von fünf Jahren vorsieht.

Ein ähnliches Argument könnte im Hinblick auf die interne Kohärenz vorgebracht werden, da die Abweichungen vom Modell der Gemeinschaftsmethode natürlich so alt sind wie die dritte Säule selbst. Eine über den Konvent hinausgehende Betrachtung lässt den Konstitutionalisierungsprozess als verspätet erscheinen und Zweifel an der Bedeutung der Kontextbedingungen Salienz und »interne Kohärenz« aufkommen. Gleichzeitig erscheint der Faktor Öffentlichkeit besonders einflussreich, wobei allerdings der Hinweis von Lavenex berücksichtigt werden sollte, dass die Zusammensetzung des Konvents unter Umständen wichtiger war als die Öffentlichkeit seiner Beratungen.

Schluss

Im Großen und Ganzen unterstützt der Fall der Vergemeinschaftung von Europol bzw. der innen- und justizpolitischen Zusammenarbeit die Konstitutionalisierungsthese, die diesem Sammelband zugrunde liegt. Die Regierungen der EU-Mitgliedstaaten hatten diesen Bereich zunächst absichtlich als eine eigenständige Säule der Union und Europol auf der Basis einer Konvention etabliert, um die Einflussmöglichkeiten der Europäischen Kommission, des Europäischen Parlaments und des Europäischen Gerichtshofs zu minimieren. Um diese Ausnahmeregelung von den üblichen Verfahren parlamentarischer und gerichtlicher Kontrolle zu rechtfertigen, verfolgten die Regierungsvertreter eine Doppelstrategie: Einerseits strebten sie eine Versicherheitlichung der innen- und justizpolitischen Zusammenarbeit an,[18] um hiermit ihre exklusiven exekutiven Vorrechte zu legitimieren. Zum anderen versuchten sie, die Bedeutung Europols für den Grundrechtsschutz herunterzuspielen. Dabei wurde stets betont, dass Europol »nur« Datenanalyse betreiben und von einer Beteiligung an operativen Aktivitäten ausgeschlossen bleiben würde. Indem sie sich diese Argumentationsweise zu eigen machten, akzeptierten die Regierungsmitglieder jedoch mehr oder weniger explizit, dass die Möglichkeiten einer parlamentarischen und gerichtlichen Kontrolle von Europol spätestens dann überprüft werden müssten, wenn der Behörde operative Befugnisse zugestanden würden.

Als tatsächlich verstärkt Rufe nach operativen Befugnissen für Europol laut wurden und in der zweiten Hälfte der 1990er Jahre breite Unterstützung fanden, war es den Befürwortern einer stärkeren parlamentarischen und gerichtlichen Kontrolle deshalb möglich, erheblichen sozialen Druck auf die noch immer zögerlich agierenden Regierungsvertreter auszuüben. Auf diese Weise erhielt die Frage der Kontrolle von Europol auf zweierlei Weise besondere Salienz: Erstens wurde die Differenz zwischen »Ist-« und »Soll-Zustand« im Zuge des Abweichens vom Text der ursprünglichen Europol-Konvention immer deutlicher; zweitens machten sich die Gemeinschaftsinstitutionen die Forderung nach Vergemeinschaftung anlässlich verschiedener Regierungskonferenz zu eigen. Über den Faktor »Salienz« hinaus, kam der internen Kohärenz eine bedeutende Rolle bei der

18 Siehe für den Ansatz der Versicherheitlichung im Allgemeinen Wæver 1995 und speziell zur Versicherheitlichung des Bereichs Justiz und Inneres der EU Bigo 2000 und Lavenex und Wagner 2005.

Vergemeinschaftung von Europol und der Zusammenarbeit in der innen- und justizpolitischen Zusammenarbeit im Allgemeinen zu, da so die dritte Säule als Anomalie dargestellt wurde und die Beweislast so ihren Befürwortern zugeschoben werden konnte.

Die Kontextbedingung der internen Kohärenz war jedoch seit der Begründung der dritten Säule durch den Maastricht-Vertrag gegeben, und eine auffällige Ausnahmeregelung für die polizeiliche Zusammenarbeit hinsichtlich ihrer parlamentarischen und gerichtlichen Überwachung galt spätestens seit dem Vertrag von Amsterdam. Die Verzögerung zwischen dem Vorhandensein zweier Kontextbedingungen und der Umsetzung und Konstitutionalisierung parlamentarischer und gerichtlicher Kontrolle legt nahe, dass die verschiedenen Verhandlungsergebnisse auf die Unterschiede zwischen regulären Regierungskonferenzen auf der einen und dem Verfassungskonvent auf der anderen zurückgeführt werden könnten. Rittberger und Schimmelfennig argumentieren, dass hier der entscheidende Unterschied die Öffentlichkeit der Konventsdebatten sei. Die oben skizzierten Überlegungen weisen jedoch darauf hin, dass der unterschiedlichen Zusammensetzung der Verhandlungsforen eine mindestens ebenso große Bedeutung zukommt. Insgesamt scheinen damit Salienz und interne Kohärenz die wichtigsten Vorbedingungen für die Konstitutionalisierung parlamentarischer und gerichtlicher Kontrolle gewesen zu sein. Sie konnten jedoch nur in einem institutionellen Rahmen ihre Wirkung entfalten, der von einem hohen Maß an Öffentlichkeit und der Teilnahme nichtstaatlicher Akteure geprägt war.

Literatur

Anderson, Malcolm (1989), *Policing the World. Interpol and the Politics of International Police Co-operation*, Oxford: Clarendon Press.

Anderson, Malcolm/den Boer, Monica/Cullen, Peter/Gilmore, William/Raab, Charles/Walker, Neil (1995), *Policing the European Union*, Oxford: Oxford University Press.

Anderson, Malcolm/Apap, Joanna (2002), *Striking a Balance between Freedom, Security and Justice in an Enlarged European Union*, Brüssel: Centre for European Policy Studies.

Bigo, Didier (2000), »When two become one. Internal and external securitisations in Europe«, in: Morten Kelstrup/Michael Williams (Hg.), *International Relations*

Theory and the Politics of European Integration, London and New York: Routledge, S. 171–204.

den Boer, Monica (2002), »Towards an accountability regime for an emerging European policing governance«, *Policing and Society*, Jg. 12, H. 4, S. 275–290.

Deitelhoff, Nicole (im Erscheinen), »Was vom Tage übrig blieb. Inseln der Überzeugung im vermachteten Alltagsgeschäft internationalen Regierens«, in: Benjamin Herborth/Peter Niesen (Hg.), *Intersubjektivität und internationale Politik. Motive aus dem Werk von Jürgen Habermas in Internationalen Beziehungen und Politischer Theorie*, Frankfurt/Main: Suhrkamp.

Niederländisches Parlament (Hg.) (2002), *From Europol to Parlopol. Interparliamentary Conference on Democratic Control of Europol*, Amsterdam: Boom.

Europäische Kommission (2002), *Die demokratische Kontrolle von Europol*, Brüssel, 26.2.2002 (KOM(2002) 95 final).

Ellermann, Jan Ulrich (2005), *Europol und FBI. Probleme und Perspektiven*, Baden-Baden: Nomos.

Fijnaut, Cyrille (2002), »Europol and the parliaments of the member states of the European Union«, in: Dutch Parliament (Hg.), *From Europol to Parlopol. Interparliamentary Conference on Democratic Control of Europol*, Amsterdam: Boom, S. 15–19.

Frowein, Jochen/Krisch, Nico (1998), »Der Rechtsschutz gegen Europol«, *Juristenzeitung*, Jg. 53, H. 12, S. 589–597.

Gleß, Sabine/Grote, Rainer/Heine, Günter (Hg.) (2001), *Justitielle Einbindung und Kontrolle von Europol. Rechtsvergleichendes Gutachten im Auftrag des Bundesministeriums der Justiz*, Freiburg im Breisgau: edition iuscrim.

Hirsch, Burkhard (1998), »Immunität für Europol – eine Polizei über dem Gesetz?«, *Zeitschrift für Rechtspolitik*, o. Jg., H. 1, S. 10–13.

Jachtenfuchs, Markus (2002), *Die Konstruktion Europas. Verfassungsideen und institutionelle Entwicklung*, Baden-Baden: Nomos.

Kämper, Gregor (2001), *Polizeiliche Zusammenarbeit in der EU: Entwicklung, Rechtsformen, grundgesetzliche Zulässigkeit*, Frankfurt/M. u. a.: Peter Lang.

Kainer, Friedemann (2005), »Der Raum der Freiheit, der Sicherheit und des Rechts nach dem Verfassungsvetrag«, in: Matthias Jopp/Saskia Matl (Hg.), *Der Vertrag über die Verfassung für Europa*, Baden-Baden: Nomos, S. 283–306.

Knelangen, Wilhelm (2001), *Das Politikfeld innere Sicherheit im Integrationsprozess*, Opladen: Leske + Budrich.

Kröger, Nicoletta (2004), *Europol. Europäisches Polizeiamt und Individualschutz. Vereinbarkeit mit Grundgesetz und Europäischer Menschenrechtskonvention?*, Frankfurt/M. u. a.: Peter Lang.

Lavenex, Sandra/Wagner, Wolfgang (2005), *Auf dem Weg zu einem europäischen Sicherheitsstaat? Die ungleiche Europäisierung von Bürger- und Polizeirechten*, Konferenzpapier für die Tagung der Sektion Internationale Beziehungen der DVPW, Mannheim, 6./7. Oktober 2005.

Ludwig, Christian (2002), *Die Rolle des Europäischen Gerichtshofes im Bereich Justiz und Inneres nach dem Amsterdamer Vertrag*, Baden-Baden: Nomos.

Magnette, Paul/ Nicolaïdis, Kalypso (2004), »The European Convention: bargaining in the shadow of rhetoric«, *West European Politics*, Jg. 27, H. 3, S. 381–404.

Monar, Jörg (2004), »Justice and home affairs«, in: Lee Miles (Hg.), *The European Union Annual Review 2003/2004*, London: Blackwell, S. 117–133.

Nachbaur, Andreas (1998), »Europol – Beamte und Immunität – ein Sündenfall des Rechtsstaates«, *Kritische Justiz*, Jg. 31, H. 2, S. 231–238.

Norman, Peter (2005), *The Accidental Constitution. The Making of Europe's Constitutional Treaty*, Brüssel: EuroComment.

Occhipinti, John (2003), *The Politics of EU Police Cooperation. Towards a European FBI?*, Boulder, Col.: Lynne Rienner.

Scheeck, Laurent (2005), *Solving Europe's Binary Human Rights Puzzle. The Interaction between Supranational Courts as a Parameter of European Governance*, Questions de Recherche Nr. 15, Paris: Centre d'études et de recherches internationales.

Turnbull, Penelope/Sandholtz, Wayne (2001), »Policing and immigration: the creation of new policy spaces«, in: Alec Stone Sweet/Wayne Sandholtz/Neil Fligstein (Hg.), *The Institutionalization of Europe*, Oxford: Oxford University Press, S. 194–220.

Vitorino, Antonio (2002), »Democratic control of Europol«, in: Dutch Parliament (Hg.), *From Europol to Parlopol. Interparliamentary Conference on Democratic Control of Europol*, Amsterdam: Boom, S. 127–135.

Wæver, Ole (1995), »Securitization and desecuritization«, in: Ronnie Lipschutz (Hg.), *On Security*, New York: Columbia University Press, S. 46–86.

Wagner, Wolfgang (im Erscheinen), »Europäisierung der Polizeiarbeit ohne Europäisierung von Grundrechtsschutz und parlamentarischer Kontrolle?«, in: Erwin Müller/Patricia Schneider (Hg.), *Sicherheit versus Freiheit? Die Europäische Union im Kampf gegen den Terrorismus*, Baden-Baden: Nomos.

Kommentare

Die Schamlosen beschämen? Die Konstitutionalisierung der Europäischen Union

R. Daniel Kelemen

Die EU hat einen bemerkenswerten Prozess der Konstitutionalisierung durchlaufen, der sie von einer auf Verträgen basierenden internationalen Organisation in eine quasi-föderale Einheit umgestaltet hat, und zwar auf der Grundlage einer Reihe von Verträgen, die eine Verfassung darstellen, auch wenn sie nicht so bezeichnet werden. In diesem Band versuchen Schimmelfennig, Rittberger und ihre Kollegen zu erklären, wie es dazu gekommen ist, wobei sie das Hauptaugenmerk auf zwei Dimensionen der Konstitutionalisierung richten – die Einführung des Schutzes der Menschenrechte auf der Ebene der EU und die Stärkung des Europaparlaments. Sie argumentieren, dass weder bestehende rationalistische noch konstruktivistische Sichtweisen angemessene Erklärungen dafür bieten. Sie schlagen eine alternative Erklärung vor, die auf der Idee von strategischem rhetorischem Handeln in einer Gemeinschaftsumwelt aufbaut, und sie schlagen Bedingungen vor, unter denen solches Handeln am effektivsten ist.

Im Ganzen gesehen ist dieser Band theoretisch äußerst kohärent. Die Beiträge untersuchen die Entwicklung einer großen Vielfalt von Rechten auf der EU-Ebene und das Anwachsen der parlamentarischen Macht sowohl in der heutigen EU als auch in den gescheiterten Europäischen Gemeinschaften der 1950er Jahre und werden dabei ausführlich empirisch untermauert. Aufgrund der begrenzten Platzvorgaben für dieses Kapitel ist es nicht möglich, jedem Beitrag die Aufmerksamkeit zu schenken, die er verdient. Daher wird hier kurz der theoretische Rahmen betrachtet, auf den sich alle Beiträge beziehen. Der erste Teil dieses Kapitels diskutiert die Stärken und die wichtigsten Einschränkungen des theoretischen Rahmens, der diesem Band zugrunde liegt. Der zweite Teil argumentiert, dass Rittberger und Schimmelfennig rationalistisch-institutionalistische

Erklärungen für die Konstitutionalisierung der EU zu schnell verworfen haben, und untersucht deren Erklärungspotential.

Rhetorisches Handeln und seine Grenzen

Das Argument von Rittberger und Schimmelfennig geht von der kausalen Macht des »*Shaming*« aus: Es kommt zur Konstitutionalisierung, wenn sich einige politische Akteure (auf aufrichtige oder zynische Weise) auf gemeinsame, in der gesamten Gemeinschaft vertretene Normen berufen, um widerstrebende politische Akteure mit Hilfe von *Shaming* dazu zu bewegen, Rechte auf der EU-Ebene zu unterstützen und das Europaparlament zu stärken. Scham entsteht durch den Unterschied zwischen ›soll‹ und ›ist‹. Gibt es Diskrepanzen zwischen den gemeinsamen Normen, wie die Struktur politischer Institutionen sein ›soll‹ (z. B. Normen über die Wichtigkeit von parlamentarischer Überwachung des Schutzes von Menschenrechten) und wie diese in der Praxis strukturiert sind, können Befürworter einer tiefer gehenden Konstitutionalisierung widerstrebende Akteure davon überzeugen, diese Inkonsistenz aktiv anzugehen. Die Wirksamkeit eines solchen Drucks variiert aufgrund mehrerer Kontextbedingungen, die die Autoren darlegen. Rittberger und Schimmelfennig präsentieren ihr Argument als eine Synthese aus Rationalismus und Konstruktivismus, wobei sie die Betonung strategischen Handelns der ersten Theorie mit der kausalen Rolle von Normen, die in der letzteren Theorie hervorgehoben wird, kombinieren.

Wie die beste Literatur zur Rolle der Ideen in der EU-Politik (siehe z. B. McNamara 1998, Parsons 2003, Schimmelfennig 2003, Rittberger 2005 und Jabko 2006)[1], geht dieser Band über die vage Vorstellung, dass Ideen irgendwie von Bedeutung sind, hinaus, stellt überprüfbare Hypothesen zur Rolle von Ideen vor und versucht diese im Vergleich zu konkurrierenden Erklärungen zu bewerten. Das Argument, dass gemeinsame Normen als Ressourcen dienen, die politische Akteure manipulieren können, um ihre politischen Ziele erreichen, ist höchst plausibel. Die Fallstudien versuchen zu demonstrieren, dass strategische rhetorische Handlungen politische Ergebnisse beeinflussen können. Im weiter gefassten Sinne schlägt

1 Siehe Moravcsik (1999) für eine eindringliche Kritik der weniger rigorosen konstruktivistischen Literatur

ihr Ansatz Verbindungen zur Literatur über die symbolische Politik (Edelman 1984), zum strategischen Gebrauch von Kultur (Swidler 1986) und zu rhetorischen Strategien (Riker 1996) vor.

Man wird der Idee kaum widersprechen, dass Politiker es lieber vermeiden, der Missachtung hochgeschätzter Normen angeklagt zu werden, und dass sie durch Druck der ›Gemeinschaft‹ beschämt und damit dazu gebracht werden können, Institutionen oder ihre Politik zu ändern, die sie für solche Anklagen angreifbar machen. Scham kann einen kausalen Einfluss in der Politik haben, aber wie viel Einfluss? Das Argument, das die Beiträge dieses Bands vorbringen, ist, dass solches Beschämen in der Gemeinschaft eine wichtige, vielleicht sogar die bedeutendste Antriebskraft der Konstitutionalisierung der EU darstellt. Dies ist jedoch eine übertriebene Sichtweise. Das Erklärungspotential von Scham ist aus mindestens drei Gründen begrenzt.

Erstens wird jeder erfahrene Politikwissenschaftler traurigerweise festgestellt haben, dass viele Politiker über eine bemerkenswerte Toleranz gegenüber eklatanten und anhaltenden Unterschieden zwischen ›soll‹ und ›ist‹ verfügen. In der Tat ist die politische Landschaft der europäischen Demokratien (oder vielmehr aller Demokratien) mit formellen Institutionen, politischen Verfahrensweisen und informellen Praktiken gepflastert, die eine Beleidigung der Normen der Demokratie, Gleichheit und Rechtsstaatlichkeit darstellen, denen diese Nationen sich erklärtermaßen verpflichtet haben. Wenn Politiker oft so schamlos im nationalen Kontext handeln, wo Normen und Bindungen der Gemeinschaft viel stärker wirken, warum sollte man erwarten, dass Scham einen großen Einfluss auf der EU-Ebene ausübt?

Zweitens gibt es in einer Gemeinschaft, die durch viele gemeinsame Normen verbunden ist, ein großes Potential für Konflikte über Normen. Während manche Mitglieder der Gemeinschaft sich auf eine anerkannte Idee berufen, um andere durch *Shaming* dazu zu bewegen, ihre Position zu akzeptieren, können sich ihre Gegner wiederum auf eine konkurrierende Norm beziehen.[2] In der Tat sind die zwei Normen, auf die sich dieser Band konzentriert – Verantwortlichkeit einem gewählten Parlament gegenüber und Schutz der Menschenrechte durch die Justiz – oft an Konflikten im nationalen Kontext beteiligt. Im EU-Kontext können sich Gegner der Stärkung des Europaparlaments oder der Erweiterung der Rechte auf EU-

2 Siehe z. B. Krasner (1993) darüber, wie die Vielfalt an möglichen Ideen den Einfluss der Ideen vermittelt.

Ebene auf eine Reihe alternativer gemeinsamer Normen beziehen, einschließlich der Subsidiarität, nationaler Souveränität oder der Notwendigkeit, ›aktivistischen‹ Richtern Grenzen zu setzen. Parlamentarische Verantwortlichkeit und Schutz der Menschenrechte sind einflussreiche Normen, dennoch bieten die Autoren keine überzeugende Erklärung dafür, warum Akteure, die sich auf diese Norm stützen, sich verlässlich durchsetzen sollten.

Und schließlich berücksichtigt der Ansatz dieses Bands zu strategischem rhetorischem Handeln den Einfluss von Macht im Ganzen zu wenig. Die Beiträge schlagen vor, dass jeder EU-Akteur (z. B. Mitgliedsstaat, Parlamentsmitglied, Lobbygruppe), ungeachtet seiner Ressourcen oder institutionellen Position, Druck zugunsten von Konstitutionalisierung erzeugen kann, indem er sich auf Unstimmigkeiten zwischen ›soll‹ und ›ist‹ bezieht.[3] Auch wenn Ideen manchmal als Waffen der Schwachen gegenüber den Starken fungieren können, wird Macht generell einen großen Einfluss auf den Erfolg eines Akteurs haben, wenn er sich zur Erreichung von strategischen Zielen auf Normen beruft.

Theoretische Alternativen

Die bedeutenderen Unzulänglichkeiten dieses Bandes betreffen nicht das Argument, das es vorbringt, sondern die voreilige Zurückweisung der Erklärungen des rationalistischen Institutionalismus. Zum Ersten ist die Behandlung der rationalistischen Erklärungen für die Entstehung von Menschenrechten von Rittberger und Schimmelfennig nicht überzeugend. Sie erkennen an, dass supranationale Institutionen ein Eigeninteresse daran haben könnten, Rechte auf der EU-Ebene einzuführen, aber sie argumentieren, dass die Mitgliedstaaten dies nicht haben. Angesichts der Tatsache, dass Mitgliedsstaaten die Einführung von Menschenrechten nichtsdestotrotz unterstützt haben, kommen Rittberger und Schimmelfennig zum Schluss, dass dies mithilfe einer rationalistisch-institutionalistischen Analyse nicht erklärt werden kann. In diesem Punkt haben sie Unrecht. Das Vorherrschen einer Ideologie der Rechte im Europa nach dem Zweiten

3 Fairerweise sei gesagt, dass manche Beiträge, wie z. B. der von Lavenex, betonen, dass der Erfolg eines Akteurs bei der Verwendung rhetorischen Handelns stark von seiner Position innerhalb formeller Organisationsstrukturen abhängt.

Weltkrieg hat sicherlich die Konstitutionalisierung von Rechten gefördert, und rhetorisches Handeln hat möglicherweise dabei eine Rolle gespielt, aber rationalistische Erklärungen für die Institutionalisierung von Rechten erklären ebenfalls vieles von dem, was in der EU geschehen ist.

Die fragmentierte institutionelle Struktur der EU bietet viele Möglichkeiten für die Schaffung von Rechten, stellt aber ernstzunehmende Hindernisse für die Beschneidung von Rechten dar (Kelemen 2006). Diese Fragmentierung begünstigt ein ›virtuelles Logrolling‹ (Eskridge und Ferejohn 1995), bei dem der Europäische Gerichtshof, nationale Gerichte und die EU-›Legislative‹ wechselseitig ihre Präferenzen zur Schaffung von Rechten anerkennen und somit die Verbreitung von Rechten begünstigen. Die Anreize für den Europäischen Gerichtshof, Rechte zu schaffen, sind offensichtlich, da die Auslegung und die Vollstreckung von Rechten die grundlegenden Mittel sind, durch die Gerichte Macht ausüben. Wie Stone Sweet (2000), Alter (2001) und andere angemerkt haben, war der Europäische Gerichtshof eine elementare Antriebskraft bei der Erweiterung der Rechte auf EU-Ebene, indem er sich den stetigen Fluss von Fällen, der durch das Vorabentscheidungsverfahren entstand, zunutze machte, um bestehende EU-Rechte zu stärken und neue festzusetzen. Auch nationale oberste Zivilgerichte haben Anreize, sich dafür einzusetzen, dass die Rechte, die sie selbst bevorzugen, auf der EU-Ebene geschützt werden. Auch wenn sich viele Gerichte lange gegen die Vormachtstellung des EU-Rechts gesträubt haben, gab es, nachdem sie die Vormachtstellung akzeptiert hatten, Anreize für sie, sich dafür einzusetzen, dass der Europäische Gerichtshof nationale Regierungen daran hinderte, sich auf supranationaler Ebene dem Schutz der Rechte zu entziehen, den die obersten Zivilgerichte national eingeführt hatten. Nationale Regierungen haben ebenso Anreize dafür, den Schutz von Rechten auf der EU-Ebene eingeführt zu sehen. Im quasi-föderalen System der EU bringen Rechte oft regulatorischen Wettbewerb hervor. Wenn eine Regierung erwagt, den Schutz bestimmter Rechte einzuführen, die in gewisser Weise ›teuer‹ sind (z. B. Gleichbehandlung von Behinderten, Rechte für Asylsuchende, verschiedene soziale Rechte), oder dies bereits getan hat, wird sie starke Anreize haben, dafür zu sorgen, dass ihre Nachbarn dasselbe Recht einführen, so dass gleiche Wettbewerbsbedingungen gesichert sind. Der beste Weg, dies zu erreichen, ist die Unterstützung der Institutionalisierung dieses Rechts auf EU-Ebene, so dass es allen Mitgliedern auferlegt wird.

Wenn Mitgliedsstaaten Rechte formell in einem EU-Vertrag festlegen, sind diese oft bereits in der Rechtsprechung des Europäischen Gerichtshofes eingeführt worden. Fehlt die notwendige Koalition zur Abschaffung solcher Rechte (Einstimmigkeit bei vertraglich festgelegten Rechten und eine qualifizierte Mehrheitsentscheidung bei gesetzlich festgelegten Rechten), haben sich die Regierungen der Mitgliedsstaaten nicht zwischen Rechten, die auf EU-Ebene festgesetzt sind, oder den Rechten, die dies nicht sind, zu entscheiden, sondern vielmehr zwischen Rechten auf der EU-Ebene, die vom Europäischen Gerichtshof geregelt werden und denen, die sie selbst zu einem bestimmten Grad gestalten können.

Dass Rittberger und Schimmelfennig rationalistische Erklärungen für das Anwachsen der Macht des Europaparlaments verwerfen, ist ebenso wenig überzeugend. Bei der Diskussion der Prinzipal-Agent-Analyse akzeptieren sie, dass Mitgliedsstaaten einer rationalistischen ›Logik des Konsequentialismus‹ folgen, wenn sie über die Mitbestimmung des Europaparlaments in individuellen Politikbereichen verhandeln. Letztlich weisen sie aber die Prinzipal-Agent-Analyse zurück, da sie nicht erklären kann, warum dem Europaparlament überhaupt erst eine Rolle gegeben wurde. Hier wurde das Kind mit dem Bade ausgeschüttet. Selbst wenn man akzeptiert, dass rationalistische Darstellungen die ursprüngliche Übertragung von Macht auf das Europaparlament nicht erklären können, folgt daraus nicht, dass man rationalistische Erklärungen für die spätere Ausweitung der Autorität des Europaparlaments verwerfen sollte. Wie Pollack (2003), Jupille (2004), Hix (2002) und andere gezeigt haben, kann eine großer Teil des Anwachsens der Macht des Europaparlaments als ein Produkt der eigennützigen ›Auslegung von Regeln‹ durch das Europaparlament erklärt werden, die in den Zeiträumen zwischen Vertragsrevisionen vom Europäischen Gerichtshof unterstützt werden. Zum Zeitpunkt der nächsten Konferenz der EU-Staats- und Regierungschefs (IGC) finden sich die Mitgliedsstaaten mit einem neuen Status Quo konfrontiert, und typischerweise wird ihnen die notwendige Einstimmigkeit fehlen, um die Eigenmächtigkeit des Europaparlaments wieder rückgängig zu machen. Somit sind viele der so genannten Ausweitungen der Macht des Europaparlaments, die während der Regierungskonferenzen geschahen, besser als Versuche zu verstehen, die Ausweitung der Macht des Europaparlaments festzuhalten, die zu diesem Zeitpunkt bereits *fait accompli* sind. *Shaming* mag hier von Bedeutung sein, aber nicht so sehr im Sinne, dass Staaten durch Beschämung dazu gebracht werden, die Macht des Europaparlaments auszuweiten, als vielmehr in dem Sinne, dass sie nicht wagen, diese Entwicklung zurück zu drehen.

Rittberger und Schimmelfennig mögen Recht haben, wenn sie argumentieren, dass es keine rationale Erklärung für die ursprüngliche Einführung des Europaparlaments gibt und dass in weiterem Sinne die von politischen Akteuren empfundene Notwendigkeit, die EU mit einer Dosis parlamentarischer Demokratie zu impfen, eine wichtige Rolle bei der Stärkung des Europaparlaments gespielt hat. Dennoch gibt es sehr überzeugende Erklärungen für spätere Schritte der Stärkung des Europaparlaments, und die anhaltenden Bemühungen mancher Regierungen, die Macht des Europaparlaments in sensiblen Politikbereichen einzuschränken, deuten auf Grenzen des kausalen Einflusses von normativem Druck hin.

Fazit

Dieser Band leistet einen nützlichen Beitrag zur Untersuchung der strategischen Verwendung von Normen in der EU-Politik, dennoch gibt es wichtige Grenzen für den kausalen Einfluss rhetorischen Handelns. Stimmen Regierungen der Ausweitung der Macht des Europaparlaments oder der Schaffung von Menschenrechten, zumindest teilweise, zu, um das vermeintliche demokratische Defizit der EU anzugehen? Sicherlich. Dies bedeutet jedoch nicht, dass strategisches rhetorisches Handeln eine Antriebskraft für die Konstitutionalisierung ist. »Scham« über den Unterschied zwischen ›soll‹ und ›ist‹ mag Regierungen dazu veranlassen, institutionellen Reformen zuzustimmen, die sie sonst ablehnen würden, aber nicht wenn sie erwarten, dass solche Reformen ihren Interessen schaden werden. Erstaunlicherweise scheinen sich Regierungen oft zu verschätzen, wenn sie, wie sie glauben, sehr bescheidenen und harmlosen ›Stärkungen‹ der Menschenrechte oder der Macht des Europaparlaments zustimmen, die jedoch letztendlich ein mächtiges Eigenleben entwickeln. Es gibt eine sehr einfache und verführerische Antwort auf dieses Rätsel... Aber wie Stephen Krasner (1976) einmal anmerkte: »Dummheit ist keine sehr interessante analytische Kategorie.« Es soll hier nicht so weit gegangen werden, die ›kognitiven Defizite‹ politischer Akteure zu beschwören, aber wie sonst ließe sich ihr wiederkehrendes Versagen erklären, die Konstitutionalisierung der EU in Bereichen, in denen sie sie ablehnen, zu kontrollieren? Rationalistisch-institutionalistische Analysen der EU bieten einen großen Teil der Antwort, indem sie beleuchten, wie die institutionelle Struktur der EU einerseits Möglichkeiten für Befürworter einer tieferen Integration zur Erweiterung der EU-Rechte und der Macht des Europaparlaments schafft, es anderseits Gegnern schwierig macht, sich solch einer Konstitutionalisierung zu widersetzen.

Übersetzt aus dem Englischen von Edina Meskic.

Literatur

Alter, Karen (2001), *Establishing the Supremacy of European Law*, Oxford: Oxford University Press.

Edelman, Murray (1985), *The Symbolic Uses of Politics*, Urbana: University of Illinois Press.

Eskridge, William/Ferejohn, John (1995), »Virtual logrolling: how the court, congress, and the states multiply rights«, *Southern California Law Review*, Jg. 68, S. 1545–1563.

Hix, Simon (2002), »Constitutional agenda setting through discretion in rule interpretation«, *British Journal of Political Science*, Jg. 32, H. 2, S. 259–280.

Jabko, Nicolas (2006), *Playing the Market: A Political Strategy for Uniting Europe, 1985–2005*, Ithaca: Cornell University Press.

Jupille, Joseph (2004), *Procedural Politics,* Cambridge: Cambridge University Press.

Kelemen, R. Daniel (2006), »Suing for Europe«, *Comparative Political Studies*, Jg. 39, H. 1, S. 101–127.

Krasner, Stephen (1976), »State power and the structure of international trade«, *World Politics*, Jg. 28, H. 3, S. 317–347.

Krasner, Stephen (1993), »Westphalia and all that«, in: Judith Goldstein/Robert Keohane (Hg.), *Ideas and Foreign Policy*, Ithaca: Cornell University Press, S. 325–264.

McNamara, Kathleen (1998), *The Currency of Ideas*, Ithaca: Cornell University Press.

Moravcsik, Andrew (1999), »Is something rotten in the state of Denmark?«, *Journal of European Public Policy*, Jg. 6, H. 4, S. 669–681.

Parsons, Craig (2003), *A Certain Idea of Europe*, Ithaca: Cornell University Press.

Pollack, Mark (2003), *The Engines of Integration?*, Oxford: Oxford University Press.

Riker, William (1996), *The Strategy of Rhetoric*, New Haven: Yale University Press.

Rittberger, Berthold (2005), *Building Europe's Parliament. Democratic Representation beyond the Nation-State*, Oxford: Oxford University Press.

Schimmelfennig, Frank (2003), *The EU, NATO, and the Integration of Europe: Rules and Rhetoric*, Cambridge: Cambridge University Press.

Stone Sweet, Alec (2000), *Governing with Judges*, Oxford: Oxford University Press.

Swidler, Ann (1986), »Culture in action«, *American Sociological Review*, Jg. 51, H. 2, S. 273–286.

Fakt oder Artefakt Die Untersuchung von grundlegenden Verfassungsnormen jenseits des Staates

Antje Wiener

Definitionen

Es »scheint keine akzeptierte Definition von Konstitutionalismus zu geben, dennoch fordert der moderne Konstitutionalismus im weitesten Sinne, dass der Regierungsmacht Grenzen gesetzt werden, dass Rechtsstaatlichkeit herrscht und Grundrechte geschützt werden. (...) Die Beziehung zwischen Verfassung und Konstitutionalismus und eben diese Grenzen des Konstitutionalismuskonzepts neigen jedoch dazu, immer mehr zu verschwimmen« (Rosenfeld 1994: 3). Konstitutionalismus entsteht und verändert sich durch laufende Debatten, die auch die umstrittene Beschaffenheit der grundlegenden Verfassungskonzepte und -normen widerspiegeln (Kahn 1999). Als ein »akademisches Artefakt« (Weiler 1999: 223) bietet der Konstitutionalismus gleichermaßen einen heuristischen theoretischen Rahmen sowohl für Rechtswissenschaftler als auch für Sozialwissenschaftlerinnen. Er ermöglicht ein besseres Verständnis des Prozesses und Zwecks der *Konstitutionalisierung*. Während der Konstitutionalismus einen konzeptuellen Rahmen darstellt, bezieht sich der Begriff der Konstitutionalisierung auf den tatsächlichen Prozess, der zur Einführung spezifischer konstitutioneller Merkmale führt (Stone Sweet 2002: 96). Am weitesten gefasst ist der Konstitutionalismus definiert als »der normative Diskurs, durch den Verfassungen gerechtfertigt, verteidigt, kritisiert, verurteilt oder in anderer Weise behandelt werden« (Walker 2002: 318). Im Unterschied dazu bezieht sich die engere Definition des *modernen* Konstitutionalismus auf die Regeln, Prinzipien und Vorgehensweisen, welche die Staatspolitik im Hinblick auf ihre Achtung der grundlegenden konstitutionellen Normen und deren Implementierung innerhalb der Grenzen moderner Nationenstaaten regulieren. Sie bietet verschiedene Perspektiven zum Prozess der Konstitutionalisierung, indem sie zwischen einem metatheoretischen Fokus auf Möglichkeiten und Zweck einer Verfassung und einem deskriptiven Ansatz unterscheidet, der festlegt, ob bestimmte Merkmale einer Verfassung etabliert sind oder nicht (Harlow 2002).

Argumentation

Dieser Band richtet das Hauptaugenmerk auf den tatsächlichen Prozess der Konstitutionalisierung (Was geschieht und warum?), statt auf theoretische Debatten und Aspekte der Konstitutionalisierung (Was geschieht gerade oder sollte geschehen, damit demokratische Politik gewährleistet wird?). Das Interesse der Herausgeber liegt bei der so genannten ›Warum-Frage‹, die einem Puzzle nachgeht, das aufgeklärt werden soll, anstatt sich mit der ›Wie-ist-es-möglich-Frage‹ zu beschäftigen, die den Prozess im Kontext zu verstehen versucht (Doty 1997, Wendt 1998, Fierke 1998). Während der erste Ansatz Verhalten erklärt, geht der zweite von der Annahme der Kontingenz aus, die Struktur und Akteur nicht als getrennt, sondern als voneinander abhängig ansieht (Risse 2000, Wiener 2004). Die Herausgeber argumentieren, dass Konstitutionalisierung als ein rationaler Akt hin zur positiven Integration – im engeren Sinne verstanden als Institutionalisierung und Parlamentarisierung moderner grundlegender Verfassungsnormen – ein Puzzle sowohl für Rationalisten als auch für Konstruktivisten darstellt. Das Puzzle ist einerseits in der Suche der Rationalisten nach Erklärungen auf der Grundlage von Präferenz oder Machtkonstellationen begründet, sowie andererseits in der Tatsache, dass Konstruktivistinnen sich stark dazu gedrängt fühlen, Konstitutionalisierung dem Lernen und der Sozialisierung zuzuschreiben. Nach den Herausgebern besteht der Ausweg aus diesem »doppelten Puzzle« darin, Entscheidungen in eine feststehende Gemeinschaftsumwelt einzubetten, die Druck auf die entscheidungstreffenden Akteure ausübt (Rittberger und Schimmelfennig in diesem Band). Die Lösung bietet sich mit der »Hypothese der liberalen Gemeinschaft« an (Schimmelfennig 2003: 89), die »kollektive Erwartungen an das richtige Verhalten von Akteuren mit einer gegebenen Identität« (Katzenstein 1996: 5) beispielsweise liberal-demokratischer Identität, knüpft. Während moderne Konstruktivisten angemessenes Verhalten Prozessen der Sozialisierung zuschreiben würden, sehen die Herausgeber dieses Bandes

Akteure als Gefangene ihrer Gemeinschaftsumwelt und alternativer Entscheidungsmöglichkeiten beraubt an. Daher ist für sie entscheidend, unabhängige Variablen zu identifizieren, die dazu beitragen könnten, Konstitutionalisierung trotz der angenommenen rationalen Interessen der (staatlichen) Akteure zu erklären.

Um zu erklären, warum ›staatliche‹ Akteure Macht abgeben, indem sie sich für die supranationale Vereinbarung konstitutioneller Normen wie z. B. Menschenrechte, Minderheitenrechte, Einwanderungsrechte und polizeiliche Zusammenarbeit entscheiden, haben die Herausgeber bestimmte Momente, die Teil des Konstitutionalisierungsprozesses sind, für die Untersuchung ausgewählt. Die empirische Forschung legt dabei das Hauptaugenmerk auf Fälle der Vertragsrevision, die anhand der Frage analysiert werden, ob in der Europäischen Union Schritte hin zu Institutionalisierung oder Parlamentarisierung bestimmter konstitutioneller Normen gemacht wurden oder nicht. Die Autoren wurden dazu angehalten, dem Beispiel der Herausgeber zu folgen und mit diesem spezifischen Verständnis von staatlichen Akteuren in einem modernen konstitutionellen Kontext zu arbeiten, um auf der Basis eines spezifischen komparativen Rahmens »Konstitutionalisierung zu erklären« (Rittberger und Schimmelfennig in diesem Band). Den Erklärungsversuchen liegt eine analytische Position zugrunde, die eher von einem engen Verständnis von Integration ausgeht, d. h. von Integration als einem Prozess, der ausschließlich durch politische Entscheidungsfindung entsteht, und nicht von einem weiter gefassten Konzept der Integration, das nicht nur politische, sondern auch soziale Prozesse beinhaltet (Diez und Wiener 2003: 2). Dieses enge Verständnis von Integration wird kombiniert mit einem engen Verständnis von Theorie »als einem kausalen Argument von universeller, transhistorischer Validität und nomothetischer Qualität«, und nicht mit einem Verständnis von Theorie »in einem eher weiteren Sinne abstrakter Reflektion, die trotz ihrer abstrakten Natur dennoch kontextspezifisch sein kann« (Diez und Wiener 2003: 3).

Einschränkungen

Es ist wichtig anzumerken, dass die für den Band zentrale Beobachtung eines »Puzzles« nur unter der Bedingung zweier Annahmen Sinn macht, die der Argumentation vorausgehen. Das heißt, dass die Konstitutionalisierung grundlegender konstitutioneller Normen in der EU als überstaatlichem Kontext nur denjenigen unerwartet und somit rätselhaft erscheint, die zwei spezifische Einschränkungen teilen. Die erste Einschränkung bezieht sich auf die Beobachtung eines »doppelten Puzzles«. Die Herausgeber sind der Ansicht, dass Konstitutionalisierung, z. B. von Menschenrechtsnormen, für Rationalisten *und* für Konstruktivisten rätselhaft ist. Dies ist jedoch nur im Hinblick auf einen bestimmten Zweig des Konstruktivismus der Fall. Das heißt, während die Beobachtung eines Rätsels für »moderne Konstruktivisten«, die das Verhalten von Staaten im Kontext von Strukturen untersuchen, Sinn macht, trifft dies nicht für »konsistente Konstruktivisten« zu, die – staatliches und nicht staatliches – Handeln als kontingent und interaktiv untersuchen (Doty 1997, Fierke 2006 [im Erscheinen], Wiener 2007 [im Erscheinen]). Die zweite Einschränkung betrifft die Beobachtung eines Puzzles an sich. Hierbei ist es wichtig anzumerken, dass eine rätselhafte Situation nur beobachtet werden kann, wenn eine spezifische Form von Konstitutionalismus, und zwar des »modernen Konstitutionalismus«, als Referenzrahmen gewählt wird. Bei Konstitutionalismus im Allgemeinen ist dies nicht der Fall. Erst die Staatszentriertheit des »modernen Konstitutionalismus« und die regulative Rolle der Verfassung gegenüber der Politik schafft die Grundlage für die Beobachtung eines Puzzles, wenn Staaten zustimmen, einen Teil ihrer souveränen Macht ›aufzugeben‹. Im Gegenzug würde ein weiter gefasstes Konzept von Konstitutionalismus, das verschiedene historische Erscheinungsformen des Konstitutionalismus wie z. B. antiken, modernen und gegenwärtigen Konstitutionalismus (Tully 1995) umfasst, die Konstitutionalisierung grundlegender Verfassungsnormen wie z. B. der Menschenrechte, Demokratie, Rechtstaatlichkeit und Staatsbürgerschaft jenseits des Staates nicht als Puzzle betrachten. Dieses weiter gefasste Konzept des Konstitutionalismus würde kein Puzzle aufwerfen, sondern stattdessen die Form und Beschaffenheit des Konstitutionalismus analysieren. Erst wenn diese zwei Einschränkungen akzeptiert werden, kann die Diskussion um das doppelte Puzzle einsetzen. Jegliche Einsicht aus der empirischen Forschung wird dementsprechend ausschließlich darauf ausgerichtet sein, Erklärungen für staatliches Verhalten zu bieten, das durch strukturelle Einwirkung von Gemeinschaftlichkeit in einem Kontext befähigt und eingeschränkt wird, der ansonsten der Hobbes'schen Logik der Westfälischen Friedensordnung folgt. Eine unbeabsichtigte Nebenwirkung dieses Ansatzes ist die Bestätigung durch die Herausgeber, dass der moderne Konstruktivismus ein exklusiver Ansatz ist, der nur unter historisch spezifischen Bedingungen Geltung erlangt.

Die Beiträge einzelner Autoren zu diesem Band, welche die der Forschergruppe aus Mannheim ergänzen, geben Hinweise auf die Grenzen, die dem spezifischen Rahmen der Herausgeber zugrunde liegen. Die Erklärung institutionellen Wandels durch die Analyse des spezifischen Erklärungsbeitrags einer Reihe unabhängiger Variablen (von konstitutiven Regeln, Salienz und Legitimität bis hin zu Kohärenz, Konsistenz und Öffentlichkeit) zum Zusammenspiel von rhetorischem Handeln und sozialem Einfluss schränkt die empirischen Möglichkeiten ein. Wie die Beiträge von Lavenex, Wagner, Thomas und auch Schwellnus (obwohl Teil der Mannheimer Gruppe) zeigen, sind die Parlamentarisierung und Institutionalisierung zwar wichtige Aspekte der Konstitutionalisierung, jedoch nicht notwendigerweise die aussagekräftigsten, wenn es darum geht zu verstehen, wie es zu bestimmten Wendungen im Prozess der Konstitutionalisierung gekommen ist. Ein gutes Beispiel für solch eine zögerliche Akzeptanz des einschränkenden theoretischen Rahmens ist der Beitrag von Daniel Thomas. Hier wird die Konstitutionalisierung von ›Demokratie‹ und ›Rechtstaatlichkeit‹ als Zugangsvoraussetzung für neue Mitglieder als eine Bedingung analysiert, die sich aus »Gewohnheit« entwickelt hat. Diese Gewohnheit beinhaltet – Birkelbachs – individuelle Erfahrung, die zur »intensiven Auseinandersetzung« als ersten Schritt der Konstitutionalisierung beigetragen hat (Thomas in diesem Band). Der Beitrag von Sandra Lavenex beschäftigt sich mit der Komplexität der Typen von Akteuren und der Auswahl struktureller Einflussfaktoren, indem eine »zusätzliche organisatorische Variable in die vergleichende Analyse eingeführt [wird]: der Pluralismusgrad der Entscheidungsarena« (Lavenex in diesem Band). Streng genommen würde der zusätzliche Pluralismus nicht zu den zwei Einschränkungen durch den ›modernen Konstruktivismus‹ und den ›modernen Konstitutionalismus‹ passen. Daher könnte die Frage aufgeworfen werden, ob Lavenex' empirische Studie nicht besser entsprechend den Einsichten des konsistenten Konstruktivismus und des konstitutionellen Pluralismus durchgeführt worden wäre. Ähnlich wie bei Thomas hängt der Beitrag von Wolfgang Wagner von der Analyse diskursiver Intervention ab. Daher bezieht Wagner das zusätzliche Element der »Argumenttypen« mit ein, das von Guido Schwellnus als grundlegendes Element der empirischen Analyse eingeführt wurde und eine diskursive Analyse der Rechtfertigung erlaubt (Wagner bzw. Schwellnus in diesem Band). Schließlich zeigt Wagners Argument einen klassischen neofunktionalistischen *Spillover*. Das heißt, dass in einem demokratischen konstitutionellen Kontext die Konstitutionalisierung parlamentarischer und gesetzlicher Kontrolle durch die Vergemeinschaftung polizeilicher Operationen durch die Erweiterung des Vertrags von Amsterdam mit dem Schengener Abkommen unentbehrlich gemacht wurde (Wagner in diesem Band).

Fazit

Die Darstellung des Konstitutionalismus als ein Artefakt hat es uns ermöglicht, Aussichten, Fallstricke und Besonderheiten der Konstitutionalisierung in der EU in den letzten fünf Jahrzehnten einzuschätzen. In diesem Prozess wurde das Artefakt in einem Ausmaß (re-)konstruiert, dass der konstitutionelle Pluralismus die Koexistenz einer Reihe von verschiedenen Formen der Konstitutionalisierung am Besten widerspiegelt, die alle zur aktuellen Konstitutionalisierung beitragen und deren Parameter festlegen (Walker 2002, Tully 2002). »Konstitutionalismus jenseits des Staats« stellt einen Analyserahmen für Kontexte dar, die durch eine Reihe weniger stabiler und eher umstrittener Normen bestimmt werden, als in vollständig konstitutionalisierten modernen Nationenstaaten gegeben. Diesen Kontexten fehlt es an Möglichkeiten, für die Anerkennung und Angemessenheit legaler Institutionen auf ein Gefüge von sozialen Institutionen zurückzugreifen (Curtin und Dekker 1999, Finnemore und Toope 2001). Da dieses Gefüge sozialer Institutionen fehlt, erlangen individuell verankerte assoziative Konnotationen Einfluss auf die Bewertung von Anerkennung und Angemessenheit. Somit wird kulturelle Validität ein immer einflussreicheres Referenzkriterium für Analysen der Konstitutionalisierung (Wiener 2006). Um die mögliche Akzeptanz der Konstitutionalisierung grundlegender Verfassungsnormen in Kontexten jenseits des Staats wie der EU zu bewerten, sind daher zwei Dimensionen des Konstitutionalismus von Bedeutung. Erstens sind dies metatheoretische Debatten über konstitutionelle Legitimität, autoritative Reichweite und Auslegung und zweitens die empirische Bewertung der Interrelationen bestimmter konstitutioneller Merkmale und individueller Akteure.

Übersetzt aus dem Englischen von Edina Meskic.

Literatur

Curtin, Deirdre/Dekker, Ige (1999), »The EU as a ›layered‹ international organization: institutional unity in disguise«, in: Paul Craig/Grainne de Burca (Hg.), *The Evolution of EU Law,* Oxford: Oxford University Press, S. 83–136.

Diez, Thomas/Wiener, Antje (2003), »Introducing the mosaic of integration theory«, in: Antje Wiener/Thomas Diez (Hg.), *European Integration Theory*, Oxford: Oxford University Press, S. 1–21.

Doty, Roxanne L. (1997), »Aporia: a critical exploration of the agent-structure problematique in international relations theory«, *European Journal of International Relations*, Jg. 3, H. 3, S. 365–392.

Fierke, Karin M. (2006, im Erscheinen), »Consistent constructivism«, in: Tim Dunne/Milja Kurki/Steve Smith (Hg.), *International Relations Theory: Discipline and Diversity*, Oxford University Press.

Fierke, Karin M. (1998), *Changing Games, Changing Strategies*, Manchester: Manchester University Press.

Finnemore, Martha/Toope, Stephen J. (2001), »Alternatives to ›legalization‹: richer views of law and politics«, *International Organization*, Jg. 55, H. 3, S. 743–758.

Harlow, Carole (2002), *Accountability in the European Union*, Oxford: Hart Publishing.

Kahn, Paul W. (1999), *The Cultural Study of Law. Reconstructing Legal Scholarship*, Chicago: Chicago University Press.

Katzenstein, Peter J. (1996), *Cultural Norms and National Security: Police and Military in Post War Japan*, Ithaca, N. Y.: Cornell University Press.

March, James G./Olsen, Johan P. (1998), »The institutional dynamics of international political orders«, *International Organization*, Jg. 52, H. 4, S. 943–969.

Risse, Thomas (2000), »›Let's argue!‹ Communicative action in world politics, *International Organization*, 54, H. 1, S. 1–39.

Rosenfeld, Michel (1994), »*Modern constitutionalism as interplay between identity and diversity*«, in: Michel Rosenfeld (Hg.), *Constitutionalism, Identity, Difference and Legitimacy: Theoretical Perspectives*, Durham und London: Duke University Press, S. 3–38.

Schimmelfennig, Frank (2003), *The EU, NATO and the Integration of Europe*, Cambridge: Cambridge University Press.

Stone Sweet, Alec (2002), »Constitutional courts and parliamentary democracy«, *West European Politics*, Jg. 25, H. 1, S. 77–100.

Tully, James (2002), »The unfreedom of the moderns in comparison to their ideals of constitutionalism and democracy«, *Modern Law Review*, Jg. 65, H. 2, S. 204–228.

Tully, James (1995), *Strange Multiplicity: Constitutionalism in an Age of Diversity*, Cambridge, New York: Cambridge University Press.

Walker, Neil (2002), »The idea of constitutional pluralism«, *Modern Law Review*, Jg. 65, H. 3, S. 317–359.

Weiler, Joseph H. H. (1999), *The Constitution of Europe. ›Do the new clothes have an emperor?‹ and other essays on European integration*, Cambridge und New York: Cambridge University Press.

Wendt, Alexander (1998), »On constitution and causation in international relations«, in: Tim Dunne/Michael Cox/Ken Booth (Hg.), *The Eighty Years' Crisis: International Relations 1919–1999*, Cambridge: Cambridge University Press, S. 101–118.

Wiener, Antje (2007, im Erscheinen), »The dual quality of norms and governance beyond the state. Sociological and normative approaches to ›interaction‹«, *Critical Review of International Social and Political Philosophy*.

Wiener, Antje (2006), *The Invisible Constitution – Making Normative Meaning Accountable*, Belfast: unveröffentlichtes Manuskript.

Wiener, Antje (2004), »Contested compliance: interventions on the normative structure of world politics«, *European Journal of International Relations*, Jg. 10, H. 2, S. 189–234.

Autorinnen und Autoren

Alexander Bürgin ist wissenschaftlicher Mitarbeiter und Doktorand am Mannheimer Zentrum für Europäische Sozialforschung. Seine Forschungssinteressen gelten der Erweiterung und Vertiefung der EU. Insbesondere beschäftigt er sich mit Theorien der Integrationsforschung, den Verhandlungsprozessen im Rahmen der Regierungskonferenzen, der politischen Steuerung im europäischen Mehrebenensystem, der Legitimität europäischen Regierens sowie mit der Beitrittsperspektive der Türkei.

R. Daniel Kelemen ist außerordentlicher Professor für Politikwissenschaft an der Rutgers University, USA. Seine Forschungsinteressen umfassen die Politik der europäischen Union, Föderalismus und Rechtspolitik. Zu seinen neueren Publikationen gehören: Kelemen, R. Daniel (2006), »Suing for Europe: adversarial legalism and European governance«, *Comparative Political Studies*, Jg. 39, H. 1, S. 101–127; Kelemen, R. Daniel (2004), *The Rules of Federalism: Institutions and Regulatory Politics in the EU and Beyond*, Cambridge, Mass.: Harvard University Press; Kelemen, R. Daniel/ Sibbitt, Eric (2004), »The globalization of American law«, *International Organization*, Jg. 58, H. 1, S. 103–136; Kelemen, R. Daniel (2003), »The structure and dynamics of EU federalism«, *Comparative Political Studies*, Jg. 36, H. 1–2, S. 184–208.

Sandra Lavenex ist außerordentliche Professorin für Internationale Beziehungen und Global Governance am Seminar für Politikwissenschaft der Universität Luzern. Ihre Forschungsinteressen umfassen die internationale und europäische Migrationspolitik, der institutionelle Vergleich von EU-Assoziationsbeziehungen mit Nachbarstaaten sowie die Bedingungsfaktoren externer Demokratieförderung. Zu ihren Hauptpublikationen gehören: Lavenex, Sandra (2006), »Shifting up and out: the foreign policy of EU immigration control«, *West European Politics*, Jg. 29, H. 2, S. 329–350; Lavenex, Sandra (2004), »EU external governance in wider Europe«, *Jour-*

nal of European Public Policy, Jg. 11, H. 4, S. 680–700; Lavenex, Sandra (2001), *The Europeanization of Refugee Policies: Between Human Rights and Internal Security*, Aldershot: Ashgate.

Berthold Rittberger ist Juniorprofessor an der Technischen Universität Kaiserslautern. Seine Schwerpunkte in der Forschung beinhalten Theorien der europäischen Integration, Geschichte des europäischen Integrationsprozesses und die demokratische Qualität des Regierens in der Europäischen Union. Neuere Publikationen sind: Kohler-Koch, Beate/Rittberger, Berthold (Hg.) (im Erscheinen), *Debating the Democratic Legitimacy of the European Union*, Lanham: Rowman & Littlefield; Kohler-Koch, Beate/Rittberger, Berthold (2006), »The governance turn in EU studies« *Journal of Common Market Studies* (annual review), Jg. 44, S. 27–49; Rittberger, Berthold (2005), *Building Europe's Parliament. Democratic Representation Beyond the Nation-State*, Oxford: Oxford University Press.

Frank Schimmelfennig ist Professor für Europäische Politik am Center for Comparative and International Studies der Eidgenössischen Technischen Hochschule in Zürich. Seine Arbeitsgebiete sind die Theorie der europäischen Integration und internationaler Institutionen sowie die Erweiterung und die Aussenbeziehungen der EU. Neuere Buchpublikation sind: Schimmelfennig, Frank/Engert, Stefan/Knobel, Heiko (im Erscheinen), *International Socialization in Europe: European Organizations, Political Conditionality, and Democratic Change*, Basingstoke/New York: Palgrave Macmillan; Schimmelfennig, Frank/Sedelmeier, Ulrich (Hg.) (2005), *The Europeanization of Central and Eastern Europe*, Ithaca, N. Y.: Cornell University Press; Schimmelfennig, Frank (2003), *The EU, NATO, and the Integration of Europe: Rules and Rhetoric*, Cambridge: Cambridge University Press.

Guido Schwellnus ist wissenschaftlicher Assistent am Lehrstuhl für Europäische Politik des Centers for Comparative and International Studies (CIS) an der ETH Zürich. Seine Forschungsschwerpunkte beinhalten Theorien der internationalen Beziehungen und der europäischen Integration, die Erweiterung der Europäischen Union und ihre Auswirkungen auf die Staaten Mittel- und Osteuropas sowie Minderheitenrechte in Europa. Neuere Publikationen: Schwellnus, Guido (2006), »Double standards? Minority protection as a condition for membership«, in: Sjursen, Helene (Hg.), Questioning Enlargement: The EU in search of identity, London: Routledge, S. 186–200; Schwellnus, Guido (2005), »Sozialkonstruktivismus«, in:

Bieling, Hans-Jürgen/Lerch, Marika (Hg.), *Theorien der europäischen Integration: Eine Einführung*, Wiesbaden: Verlag für Sozialwissenschaften, S. 321–345; Schwellnus, Guido (2005), »The adoption of non-discrimination and minority protection rules in Romania, Hungary and Poland«, in: Schimmelfennig, Frank/Sedelmeier, Ulrich (Hg.), *The Europeanization of Central and Eastern Europe*, Ithaca, NY: Cornell University Press, S. 51–70.

Stefan Seidendorf ist wissenschaftlicher Mitarbeiter am Lehrstuhl für Internationale Beziehungen und Europäische Integration der Universität Mannheim. Er hat mit einem Vergleich über die »Europäisierung nationaler Identitätsdiskurse in den fünfziger und neunziger Jahren in Frankreich und Deutschland« promoviert. Neuere Veröffentlichungen sind: Schöning, Matthias/Seidendorf, Stefan (Hg.) (2006), *Reichweiten der Verständigung. Intellektuellendiskurse zwischen Nation und Europa*, Heidelberg: Universitätsverlag C. Winter; Seidendorf, Stefan (2005), »Defining Europe against it past? Memory politics and the sanctions against Austria in France and Germany«, *German Law Journal*, Jg. 6, H. 2, S. 439–464.

Daniel C. Thomas ist außerordentlicher Professor für und *Faculty Associate* am EU Center of Excellence der Universität Pittsburgh. Seine Arbeitsgebiete sind die Erweiterung und die Außenbeziehungen der EU und die internationale Menschenrechtspolitik; ein neues Projekt betrifft die Entscheidungsfindung in den Außenbeziehungen der EU. Neuere Publikationen umfassen: Thomas, Daniel C. (im Erscheinen), *The Purpose of Europe: Enlargement and the Construction of Identity*, Oxford: Oxford University Press; Thomas, Daniel C. (2005), »Human rights ideas, the demise of Soviet communism, and the end of the Cold War«, *Journal of Cold War Studies*, Jg. 7, H. 2, S. 110–141; Thomas, Daniel C. (2001), *The Helsinki Effect: International Norms, Human Rights, and the Demise of Communism*, Princeton: Princeton University Press.

Wolfgang Wagner ist wissenschaftlicher Mitarbeiter an der Hessischen Stiftung Friedens- und Konfliktforschung (HSFK) in Frankfurt/Main. Seine Hauptarbeitsgebiete sind deutsche und europäische Außenpolitik, innen- und justizpolitische Zusammenarbeit der EU und Friedens- und Konfliktforschung. Neuere Publikationen: Wagner, Wolfgang (2006), »The democratic control of military power Europe«, *Journal of European Public Policy*, Jg. 13, H. 2, S. 200–216; Wagner, Wolfgang (2003), »Building an internal security community. The democratic peace and the politics of extradition in Western Europe«, *Journal of Peace Research*, Jg. 40, H. 6, S. 695–712; Wagner, Wolfgang (2002), *Die Konstruktion einer europäischen Außenpolitik. Deutsche, französische und britische Ansätze im Vergleich*, Frankfurt/Main: Campus.

Antje Wiener ist Professorin für Internationale Beziehungen an der School of Politics, International Studies and Philsophy der Queens University Belfast. Ihr Arbeitsgebiet umfasst die Theorien der Internationalen Beziehungen und der Europäischen Integration sowie die vergleichende Politikwissenschaft mit dem Forschungsschwerpunkt der Rolle von Normen in Politik und Recht jenseits des Staates. Neuere Publikationen zu diesen Themen sind u. a.: Wiener, Antje (im Erscheinen), »The dual quality of norms and governance beyond the state: sociological and normative approaches to ›interaction‹«, *Critical Review of International Social and Political Philosophy*, Jg. 10, H. 1; Wiener, Antje (2004), »Contested compliance: interventions on the normative Structure of world politics«, *European Journal of International Relations*, Jg. 10, H. 2, S. 189–234; Wiener, Antje/Diez, Thomas (Hg.) (2003), *European Integration Theory*, Oxford: Oxford University Press; Wiener, Antje/Shaw, Jo (Hg.) (2003), *The Evolving Norms of Constitutionalism*, special issue of the *European Law Journal*, Jg. 9, H. 1.

Frankfurter Beiträge zur Soziologie und Sozialphilosophie

Rahel Jaeggi
ENTFREMDUNG
Zur Aktualität eines sozialphilosophischen Problems
Band 8 · 2005 · 268 Seiten · ISBN-13: 978-3-593-37886-2

Thomas Biebricher
SELBSTKRITIK DER MODERNE
Foucault und Habermas im Vergleich
Band 7 · 2005 · 416 Seiten · ISBN-13: 978-3-593-37599-1

Reimut Reiche
TRIEBSCHICKSAL DER GESELLSCHAFT
Über den Strukturwandel der Psyche
Band 5 · 2004 · 212 Seiten · ISBN-13: 978-3-593-37496-3

Martin Hartmann
DIE KREATIVITÄT DER GEWOHNHEIT
Grundzüge einer pragmatistischen Demokratietheorie
Band 3 · 2003 · 338 Seiten · ISBN-13: 978-3-593-37243-3

Ferdinand Sutterlüty
GEWALTKARRIEREN
Jugendliche im Kreislauf von Gewalt und Missachtung
Band 2 · 2002 · 382 Seiten · ISBN-13: 978-3-593-37081-1

Axel Honneth (Hg.)
BEFREIUNG AUS DER MÜNDIGKEIT
Paradoxien des gegenwärtigen Kapitalismus
Band 1 · 2002 · 254 Seiten · ISBN-13: 978-3-593-37080-4